PERFECT **IELTS LISTENING** DICTATION VOL.2 필수 단어

초판 2쇄 발행 2019년 3월 25일

지은이 장대석
발행인 정현순
발행처 ㈜북펀

출판등록 제2016-000041호(2016. 6. 3)
주소 서울시 광진구 천호대로 572, 5층 505호
전화 070-4242-0525 / 팩스 02-6969-9737

디자인 조수영
인 쇄 ㈜한산프린팅

ISBN 979-11-87616-14-6 13740

값 20,000원

IELTS 고득점을 위한 수험생 맞춤형 종합 솔루션

PERFECT
IELTS
LISTENING
DICTATION Vol. 2
필수 단어

장대석 지음

Wisdom Garden

IELTS Listening의
시작과 완성은 Dictation이다!

Perfect IELTS 시리즈는 출판된 이후 수년간 IELTS 분야 최고의 베스트셀러이자 IELTS를 준비하는 사람이라면 반드시 봐야 할 필수 기본서로 많은 분의 사랑을 받아왔습니다. 교재를 개발하면서 항상 최우선에 두었던 것은 어떻게 하면 IELTS를 공부하는 분들의 실력과 점수를 좀 더 향상시킬 수 있을까 하는 고민이었습니다. 이번에 출간하게 된 《Perfect IELTS Listening Dictation VOL. 1, VOL. 2》 역시도 그러한 고민 끝에 탄생한 책입니다.

'Waddell', '3290 5876 4401 2899', 'TF274Q5'.
실제 IELTS 시험 Listening 파트에서 출제된 문제의 정답입니다. 이런 식의 익숙하지 않은 주소나 사람 이름 또는 숫자를 받아 적는 문제는 IELTS Listening 시험마다 항상 나오고 있고 많은 경우 60% 이상을 차지하고 있습니다. 실제 IELTS Listening 문제 유형 총 6개 중 Multiple Choice와 Matching을 제외한 나머지 4개의 문제 유형이 직접 받아쓰는 문제인 것을 보면 Dictation이 IELTS Listening에서 얼마나 큰 비중을 차지하고 있는지 알 수 있습니다. 그래서 많은 응시자들이 좋은 점수를 얻기 위해 이런 받아쓰기 유형의 문제를 충분히 많이 풀어보며 시험에 대비하길 원하지만, 막상 제대로 실전처럼 공부하기에 효과적인 책이나 문제집이 없습니다. 더구나 문제의 특성상 한 번 풀어본 문제는 답이 쉽게 외워져서 그나마도 많지 않은 문제들을 여러 번 반복해서 푸는 공부는 받아쓰기 문제 유형을 속 시원히 해결할 수 있는 대안이 되질 못 했습니다. 그래서 수험생들의 그러한 고민을 해결하고자 이 책을 출간하게 되었습니다.

이 책은 IELTS 시험을 공부하는 수험생들이 IELTS Listening에서 가장 어려워하는 세 가지를 해결하는 데 중점을 두었습니다. 첫째는 그동안 영어 공부를 해오면서도 접해보지 못했던 IELTS Listening 전용의 생소한 단어와 숫자 정복이고, 둘째는 IELTS Listening의 각 section에 자주 등장하는 여러 주제의 전문 단어 정복이며, 마지막으로 기존 시험과 달리 스펠링을 하나하나 정확히 적어야 하는 주관식 형식의 시험에 대한 완벽 대비입니다. 따라서 기존에 출간된 《Perfect IELTS Listening》 학습서와 함께 《Perfect IELTS Listening Dictation VOL. 1, VOL. 2》를 공부한다면 IELTS 네 파트 중 가장 점수 올리기 힘들고 시간이 많이 드는 Listening 파트를 좀 더 효과적이고 효율적으로 공부해서 최단 시간에 원하는 점수를 받을 수 있을 것이라 확신합니다.

고득점을 원한다면 IELTS 전용 단어, 전문 단어, 필수 단어를 익혀라!

앞서 예시로 보여준 정답을 보면 문제의 난도가 높지는 않지만, 평소 이런 답들에 대한 대비가 없는 상태이다 보니 많은 응시자들이 실제 시험에서 받아 적지도 못하거나, 적다가 실수해서 자주 오답 처리되는 비율이 높습니다. 그리고 시험에서는 녹음 내용을 한 번만 들려주기 때문에 정답을 받아 적다가 스펠링을 한 개를 빠뜨리거나 숫자 하나라도 놓치게 된다면 안타깝게도 오답이 됩니다. 또한 영국 또는 호주 발음으로 이루어진 IELTS Listening 시험에서 이런 발음에 익숙하지 않기 때문에 실수를 더욱 가중시킵니다. 이런 어려움을 이기고 정답을 맞혀 고득점을 받는 노하우는 절대적으로 IELTS Listening에만 나오는 전용 단어, 시험에 자주 출제되는 전문 단어 및 필수 단어를 익히는 것입니다. 평생 IELTS를 공부할 것이 아니면 시험에 안 나오고 시험과 관련 없는 드라마나 영화의 대사, 뉴스 혹은 다른 시험의 받아쓰기가 아닌 IELTS Listening에 최적화되어 있는 책으로 제대로 된 받아쓰기 공부를 해야 최단 시간에 최고의 효율로 원하는 점수를 받을 수 있습니다.

본 교재《Perfect IELTS Listening Dictation VOL. 2 – 필수 단어》에서는 최근 10년 간 실제 Listening 시험에서 출제된 4개 section의 문제와 정답을 모두 종합하여 철저히 분석하였고, 핵심적인 필수 단어들만 모아서 IELTS Listening 단어를 완벽하게 익힐 수 있도록 3,200개의 문제로 구성하였습니다. 또한 문제로 제시된 모든 문장들은 IELTS Writing 시험에서도 사용할 수 있도록 제작되어 Listening 분야뿐 아니라 Writing과 Reading 공부도 같이 병행할 수 있도록 완벽하게 구성했습니다.

그동안 국내 최고, 최대 IELTS 전문 커뮤니티 알츠스쿨(IELTS-School)을 운영하는 운영자로서 응시자의 눈높이에서 IELTS를 분석하는 노력을 끊임없이 해 왔고, 이번 교재 역시 십 년 넘게 축약된 실제적인 IELTS 데이터와 자체 노하우를 자연스럽게 전달할 수 있도록 정성 들여 준비하였습니다. 이러한 저희의 수고가 여러분의 IELTS 성적에 반영될 것이라고 자신하며, 공부하는 여러분들이 펼쳐갈 멋진 미래와 성공을 위한 기분 좋은 출발점이 되길 기원합니다.

마지막으로 좋은 책이 탄생하도록 오랜 기간 많은 수고와 도움을 주신 출판사 편집부와 한국에서 제일 좋은 IELTS Listening 책을 만들자며 힘껏 도와주신 알츠스쿨 운영진 및 알츠스쿨 열공 가족분들께 진심으로 감사의 말씀을 드립니다.

알츠스쿨 카페지기 Cello 장대석

《Perfect IELTS Listening Dictation VOL. 2 – 필수 단어》 편의 특징

《Perfect IELTS Listening Dictation VOL. 2 – 필수 단어》 편은 1권인 《Perfect IELTS Listening Dictation VOL. 1 – 전용 단어》 편과는 구성이 다릅니다. 〈전용 단어〉 편은 대화문 형태로 문제가 구성되어 있어서 Speaking 연습까지 함께 해볼 수 있으며, 〈필수 단어〉 편은 주제별 문장 형태로 문제가 구성되어 있어서 Writing과 Reading을 함께 학습할 수 있습니다. 따라서 IELTS 시험 전반에 걸쳐 자주 접하게 되는 필수 단어들을 Dictation 연습을 통해 자연스럽게 익힐 수 있습니다.

《Perfect IELTS Listening Dictation VOL. 2 – 필수 단어》 편은 총 4개의 section으로 구성되어 있으며, 각 section 당 총 80개의 주제를 선별하였고 각 주제별 10개의 문제로 총 800개의 문제를 풀어봅니다. 모든 section을 통틀면 총 3,200개의 문장과 문제를 공부할 수 있으며, IELTS 시험과 관련한 주요 주제와 필수 단어들을 모두 익힐 수 있습니다.

**IELTS
LISTENING
DICTATION**

**EXPLANATION
/
PRACTICES**

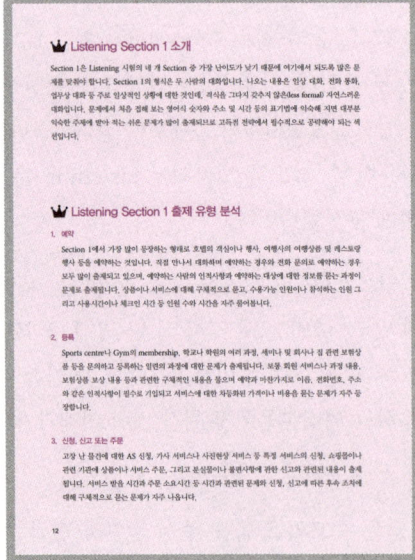

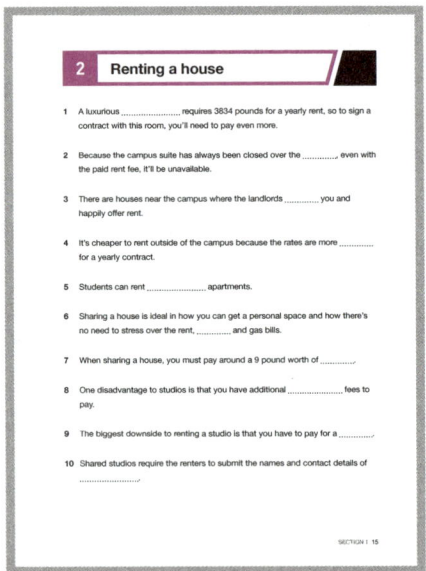

SECTION 1 숙박이나 서비스 예약, 교육 과정 등록, AS나 서비스 신청, 제품 문의 상담이나 일자리 지원 혹은 취업 인터뷰 등 실생활과 밀접한 주제들과 관련한 단어와 문장을 공부합니다.

SECTION 2 여행 안내, 여러 가지 제품이나 서비스 소개와 설명, 교육과 세미나 및 정보 전달과 관련한 80개의 주제로 구성하여 listening 필수 단어와 writing 문장을 같이 공부할 수 있습니다. Dictation을 먼저 공부한 뒤 문제의 문장을 writing에 적용시켜 공부하면 큰 공부 효과를 볼 수 있습니다.

SECTION 3 학교, 학업과 관련한 학생간의 대화나 토론 혹은 의논이나 연구, 교수나 선배들의 자문, 조언 등과 관련한 주제를 통해 단어와 문장을 공부합니다.

SECTION 4 학교에서의 강의나 세미나, 전문 기사나 논문, 스토리텔링 형식을 바탕으로 한 문제가 나옵니다.

IELTS LISTENING DICTATION

ANSWERS & TRANSLATIONS / TIP

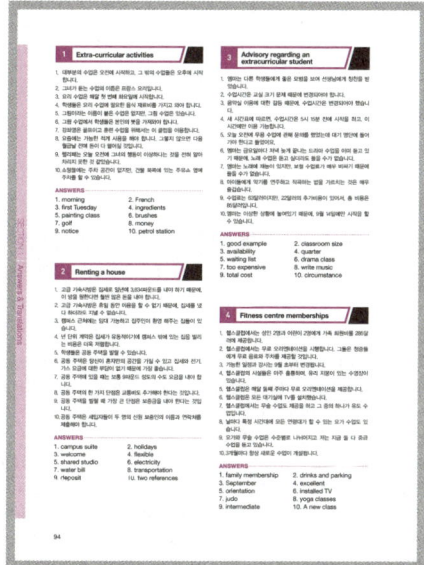

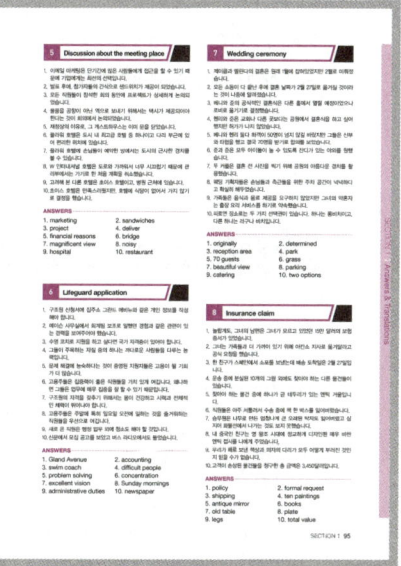

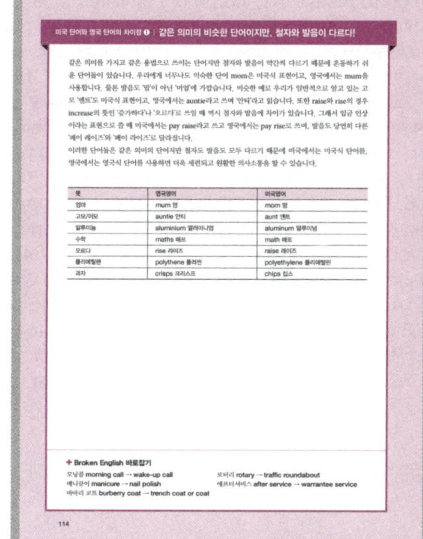

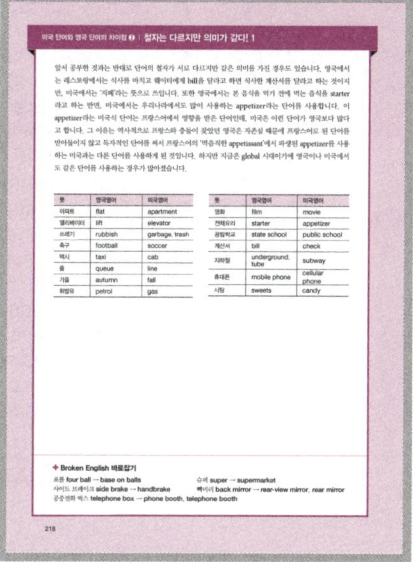

각 section의 문제가 끝나고 바로 정답과 해석을 찾아볼 수 있도록 구성하였습니다. 또한 각 section이 끝날 때마다 시험에 도움이 되는 유용한 팁으로 미국영어와 영국영어의 차이를 설명해 놓아서 IELTS Listening의 주된 발음인 영국식 발음과 단어를 이해하며 Listening을 공부할 수 있도록 했습니다.

✅ CONTENTS

IELTS LISTENING DICTATION SECTION 1

● **PRACTICES** 14

● **ANSWERS** & **TRANSLATIONS** 94

IELTS LISTENING DICTATION SECTION 2

● **PRACTICES** 118

-

IELTS LISTENING DICTATION **SECTION 3**

- **PRACTICES**

✅ CONTENTS

IELTS LISTENING DICTATION **SECTION 4**

IELTS LISTENING DICTATION
SECTION 1

♔ Listening Section 1 소개

Section 1은 Listening 시험의 네 개 Section 중 가장 난이도가 낮기 때문에 여기에서 되도록 많은 문제를 맞춰야 합니다. Section 1의 형식은 두 사람의 대화입니다. 나오는 내용은 일상 대화, 전화 통화, 업무상 대화 등 주로 일상적인 상황에 대한 것인데, 격식을 그다지 갖추지 않은(less formal) 자연스러운 대화입니다. 문제에서 처음 접해 보는 영어식 숫자와 주소 및 시간 등의 표기법에 익숙해 지면 대부분 익숙한 주제에 받아 적는 쉬운 문제가 많이 출제되므로 고득점 전략에서 필수적으로 공략해야 되는 섹션입니다.

♔ Listening Section 1 출제 유형 분석

1. 예약

Section 1에서 가장 많이 등장하는 형태로 호텔의 객실이나 행사, 여행사의 여행상품 및 레스토랑 행사 등을 예약하는 것입니다. 직접 만나서 대화하며 예약하는 경우와 전화 문의로 예약하는 경우 모두 많이 출제되고 있으며, 예약하는 사람의 인적사항과 예약하는 대상에 대한 정보를 묻는 과정이 문제로 출제됩니다. 상품이나 서비스에 대해 구체적으로 묻고, 수용가능 인원이나 참석하는 인원 그리고 사용시간이나 체크인 시간 등 인원 수와 시간을 자주 물어봅니다.

2. 등록

Sports centre나 Gym의 membership, 학교나 학원의 여러 과정, 세미나 및 회사나 집 관련 보험상품 등을 문의하고 등록하는 일련의 과정에 대한 문제가 출제됩니다. 보통 회원 서비스나 과정 내용, 보험상품 보상 내용 등과 관련한 구체적인 내용을 물며 예약과 마찬가지로 이름, 전화번호, 주소와 같은 인적사항이 필수로 기입되고 서비스에 대한 차등화된 가격이나 비용을 묻는 문제가 자주 등장합니다.

3. 신청, 신고 또는 주문

고장 난 물건에 대한 AS 신청, 가사 서비스나 사진현상 서비스 등 특정 서비스의 신청, 쇼핑몰이나 관련 기관에 상품이나 서비스 주문, 그리고 분실물이나 불편사항에 관한 신고와 관련된 내용이 출제됩니다. 서비스 받을 시간과 주문 소요시간 등 시간과 관련된 문제와 신청, 신고에 따른 후속 조치에 대해 구체적으로 묻는 문제가 자주 나옵니다.

4. 문의 및 상담

구인기관에서 구직자의 일자리와 관련한 문의, 집을 렌트하는 상황에서 집 관련 문의, 어떤 수업과정이나 여행상품 및 쇼핑몰 상품에 대한 문의, 의료기관에서 의사와 상담을 하는 과정이 문제로 출제됩니다. 대화에서 문의하는 대상에 대해 상당히 상세한 묘사와 설명이 이루어지며 급여, 집의 구조나 사이즈 및 렌트 비용, 여행상품 일정이나 쇼핑상품의 가격과 배송 등의 항목이 문제로 나오게 됩니다.

5. 지원

야생보호단체나 지역환경협회, 대학학생연합회나 특정 기관의 일자리에 지원하는 내용의 문제가 출제됩니다. 보통 지원자의 인적사항과 활동 가능한 시간 및 할 수 있는 일 등에 관련된 정보를 물어봅니다.

6. 인터뷰

관광이나 공항이용, 상품 및 서비스 관련해서 사용자나 이용자의 대면 및 전화 인터뷰 과정이 문제로 출제됩니다. 주로 응답자의 나이 대, 거주 지역, 이용횟수, 만족도 및 개선사항과 관련된 질문을 많이 합니다.

Extra-curricular activities

1   Most courses start in the ...., other courses that start in the afternoon.

2   The name of the course she takes is .... food cooking.

3   The cooking course starts on the .... of every month.

4   Students are required to bring money for the food .... that they will need for the cooking class.

5   No courses are entitled "Painting", but there is still the ....

6   Students need to have their own .... for the painting class.

7   The name of the course is .... and they use this club for training classes.

8   It is necessary to spend as little as possible these days or else, you will run out of .... before the next payday.

9   Felipe didn't seem to .... anything unusual about her attitude this morning.

10 There are no parking spaces at the mall, but you can still park at the .... on the north side of the building.

2 Renting a house

1 A luxurious .... requires 3834 pounds for a yearly rent, so to sign a contract with this room, you'll need to pay even more.

2 Because the campus suite has always been closed over the ...., even with the paid rent fee, it'll be unavailable.

3 There are houses near the campus where the landlords .... you and happily offer rent.

4 It's cheaper to rent outside of the campus because the rates are more .... for a yearly contract.

5 Students can rent .... apartments.

6 Sharing a house is ideal in how you can get a personal space and how there's no need to stress over the rent, ... and gas bills.

7 When sharing a house, you must pay around a 9 pound worth of ....

8 One disadvantage to studios is that you have additional .... fees to pay.

9 The biggest downside to renting a studio is that you have to pay for a ....

10 Shared studios require the renters to submit the names and contact details of ....·

3   Advisory regarding an extracurricular student

1 Emma was praised by the teacher for setting a .... to the other students.

2 The class time for the course needed to be changed due to an issue with the ....

3 Because of the conflict with the music room's ...., the class time had to be changed.

4 In the new schedule, the class begins at a .... to 5 and this is the classroom's only available time.

5 When I inquired about the dance class this morning, I was told that I had to be placed in the ....

6 Because Emma already takes .... that ends late on Fridays, she can't attend the singing class even if she wants to.

7 Even though Emma has talents in singing, she can't attend the vocal classes because the fees are ....

8 Teaching children how to play instruments and .... is a lot of fun.

9 The normal course fee is 63 dollars, but since there's an additional fee of 22 dollars, the .... is 85 dollars.

10 Because Emma is in an unusual ...., she can only begin from 14th of September.

1 The fitness centre offers a $285 .... for a family of 2 adults and 2 children.

2 The gym holds a free orientation session. They will offer free .... spaces for the audience.

3 Schedules and instructor's availability will change from the beginning of ....·

4 The facilities at the centre are .... and it has a swimming pool with a glass roof.

5 The gym offers a free .... session every second week of the month.

6 The gym .... sets in all of the waiting rooms.

7 The centre also offers martial arts classes, including ....·

8 There are also .... open to all ages and they are conducted every day of the week at specific hours.

9 The yoga and martial arts classes are divided by skill levels and I'm currently in the .... class for both.

10 .... will open every three months.

5 Discussion about the meeting place

1 E-mail .... is the best option for companies because it can reach a wide audience in just a short period of time.

2 After the presentation meeting, ... were provided for the attendees' snacks.

3 The .... was discussed in detail during the meeting which all the employees attended.

4 It was discussed during the meeting that a taxi must be provided to .... the items to the station, not to the airport.

5 Due to ...., the guesthouse already closed.

6 The Flower Hotel is one of the top hotels in the city and it's located near the .... for the guest's convenience.

7 The rooms that were booked for the guests at the Flower Hotel have a .... of the city.

8 Since the roads near the W International Hotel were ...., the management team decided to cancel their initial plan to go there.

9 The other hotel that was considered was the Choice Hotel, which was near a ....

10 The Choice Hotel was good enough, but they decided against it when they found out the hotel had no ....

6 Lifeguard application

1 I was required to provide personal details, such as my home address at ...., in my lifeguard application form.

2 I had to indicate relevant work experience, such as my time as an assistant in the .... department at the Mason office.

3 Anyone who wants to apply as a .... is required to have a national certificate.

4 One of the qualities they are looking at is a person's ability to deal with ....

5 Applicants who are proven to be good at .... have a much better chance at getting hired.

6 Employers value workers who have good .... because they can focus on tasks very well.

7 A person has to be fit, has .... and one's overall physical condition must be qualified as a lifeguard.

8 The employers prioritise workers who are happy to work on weekends, especially on ....

9 Aside from ...., the new employee will also be required to do some cleaning.

10 I saw an advertisement about job recruitment in the .... and also heard about it on the bus radio.

1   Jacob and Melinda's wedding was .... scheduled in January, but it was postponed to February.

2   After all the fuss, it was .... later that the wedding date will be moved to February 27th.

3   The formal wedding of Benny and Joon was supposed to be held at another hall, but they decided to move it to the ....

4   Henry and June prefer to have their wedding ceremony at the ...., instead of the church or some other place, but it isn't allowed.

5   Benny and Henry both wanted no more than 50 attendees, but they compromised with their brides and ultimately agreed to have ....

6   June and Joon both wanted an outdoor area that had .... for the children to play on.

7   Both couples took advantage of the .... at the park for their pre-wedding photos.

8   The wedding organisers made sure that there was enough .... for the guests and entourage.

9   Even though the family did not ask for food and drinks, her fiancé promised to have a .... service.

10   There are .... for the wedding venue, one at the Long Beach and the other at the Laguna Beach.

8 Insurance claim

1 Surprisingly, her husband had a $150,000 insurance .... that she didn't know about.

2 She made a .... to be transferred to the Arkansas office so she could be closer to her family.

3 A friend has sent me a package from Spain and the .... arrival date is the 27th of February.

4 There are other items that need to be recovered aside from the .... that were lost during transit.

5 One of the items that need to be found is an .... that's set in a golden frame.

6 The workers are so incompetent that they lost a whole box of .... during shipping.

7 The crew also lost a humongous .... made of wood and they didn't even see it being taken out of the cargo vessel.

8 My Chinese friend gave me a very expensive and intricately designed antique .... from the Ming Dynasty.

9 It's incredible how they broke the .... of all the desks and chairs we sent for shipping.

10 The .... that the client set to claim for all his damaged goods is $3450.

1   The Pony Club is open on .... in summer for 4 to 7 year old kids. They can ride donkeys and listen to stories.

2   The Farm Discovery Camp is for 5-10-year-old kids and its main feature is a hike around the ....

3   The Day Riding Camp is for 8-13-year-old kids, which features a course on health and ....

4   8-13-year-old kids can join the Day Riding Camp group with other activities like baseball and ....

5   The Leadership Training Camp is for 13-16-year-old adolescents, which features a course on basic riding ....

6   13-16-year-old adolescents in the Leadership Training Camp group learn other activities such as making a .... to cook meals.

7   The invited guest .... will make a speech about new methods of introducing horses.

8   The camp will also offer swimming lessons with ....on every Wednesday of July.

9   The camp's .... is located at 9290 Puslinch Road.

10 From the .... of next week, the camp registration office will be open from 8.30am to 4.15pm on weekdays.

10 | Jobs at a bookstore

1 The book shop closes at 9.30pm on ...., and 8pm on weekdays.

2 The book shop is located at 53 Estria Rd, ... RA6 7BU, West Midlands.

3 Michael is currently taking a degree in Fine Arts and he's majoring in ....

4 Michael's first job was as a flower shop ...., which he did for a year and a half.

5 After working at a flower shop, he got a job as a .... supervisor at the local hospital.

6 Anika's first two jobs were at fast food restaurants, but for her third job, she was hired as a .... at a hotel restaurant.

7 During the interview, Anika confirmed that she's definitely available to work on ....

8 When she was asked about her preferred schedule, Anika made it clear that she was definitely .... after 7pm.

9 Anika also confirmed that she is definitely available to work on ....

10 Anika requested for the .... shift, if possible, because it was the time that she felt most energetic.

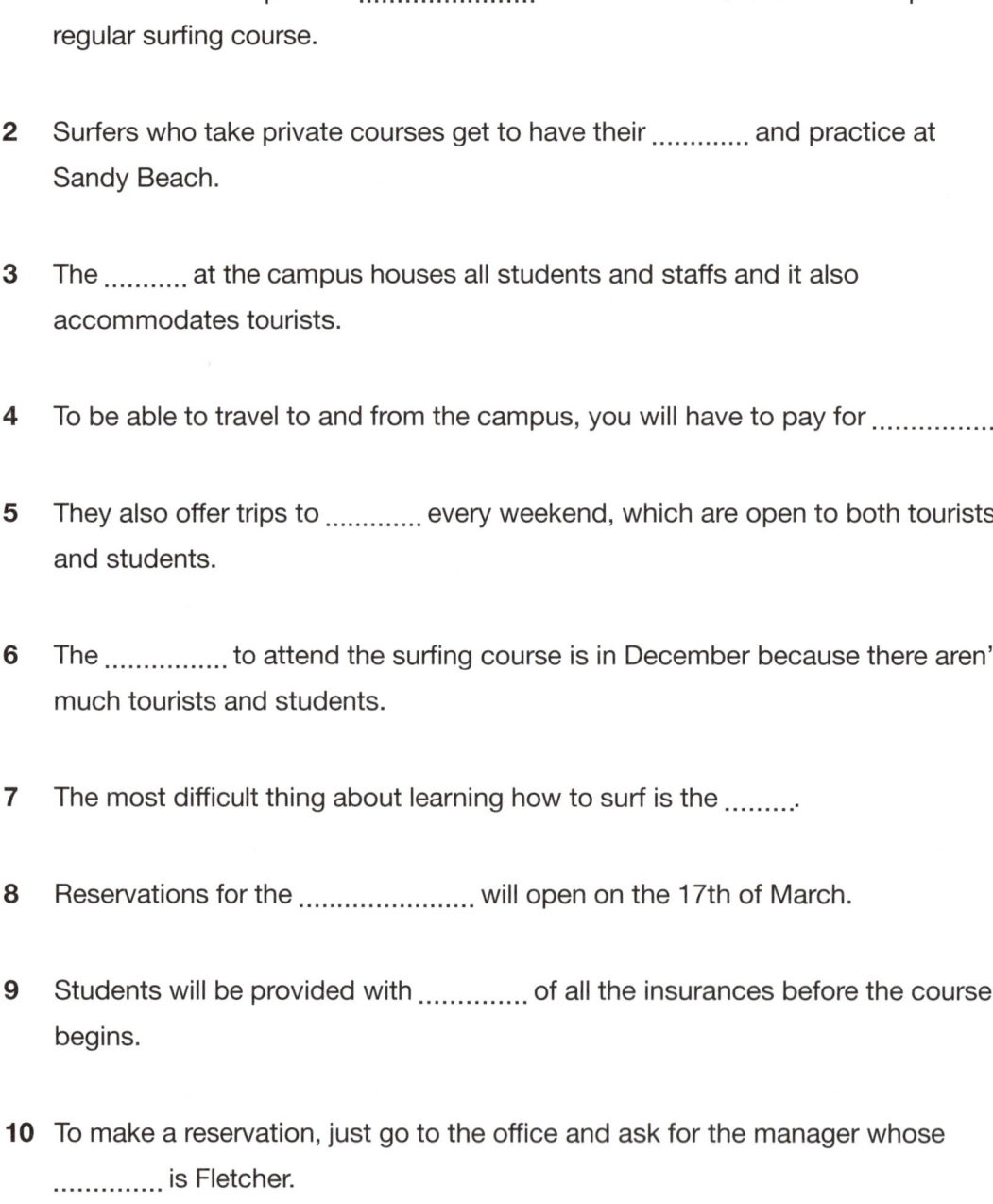

11   Inquiry about the surfing course

1   Some instructors provide .... for 2 hours on weekends on top of the regular surfing course.

2   Surfers who take private courses get to have their .... and practice at Sandy Beach.

3   The .... at the campus houses all students and staffs and it also accommodates tourists.

4   To be able to travel to and from the campus, you will have to pay for ....

5   They also offer trips to .... every weekend, which are open to both tourists and students.

6   The .... to attend the surfing course is in December because there aren't much tourists and students.

7   The most difficult thing about learning how to surf is the ....

8   Reservations for the .... will open on the 17th of March.

9   Students will be provided with .... of all the insurances before the course begins.

10   To make a reservation, just go to the office and ask for the manager whose .... is Fletcher.

1 According to the hotel staff, the daytime .... is normally 19 degrees Celsius, while at night, it's about 14.

2 The agency says the .... is approximately 40 minutes.

3 She was able to confirm that every room had .... and a balcony.

4 The hotel also has an outdoor swimming pool and a .... just for the guests.

5 The hotel restaurant serves five different .... on Tuesdays.

6 Hotel guests are encouraged to play the .... at the lounge on Tuesdays, after dinner.

7 He was informed that the only transport available on Wednesdays was the ....

8 Guests and visitors are encouraged to enjoy the breeze and fresh air at the .... garden after dinner on Wednesdays.

9 No other transportation is available on Thursdays but the ....

10 Guests and visitors are invited to watch the .... display after dinner on Thursdays.

13   Looking for jobs

1   The man included his .... on the application form, such as his address at Elsinore Road.

2   Aside from his home number, he provided 077896246 as an .... phone number.

3   James used to work as a .... at one of the top restaurants in the city.

4   At one time, James worked as a .... at one of the major high schools in the city.

5   His .... include working at the beach as a lifeguard.

6   One of the skills he included in the list was his .... skills.

7   His diving certificate is about to .... in October, so he needs to begin the process of getting a new one.

8   He indicated that his preferred working time is .... mornings.

9   In his application form, he indicated that he can begin working from ....

10   According to James, he heard the information ....

14   Driving instructor jobs

1   The duties of an .... include complying with relevant safety laws.

2   The employee is also required to work on .... due to the nature of the program.

3   Being gardeners themselves, they provide high quality garden .... and equipments.

4   Employees at the driving school are required to clean the .... in the offices and the cars.

5   The administration also makes the employees organise the school's ....·

6   The instructors are responsible for organising the driving .... programs.

7   The A1 Company upsets .... because of their unreasonable rules and regulations.

8   Last year, the head company stepped down due to ....·

9   It's been noticed that unintentional, negative communication was a big reason for the .... at the workplace.

10 The main causes of job stress are the hostile workplace and its ....·

15 Outdoor travel

1 Birds make some of the world's longest migrations by travelling .... at one once.

2 Travelling may sometimes include camping and sleeping in a ....

3 Our .... will be a trip through the mountains and it will be an exhilarating experience.

4 There is a beautiful view of a .... across the mountain we climbed.

5 If we keep up the pace, we will get to the .... by lunchtime.

6 The hikers will be camping at the waterfall area so they can .... in the evening.

7 Some of the tourists are allowed to ride a horse, but they must not have a ....

8 Although there is a path through the mountains, wearing proper .... is still recommended.

9 Tourists can get a discount if they book .... online.

10 The travel agency maintains a .... with their insurance company.

16 Farewell party

1 The organiser chose the .... for the party because of its large lounge space.

2 The .... of people who will be joining the party is 40.

3 The seat planning will be decided around the agreed 3 ....

4 The client wants to be sure that there will be ...., drinks and flowers at the party.

5 The company who will be holding the farewell party is the Smith Brother's ....

6 The company's office will be moving to another location and their .... will be S132RT.

7 For .... about the party, contact Collins.

8 For any ...., the party organiser should be contacted at least a week before the day of the event.

9 The client has specified a big cake with various selections of ....

10 The farewell party has been scheduled to .... on the 28th of June.

17 Renting a house

1   Renting a house in this area isn't cheap because the .... here is around 1700 dollars.

2   You may be able to pay with a ...., but there aren't many landlords here who accept it.

3   Most lessors would take credit card payments over ...., if the renter can't pay in cash.

4   This apartment is quite expensive but it's in a very good condition and it has a ....·

5   It's uncommon to find apartments without a .... in this exclusive area.

6   One of the things that people ask about when looking for a place to rent is whether the apartment has a .... or not.

7   That apartment building requires unit renters to share the responsibility of .... the garden.

8   Each apartment unit has their own .... bin at the back of the building.

9   The apartment has no central air conditioning but there is a strategically placed window that takes care of .... in the house.

10 For ...., just call the landlord, Same Dressler, at 0746614900.

1 The school staff informed the mother that the uniform for male students is black pants and a ....·

2 The mother was also told that children should wear a tie from Monday through to Thursday and should wear a .... on rainy days.

3 The mother was informed that the tie can be bought at Howells which is a .... located on Park Street.

4 She was advised to have her son take the No.9 bus from the .... station to get to school.

5 According to the school staff, lunch costs £5.99 and it will be a ....·

6 They informed her that the .... with the parents will be held on the 14th of September.

7 Since the school begins at a different time ...., the mother was told to inform her child about it.

8 School officials also advised the mother to have her child meet a .... by the gate.

9 The mother was informed that it is the parents' responsibility to regularly check their child's ....·

10 She was told that the purpose of the meeting was for parents to .... regularly and ask questions.

19 A woman calls an art gallery to ask about an art competition

1   According to the gallery manager, the .... for painting entries is travel.

2   The woman's second daughter joined the .... team for children aged between 9 and 12.

3   The woman's first daughter joined the .... team for kids who are 12 years old and older.

4   They were informed that the .... for submission of entries is the 29th of August.

5   The rules state that the size of the paintings should be ....

6   The woman was instructed to print the .... and submit it with her daughters' painting.

7   The sheet has to be filled out and sent along with the ....

8   The man told the mother that they will ...... her application form immediately.

9   To expedite entry submissions, the mother was told to indicate YPC in capital letters on the ....

10 The winning entries will be hung on the gallery wall and the painters will each receive .... of 50 pounds.

20 | Travelling in Vancouver

1 The Park Inn Hotel is very close to the ....·

2 The front desk clerk says the minimum rate for a .... is $169.

3 She added that the rate includes a ...., which is not offered at most other hotels.

4 If you stay at the Park Inn Hotel, you can visit the ...., which is just two blocks away.

5 They say the Science Museum is one of the top tourist spots in this area because it's a .... of information.

6 My husband booked the hotel through the Chilcontin ....·

7 The agency offers tourists other water activities, like ...., ... and diving.

8 Tourists are instructed to bring their own boots if they want to go ....·

9 The guides inform tourists that they may see a .... during the hike.

10 The tourists have been assured that it's safe to stay in a .... on the mountain.

1   The address of the house to be insured is 19 ...., Deighton, postcode YN224PT.

2   The owner of the house can be reached during the .... at 01295 477039.

3   The property is a detached house with .... and two baths.

4   The owner lived here for 22 years but the house was .... 40 years ago.

5   The primary material used in the construction of the house was ....

6   The property is adjacent to the unit on the left side, which has a garage with ....

7   There are no security systems in the house, so an .... needs to be installed.

8   In the basement, there are .... with a total value of £10000.

9   The insurance company appraiser valued the goods in the .... at £500.

10   The new tenant signed the contract and their scheduled .... in is the 1st of April.

22   Movie club membership

1   As a movie club member, all members should purchase 5 films, including an

.... at a regular price.

2   The theatre has a maximum capacity of 450 people, and there are .... left

for tonight's movie.

3   The movie club officers and members will have a .... on the 17th

of April at 10am.

4   The Action Film Festival aims to promote artistically and culturally significant film

arts through .... screening.

5   After the ...., six movies will be screened for free.

6   Movie club members can watch the films free of charge but non-members must

pay regular .... rates.

7   Movie club members can bring one .... who won't be charged of an

admission fee.

8   Movie club members don't have to ...., but non-members must do

so online or at the cinema.

9   The movie club theatre arcade has its own .... that caters to film lovers.

10   The movie club membership contributions are collected at the theatre office

...................'

23 Science, music and multi-tasking

1 The research that was conducted in the past focused mainly on when people listened to ....

2 The highlight of the study focuses on people's .... to handle multiple tasks.

3 The results revealed an unexpected phenomenon, but it was proved to be ....

4 The literature talked about the scientific .... in relation to music and its effects on multi-tasking.

5 Apparently, the links between music and multi-tasking are related primarily to simple ....

6 Researchers say it is necessary to find out the .... of science to explain the whole thing.

7 Researchers believe that all variations in the phenomenon are .... in origin.

8 They conducted an experiment which the results only showed a .... of numbers.

9 In the experiment, the researchers notice that the fives are arranged at ....

10 The experiment also shows that two parts are shaped like a ....

24   Newspaper photo reprint

1   The paper follows a traditional newspaper layout where the .... deals with news issues.

2   Many people prefer to rely on the local newspaper that's printed ....·

3   The local newspaper's main contact is a .... named James Parkhurst.

4   Anyone who would like permission to use a photo for print or for .... has to contact Mr. Parkhurst.

5   He was an innovator in newspaper ....·

6   It typically costs $80 for a half-yearly subscription, but newspaper .... varies greatly.

7   Most newspapers will deliver on its .... on New Year's Day.

8   Anyone can subscribe to a newspaper by choosing to pay online or ....·

9   Some people get delivered newspapers on the same day, while others receive it via .... on Tuesdays and Fridays.

10   Despite the .... in technology, some people still choose to have newspapers delivered to them every day.

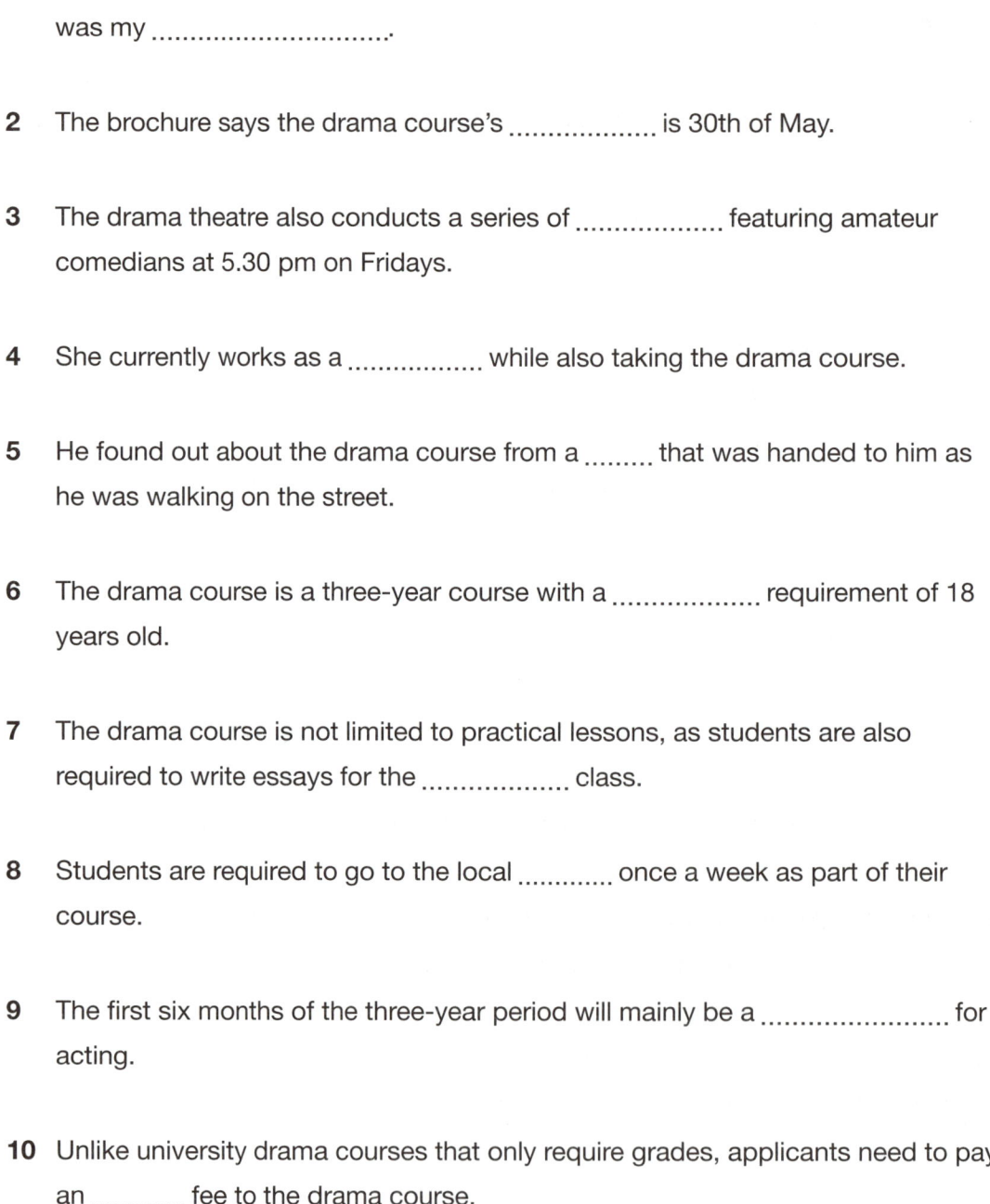

25　Applying for a drama course

1　When I applied for the drama course, I had to indicate that No.79, Palace St. was my ....

2　The brochure says the drama course's .... is 30th of May.

3　The drama theatre also conducts a series of .... featuring amateur comedians at 5.30 pm on Fridays.

4　She currently works as a .... while also taking the drama course.

5　He found out about the drama course from a .... that was handed to him as he was walking on the street.

6　The drama course is a three-year course with a .... requirement of 18 years old.

7　The drama course is not limited to practical lessons, as students are also required to write essays for the .... class.

8　Students are required to go to the local .... once a week as part of their course.

9　The first six months of the three-year period will mainly be a .... for acting.

10　Unlike university drama courses that only require grades, applicants need to pay an .... fee to the drama course.

26 Fitness consulting

1   She was informed during the consultation that the .... rate is £295 for 2 adults and 2 children.

2   One of the facilities included in the .... is free parking.

3   Another facility open only to members is the indoor pool with a ....·

4   They were advised to get a membership now, as rates are set to increase in ....·

5   Fitness club members can choose to attend .... twice or three times a week.

6   Members of the .... have the option to join the yoga class every morning of the week.

7   New members are advised to make .... but suitable changes to improve their diet.

8   Members are always reminded to never eat .... the TV.

9   New fitness club members are required to attend an .... prior to starting any fitness plans.

10 Old and new members of the fitness club are advised to contact their .... for any enquiries.

27 Toy library

1   The .... building is open all day from Monday to Friday, including Saturday.

2   Employees at the Toy Library have to have their phones ....

3   There are two kinds of membership, one of which is the family membership that
    require an .... of 96 pounds.

4   Visitors are briefly informed about how to make sure the toys that they will be
    playing with are ....

5   The Toy Library allows people to .... maximum of three toys.

6   Another activity that the Toy Library members are privileged to do is ....

7   The Toy Library also has a .... where kids and adults can learn about the
    history of different toys.

8   The Toy Library also has over .... with topics ranging from history to
    mechanics.

9   There are also different kinds of .... at the Toy Library.

10 With variety of cooking toys, children can pretend to be chefs and ....

28 Lawson primary school in Manchester

1 Students at the Lawson Primary School in Manchester are given the .... of 8.40 to 9.00 am.

2 The Lawson Primary School contacts parents by .... when necessary.

3 Parents of children attending the Lawson Primary School in Manchester can take .... with their kids.

4 The letter is to inform .... that the next parents' meeting will be held in July.

5 Students are not required to wear a ...., but they must wear neat clothes.

6 Students are advised to wear comfortable shoes, but they're not allowed to wear ....

7 Students can participate in various activities, including cooking, music, and ....

8 Students have a scheduled trip to the school's .... in the countryside.

9 The Lawson Primary School was visited by a .... due to an emergency.

10 Students are advised to wear a helmet and .... clothes when riding their bikes to school.

1 Alex found out that .... is the best place to travel.

2 One of the things the person was recommended was to avoid the ....

3 He wanted to inquire about how much a .... would cost.

4 Some places included in the tour strangely require guests to be ....

5 There is a .... included in the tour and it's a good beach for children.

6 Tour participants are allowed to stay overnight at the beach but they have to get their own meals from a nearby ....

7 The caller inquiring about the tour specified that he preferred a place with a garden rather than a room with a ....

8 An optional activity open to tour participants is a cycling ....

9 Those who decide to stay at the beach have access to the ....

10 Alex saw the tour advertisement in a magazine that informed about ....

30 | Booking a trip to Brisbane

1   People must depart from .... airport to get to Brisbane.

2   The most .... of accommodation when going on a trip to Brisbane is an apartment.

3   The most recommended park to visiting guests is the ....

4   Tourists can take a .... of the crocodile at the wild animal farm.

5   Taking pictures of kangaroos within a .... is absolutely not allowed.

6   People will notice that the .... is actually asleep most of the time.

7   The tourist accommodation is located near a .... that's at the centre of the town.

8   One of the things required by many tourists as part of the accommodation is a .... for their kids.

9   A major requirement for people travelling to Brisbane is ....

10 Another thing tourists want to include in their accommodation is ....

31 | A survey questionnaire on tourism

1 The survey questionnaire asked about the number of times I've been here and I wrote ....·

2 I indicated in the survey questionnaire that what I liked most about this place was the ....·

3 I also told them that my favourite .... in the area was the Town Hall.

4 I said the reason why I liked the food here was because of its ....·

5 I informed them that I got to this place by ....·

6 I mentioned how it was noticeable that people who came here were usually ....·

7 Through research, I found out that the type of tours available here are in the ....·

8 I believe that the main purpose for the existence of this town is for ....·

9 It is quite amazing that wherever you go, you will find .... accommodation.

10 I used to work as a .... but I've decided to stay here.

32 Dormitory facilities

1 The dorm tenants have been advised to always check their .... meters.

2 The dorm tenants have to turn off the .... when it's not in use.

3 The dormitory buildings have been painted in orange, blue, and ....

4 Tenants at the dormitory have to pay a 3-month ....

5 Tenants with cars are allowed to park at the dormitory's ....

6 One of the tenants always leaves her keys in a ....

7 The dorm is conveniently located and the .... into the dorm is easy.

8 Tenants don't have to bring in any .... because the dorms are all fully furnished.

9 The rent already includes water, electricity, heating, and a ....

10 The dormitory does not allow tenants to have .... in the building.

Childcare centre

1   The fee for the care of children under .... is $37.50.

2   This week's special offer is 20 hours of .... that's included in the regular price rate.

3   The childcare centre has its own playground and they also offer outdoor activity ....·

4   Guardians at the centre have experience in .... teaching.

5   Parents have requested that the centre provide a ...., just like in other centres.

6   The earliest month that the two children can join is ....·

7   Other equipment that the children need to bring themselves are sun cream, sunglasses and an ....·

8   Parents are also advised to have their children bring a .... in case they miss home.

9   All children must present a .... from a doctor before they join.

10 The address for the .... is Calliope Avenue, Lake Rd.

34   A woman buying furniture

1   The woman informed the clerk that the .... of the bed should be 140cm.

2   The clerk informed the woman that the bed would cost $265, including the ....

3   The woman told the clerk that she wanted a bed with a .... colour.

4   She specified that the bed should include a matching nightstand or side table fitted with a ....

5   The woman who was shopping for a bed, randomly talked to the clerk about her cupboard's ....

6   Even though she was shopping for a bed, she asked the clerk about shelves that had a locked ....

7   The woman who purchased a bed also tells the clerk that their living room is currently ....

8   The clerk informed the woman that customers often return .... their items with other existing stocks.

9   The woman informed the clerk that she would like the bed to be delivered in the ....

10   She told the clerk that if she isn't home when the .... arrives, the bed can be left in the garage.

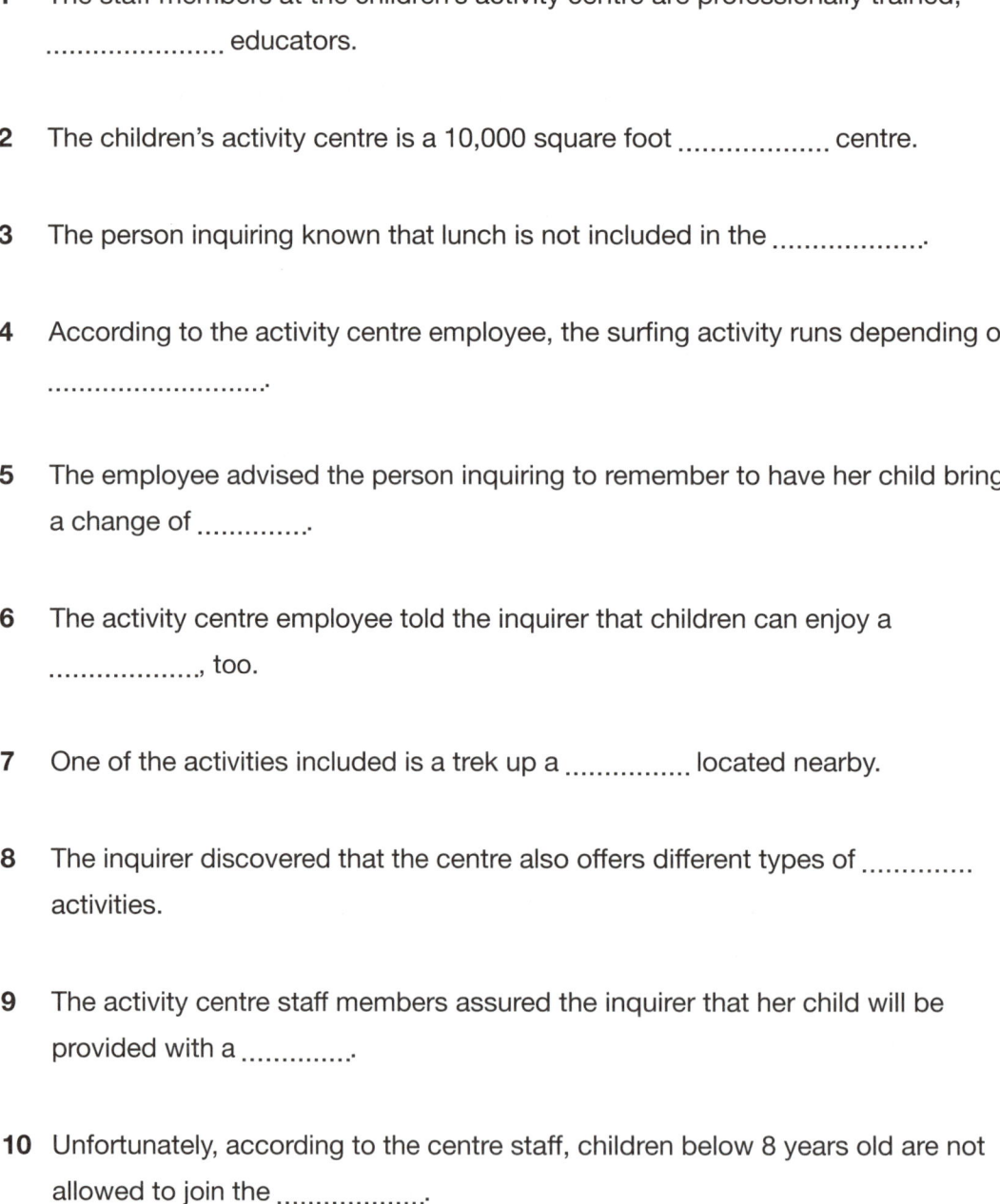

35   Children's activity centre inquiry

1   The staff members at the children's activity centre are professionally trained, ... educators.

2   The children's activity centre is a 10,000 square foot .... centre.

3   The person inquiring known that lunch is not included in the ....

4   According to the activity centre employee, the surfing activity runs depending on ....

5   The employee advised the person inquiring to remember to have her child bring a change of ....

6   The activity centre employee told the inquirer that children can enjoy a ...., too.

7   One of the activities included is a trek up a .... located nearby.

8   The inquirer discovered that the centre also offers different types of .... activities.

9   The activity centre staff members assured the inquirer that her child will be provided with a ....

10 Unfortunately, according to the centre staff, children below 8 years old are not allowed to join the ....

36 Rent accommodation

1   Detailed lists on rental accommodations are .... online and in the papers.

2   There is a variety of rentable accommodations like apartments, houses and .... and they are either furnished with furniture or unfurnished.

3   The person inquiring about rental accommodations in the area is a ....

4   The dentist was informed that the .... he can move in is the 1st of November.

5   The type of accommodation the dentist chose was an .... apartment.

6   The dentist specified that the apartment should have .... and a double bedroom.

7   The dentist also specified that he preferred an apartment with a ....

8   One of the dentist's .... is a garden because he enjoys gardening in his free time.

9   Another of the dentist's requirements is that the apartment must be located near the ....

10 He also chose an apartment with a large kitchen and a ....

37 Power moving company

1   Kate Bunsen is the name of the .... who called to inquire about Power Moving Company's services.

2   She was able to receive the company's services and she paid via .... with the account number, 287419210.

3   Her address is #64 Penumbra ...., City of London and her moving date is scheduled for the 21st of August.

4   The woman also paid protection insurance rate for her .... and other valuable furniture.

5   The moving company was informed that .... will have to be installed by the electric company first.

6   Kate Bunsen requested the moving company to provide her with a free .... on new appliances at her new address.

7   The moving company stated that it would be better for her to use a .... to pay for other services she may require.

8   Kate Bunsen was informed that if she doesn't receive the reading materials, the company will resend them via ....

9   The electric company told Kate Bunsen that it would cost 85-pound fee for the installation of .... supplies at her new home.

10 Kate Bunsen was told by the electric company that she can find information about .... on their website.

38 Application club course

1 It was indicated on the flyers that the .... for accepting applications to the club course is on June 27th.

2 In the advertisement I saw, the yoga class is only for .... level students.

3 The place is really well-known for their renowned ....

4 You have to pay an .... of $285 if you intend to play the full course.

5 Although people pay the full entrance fee, they usually use the last half an hour for ....

6 The restaurant at the golf course serves different kinds of cuisine, including .... food.

7 The golf club also has other facilities for people who want additional activities such as walking and ....

8 It is most well-known as a golf course but, interestingly, they also offer ....

9 This golf course is just really one part of a huge sports facility that also offers free ....

10 Strangely, all the other sports activities mentioned are connected to the golf course, but clearly, they are all played .... the club.

39 Introduction to the course and activities in the sailing club

1 The sailing club stays open until 11pm every ...., but only opens until 9pm on other days of the week.

2 The annual membership for a family with a child who is .... years old is $138.

3 The sailing club offers both water and .... activities.

4 The keys to the sailing club are given to members at the ....

5 The sailing club's cafe has .... and the people there are provided with excellent service.

6 Members attending the beginner's course are required to bring a ....

7 The sailing club also offers swimming and .... lessons to teenagers.

8 Members who want to join the dolphin watching activity have to bring their ....

9 Sailing club members are advised that it would be advantageous for them to bring a ....

10 For inquiries, the sailing club can be reached at their ...., with the number, 1007102245522.

40 Eco-farm classes

1   Individuals who would like to inquire about the eco-farm classes can send an email to ....

2   The classes that the inquirer was asking about are only available as ....

3   The inquirers said that they heard about the eco-farm classes ....

4   Individuals who take the eco-farm classes will learn how to make their own ....

5   Participants can bring their children but the children will stay in a .... near the farmhouse.

6   One of the female participants indicated that staying at a .... campsite would be better.

7   Parents who participate in the eco-farm classes will discover that children actually like ....

8   One of the club members is deciding whether to go .... or by bike to the location.

9   One of the families who joined the classes will go in their van and then take a .... to the location.

10 One of the classes that's strangely included in the eco-farm course is ....

41 | Sending a package

1 There are two ways to send a package and those are via a letter or a ....

2 The fee to send a package already includes the cost for .... and insurance.

3 The postmaster said compensation is given for .... of package.

4 Customers have to present the package delivery .... to make a claim.

5 Recorders that are sent via post office package are tagged as .... items.

6 Special mail sent via the post office goes into the .... box.

7 The main reason why customers pursue the special mail service is because of its ....

8 Sending registered mail costs 2.7 pounds, so it's considered the .... kind of parcel.

9 The man requested for the arrival of his package to be scheduled for ....

10 The woman taught the man how to send a recorder in an ....

42 Hotel facilities

1 Kate found out that she can register via Star Hotel's .... service.

2 She saw pictures online that showed Star hotel's ....

3 At the Royal Hotel, the .... is delectable and extravagant.

4 At the Winchester Hotel, ... are for the kids to play and have fun in.

5 Guests can book a .... for special occasions at the Royal Hotel.

6 The Winchester Hotel is famous for their special .... offers.

7 One thing that guests are required to .... do is to make a deposit to the hotel.

8 Hotel staffs have to finish making the .... soon because they've been scheduled to pick up deliveries.

9 The concierge has to free up his schedule to be able to provide guests with help regarding .... arrangements.

10 The hotel front desk clerk has to send .... to guests during off-season.

1   Julia was told to return the vacuum cleaner to the chair .... behind the building.

2   John was told to leave his .... number at the desk.

3   Julia listed her address somewhere along the road on ....

4   According to Julia, she .... the vacuum cleaner on the 31st of July.

5   The original vacuum cleaner she bought had a problem with the ....

6   She was able to buy the vacuum cleaner .... for $104.

7   The assistant suggested that she take an advantage of their .... offer instead of asking for a replacement.

8   The clerk says the new vacuum cleaner model features a ....

9   She found out it was more expensive because the price for the .... is $190.

10 Her faulty black vacuum cleaner was replaced with a new ....

44 Swimming pool introduction

1 It is stated in the brochure that .... are allowed to use the pool with a guardian.

2 The facilities at the pool complex include a .... cafe where guests can eat and relax.

3 The pool complex's only disadvantage is that guests often encounter ....

4 Entry level swimmers are allowed to use the .... facilities as long as they clean up their surroundings.

5 The regular swimmer's .... is too hard to follow.

6 The swimming pool is also open to ...., both young and old.

7 All guests are provided with a lock upon registration for a ....

8 Another disadvantage of the swimming pool complex is that it's almost always ....

9 My daughter attends swimming lessons at the pool complex .... a week.

10 People who come without cars must have .... for transportation costs.

1   The woman was told that she can make an appointment with a .... who can help her.

2   The library is located next to a park, right across the ....

3   The library is open from 9:00am to 4:30pm ...., and from 10:00am to 3:00pm on Saturdays.

4   The library offers activities such as the .... club for children aged between 4 and 13.

5   The library even has a .... club for children of all ages every fortnight on Saturdays.

6   The library also offers activities for mothers such as the local .... club.

7   The library allows people to borrow ...., but they have to register with the librarian.

8   People are also allowed to borrow CDs and .... for a minimal fee.

9   The librarian said that to send a postcard, you'll need to provide the ....

10 The library also sells souveniers and maps to ....

46 Accommodation inquiry at a travel agency

1 The travel agency informed them that the hotel can accommodate groups of
.... each.

2 Unfortunately, the meeting room is closed at the moment because it was
damaged by the .... last week.

3 The agency said that the meeting room is .... right now due to
restoration works.

4 They were told that they have to inform the agency in advance if they need
someone to .... for them.

5 They were told that they can get information about .... at the farm.

6 The agency can arrange a .... where participants will be
trained to find food.

7 Those who decide to stay at the agency's accommodation must pay a portion of
their fee ....

8 The guests were informed to go to the closest meeting area to choose a
....

9 The person inquiring was told that guests can spend time at the museum on
....

10 The person at the travel agency said he likes his job because it's quite ....

47   Swimming lessons for different ages

1   The first thing that is introduced in swimming lessons is .... in water.

2   The instructor put their primary focus on the student's ....

3   The older and more advanced students are training to improve their .... skills.

4   Students who are 17 years old and below cannot join the .... course because it's only for adults.

5   Babies who were enrolled for lessons by their parents are provided with ....

6   Each student who enrolls in regular swimming classes are required to bring their own ....

7   Students in the advanced level aim to improve their ....

8   Individuals enrolled in swimming lessons should bring .... to rent a locker.

9   Both men and women are required to wear a hat or .... in the pool.

10 Learning how to swim helps children develop and improve their ....

48 Wedding arrangement

1   The wedding arrangement will be done by a .... from Morehead City.

2   The company offers .... for weddings and other types of receptions.

3   Many cheap wedding ornaments and .... ideas can be found online.

4   Champagne is usually the choice for drinks and the .... at weddings.

5   Endless varieties of finger .... are traditional for a bride's celebration party.

6   Following dinner, a wedding cake is served at wedding receptions as a ....·

7   There are luxurious cake toppers at Liz Loves Weddings sold for £ 5.95 a ....·

8   There are thousands of ideas for the wedding reception's .... available online.

9   The bride specifically wanted .... for her wedding reception.

10 The wedding is .... at the Cathedral for 15th of October.

Airport survey

1   The reason why Henry is at the airport is because he is ....·

2   Henry is going to have to wait .... before checking in.

3   In the airport survey, Henry wrote that the vouchers were ....·

4   Henry wrote in the survey that he wished the airport had beds to sleep on or to lie on while sending emails with ....·

5   Henry also indicated that he wished the airport had a big .... not just computer games and DVDs on the plane.

6   Henry also added that he wished the airport had a .... to make the place seem less boring.

7   Henry stated in the survey that he flies at least .... in a year.

8   He always carries his laptop when he gets on a ....·

9   He used the word .... to describe his life in the survey.

10   He also said it will be ideal to serve .... on the plane.

1   If the flight wasn't delayed, they would've been here by now, since the
    .... for arrival was 2.45pm.

2   We wanted to buy four tickets including two .... with a 5-day flexibility
    of departure, but they only had one-way tickets.

3   We tried to purchase the "anytime" return tickets online but the page kept giving
    us an ....

4   The airline can only accommodate .... on the flight at this time.

5   Michelle has 3 children aged 11, 8 and 5, and as long as there is space in the
    place, they can accommodate children aged .... and below.

6   She feels that having .... travel by plane is fair.

7   However, she feels that having a .... travel by plane is unfair.

8   Michelle came to ask for advice at the ....

9   She was told that she had to write a letter to the manager with details about her
    ....

10 The woman was talking about the complaint that was filed with the
    .... GBK8422, yesterday.

1 The .... company is in the process of being relocated from Vancouver to Cancun.

2 The company is also looking to hire a new .... who can deal with the demands of the position.

3 In consideration of employees who commute, the company's most preferred location is near the ....

4 Since there is no indication from head office regarding the purchase of a property, the company is only looking to ....

5 The most important requirement of the company is the .... system.

6 There has to be a room for .... equipment where employees can relax and relieve.

7 One of the most necessary areas is the kitchen where there should be a coffee machine or a coffee maker, a .... and a microwave.

8 We also require a basement to .... billboards, tarpaulins and other materials.

9 A working .... has to be operating at least 12 hours a day, with someone serving food before and after work hours.

10 We would like the place cleared up because we like to have a lot of space and we do not like to have unnecessary office ....

52 Gym membership for sister

1 The gym where I signed up my sister is located at Wickford ....

2 I got my sister the .... gym membership package as a birthday gift.

3 The gym centre's .... is 7.30am and they close at 3.45pm in the afternoon.

4 You can get a .... of $25 per month if you choose the 12-month package.

5 Aside from the monthly fee, you also need to pay a .... of $30.

6 Other people prefer to engage in sports, such as ...., instead of exercising in a gym.

7 She's always liked ...., so she prefers to take dance classes rather than going to a gym.

8 The .... at the sports centre is open all week, from 9am to 9pm.

9 If you forget to bring your own .... at the event, you can borrow one for 50 cents.

10 To register, you need to fill out .... and attach ID photos on them.

53 Office space for lease

1 The previous tenants of the office were radio artists and ....

2 The other previous tenants of the office were ....·

3 The office building we're renting has larger rooms on the ....·

4 According to the lessor, the .... we can move in is the 1st of January.

5 The rental fee for the office is 150 pounds and the minimum length of .... is 3 months.

6 The office has a .... for every employee and it is located on the ground floor.

7 Aside from other ...., the office also has a working cafe on the north side of the ground floor.

8 The only problem is that there is no phone in the main office where the CEO will be ....·

9 The manager has asked the landlord to send them .... of the office via email.

10 Unfortunately, the closest parking area to the office building is the .... which is about a block away.

54 Fruit picking job

1 The employment office is located at The .... in Sydney.

2 The .... of people applying is 19 years old and above.

3 One of the locations that applicants can choose is near the .... in North Queensland.

4 Most .... are usually available for work from the month of August.

5 Employees are paid either by the number of .... or per basket.

6 Most fruit pickers prefer picking .... rather than mangoes or avocados.

7 Applicants shouldn't have any pre-existing health conditions such as ....·

8 Clients are required by law to provide their workers with ....·

9 A .... license is required for a client whose job is to make deliveries.

10 Fruit pickers should be provided with accommodation at a nearby .... by their employers.

55 Consultation of a driving class

1   Anyone interested can book a free driving lesson .... at A1 Driving Academy.

2   The testing area for driving students is located in the .... of the city.

3   The driving academy offers three free .... for eligible learner drivers.

4   The most popular cars for driving are the .... types.

5   The training courses are conducted when there is enough ....

6   Jacob can drive in any weather conditions because he's an ....

7   There is only a short course in which to get the driver's .... in order to meet the requirement.

8   The .... for driving lessons is $50 and it needs to be paid in advance to confirm your booking.

9   The first driving .... takes roughly 30 minutes to complete.

10 Driving students should keep a .... in order to monitor their progress.

56 | Finding a job

1 The job centre's current location is on the corner of Emporium and ....

2 Applicants should come early because the office only opens for limited hours every day, including ....

3 Lifting .... is one of the leading causes of injury in the workplace.

4 The nursery owner always has new employees spend their first two weeks doing nothing but .... plants.

5 Applicants who would like to get into real estate are required to have ....

6 Those who would like to enter the customer service field are required to possess excellent .... skills.

7 The first interview will be conducted at 5pm on ....

8 Maria Rapana, the job centre manager, will be the first ....

9 For further .... and information regarding the interview, you can contact the agency on 3438873.

10 Applicants should bring their .... with them when they come for the interview.

57 Inquiry about map reading courses

1 Classes for the map reading course will be conducted in locations around the ....

2 Participants in the map reading course are advised to bring .... bags as containers for trash they may find along the way.

3 The .... that will be covered in the entire course is stated in the program pamphlet.

4 The map reading course will also include a trip to a nearby ...... outside the town.

5 The .... students who will be joining the short map reading course are required to take an assessment test.

6 The map reading course group will be passing by a ....

7 The small shop will be providing meals including .... to the group.

8 Facilities at the university where the map reading course is offered include ....

9 Participants have been advised to bring a waterproof ....

10 The map reading course is very interesting because it is ....

58   Renting a house

1   A person who is renting or looking to rent a house or an apartment is called a
.........·

2   The last time I checked, the .... for renting a room was 550 dollars.

3   The apartment that my friend is looking to rent has a new ....·

4   There's a nice apartment in this area but it has no garage, so you will have to
park your car on the ....·

5   The 2-storey, 2-bedroom apartment is located just opposite to the children's
...............·

6   Since you have a toddler, it would be best to rent a bungalow-type of apartment
that has ....·

7   His cousin is renting a vacation home that offers a beautiful view of the mountain
and the ....·

8   It's important to review the rental contract before signing it to be sure of the
terms and ....·

9   Tenants are generally not allowed to make any .... on a property
without the owner's consent.

10   The lessors are responsible for .... that has to be done before a tenant
moves in.

1. The advertisement in the paper says that the regular consultation rate is .... per hour.

2. As far as I know, the rates can be higher if you don't go directly and pass through an ....

3. The consultation office keeps its regular hours but they also stay open until 4:30pm on ....

4. The consultation office is located at a nice spot in town and it is right beside a .... that has a garden.

5. The building where the consultation office is located has a cafe in the ....

6. I don't understand the connection but the consultation office shows .... on weekends.

7. I don't know why but the building where the consultation office is located is usually used for ....

8. There are no logical reasons why the consultation office plays films on weekends and why the genre is always either horror or ....

9. I was advised by my .... to consult with a lawyer and an accountant before proceeding.

10. They think he will not feel awkward at the family .... meeting.

60 | Choosing a moving company

1   We need to find a moving company that can transport the .... to the new location.

2   One of the things that need to be hand-carried is a 2x2m antique ....

3   The small .... with a glass top also needs to be carried.

4   The moving company should be very careful with the wooden .... that has a glass door.

5   Boxes should all have white label .... with descriptions handwritten on it.

6   The moving company charges $232 and this doesn't include ....

7   The moving company will start packing and .... things in the morning.

8   The homeowners are responsible for separating their .... from the rest of the things that need to be packed.

9   All packed and boxed items will be collected and loaded onto the truck through the ....

10 The moving van will be parked beside the .... in front of the house.

1   The client's scheduled date of .... is the 17th.

2   The client specified a .... on the 17th floor.

3   The client would like it better if the room has a ....·

4   The name of the hotel is the .... Hotel.

5   It is a 5-star hotel according to online hotel ....·

6   The client can request a .... for their travels if they wish.

7   The client has also booked a .... service at the hotel spa.

8   One of the places the tourist can visit is the .... that is close to the hotel.

9   Since the client booked online, he was given a .... for his reservation.

10 The client found out about the hotel from a .... that was on the plane he took.

62 | Introduction to the Livingston Park

1 The first part of the sightseeing tour at the Livingston Park is visiting an ....·

2 There is another road in Livingston Park that allows you to see the ....·

3 The Livingston Park also has a .... where tourists can rest and relax.

4 There are two beach lines at Livingston Park but one of them has no ....·

5 There is another bus line to Livingston Park that's located beside a ....·

6 In summer, children can be trained to care for animals at the .... in Livingston Park.

7 During the warm seasons, the river beside Livingston Park gets filled with ....·

8 A concert that featured famous .... was once held at the Livingston Park.

9 There are a total number of 27 .... sites at the Livingston Park.

10 On the weekends, Livingston Park doesn't charge any fee for the park ....·

1   Mary's grandson is interested in sports, so I suggested she give him a sports .... as a present.

2   Mary's granddaughter is interested in fashion, so I suggested she give her subscription to a fashion ....

3   My niece is very interested in learning other languages, so I got her a subscription to a ....

4   My niece suggested that I give my nephew, her brother, a ....

5   My grandmother loves gardening, so my mom suggested we give her gardening ....

6   When I told my grandmother we were getting her gloves, she said she wanted a nice ....

7   My uncle who's my mum's brother likes .... a lot, so we're giving him a backpack for Christmas.

8   My uncle said that if we were getting him a backpack for a gift, he'd like it in a ....

9   My sister's .... is only interested in the family and is not keen on receiving gifts.

10   Since my sister's mother-in-law is not interested in gifts, we're just going to give her .... when she arrives.

64 Finding part-time work

1   Kay was told to contact Jane Hitch at the Power Manufacturing Company for a part-time job at the ....

2   Sue was told that she will be assigned to the supermarket's ....

3   For part-time job positions, applicants need to indicate the .... ARW204.

4   Job applicants are advised to proceed to the office to submit their ....

5   One of the applicants said that she saw the .... for the part-time position in a local newspaper.

6   The male applicant was requested to buy a piece of .... to write down other details about his job experiences.

7   The girl says she is going to consider applying for a part-time job through an ....

8   Applicants who are still studying were reminded to bring their ....

9   According to the supervisor, applicants can use their tutors as ....

10 The female applicant must fill in a .... before she leaves.

65 Insurance claims

1 The woman's insurance claim is related to an incident with the .... TWS107942.

2 The incident occurred at Yernogpilly in Victoria on the 16th of ....·

3 One of the insurance claims filed previously was for a lost ....·

4 The man is claiming insurance for damage caused by the ....·

5 The woman claiming insurance for her husband found him dead next to the ....·

6 The man is claiming insurance to have a broken window fixed in his ....·

7 The front of the house was completely damaged during the storm, so they had to move to the .... at the back of the house.

8 The typhoon also damaged some .... that were attached to the outer walls of the house.

9 Other things that were damaged during the typhoon were a telephone and a ....·

10 The area of the house that was .... was the garage, including the car and everything else.

66   Sharing accommodation

1   We were informed that the .... for shared accommodation is $80 per week.

2   Tenants can .... their cars in the garage by the side of the units.

3   One of the tenants who shares a unit for the friend is Jim, and he works twice a week at a ....·

4   Peter is Jim's roommate and he suggested that he and Jim should take a ride together and just share the cost of ....·

5   The accommodation that Jim shares with Peter had no .... so he had to bring one when he moved in.

6   Peter also asked Jim to bring his .... when he moves in.

7   The shared apartment of Peter and Jim has a telephone in the ....·

8   Peter is scheduled to move in with Jim on the 1st of ....·

9   Peter and Jim agreed to spend time watching games every ....·

10   Jim is scheduled to move in with Peter after his ....·

1 Grace who inquired the wellness centre is currently employed as a ....

2 She told the person she's speaking to that she has a habit of .... breakfast.

3 She also tells the woman that she frequently experiences a ....

4 In addition to the headaches, she also catches .... often.

5 The woman who is having a consultation at the wellness centre says that she's allergic to ....

6 She is having some problems with her ...., so she has just recently consulted with an optometrist.

7 She has taken up walking as an activity and at the .... she only did it for 30 minutes.

8 She goes to the .... at 5pm every day to do her walking exercise.

9 She also started doing yoga and .... she spent 90 minutes doing it.

10 She also goes swimming on weekends at a .... that is close to her house.

68 | Applying as a nanny

1   Chloe who inquired about the nanny position was informed that the .... will be from 3:15 to 6:30pm.

2   Chloe who inquired about the nanny position was informed that the .... lived at 12 Park Road.

3   The woman who inquired about the nanny position was informed that she had to present a nanny training ....

4   The would-be nanny has to be .... in swimming, as per the client's preference.

5   The would-be nanny must also be interested in ...., according to the client's preference.

6   Aside from looking after the child, the nanny will also have .... and cleaning duties to do around the house.

7   As requested by client, the would-be nanny must present .... clearance.

8   The would-be nanny must attend an .... with the employers in a few days.

9   The employers said it's not necessary for the employee to present a work ....

10 However, according to the employers, the employee must have a ....

69   Aiden wants to find a part-time job at an orchard

1   Aiden was informed that he needs to present a .... visa to get a job at an orchard.

2   Aiden was informed that the orchard working season is from ....

3   He first found details about the orchard job on a ...., but he said the information he got from an agency was better.

4   According to the agency, the .... at the orchards is September.

5   He was told that the .... at orchards depends on the weather conditions.

6   Aiden learned that workers below 18 get paid $ 4.50, but those over 18 get an .... with a $ 6.50 per hour rate.

7   Aiden was told that orchard workers are provided accommodation at a ....

8   He learned that the best way to go around the area was by ....

9   People who want to work at the orchards must present a .... to qualify.

10   Those who are hired are advised to bring their own ....

1 The accommodation is conveniently located and there is even a .... nearby.

2 The accommodation has a .... room that is good for 6 people.

3 The accommodation has beautiful .... and other amenities and facilities.

4 The accommodation is also close to a .... where there's a gym, swimming pool, and tennis and basketball courts.

5 The accommodation has a large table and matching chairs on the ....

6 The standard price for .... accommodation is $219, but you can get a discount if you book online.

7 On Thursdays, the breakfast menu includes a .... with fruits.

8 On Fridays, they hold a .... for families in the picnic area.

9 Most guests come on .... morning and they leave either on Sunday evening or on Monday morning.

10 The accommodation has a dance hall where guests can dance to a performing ....

1   The mother who was inquiring about rental accommodations for a vacation has seen some information on a .... magazine.

2   The woman told the person at the agency that their group will include an old man who has a back problem and can't use ....

3   There will be five people in their group, so they will need a place with at least ....

4   They would like a place near the ....

5   They would prefer a place with a ....

6   It would be great if they can get a place near a .... where her children can enjoy playing.

7   They will also need a place with a ....

8   They would also like a hotel that is .... to a cafe.

9   The woman specified a hotel room with a .... in the bathroom.

10 The woman added that they would also need a .... in the kitchen.

1   The BMD Hotel conducts running tours as a morning activity and they offer .... in the afternoon.

2   The BMD Hotel is located by the coast at a nearby ....

3   Room rates at the BMD Hotel already include a complimentary ....

4   Rates at the BMD Hotel are quite reasonable considering that their rooms all have a ....

5   Guests at the Paradise Hotel can go .... at the nearby mall as their morning activity.

6   Guests at the Paradise Hotel can go bird watching in the afternoon to see ....

7   Just like the BMD Hotel, the Paradise Hotel is also located close to a ....

8   Guests at the Texas Hotel can enjoy .... in the afternoon.

9   The Texas Hotel is located close to a .... where guests are free to workout.

10 Room rates at the Texas Hotel include access to the .... and a cable television.

1 Lisa's cousin suggested that they bring more .... for accommodation.

2 They decided that they were going to book a room at a swanky .... in the area.

3 The agency said that they must visit the ...., as it is one of the top tourist attractions in the area.

4 One of the activities they intend to do when they get there is ....

5 The agent suggested that they should stay for at least .... to make the most out of their short holiday.

6 One of the accommodations that the agency suggested is a backpacker's inn at ....

7 An exciting activity that they should really try at White Mountain is ....

8 The guy also suggested that they should visit the mountain cafe in the afternoon to ....

9 The woman at the booking agency suggested that they .... for the duration of their trip.

10 She also suggested that it would be a good idea to buy a .... in advance.

74 | House repairs

1 Roxy lives in a rented house with her ....

2 Roxy decided to contact the .... to inquire about house repairs.

3 The service manager informed her that she has to pay a £50 ....

4 Roxy's cousin thinks that the .... of getting repair service would be through contacting a private company.

5 Roxy was instructed to use a .... to contact the woman who would schedule a day for the repairs.

6 Roxy was informed that she had to sign an .... after the house was repaired.

7 Roxy informed the service manager that the window lock was ....

8 The agent suggested that they check the .... first before trying to repair the electricity line.

9 The other thing that Roxy wants to have fixed in the house is the .... in the main hall.

10 Roxy also wants the main hall's .... to be replaced.

75 Setting up a company

1 Karen owns the company and she runs the business as the ....

2 Karen wants to build her new company office somewhere near the ....·

3 Her company has .... on staff and they should all have enough space in the office.

4 Her .... to begin the construction of the new office is sometime in May.

5 She requires an area of 12000 square metres for the new office and she wants a .... to be done to confirm the size.

6 One of the things she specified was to remove the .... in the conference room.

7 She also mentioned that there should be .... installed in every room.

8 She specified that the .... was too small, so it needs to be enlarged.

9 Another thing that needs to be done is some .... in the kitchen.

10 A special feature that the woman would like to have is a terrace with a ....·

76 Survey questionnaire for north residents

1 Perry who's being interviewed told Grace that he currently works as a ....·

2 Perry has lived in the area for ....·

3 Perry lives in the .... area.

4 Perry was sharing an apartment with ....·

5 He usually walks, but he often takes .... and sometimes taxis.

6 He eats out about ....·

7 He likes swimming and going to .... for entertainment.

8 He likes spending his leisure time watching .... at the cinema.

9 The other thing that he likes to spend his leisure time on is ....·

10 He currently takes .... as a part-time course.

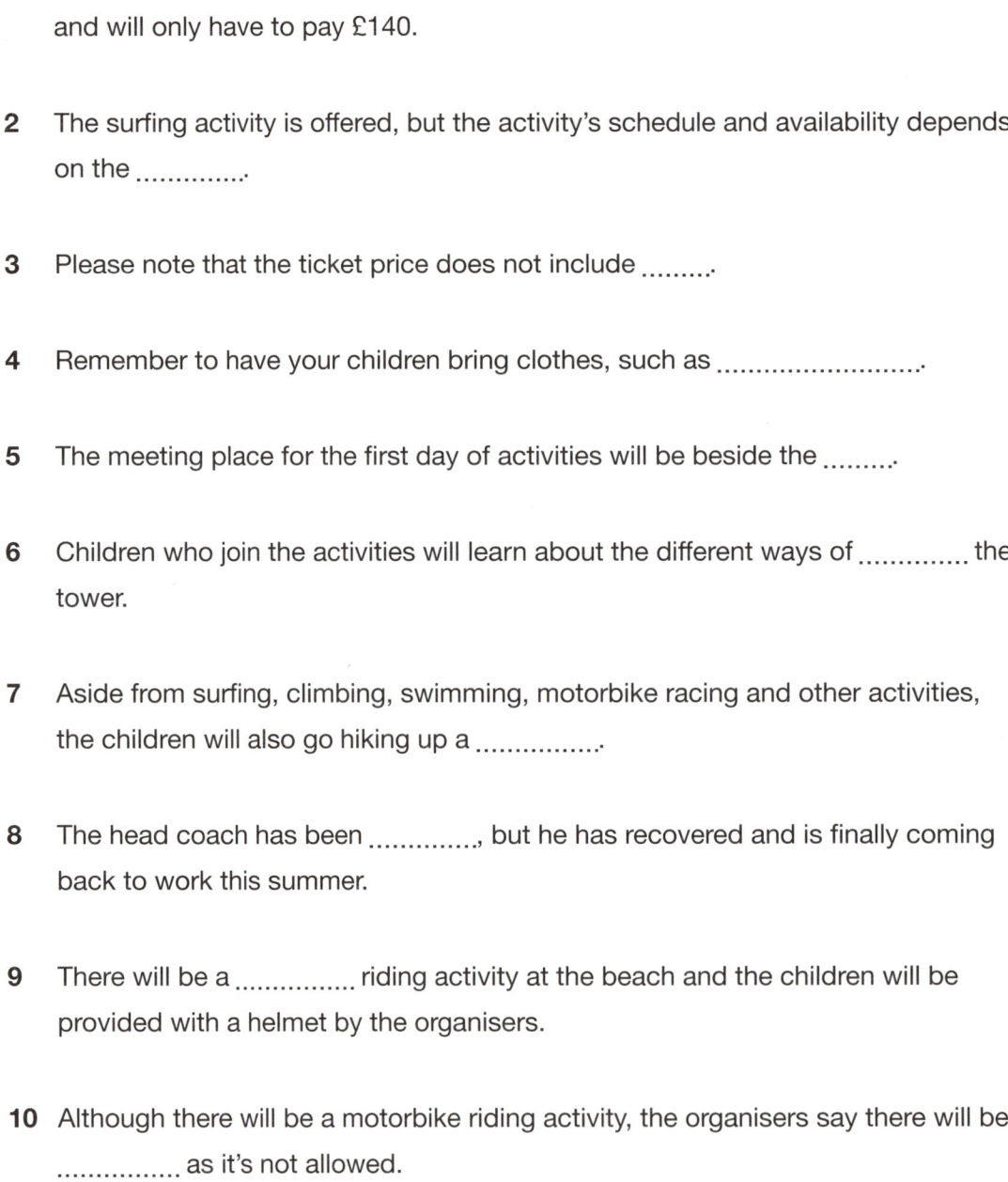

77 Children's activities

1   The fee is £26.65 per day, but if you pay for the whole week, you'll get a .... and will only have to pay £140.

2   The surfing activity is offered, but the activity's schedule and availability depends on the ....·

3   Please note that the ticket price does not include ....·

4   Remember to have your children bring clothes, such as ....·

5   The meeting place for the first day of activities will be beside the ....·

6   Children who join the activities will learn about the different ways of .... the tower.

7   Aside from surfing, climbing, swimming, motorbike racing and other activities, the children will also go hiking up a ....·

8   The head coach has been ...., but he has recovered and is finally coming back to work this summer.

9   There will be a .... riding activity at the beach and the children will be provided with a helmet by the organisers.

10 Although there will be a motorbike riding activity, the organisers say there will be .... as it's not allowed.

78   Hot air balloon rides

1   £125 per person was the .... for a hot air balloon ride.

2   After the hot air balloon ride, a .... is given to adults.

3   If you plan to book immediately or same-day, you will have to book ....

4   The maximum height that the hot air balloon can reach is ....·

5   The best time of the year to go on a hot air balloon ride is ....·

6   Although Marie requested it for her husband's birthday, hot air balloon rides at .... are not allowed.

7   The hot air balloon ride that she booked for her husband's birthday might be cancelled due to an impending ....·

8   She was advised to wear warm clothes, a jacket, ... and a helmet.

9   While the minimum age requirement for children is 9 years old, there is no .... for adults.

10   Adults who want to go on a hot air balloon ride should be able to remain in a .... throughout the entire flight.

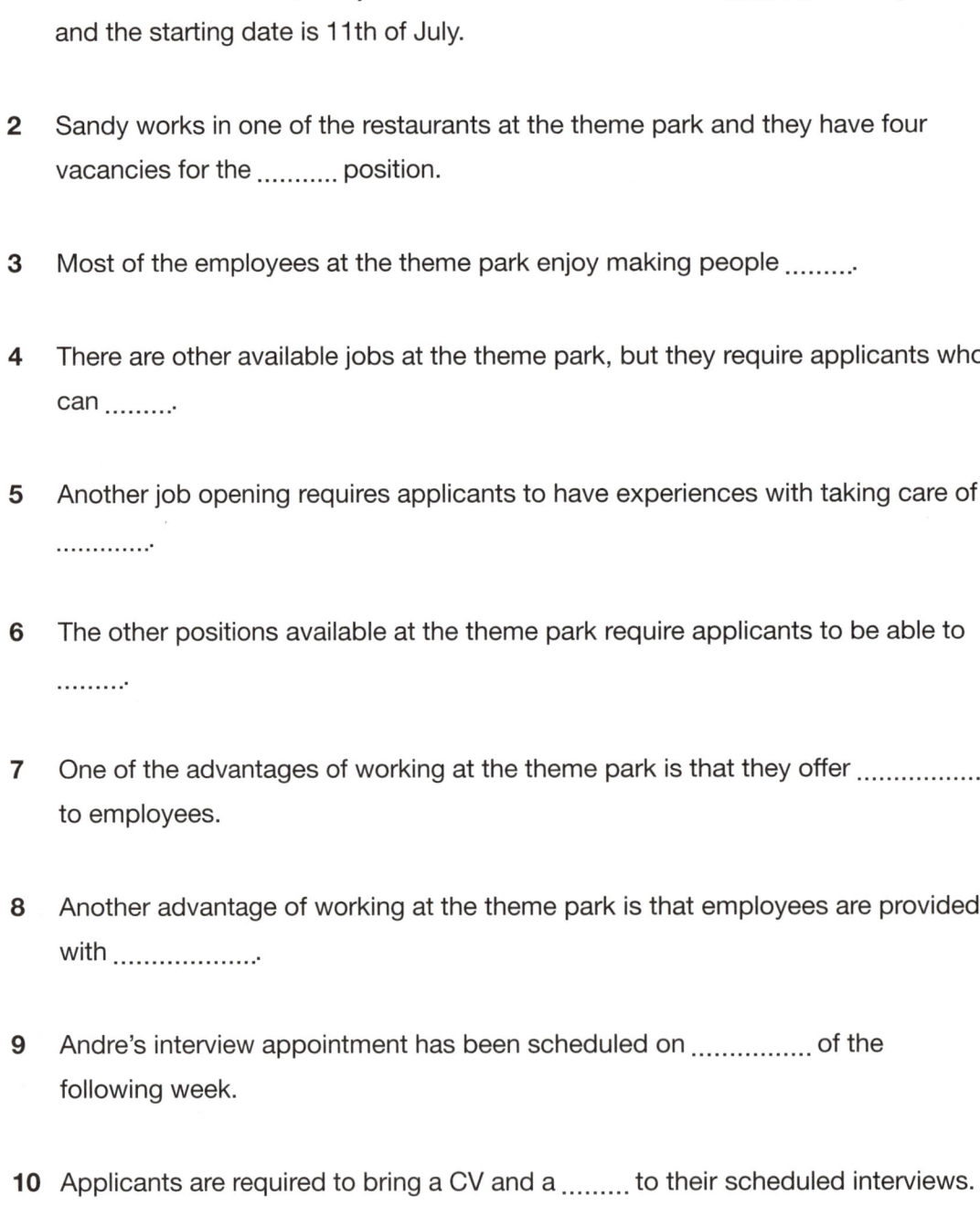

79 Job hunting at a Theme Park

1 Andre discovered that the job location is at the Jamieson .... theme park and the starting date is 11th of July.

2 Sandy works in one of the restaurants at the theme park and they have four vacancies for the .... position.

3 Most of the employees at the theme park enjoy making people ....

4 There are other available jobs at the theme park, but they require applicants who can ....

5 Another job opening requires applicants to have experiences with taking care of ....

6 The other positions available at the theme park require applicants to be able to ....

7 One of the advantages of working at the theme park is that they offer .... to employees.

8 Another advantage of working at the theme park is that employees are provided with ....

9 Andre's interview appointment has been scheduled on .... of the following week.

10 Applicants are required to bring a CV and a .... to their scheduled interviews.

80   Theatre booking

1   When I called, I was told that the theatre offered a .... discount.

2   3 adult tickets cost £23 each and 17 child tickets cost £12.50 each with a ....

3   The disadvantage to sitting in the middle row is that it's close to the ....

4   Bitten chose a seat in the .... of the circle that is close to the stage.

5   The guest made a special request for a .... because there was a child who needed it.

6   The other special request was to have the child in a wheelchair sit close to the ....

7   Tickets to the theatre are collected at the .... near the library.

8   The guests informed the attendant that they were all ....

9   The attendant informed them that there's no coffee, but hamburgers and .... pizzas will be served.

10 The attendant also said that everyone will be given .... inside the theatre.

1 Extra-curricular activities

1. 대부분의 수업은 오전에 시작하고, 그 밖의 수업들은 오후에 시작합니다.
2. 그녀가 듣는 수업의 이름은 프랑스 요리입니다.
3. 요리 수업은 매달 첫 번째 화요일에 시작합니다.
4. 학생들은 요리 수업에 필요한 음식 재료비를 가지고 와야 합니다.
5. 그림이라는 이름이 붙은 수업은 없지만, 그림 수업은 있습니다.
6. 그림 수업에서 학생들은 본인의 붓을 가져야 합니다.
7. 강좌명은 골프이고 훈련 수업을 위해서는 이 클럽을 이용합니다.
8. 요즘에는 가능한 적게 사용을 해야 합니다. 그렇지 않으면 다음 월급날 전에 돈이 다 떨어질 것입니다.
9. 펠리페는 오늘 오전에 그녀의 행동이 이상하다는 것을 전혀 알아차리지 못한 것 같았습니다.
10. 쇼핑몰에는 주차 공간이 없지만, 건물 북쪽에 있는 주유소 옆에 주차를 할 수 있습니다.

ANSWERS

1. morning
2. French
3. first Tuesday
4. ingredients
5. painting class
6. brushes
7. golf
8. money
9. notice
10. petrol station

2 Renting a house

1. 고급 기숙사방은 집세로 일년에 3,834파운드를 내야 하기 때문에, 이 방을 원한다면 훨씬 많은 돈을 내야 합니다.
2. 고급 기숙사방은 휴일 동안 이용을 할 수 없기 때문에, 집세를 냈다 하더라도 지낼 수 없습니다.
3. 캠퍼스 근처에는 임대 가능하고 집주인이 환영 해주는 집들이 있습니다.
4. 년 단위 계약은 집세가 유동적이기에 캠퍼스 밖에 있는 집을 빌리는 비용은 더욱 저렴합니다.
5. 학생들은 공동 주택을 빌릴 수 있습니다.
6. 공동 주택은 당신이 혼자만의 공간을 가질 수 있고 집세와 전기, 가스 요금에 대한 부담이 없기 때문에 가장 좋습니다.
7. 공동 주택에 있을 때는 보통 9파운드 정도의 수도 요금을 내야 합니다.
8. 공동 주택의 한 가지 단점은 교통비도 추가해야 한다는 것입니다.
9. 공동 주택을 빌릴 때 가장 큰 단점은 보증금을 내야 한다는 것입니다.
10. 공동 주택은 세입자들이 두 명의 신원 보증인의 이름과 연락처를 제출해야 합니다.

ANSWERS

1. campus suite
2. holidays
3. welcome
4. flexible
5. shared studio
6. electricity
7. water bill
8. transportation
9. deposit
10. two references

3 Advisory regarding an extracurricular student

1. 엠마는 다른 학생들에게 좋은 모범을 보여 선생님에게 칭찬을 받았습니다.
2. 수업시간은 교실 크기 문제 때문에 변경되어야 합니다.
3. 음악실 이용에 대한 갈등 때문에, 수업시간은 변경되어야 했습니다.
4. 새 시간표에 따르면, 수업시간은 5시 15분 전에 시작을 하고, 이 시간에만 이용 가능합니다.
5. 오늘 오전에 무용 수업에 관해 문의를 했었는데 대기 명단에 들어가야 한다고 들었어요.
6. 엠마는 금요일마다 저녁 늦게 끝나는 드라마 수업을 이미 듣고 있기 때문에, 노래 수업은 듣고 싶더라도 들을 수가 없습니다.
7. 엠마는 노래에 재능이 있지만, 보컬 수업료가 매우 비싸기 때문에 들을 수가 없습니다.
8. 아이들에게 악기를 연주하고 작곡하는 법을 가르치는 것은 매우 즐겁습니다.
9. 수업료는 63달러이지만, 22달러의 추가비용이 있어서, 총 비용은 85달러입니다.
10. 엠마는 이상한 상황에 놓여있기 때문에, 9월 14일에만 시작을 할 수 있습니다.

ANSWERS

1. good example
2. classroom size
3. availability
4. quarter
5. waiting list
6. drama class
7. too expensive
8. write music
9. total cost
10. circumstance

4 Fitness centre memberships

1. 헬스클럽에서는 성인 2명과 어린이 2명에게 가족 회원비를 285달러에 제공합니다.
2. 헬스클럽에서는 무료 오리엔테이션을 시행합니다. 그들은 청중들에게 무료 음료와 주차를 제공할 것입니다.
3. 가능한 일정과 강사는 9월 초부터 변경됩니다.
4. 헬스클럽의 시설들은 아주 훌륭하며, 유리 지붕이 있는 수영장이 있습니다.
5. 헬스클럽은 매달 둘째 주마다 무료 오리엔테이션을 제공합니다.
6. 헬스클럽은 모든 대기실에 TV를 설치했습니다.
7. 헬스클럽에서는 무술 수업도 제공을 하고 그 중의 하나가 유도 수업입니다.
8. 날마다 특정 시간대에 모든 연령대가 할 수 있는 요가 수업도 있습니다.
9. 요가와 무술 수업은 수준별로 나뉘어지고 저는 지금 둘 다 중급 수업을 듣고 있습니다.
10. 3개월마다 항상 새로운 수업이 개설됩니다.

ANSWERS

1. family membership
2. drinks and parking
3. September
4. excellent
5. orientation
6. installed TV
7. judo
8. yoga classes
9. intermediate
10. A new class

5 Discussion about the meeting place

1. 이메일 마케팅은 단기간에 많은 사람들에게 접근을 할 수 있기 때문에 기업에게는 최선의 선택입니다.
2. 발표 후에, 참가자들의 간식으로 샌드위치가 제공이 되었습니다.
3. 모든 직원들이 참석한 회의 동안에 프로젝트가 상세하게 논의되었습니다.
4. 물품을 공항이 아닌 역으로 보내기 위해서는 택시가 제공되어야 한다는 것이 회의에서 논의되었습니다.
5. 재정상의 이유로, 그 게스트하우스는 이미 문을 닫았습니다.
6. 플라워 호텔은 도시 내 최고급 호텔 중 하나이고 다리 부근에 있어 편리한 위치에 있습니다.
7. 플라워 호텔에 손님들이 예약한 방에서는 도시의 근사한 경치를 볼 수 있습니다.
8. W 인터내셔널 호텔은 도로와 가까워서 너무 시끄럽기 때문에 관리부에서는 가기로 한 처음 계획을 취소했습니다.
9. 고려해 본 다른 호텔은 초이스 호텔이고, 병원 근처에 있습니다.
10. 초이스 호텔은 만족스러웠지만, 호텔에 식당이 없어서 가지 않기로 결정을 했습니다.

ANSWERS

1. marketing	2. sandwiches
3. project	4. deliver
5. financial reasons	6. bridge
7. magnificent view	8. noisy
9. hospital	10. restaurant

6 Lifeguard application

1. 구조원 신청서에 집주소 그랜드 에비뉴와 같은 개인 정보를 작성해야 합니다.
2. 메이슨 사무실에서 회계팀 보조로 일했던 경험과 같은 관련이 있는 경력을 보여주어야 했습니다.
3. 수영 코치로 지원을 하고 싶다면 국가 자격증이 있어야 합니다.
4. 그들이 주목하는 자질 중의 하나는 까다로운 사람들을 다루는 능력입니다.
5. 문제 해결에 능숙하다는 것이 증명된 지원자들은 고용이 될 기회가 더 많습니다.
6. 고용주들은 집중력이 좋은 직원들을 가치 있게 여깁니다. 왜냐하면 그들은 업무에 매우 집중을 잘 할 수 있기 때문입니다.
7. 구조원의 자격을 갖추기 위해서는 몸이 건강하고 시력과 전체적인 체력이 뛰어나야 합니다.
8. 고용주들은 주말에 특히 일요일 오전에 일하는 것을 즐거워하는 직원들을 우선으로 여깁니다.
9. 새로 온 직원은 행정 업무 외에 청소도 해야 할 것입니다.
10. 신문에서 모집 공고를 보았고 버스 라디오에서도 들었습니다.

ANSWERS

1. Gland Avenue	2. accounting
3. swim coach	4. difficult people
5. problem solving	6. concentration
7. excellent vision	8. Sunday mornings
9. administrative duties	10. newspaper

7 Wedding ceremony

1. 제이콥과 멜린다의 결혼은 원래 1월에 잡혀있었지만 2월로 미뤄졌습니다.
2. 모든 소동이 다 끝난 후에 결혼 날짜가 2월 27일로 옮겨질 것이라는 것이 나중에 알려졌습니다.
3. 베니와 준의 공식적인 결혼식은 다른 홀에서 열릴 예정이었으나 로비로 옮기기로 결정했습니다.
4. 헨리와 준은 교회나 다른 곳보다는 공원에서 결혼식을 하고 싶어했지만 허가가 나지 않았습니다.
5. 베니와 헨리 둘 다 하객이 50명이 넘지 않길 바랐지만 그들은 신부와 타협을 했고 결국 70명을 받기로 합의를 보았습니다.
6. 준과 준은 모두 아이들이 놀 수 있도록 잔디가 있는 야외를 원했습니다.
7. 두 커플은 결혼 전 사진을 찍기 위해 공원의 아름다운 경치를 활용했습니다.
8. 웨딩 기획자들은 손님들과 측근들을 위한 주차 공간이 넉넉하다고 확실히 해두었습니다.
9. 가족들은 음식과 음료 제공을 요구하지 않았지만 그녀의 약혼자는 출장 요리 서비스를 하기로 약속했습니다.
10. 피로연 장소로는 두 가지 선택권이 있습니다. 하나는 롱비치이고, 다른 하나는 라구나 비치입니다.

ANSWERS

1. originally	2. determined
3. reception area	4. park
5. 70 guests	6. grass
7. beautiful view	8. parking
9. catering	10. two options

8 Insurance claim

1. 놀랍게도, 그녀의 남편은 그녀가 모르고 있었던 15만 달러의 보험증서가 있었습니다.
2. 그녀는 가족들과 더 가까이 있기 위해 아칸소 지사로 옮겨달라고 공식 요청을 했습니다.
3. 한 친구가 스페인에서 소포를 보냈는데 배송 도착일은 2월 27일입니다.
4. 운송 중에 분실된 10개의 그림 외에도 찾아야 하는 다른 물건들이 있습니다.
5. 찾아야 하는 물건 중에 하나가 금 테두리가 있는 앤틱 거울입니다.
6. 직원들은 아주 서둘러서 수송 중에 책 한 박스를 잃어버렸습니다.
7. 승무원은 나무로 만든 엄청나게 큰 오래된 탁자도 잃어버렸고 심지어 화물선에서 나가는 것도 보지 못했습니다.
8. 내 중국인 친구는 명 왕조 시대에 정교하게 디자인된 매우 비싼 앤틱 접시를 나에게 주었습니다.
9. 우리가 배로 보낸 책상과 의자의 다리가 모두 어떻게 부러진 것인지 믿을 수가 없습니다.
10. 고객이 손상된 물건들을 청구한 총 금액은 3,450달러입니다.

ANSWERS

1. policy	2. formal request
3. shipping	4. ten paintings
5. antique mirror	6. books
7. old table	8. plate
9. legs	10. total value

9 Horse centre programmes

1. 포니 클럽은 여름 철에 4~7세 아이들을 대상으로 토요일마다 열리고 아이들이 당나귀를 타보고 이야기를 들을 수 있습니다.
2. 팜 디스커버리 캠프는 5~10세 아이들을 위한 것이고 주된 특징은 호수 주변에서 하이킹을 하는 것입니다.
3. 데이 라이딩 캠프는 8~13세 아이들을 대상으로 하고 수업에서는 특별히 건강과 영양을 다룹니다.
4. 8~13세 아이들은 야구와 축구 같은 다른 활동으로 데이 라이딩 캠프에 참여할 수 있습니다.
5. 리더십 트레이닝 캠프는 13~16세의 청소년을 대상으로 하고 수업에서는 기본 승마 안전규칙을 특징으로 다룹니다.
6. 리더십 트레이닝 캠프에서 13~16세 청소년들은 요리를 하기 위해 불을 지피는 법과 같은 기타 활동들을 배웁니다.
7. 초빙 강사는 새로운 경마 발표 방식에 대한 연설을 할 것입니다.
8. 또한 캠프에서는 7월 매주 수요일마다 인명 구조원과 함께 하는 수영 강습을 제공할 것입니다.
9. 캠프 등록사무소는 퍼스린치 로드 9290번지에 있습니다.
10. 캠프 등록사무소는 다음주부터 주중 오전 8시 30분에서 오후 4시 15분까지 열려 있을 것입니다.

ANSWERS

1. Saturdays	2. lake
3. nutrition	4. soccer
5. safety	6. fire
7. speaker	8. lifeguards
9. registration office	10. beginning

10 Jobs at a bookstore

1. 서점은 주말에는 오후 9시 반에 닫고 주중에는 오후 8시에 문을 닫습니다.
2. 서점은 웨스트 미들랜즈, 우편번호 RA6 7BU, 에스트리아 로드 53번지에 있습니다.
3. 마이클은 현재 순수 예술 학위를 따고 있고 사진을 전공했습니다.
4. 마이클의 첫 직장은 꽃가게 점원이었고 거기서 1년 반 동안 있었습니다.
5. 꽃가게에서 일을 한 후에는 지역 병원에서 보육원 관리인으로 일했습니다.
6. 애니카의 첫 두 직장은 패스트푸드점이었지만 세 번째에는 호텔 식당의 종업원으로 일을 했습니다.
7. 애니카는 면접에서 주말에 일을 할 수 있다고 분명히 말을 했습니다.
8. 원하는 근무 시간에 대한 질문에서 애니카는 오후 7시 이후에 일을 할 수 없다고 확실하게 말했습니다.
9. 또한 애니카는 휴일에도 근무를 할 수 있다고 확실히 말했습니다.
10. 애니카는 점심 시간이 가장 활동적인 시간대이기 때문에 될 수 있으면 점심 시간 교대 근무를 요청했습니다.

ANSWERS

1. weekends	2. post code
3. photography	4. sales assistant
5. nursery	6. waitress
7. weekends	8. unavailable
9. holidays	10. lunch time

11 Inquiry about the surfing course

1. 몇몇 강사들은 정규 서핑 강좌 외에 주말에 2시간 동안 개인 강습을 제공합니다.
2. 주말 개인 강습을 듣는 서퍼들은 샌디 해변에서 강습을 받고 연습을 합니다.
3. 캠퍼스에는 모든 학생들과 직원들을 수용하는 호텔이 있는데 관광객들도 수용합니다.
4. 캠퍼스에서 이동을 하려면 교통비를 내야 할 것입니다.
5. 또한 주말마다 멕시코 여행을 제공하며 관광객들과 학생 모두 참여할 수 있습니다.
6. 12월은 관광객들과 학생들이 많지 않기 때문에 서핑 수업에 참석하기 가장 좋은 때입니다.
7. 서핑하는 법을 배울 때 가장 어려운 것은 방향을 바꾸는 것입니다.
8. 서핑 수업 예약은 3월 17일에 시작될 것입니다.
9. 수업 시작 전에 학생들은 모든 보험의 사본을 받을 것입니다.
10. 예약을 하려면 사무실에 가서 플레처라는 성을 가진 매니저에게 요청하면 됩니다.

ANSWERS

1. private courses	2. lessons
3. hotel	4. transport
5. Mexico	6. best time
7. turn	8. surfing course
9. copies	10. surname

12 Get ready for special holiday events on the Island

1. 호텔 직원에 따르면, 낮 시간대 온도는 보통 19도이지만 밤에는 대략 14도라고 합니다.
2. 직원은 평균 이동 시간이 약 40분이라고 했습니다.
3. 그녀는 모든 방에 욕실이 딸려있고 발코니가 있다는 것을 확인할 수 있었습니다.
4. 호텔에는 손님 전용의 야외 수영장과 테니스 코트도 있습니다.
5. 호텔 식당에서는 화요일마다 다섯 종류의 다양한 생선 요리를 제공합니다.
6. 매주 화요일마다 저녁 식사 후에 호텔 투숙객들에게 라운지에서 피아노 연주를 하도록 권장합니다.
7. 그는 수요일마다 이용할 수 있는 교통수단이 케이블카밖에 없다고 들었습니다.
8. 투숙객들과 방문객들은 수요일마다 저녁 식사 후에 열대 식물 정원에서 바람을 쐬고 신선한 공기를 즐길 수 있습니다.
9. 매주 목요일에는 헬리콥터 말고는 다른 교통 수단이 없습니다.
10. 매주 목요일 저녁 식사 후에 하는 불꽃놀이에 투숙객들과 방문객들을 초대합니다.

ANSWERS

1. temperature	2. normal travelling time
3. suite facilities	4. tennis court
5. fish dishes	6. piano
7. cable car	8. tropical plant
9. helicopter	10. fireworks

13 Looking for jobs

1. 그 남자는 지원서에 엘시노어 로드에 있는 그의 집주소와 같은 개인 정보를 넣었습니다.
2. 그는 집 전화번호 외에, 대체 전화번호로 077896246번도 써넣었습니다.
3. 제임스는 도시에 있는 최고급 레스토랑 중 한곳에서 시간제 웨이터로 일한 적이 있습니다.
4. 동시에 제임스는 도시에 있는 주요 고등학교 중 한곳에서 야구 코치로 일했습니다.
5. 그의 관련 경력에는 해변 안전 요원으로 일한 것이 포함됩니다.
6. 그가 목록에 포함시킨 기술 중 하나는 다이빙 기술입니다.
7. 그의 다이빙 자격증은 10월에 만료가 되기 때문에, 새로 발급받기 위한 과정을 시작해야 합니다.
8. 그는 원하는 근무 시간이 토요일 오전이라고 말했습니다.
9. 그는 지원서에 6시부터 일을 시작할 수 있다고 밝혔습니다.
10. 제임스 말로는 라디오에서 정보를 들었다고 했습니다.

ANSWERS
1. personal information	2. alternative
3. part-time waiter	4. baseball coach
5. relevant experiences	6. diving
7. expire	8. Saturday
9. 6 o'clock	10. on the radio

14 Driving instructor jobs

1. 직원의 업무에는 관련이 있는 안전 법률을 따르는 것이 포함됩니다.
2. 또한 직원은 프로그램의 특성상 주말에도 일을 해야 합니다.
3. 그들은 정원사가 되기 위해서 고품질의 원예 도구와 장비들을 제공합니다.
4. 운전 학원의 직원들은 사무실과 자동차의 카펫을 청소해야 합니다.
5. 관리자는 직원들이 학원의 웹사이트도 관리하도록 해야 합니다.
6. 강사들은 운전 연수 프로그램 준비를 맡고 있습니다.
7. 직원들은 A1 회사의 부당한 원칙과 규제로 인해 화가 났습니다.
8. 작년에 모회사는 판매 실적이 떨어져서 회사를 접었습니다.
9. 의도치 않은 부정적인 의사소통이 직장 내 안 좋은 환경의 주요 원인이라는 것이 알려졌습니다.
10. 직무 스트레스의 근본 원인은 적대시하는 직장과 낮은 월급입니다.

ANSWERS
1. employee	2. weekends
3. tools	4. carpets
5. website	6. training
7. employees	8. failing sales
9. bad environment	10. low salary

15 Outdoor travel

1. 새들은 세계에서 가장 길게 이동을 하고 한번에 수천 마일을 이동합니다.
2. 때로는 여행에 텐트 안에서 잠을 자는 캠핑도 포함될 수 있습니다.
3. 우리의 최종 목적지는 산을 넘는 여행이 될 것이고 그것은 아주 신나는 경험이 될 것입니다.
4. 우리가 오른 산을 가로지르면 아름다운 전망의 동굴이 있습니다.
5. 페이스를 유지한다면 점심 시간에 폭포에 도착할 것입니다.
6. 등산객들은 폭포에서 캠핑을 할 것이기에 저녁에 수영을 할 수 있습니다.
7. 몇몇 관광객들은 말을 탈 수 있지만 허리에 문제가 없어야 합니다.
8. 산을 가로지르는 길이 있을지라도 제대로 된 워킹화를 신는 것이 좋습니다.
9. 온라인으로 미리 예약을 하면 관광객들은 할인을 받을 수 있습니다.
10. 여행사는 그들의 보험 회사와 좋은 관계를 유지합니다.

ANSWERS
1. thousands of miles	2. tent
3. final destination	4. cave
5. waterfall	6. swim
7. back problem	8. walking boots
9. in advance	10. good relationship

16 Farewell party

1. 주최자는 큰 라운지 공간이 있기 때문에 초록색 방을 파티를 위해 선택했습니다.
2. 파티에 참여할 예상 인원은 40명입니다.
3. 좌석 배치는 협의 된 3개의 긴 테이블로 결정이 될 것입니다.
4. 고객은 파티에 배경음악과 마실 것, 꽃들이 있는지 확실히 알고 싶어합니다.
5. 송별회를 개최하는 회사는 스미스 브라더스 엔지니어링 회사입니다.
6. 회사 사무실은 다른 지역으로 옮겨질 것이고 새 우편번호는 S132RT입니다.
7. 파티에 대한 자세한 사항은 콜린스 씨에게 연락해보세요.
8. 추가 요청이 있으시면 적어도 행사 일주일 전에 파티 주최자에게 연락을 해야 합니다.
9. 고객은 여러 가지의 음료와 스낵을 선택하고 커다란 케이크를 지정했습니다.
10. 송별회는 6월 28일에 열릴 예정입니다.

ANSWERS
1. green room	2. estimated number
3. long tables	4. background music
5. Engineering Company	6. new postcode
7. details	8. additional request
9. drinks and snacks	10. be held

17 Renting a house

1. 이 지역에서 집을 임대하는 것은 월 임대료가 대략 1,700달러이기 때문에 저렴하지 않습니다.
2. 수표로 지불할 수도 있지만, 수표를 받는 집주인은 많이 없습니다.
3. 만약 세입자가 현금으로 지불을 할 수 없다면 대부분의 임대인들은 수표보다는 신용카드 결제를 원할 것입니다.
4. 이 아파트는 비용이 만만치 않지만 환경이 매우 좋고 부엌이 훌륭합니다.
5. 이러한 고급 주택지역에서 주차장이 없는 아파트를 찾는 것은 드문 일입니다.
6. 사람들이 임대할 곳을 찾을 때 물어보는 것 중 하나는 아파트에 식기 세척기가 있는지 여부입니다.
7. 그 아파트는 세입자들이 정원에 물을 주는 일을 분담해야 합니다.
8. 모든 아파트 건물 뒷편에는 아파트마다 재활용 쓰레기통이 있습니다.
9. 아파트에는 중앙 냉방 장치가 없지만 집에 에어컨을 담당하는 창문이 전략적으로 배치되어 있습니다.
10. 문의사항이 있으시면 집주인 샘 드레슬러에게 0746614900번으로 전화하시면 됩니다.

ANSWERS
1. monthly rent
2. check
3. cheque
4. beautiful kitchen
5. garage
6. dishwasher
7. watering
8. recycling
9. air conditioning
10. enquiries

18 Mother telephones school to understand the situation

1. 학교 직원은 어머니에게 남학생의 교복 바지는 검정색이고 스웨터는 파란색이라고 알려드렸습니다.
2. 어머니는 또한 자녀들이 월요일부터 목요일까지 넥타이를 매야 하고 비 오는 날에는 검은색 비옷을 입어야 한다는 것도 들었습니다.
3. 어머니는 파크 스트리트에 있는 지역 상점 하월스에서 넥타이를 살 수 있다고 들었습니다.
4. 그녀는 아들을 학교에 데려가려면 그린 스트리트역에서 9번 버스를 타고 가야 한다고 들었습니다.
5. 학교 직원에 따르면 점심식사는 5.99파운드이고 따뜻한 식사가 제공된다고 합니다.
6. 그들은 그녀에게 첫 학부모 모임은 9월 14일에 열릴 것이라고 했습니다.
7. 학교는 매일 다른 시간에 시작을 하기 때문에 어머니는 이것을 아이에게 알려줄 것을 당부 받았습니다.
8. 학교 직원은 또한 어머니에게 정문 옆에서 아이가 반 친구를 만날 수 있게 해줄 것을 알려줬습니다.
9. 어머니는 아이의 숙제를 정기적으로 확인하는 것은 부모의 책임이라고 들었습니다.
10. 그녀는 모임의 목적이 학부모가 교사들을 정기적으로 만나서 질문을 하는 것이라고 들었습니다.

ANSWERS
1. blue sweater
2. black raincoat
3. local shop
4. Green Street
5. hot meal
6. first meeting
7. each day
8. classmate
9. homework
10. meet teachers

19 A woman calls an art gallery to ask about an art competition

1. 미술관 매니저에 따르면, 그림 출품작의 주제는 여행이라고 합니다.
2. 그녀의 둘째 딸은 9세에서 12세 어린이들을 위한 주니어 팀에 가입했습니다.
3. 그녀의 첫째 딸은 12세 이상의 아이들을 위한 청소년팀에 가입을 했습니다.
4. 그들은 출품작 마감 날짜가 8월 29일이라고 안내를 받았습니다.
5. 규정에 의하면 그림 크기는 80센티미터에 60센티미터이어야 합니다.
6. 그녀는 서류를 인쇄해서 딸들의 그림과 함께 제출하라는 지시를 받았습니다.
7. 서류를 작성해서 출품작과 함께 보내야 합니다.
8. 그는 어머니에게 지원서를 바로 팩스로 보낼 거라고 말했습니다.
9. 어머니는 출품작 제출을 신속하게 처리하기 위해서 봉투에 대문자로 YPC라고 쓰라고 들었습니다.
10. 수상작들은 미술관 벽에 걸리고 그림을 그린 사람들은 각각 50파운드의 상금을 받을 것입니다.

ANSWERS
1. theme
2. junior
3. young teenagers
4. deadline
5. 80cm by 60cm
6. sheet
7. entry
8. fax
9. envelope
10. rewards

20 Travelling in Vancouver

1. 파크 인 호텔은 기차역과 매우 가깝습니다.
2. 프런트 직원에 따르면 2인실의 최저 금액은 169달러라고 합니다.
3. 그녀는 요금에 무료 조식이 포함되어 있고 이것은 대부분의 다른 호텔에서는 해당되지 않는다고 덧붙였습니다.
4. 파크 인 호텔에 묵는다면 호텔에서 두 블록만 가면 있는 과학 박물관에 갈 수 있습니다.
5. 과학 박물관에는 매우 값진 정보들이 많기 때문에 이 지역에서 가장 유명한 관광지 중의 한곳이라고 합니다.
6. 남편은 칠콘틴 여행사에서 호텔을 예약했습니다.
7. 여행사에서는 관광객들에게 낚시, 스노클링, 다이빙 같은 다른 수상 스포츠들을 제공합니다.
8. 관광객들은 하이킹을 가려면 하이킹 신발을 직접 가져와야 한다는 지시를 받았습니다.
9. 가이드는 관광객들에게 하이킹을 하는 동안 흑곰을 볼 수도 있다고 안내를 합니다.
10. 관광객들은 산에서 대피소 안에 머무는 것이 안전하다는 것을 확신했습니다.

ANSWERS
1. train station
2. twin-room
3. free breakfast
4. Science Museum
5. goldmine
6. travel agency
7. fishing, snorkeling
8. hiking
9. black bear
10. shelter

21　Quotation for house insurance

1. 보험에 들 집 주소는 데이턴 홀웨이 19번지이고 우편번호는 YN224PT입니다.
2. 그 집의 주인은 01295 477039번으로 낮에만 연락할 수 있습니다.
3. 그 집은 세 개의 침실과 두 개의 욕실이 있는 단독주택입니다.
4. 집주인은 여기서 22년을 살았지만 그 집은 40년 전에 지어졌습니다.
5. 그 집을 건축할 때 쓰인 주 재료는 돌입니다.
6. 그 집의 왼쪽에는 자동문 차고가 있는 아파트가 근접해 있습니다.
7. 그 집에는 보안 시스템이 없기 때문에 경보 장치가 설치되어야 합니다.
8. 지하에는 총 10000파운드 상당의 사무 기기가 있습니다.
9. 보험 회사 감정인은 냉동고에 있는 상품의 가치를 500파운드로 평가했습니다.
10. 새로운 세입자는 계약서에 서명을 했고 이사 예정 날짜는 4월 1일입니다.

ANSWERS
1. Hallway
2. daytime
3. three bedrooms
4. built
5. stone
6. automatic doors
7. alarm
8. office equipment
9. freezer
10. date of moving

22　Movie club membership

1. 영화 클럽의 회원으로서 해야 하는 것은 액션 영화가 포함된 5개의 영화를 정가로 구매하는 것입니다.
2. 그 극장의 최대 수용인원은 450명이고 오늘 밤에 하는 영화의 남은 좌석 수는 80석입니다.
3. 영화 클럽의 직원들과 회원들은 4월 17일 오전 10시에 간담회가 있을 예정입니다.
4. 액션 영화제는 전시 상영회를 통해 예술적으로, 문화적으로 의미가 있는 영화 예술을 알리는 것을 목적으로 합니다.
5. 회의 후에 여섯 개의 영화를 무료로 보여줄 것입니다.
6. 영화 클럽 회원들은 영화를 무료로 볼 수 있지만 비회원들은 정가 입장료를 내야 합니다.
7. 영화 클럽 회원들은 입장료를 내지 않아도 되는 한 명의 손님을 데리고 올 수 있습니다.
8. 영화 클럽 회원들은 표를 미리 예매하지 않아도 되지만 비회원들은 온라인이나 극장에서 예매를 해야 합니다.
9. 영화 클럽 극장 상가에는 영화 광들을 상대로 하는 자체 서점이 있습니다.
10. 영화 클럽 회원들의 기부금은 매달 극장 사무실에서 모읍니다.

ANSWERS
1. action movie
2. 80 seats
3. discussion meeting
4. exhibition
5. meeting
6. admission
7. guest
8. pre-order tickets
9. bookshop
10. every month

23　Science, music and multi-tasking

1. 과거에 했던 연구는 주로 언제 사람들이 음악을 듣는지에 중점을 두었습니다.
2. 연구에서 강조하는 부분은 사람들이 여러 작업들을 동시에 다루는 능력에 초점을 맞춥니다.
3. 결과에서 예기치 않은 현상이 나타났지만 중요하지 않은 것이라고 증명되었습니다.
4. 문헌에는 음악과 여러 가지 일을 하는 것의 영향과 관련이 있는 과학 혁명에 대해 다루었습니다.
5. 분명, 음악과 여러 작업들을 동시에 다루는 것의 관계는 주로 단순한 기억과 관련이 있습니다.
6. 연구자들은 모든 것을 설명하기 위해 과학의 구조를 발견해내는 것이 필요하다고 합니다.
7. 연구자들은 현상에 있는 모든 변화들은 유전적으로 발생한다고 생각합니다.
8. 그들은 실험을 했는데 그 결과 단지 숫자들만 보여질 뿐이었습니다.
9. 실험에서 연구자들은 다섯 개가 무작위로 나열이 된다는 것을 알게 됩니다.
10. 실험에서는 두 부분이 삼각형 모양을 하고 있다는 것도 보여주었습니다.

ANSWERS
1. music
2. ability
3. unimportant
4. revolution
5. memories
6. mechanism
7. genetic
8. display
9. random
10. triangle

24　Newspaper photo reprint

1. 그 신문은 뉴스 문제를 앞면에서 다루는 전통적인 신문 배치를 따릅니다.
2. 많은 사람들은 매주 인쇄되는 지역 신문에 의존하기를 선호합니다.
3. 지역 신문의 기본 연락처는 변호사이자 기자인 제임스 파크허스트입니다.
4. 사진을 인쇄하거나 개인적인 용도로 사용하기 위해 허가를 받고 싶은 분들은 파크허스트 씨에게 연락을 해야 합니다.
5. 그는 신문에서 컬러 사진을 인쇄하는 데 있어서 혁신적인 사람이었습니다.
6. 일반적인 반년 구독료는 80달러이고 신문의 가격은 매우 다양합니다.
7. 새해 첫날 대부분의 신문은 정상 일정에 맞춰 배달될 것입니다.
8. 누구든지 온라인이나 수표로 지불하는 것을 택해서 신문을 구독할 수 있습니다.
9. 어떤 사람들은 당일 발송으로 신문을 받는 반면에 다른 사람들은 화요일과 금요일에 우편으로 신문을 받습니다.
10. 기술의 발달에도 불구하고 어떤 사람들은 여전히 매일 신문을 배달 받으려고 합니다.

ANSWERS
1. front
2. every week
3. lawyer and reporter
4. personal use
5. colour photo printing
6. pricing
7. normal schedule
8. by cheque
9. mail
10. advancement

25 Applying for a drama course

1. 드라마 수업을 신청할 때 집주소를 팔라스 스트리트 79번지로 써야 했습니다.
2. 안내책자에 드라마 수업 시작 날짜가 5월 30일로 되어 있습니다.
3. 또한 드라마 극장에서는 매주 금요일 오후 5시 반에 아마추어 코미디언들이 등장하는 코믹 쇼를 시리즈로 보여줍니다.
4. 그녀는 드라마 수업을 들으면서 현재 종업원으로 일을 하고 있습니다.
5. 그는 길을 걷고 있을 때 받은 전단지를 보고 드라마 수업에 대해 알게 되었습니다.
6. 드라마 수업은 3년 과정으로 최소 연령 조건은 18세입니다.
7. 드라마 수업을 듣는 학생들은 이론 수업에서 에세이도 써야 하기 때문에 드라마 수업은 실용적인 것에만 국한되어 있지 않습니다.
8. 학생들은 수업 과정의 일부로 일주일에 한번씩 지역 극장에 가야 합니다.
9. 3년 과정에서 첫 6개월은 주로 연기 기초 과정을 배우게 될 것입니다.
10. 성적만 요구하는 대학의 드라마 수업과는 달리 이 드라마 수업의 지원자들은 오디션 비용도 내야 합니다.

ANSWERS
1. residential address
2. starting date
3. comic shows
4. waitress
5. leaflet
6. minimum age
7. theoretical
8. theatre
9. foundation course
10. audition

26 Fitness consulting

1. 그녀는 상담을 하는 동안 어른 2명과 아이 2명에 대한 가족 회원 요금이 295파운드라는 것을 들었습니다.
2. 회원 패키지에 포함되어 있는 편의 시설 중의 하나는 무료 주차입니다.
3. 회원들만 이용할 수 있는 또 다른 편의 시설은 유리 지붕으로 된 실내 수영장입니다.
4. 10월에 비용이 오르기 때문에 그들은 지금 회원 신청을 하는 것이 좋다고 들었습니다.
5. 헬스클럽 회원들은 일주일에 두 세 번 유도 수업 듣는 것을 선택할 수 있습니다.
6. 헬스클럽의 회원들은 매일 아침 요가 수업에 참여할 수 있습니다.
7. 새로 온 회원들은 식습관을 개선하기 위해 즉각적이지만 적절한 변화를 주는 것이 좋습니다.
8. 회원들은 텔레비전 앞에서 절대 음식을 먹어서는 안 된다는 것을 늘 기억해야 합니다.
9. 새로 온 헬스클럽 회원들은 운동 계획을 세워보기 전에 오리엔테이션에 참석해야 합니다.
10. 헬스클럽의 기존 회원과 새로 온 회원들은 질문이 있으면 개인 트레이너에게 연락을 하는 것이 좋습니다.

ANSWERS
1. family membership
2. membership package
3. glass roof
4. October
5. judo classes
6. fitness club
7. immediate
8. in front of
9. orientation
10. personal trainer

27 Toy library

1. 장난감 도서관 건물은 월요일부터 금요일까지 종일 열고 토요일도 포함됩니다.
2. 장난감 도서관의 직원들은 매일 그들의 전화기를 확인해야 합니다.
3. 두 종류의 회원제도가 있는데 그 중의 하나는 연회비 96파운드의 가족 회원입니다.
4. 방문자들은 가지고 놀 장난감들이 깨끗하다는 것을 확인하는 방법에 대해 간단히 설명을 듣습니다.
5. 장난감 도서관에서는 최대 3개의 장난감까지 대여해줍니다.
6. 장난감 도서관 회원들이 받는 또 다른 특혜는 장난감을 수리하는 것입니다.
7. 또한 장난감 도서관에는 아이들과 성인들이 다양한 장난감의 역사에 대해 배울 수 있는 작은 학교가 있습니다.
8. 장난감 도서관에는 역사부터 기계까지 다양한 주제를 다룬 1,000권 이상의 책들도 있습니다.
9. 또한 장난감 도서관에는 다양한 종류의 퍼즐과 블록들이 있습니다.
10. 아이들은 다양한 장난감으로 요리사 흉내를 내면서 요리를 해볼 수 있습니다.

ANSWERS
1. toy library
2. checked daily
3. annual fee
4. clean
5. borrow
6. fixing toys
7. mini school
8. 1,000 books
9. puzzles and blocks
10. play dishes

28 Lawson primary school in Manchester

1. 맨체스터에 있는 로슨 초등학교의 학생들에게 도착 시간은 오전 8시 40분부터 9시까지 주어집니다.
2. 로슨 초등학교는 필요할 때 휴대전화로 학부모들과 연락을 합니다.
3. 맨체스터에 있는 로슨 초등학교에 다니는 아이들의 학부모들은 자녀들과 함께 미술 수업을 들을 수 있습니다.
4. 그 편지는 다음 학부모 회의가 7월에 있을 예정이라는 것을 보호자들에게 알리기 위한 것입니다.
5. 학생들은 교복을 입지 않아도 되지만 깨끗한 옷을 입어야 합니다.
6. 학생들은 편한 신발을 신는 것이 좋지만 부츠는 허용이 되지 않습니다.
7. 학생들은 요리와 음악, 체스를 포함한 다양한 활동들에 참여할 수 있습니다.
8. 학생들은 시골로 학교 여름 캠프를 가는 여행 일정이 있습니다.
9. 로슨 초등학교에 위급한 일이 생겨 전문 치과의사 선생님이 왔습니다.
10. 학생들이 자전거를 타고 학교에 올 때 헬멧과 밝은 색의 옷을 입는 것이 좋습니다.

ANSWERS
1. arrival time
2. mobile phone
3. art courses
4. guardians
5. uniform
6. boots
7. chess
8. summer camp
9. professional dentist
10. bright-coloured

29 Inquiry about tour details

1. 알렉스는 여행을 가기 가장 좋은 곳이 북동부 지역이라는 것을 알아냈습니다.
2. 사람들에게 권장하는 것 중의 한 가지는 성수기를 피하라는 것이었습니다.
3. 그는 주말 숙박의 가격이 얼마인지 물어보고 싶어했습니다.
4. 관광에 포함되어 있었던 어떤 곳에서는 이상하게도 관광객들에게 매우 조용히 해줄 것을 요구합니다.
5. 관광에 포함되어 있는 곳에는 바닷가가 있고 이곳은 아이들에게 아주 좋은 해변입니다.
6. 관광 참가자들은 해변에서 하룻밤 묵을 수 있지만 근처 식당에서 알아서 음식을 먹어야 합니다.
7. 관광에 대해 문의를 하려고 전화를 건 사람은 발코니가 있는 방보다는 정원이 있는 곳을 좋아한다고 구체적으로 말했습니다.
8. 관광 참가자들이 참여할 수 있는 선택 활동에는 자선 자전거 타기가 있습니다.
9. 해변에서 머물려는 사람들은 섬에 갈 수 있습니다.
10. 알렉스는 시골 생활에 대한 잡지에서 여행 광고를 봤습니다.

ANSWERS

1. the northeast	2. peak season
3. weekend stay	4. very quiet
5. seaside location	6. restaurant
7. balcony	8. charity ride
9. island	10. countryside living

30 Booking a trip to Brisbane

1. 브리즈번으로 가기 위해 시드니 공항에서 출발해야 합니다.
2. 브리즈번으로 여행을 갈 때 가장 적합한 숙소의 종류는 아파트입니다.
3. 방문 고객들에게 추천할만한 가장 좋은 공원은 테마파크입니다.
4. 관광객들은 야생동물 농장에서 악어 사진을 가까이서 찍을 수 있습니다.
5. 가까운 거리에 있는 캥거루의 사진을 찍는 것은 절대 안 됩니다.
6. 사람들은 코알라가 사실 대부분은 잠들어 있다는 것을 알게 될 것입니다.
7. 관광객 숙박시설은 도심에 있는 쇼핑 센터 근처에 있습니다.
8. 숙박시설과 관련해서 많은 관광객들이 요구하는 것 중 하나는 아이들을 위한 놀이방입니다.
9. 사람들이 브리즈번을 여행할 때 주로 요구하는 사항은 세탁 서비스입니다.
10. 숙박시설에 포함되어 있는 것에서 관광객들이 원하는 또 다른 것은 세탁 서비스입니다.

ANSWERS

1. Sydney	2. suitable type
3. theme park	4. close-up photograph
5. short distance	6. koala
7. shopping centre	8. playroom
9. cleaning service	10. laundry service

31 A survey questionnaire on tourism

1. 설문조사에서 내가 이곳에 몇 번 왔는지 물어봤고 나는 세 번이라고 썼습니다.
2. 나는 이곳의 가장 좋은 점은 날씨라고 설문 조사지에 썼습니다.
3. 또한 이 지역에서 내가 가장 좋아하는 관광지는 시청이라고 했습니다.
4. 내가 이곳 음식을 좋아하는 이유는 음식이 다양하기 때문이라고 했습니다.
5. 내가 이곳에 비행기를 타고 왔다고 알려주었습니다.
6. 나는 이곳에 오는 사람들의 나이가 보통 40세 이상이라는 것이 주목할 만했다고 말했습니다.
7. 조사를 해보았을 때, 이곳에서 가능한 여행의 유형은 중간 정도 범위라는 것을 알아냈습니다.
8. 나는 이 마을이 존재하는 주된 목적은 관광이라고 생각합니다.
9. 어디를 가든 좋은 가격의 숙박 시설을 찾을 수 있다는 것은 매우 놀라운 일입니다.
10. 나는 컴퓨터 프로그래머로 일을 한 적이 있지만 이곳에 머물기로 결정했습니다.

ANSWERS

1. three times	2. weather
3. tourist attraction	4. variety
5. plane	6. over 40
7. mid-range	8. tourism
9. good value	10. computer programmer

32 Dormitory facilities

1. 기숙사에 사는 사람들은 항상 가스와 전기 계량기를 확인해야 합니다.
2. 기숙사에 사는 사람들은 물을 사용하지 않을 때 수도꼭지를 꼭 잠가야 합니다.
3. 기숙사 건물은 오렌지색, 파란색, 진홍색으로 칠해졌습니다.
4. 기숙사에 사는 사람들은 3개월 치 임대 계약금을 내야 합니다.
5. 차를 가지고 있는 세입자들은 기숙사 뜰에 주차를 해야 합니다.
6. 세입자들 중 한 명은 열쇠를 항상 책장에 놓습니다.
7. 기숙사는 쉽게 이동할 수 있는 편리한 위치에 있습니다.
8. 기숙사에는 가구가 완비되어 있기 때문에 세입자들은 가구를 가져올 필요가 없습니다.
9. 임대료에는 수도와 전기, 난방, 케이블 텔레비전이 이미 포함되어 있습니다.
10. 기숙사 건물에 세입자가 애완동물을 가져오는 것은 허용되지 않습니다.

ANSWERS

1. gas and electricity	2. tap water
3. burgundy	4. down payment lease
5. garden area	6. bookshelf
7. transit	8. furniture
9. cable TV	10. pets

33 Childcare centre

1. 2세 미만의 아이들을 돌보는 비용은 37.50달러입니다.
2. 이번 주 특별 할인은 정상 가격에 포함되어 있는 20시간 무료 돌봄 서비스입니다.
3. 탁아소에는 자체 운동장이 있고 또한 야외 활동 프로그램도 제공합니다.
4. 시설의 보호자들은 초등학교에서 가르친 경험이 있습니다.
5. 학부모들은 다른 시설들처럼 시설에서 주간 보고를 해줄 것을 요청했습니다.
6. 두 아이가 가입할 수 있는 가장 빠른 달은 9월입니다.
7. 아이들이 스스로 가져와야 하는 다른 물건에는 자외선 차단 크림과 선글라스, 앞치마입니다.
8. 또한 학부모들은 아이들이 집을 그리워할 경우를 대비해서 아이들이 가족사진을 가지고 올 수 있도록 해야 합니다.
9. 아이들은 들어가기 전에 의사에게 진단서를 받아 모두 제출을 해야 합니다.
10. 탁아소의 주소는 칼리오페 에비뉴, 레이크 로드입니다.

ANSWERS

1. 2 years old
2. free care
3. programmes
4. primary school
5. weekly report
6. September
7. apron
8. family photo
9. medical certificate
10. childcare centre

34 A woman buying furniture

1. 그 여자는 침대의 너비가 140센티미터는 되어야 한다고 점원에게 말했습니다.
2. 점원은 침대의 가격이 265달러이지만 거기에 배송비가 포함이 되어 있다고 여자에게 알려줬습니다.
3. 그 여자는 점원에게 자연스러운 갈색 침대를 원한다고 말했습니다.
4. 그녀는 침대에 어울리는 탁자나 조명이 달린 사이드 테이블이 포함되어 있다고 명시했습니다.
5. 침대를 쇼핑하던 여자는 갑자기 점원에게 찬장 유리문에 대해 말했습니다.
6. 그녀는 침대를 쇼핑하고 있었지만 점원에게 자물쇠가 달린 서랍이 있는 선반에 대해 물어봤습니다.
7. 침대를 구매한 여자는 지금 거실에 가구가 절반만 배치되어 있다는 것도 점원에게 말했습니다.
8. 점원은 여자에게 손님들이 종종 그들의 물건들을 다른 재고로 교체해간다고 알려줬습니다.
9. 그 여자는 점원에게 오전에 침대를 배송 받고 싶다고 말했습니다.
10. 그녀는 점원에게 침대 배송이 왔을 때 집에 자신이 없으면 차고에 놓고 가달라고 말했습니다.

ANSWERS

1. width
2. delivery charge
3. natural brown
4. light
5. glass door
6. drawer
7. semi-furnished
8. replacing
9. early morning
10. delivery

35 Children's activity centre inquiry

1. 어린이 활동 시설 직원들은 전문적으로 교육을 받은 유아교육 교사들입니다.
2. 어린이 활동 센터는 10,000 평방피트의 실내 학습 센터입니다.
3. 문의를 한 사람은 점심값이 가격에 포함되어 있지 않다는 것을 알게 되었습니다.
4. 활동 센터 직원에 따르면, 서핑 활동은 날씨 상황에 따라 다르다고 합니다.
5. 직원은 문의한 사람에게 아이가 갈아입을 옷을 가져올 것을 잊지 말라고 했습니다.
6. 활동 센터 직원은 아이들이 바나나 놀이기구도 즐길 수 있다고 문의를 한 사람에게 말했습니다.
7. 포함되어 있는 활동 중 하나는 근처에 있는 산을 오르는 것입니다.
8. 문의자는 센터에서 다양한 등산 활동도 제공한다는 것을 알게 되었습니다.
9. 활동 센터 직원들은 아이에게 헬멧이 제공될 거라는 것을 문의자에게 분명히 말했습니다.
10. 안타깝게도, 센터 직원에 따르면 8세 미만의 아이들은 점프경주를 할 수 없다고 합니다.

ANSWERS

1. early childhood
2. indoor learning
3. total price
4. weather conditions
5. clothes
6. banana ride
7. mountain
8. climbing
9. helmet
10. jumping race

36 Rent accommodation

1. 임대 숙소에 대한 자세한 목록은 온라인과 신문에 매일 업데이트 됩니다.
2. 아파트와 주택, 콘도와 같은 임대 숙소에는 가구가 있는 곳과 없는 여러 종류의 숙소들이 있습니다.
3. 이 지역의 임대 숙소에 대해 물어본 사람의 직업은 치과의사입니다.
4. 그 치과의사는 이사올 수 있는 가장 빠른 날이 11월 1일이라고 들었습니다.
5. 치과의사가 선택한 집의 유형은 가구가 비치되어있지 않은 아파트였습니다.
6. 치과의사는 아파트에 욕실 두 개와 2인용 침대가 있어야 한다고 명시했습니다.
7. 또한 치과의사는 넓은 발코니가 있는 아파트를 선호한다고 구체적으로 말했습니다.
8. 치과의사는 여가 시간에 정원을 가꾸는 것을 좋아하기 때문에 그가 특별히 요구한 것 중 하나는 정원입니다.
9. 치과의사의 또 다른 요구 사항은 아파트가 역 근처에 있어야 한다는 것입니다.
10. 그는 또한 넓은 주방과 냉장고가 있는 아파트를 선택했습니다.

ANSWERS

1. updated daily
2. condos
3. dentist
4. earliest time
5. unfurnished
6. two bathrooms
7. large balcony
8. special requirements
9. station
10. fridge

37 Power moving company

1. 케이트 분젠은 파워 이삿짐 회사의 서비스에 대해 문의하려고 전화한 집 주인의 이름입니다.
2. 그녀는 회사 서비스를 받을 수 있었고 287419210 계좌번호로 돈을 이체했습니다.
3. 그녀의 주소는 런던 시 페넘브라 크레센트 64번지이고 이사 날짜는 8월 21일로 예정되어 있습니다.
4. 그 여자는 또한 조리 기구와 다른 값비싼 가구들에 대한 보호 보험료도 지불했습니다.
5. 이삿짐 회사는 전기 회사에서 먼저 전기를 설치해야 할 것이라고 들었습니다.
6. 케이트 분젠은 이삿짐 회사에게 새 가전 제품에 대한 무료 책자를 새 주소로 보내달라고 요청했습니다.
7. 이삿짐 회사는 그녀가 요청한 다른 서비스들을 신용카드로 지불하는 것이 더 나을 것이라고 말했습니다.
8. 케이트 분젠은 읽을거리를 받지 못하면 회사가 이메일을 통해 다시 보내줄 거라고 들었습니다.
9. 전기 회사는 케이트 분젠에게 새 집에 설치되어 있는 중앙난방기 비용이 85파운드라고 말했습니다.
10. 전기 회사에서는 케이트 분젠에게 회사 웹사이트에서 전기 절약에 대한 정보를 찾을 수 있다고 말했습니다.

ANSWERS

1. house owner	2. bank transfer
3. Crescent	4. cooker
5. electricity	6. booklet
7. credit card	8. email
9. central heating	10. energy saving

38 Application club course

1. 클럽 과정의 지원자를 받는 날짜는 6월 27일이라고 전단지에 나와있습니다.
2. 내가 본 광고에서 요가 수업은 중급 수준의 학생들만을 위한 것이라고 나와있습니다.
3. 그곳은 유명한 골프장 때문에 아주 잘 알려져 있습니다.
4. 풀 코스로 골프를 치려면 입장료 285달러를 내야 합니다.
5. 풀 코스 입장료를 냈다고 하더라도 마지막 30분은 주로 쉬는 데 사용합니다.
6. 골프장에 있는 식당에서는 채식 요리를 포함한 다양한 종류의 요리를 제공합니다.
7. 골프장에는 산책과 수영 같은 추가 활동을 원하는 사람들을 위해 다른 시설들도 있습니다.
8. 골프장으로 가장 많이 알려졌지만 흥미롭게도 승마 수업도 제공합니다.
9. 이 골프장은 무료 테니스도 제공하는 큰 스포츠 시설의 일부분일 뿐입니다.
10. 이상하게도, 언급했던 다른 모든 스포츠 활동들은 골프장과 연결이 되어 있지만 분명 이 활동들은 모두 골프장 밖에서 이루어집니다.

ANSWERS

1. starting date	2. intermediate
3. golf course	4. entrance fee
5. relaxation	6. vegetarian
7. swimming	8. horse riding courses
9. tennis	10. outside

39 Introduction to the course and activities in the sailing club

1. 요트 클럽은 목요일마다 밤 11시까지 문을 열지만 나머지는 밤 9시까지만 문을 엽니다.
2. 16세 미만의 자녀가 있는 가족들을 위한 연회비는 138달러입니다.
3. 요트 클럽에서는 물 위에서와 육지에서의 활동들을 모두 제공합니다.
4. 회원들은 옆 문에서 요트 클럽의 열쇠를 받아갑니다.
5. 요트 클럽은 카페에 좋은 시설들을 갖추고 있고 그곳에서는 최고급 서비스를 제공합니다.
6. 초급 과정을 듣는 회원들은 침낭을 가져와야 합니다.
7. 요트 클럽에서는 청소년들에게 수영과 윈드서핑 수업도 제공합니다.
8. 돌고래 구경 활동에 참여하고 싶은 회원들은 여권을 가지고 와야 합니다.
9. 요트 클럽 회원들은 라디오를 가져오면 도움이 될 수 있다고 들었습니다.
10. 요트 클럽에 대해 문의사항이 있다면 직통 전화번호 1007102245522으로 연락을 하시면 됩니다.

ANSWERS

1. Thursday	2. under 16
3. ashore	4. side gate
5. good facilities	6. sleeping bag
7. windsurfing	8. passport
9. radio	10. direct line

40 Eco-farm classes

1. 친환경 농장 수업에 대해 문의를 하고 싶다면 helen@greenfield.com으로 메일을 보내시면 됩니다.
2. 문의자가 물어본 수업들은 추가 프로그램으로만 들을 수 있습니다.
3. 문의자는 친환경 농장 수업에 관해 라디오에서 들었다고 말했습니다.
4. 친환경 농장 수업을 듣는 사람들은 퇴비를 만드는 법을 배울 것입니다.
5. 참가자들은 자녀들을 데리고 올 수 있지만 아이들은 농가 근처에 있는 아파트에서 있게 될 것입니다.
6. 여성 참가자 중의 한 명은 숲속 캠프장에서 있는 것이 더 좋을 것 같다고 했습니다.
7. 친환경 농장 수업을 듣는 학부모들은 자녀들이 유기농 식품을 좋아한다는 것을 알게 될 것입니다.
8. 클럽 회원 중의 한 명은 그곳을 기차로 갈지 자전거로 갈지 정하고 있습니다.
9. 수업에 참여하는 가족들 중 한 가족은 승합차를 타고 가다가 그곳까지 여객선을 타고 갈 것입니다.
10. 친환경 농장 수업에 포함되어 있는 수업 중에는 이상하게도 댄스 수업이 있습니다.

ANSWERS

1. helen@greenfield.com	2. additional programs
3. on the radio	4. compost
5. flat	6. forest
7. organic food	8. by train
9. ferry	10. dance classes

41 Sending a package

1. 택배를 보내는 방법에는 편지로 보내거나 소포로 보내는 두 가지 방법이 있습니다.
2. 택배 배송비에는 포장비와 보험비가 이미 포함되어 있습니다.
3. 우체국장은 택배 분실 시에 보상이 이루어진다고 했습니다.
4. 고객들은 청구를 하기 위해 택배 배달 계약서를 제시해야 합니다.
5. 우체국 택배로 보내진 녹음기는 2종 우편물로 표시됩니다.
6. 우체국을 통해 보낸 특수 우편물은 1급 우편함으로 갑니다.
7. 고객들이 특수 우편물 서비스를 이용하는 주된 이유는 빠른 발송 때문입니다.
8. 등기우편 요금은 2.7파운드이기 때문에 가장 비싼 종류의 소포입니다.
9. 그 남자는 택배기 화요일에 도착할 수 있도록 요청했습니다.
10. 그 여자는 남자에게 봉투에 녹음기를 넣어 보내는 방법을 알려줬습니다.

ANSWERS
1. parcel
2. packaging
3. loss
4. contracts
5. second class
6. first class
7. time priority
8. most expensive
9. Tuesday
10. envelope

42 Hotel facilities

1. 케이트는 스타 호텔의 온라인 예약 서비스를 통해 등록을 할 수 있다는 것을 알아냈습니다.
2. 그녀는 온라인에서 스타 호텔의 바다 전망이 있는 사진들을 봤습니다.
3. 로얄 호텔의 음식은 매우 맛있고 값이 비쌉니다.
4. 윈체스터 호텔의 놀이터는 아이들이 놀고 즐거운 시간을 보낼 수 있는 공간입니다.
5. 손님들은 특별한 날에 로얄 호텔의 내실 연회장을 예약할 수 있습니다.
6. 윈체스터 호텔은 특별 단체 할인을 제공하는 것으로 유명합니다.
7. 손님들이 바로 해야 하는 것 중 하나는 호텔에 보증금을 내는 것입니다.
8. 호텔 직원은 초청장 배달을 가기로 되어있기 때문에 초대장 만드는 것을 곧 마쳐야 합니다.
9. 관리인은 투숙객들에게 교통편에 대한 도움을 줄 수 있도록 일정을 비워둬야 합니다.
10. 호텔 프론트 직원은 비수기 때 고객들에게 선물을 보내야 됩니다.

ANSWERS
1. online booking
2. sea view
3. choice of food
4. the playgrounds
5. private dining room
6. group discount
7. immediately
8. invitations
9. transport
10. presents

43 Returning a vacuum cleaner

1. 줄리아는 건물 뒤에 있는 의자 창고에 청소기를 다시 넣어두라고 들었습니다.
2. 존은 접수대에 그의 집 전화번호를 남기라는 얘기를 들었습니다.
3. 줄리아는 가든 에비뉴의 길 어딘가에서 그녀의 주소를 명단에 넣었습니다.
4. 줄리아에 따르면, 그녀는 7월 31일에 청소기를 구입했다고 했습니다.
5. 그녀가 처음 구입했던 청소기는 손잡이에 문제가 있었습니다.
6. 그녀는 할인해서 104달러에 청소기를 살 수 있었습니다.
7. 점원은 그녀에게 교환을 하는 대신에 무상 수리를 이용하도록 제안했습니다.
8. 점원은 새 청소기 모델에 특별히 재활용 백이 포함되어 있다고 합니다.
9. 그녀는 새 모델의 가격이 190달러이기 때문에 이것이 좀 더 비싸다는 것을 알게 되었습니다.
10. 결함이 있는 그녀의 검은색 청소기는 새 실버 청소기로 교체가 되었습니다.

ANSWERS
1. storage areas
2. home telephone
3. Garden Avenue
4. purchased
5. handle
6. on sale
7. free repair
8. reusable bag
9. new model
10. silver one

44 Swimming pool introduction

1. 책자에는 어린 아이들이 보호자와 함께 수영장을 이용해야 한다고 나와있습니다.
2. 수영장 복합 단지에 있는 편의시설에는 손님들이 음식을 먹고 쉴 수 있는 풀 서비스 카페가 있습니다.
3. 수영장 복합 단지의 유일한 단점은 손님들이 종종 주차 문제를 겪는 다는 것입니다.
4. 초급 수준으로 수영을 하는 사람들은 자기 주변을 정돈할 줄만 안다면 탈의실 사용이 허용됩니다.
5. 정기적으로 수영하는 사람들이 있는 곳의 시간표는 쫓아가는 것이 매우 힘듭니다.
6. 수영장은 수영을 배우려는 젊은 사람들이나 나이 든 사람들 모두에게 열려 있습니다.
7. 모든 손님들에게는 자물쇠로 잠글 수 있는 옷 보관함이 제공됩니다.
8. 수영장 복합 단지의 또 다른 단점으로는 거의 매일 붐빈다는 것입니다.
9. 내 딸은 일주일에 세 번씩 수영장 복합 단지에 있는 수영 수업을 듣습니다.
10. 차를 안 가지고 오는 사람들은 교통비를 위해 여분의 현금을 가지고 있어야 합니다.

ANSWERS
1. young children
2. full-service
3. parking problems
4. changing room
5. timetable
6. learners
7. clothes cabinet
8. crowded
9. 3 times
10. extra cash

45 Library consultation

1. 그 여자는 그녀를 도울 수 있는 사서와 약속을 잡을 수 있다고 들었습니다.
2. 도서관은 대학교 바로 맞은 편 공원 옆에 있습니다.
3. 도서관은 주중에 오전 9시부터 오후 4시 반까지 열고 토요일에는 오전 10시부터 오후 3시까지 엽니다.
4. 도서관에서는 4세에서 13세 아이들을 위한 그림 클럽과 같은 활동들을 제공합니다.
5. 심지어 도서관에는 토요일에 격주로 모든 연령의 아이들을 위한 노래 동아리도 있습니다.
6. 또한 도서관에는 지역 예술가 동아리와 같은 어머니들을 위한 활동들도 있습니다.
7. 도서관에서는 사람들이 다양한 잡지들을 빌려볼 수 있도록 해주지만 사서에게 등록을 해야 합니다.
8. 또한 사람들은 아주 적은 비용으로 CD와 영화를 빌려볼 수 있습니다.
9. 엽서를 보내고 싶다면 카드번호를 알려줘야 한다고 사서는 말했습니다.
10. 도서관에서는 손님들과 관광객들에게 기념품과 지도도 팝니다.

ANSWERS
1. librarian
2. university campus
3. on weekdays
4. drawing
5. singing
6. artists
7. various magazines
8. films
9. card number
10. guests and tourists

46 Accommodation inquiry at a travel agency

1. 여행사는 그들에게 호텔에서 38명의 단체들을 각각 수용할 수 있다고 알려줬습니다.
2. 안타깝게도 회의실이 지난 주 홍수로 피해를 입어 지금은 폐쇄되었습니다.
3. 여행사에서는 회의실이 복구 작업 때문에 지금은 사용이 되지 않는다고 했습니다.
4. 그들은 요리를 해줄 사람이 필요하다면 여행사에 미리 알려줘야 한다고 들었습니다.
5. 그들은 농장에서 유기 농법에 대한 정보를 얻을 것이라고 들었습니다.
6. 여행사에서는 참가자들이 음식을 찾는 훈련을 받을 수 있는 생존 훈련 과정을 준비할 수 있습니다.
7. 여행사 숙소에 머물려는 사람들은 일정 부분의 비용을 미리 지불해야 합니다.
8. 손님들은 자전거 경로를 선택하기 위해 가장 가까운 회의장으로 가야 한다는 안내를 받았습니다.
9. 문의자는 비가 오는 날에는 손님들이 박물관에서 시간을 보낼 수 있다고 들었습니다.
10. 여행사에 있는 그 사람은 그의 직업이 꽤 흔치 않기 때문에 자신의 직업을 좋아한다고 했습니다.

ANSWERS
1. 38 persons
2. flood
3. unavailable
4. cook
5. organic farming
6. survival training course
7. in advance
8. cycling route
9. rainy days
10. unusual

47 Swimming lessons for different ages

1. 수영 수업에서 가장 처음 접하게 되는 것은 물 속에서 호흡을 하는 방법입니다.
2. 수영 강사는 학생들의 안전에 중점을 두고 있습니다.
3. 나이가 많고 고급 수준의 학생들은 다이빙 기술을 향상시키기 위해 훈련을 받고 있습니다.
4. 중급 수준의 과정은 성인들만을 위한 것이기 때문에 17세 이하의 학생들은 들을 수 없습니다.
5. 학부모가 수업에 등록시킨 아기들에게는 수영 장난감이 제공됩니다.
6. 정규 수영 수업에 등록을 한 학생들은 각자 자신의 수건을 가지고 와야 합니다.
7. 고급 과정을 듣는 수영 강습생들의 주 목표는 속도를 높이는 것입니다.
8. 수영 수업을 듣는 사람들은 사물함을 빌리기 위해 동전을 가지고 와야 합니다.
9. 남자와 여자 모두 수영장에 들어올 때 모자나 수영 모자를 써야 합니다.
10. 수영하는 법을 배우는 것은 아이들이 자신감을 기르는 데 도움이 됩니다.

ANSWERS
1. breathing techniques
2. safety
3. diving
4. intermediate level
5. swimming toys
6. towel
7. speed
8. some change
9. swimming cap
10. confidence

48 Wedding arrangement

1. 결혼 준비는 모어헤드 시티의 전문 플로리스트가 할 것입니다.
2. 회사에서는 결혼과 기타 피로연을 위한 샘플 메뉴를 제공합니다.
3. 온라인에서 저렴한 결혼 장식물과 장식품 아이디어를 많이 찾을 수 있습니다.
4. 결혼식에서 샴페인은 주로 술을 마시고 건배를 하기 위한 선택 사항입니다.
5. 무수한 종류의 손가락 크기 샌드위치는 전형적인 신부 축하파티 음식입니다.
6. 저녁 식사 후에 결혼 피로연에서 전통에 따라 웨딩 케이크가 제공됩니다.
7. 리즈 러브스 웨딩스에서는 한 개에 5.95파운드에 파는 고급스러운 케이크 장식들이 있습니다.
8. 온라인에서 결혼식 피로연 원탁 테이블에 대한 많은 정보들을 찾을 수 있습니다.
9. 신부는 특별히 결혼식 피로연에 아이보리색 장미를 원했습니다.
10. 결혼식은 10월 15일 성당에서 할 예정입니다.

ANSWERS
1. professional florist
2. sample menus
3. decoration
4. toast
5. sandwiches
6. tradition
7. piece
8. round table
9. ivory roses
10. scheduled

49 Airport survey

1. 헨리가 공항에 있는 이유는 환승 중이기 때문입니다.
2. 헨리는 탑승 수속을 받기 전에 3시간 이상을 기다려야 할 것입니다.
3. 공항 설문 조사에서 헨리는 할인권이 별로 매력적이지 못하다고 썼습니다.
4. 헨리는 설문 조사에다가 공항에 잠을 잘 수 있거나 노트북으로 이메일을 보내는 동안 누울 수 있는 침대가 있었으면 한다고 썼습니다.
5. 헨리는 또한 비행기에 컴퓨터 게임과 DVD가 있는 것 말고도 공항에 큰 영화 스크린이 있었으면 한다고 지적했습니다.
6. 헨리는 덜 지루하도록 공항에 수조가 있었으면 한다는 것도 덧붙였습니다.
7. 헨리는 설문 조사에 1년에 적어도 20번은 비행기를 탄다고 썼습니다.
8. 그는 비행기를 탈 때 항상 노트북을 가지고 갑니다.
9. 그는 설문 조사에 그의 삶을 설명하기 위해 재미있는 단어를 사용했습니다.
10. 그는 비행기에서 탄산 음료가 제공되면 좋겠다는 얘기도 했습니다.

ANSWERS

1. in transit
2. over 3 hours
3. unattractive
4. his laptop
5. cinema screen
6. fish tank
7. 20 times
8. flight
9. enjoyable
10. soft drinks

50 Airline complaints

1. 그들의 도착 예정 시간은 오후 2시 45분이기 때문에 비행기가 지연이 되지 않았다면 지금쯤 이곳에 있을 것입니다.
2. 우리는 5일 안에 언제든지 여행을 갈 수 있는 왕복표 2장이 포함된 4장의 표를 사고 싶었지만 편도 티켓만 있었습니다.
3. 온라인으로 언제든 다녀올 수 있는 왕복표를 구매하려고 했지만 그 페이지에 계속 오류 메시지가 떴습니다.
4. 항공사는 지금 비행기에 아이 두 명만 수용할 수 있습니다.
5. 미셸은 11세, 8세, 5세의 자녀가 3명이 있어서 그곳에 자리만 있다면 12세 이하의 아이들은 수용할 수 있습니다.
6. 그녀는 대가족이 비행기를 타고 여행을 하는 것은 타당하다고 생각합니다.
7. 그러나, 그녀는 학교 단체로 비행기로 여행을 하는 것은 불공평하다고 생각합니다.
8. 미셸은 고객서비스실에 조언을 구하러 왔습니다.
9. 그녀는 불만 사항을 상세하게 말하기 위해 매니저에게 편지를 써야 했다고 들었습니다.
10. 그 여자는 어제 예약번호 GBK8422으로 접수된 불만 사항에 대해 이야기하고 있었습니다.

ANSWERS

1. schedule time
2. return tickets
3. error message
4. 2 children
5. 12 years old
6. large families
7. school group
8. Customer Service Office
9. complaint
10. booking reference

51 Office space rental advertisement

1. 광고 회사는 밴쿠버에서 칸쿤으로 이전을 하는 중입니다.
2. 회사는 또한 직책의 요구를 처리할 수 있는 새로운 판매 관리자를 고용하려고 합니다.
3. 통근을 하는 직원들을 고려한다면, 가장 선호하는 회사 위치는 역 근처입니다.
4. 부동산 구입에 관해서 상부로부터 아무런 조짐이 없기 때문에, 그 회사는 임대만 알아보고 있습니다.
5. 회사의 가장 중대한 요구 사항은 24시간 경비 시스템입니다.
6. 직원들이 쉴 수 있고 스트레스를 풀 수 있도록 운동 시설이 있는 방이 있어야 합니다.
7. 가장 필수적인 곳 중에 하나는 커피 머신이나 커피 메이커, 냉장고와 전자레인지가 있어야 하는 주방입니다.
8. 또한 게시판과 방수천, 기타 물품을 보관할 수 있는 지하실이 필요합니다.
9. 구내 식당은 근무 시간 전후에 음식을 서빙할 수 있는 사람이 있어야 하고, 하루에 적어도 12시간은 운영되어야 합니다.
10. 우리는 넓은 공간을 좋아하고 불필요한 사무실 가구를 좋아하지 않기 때문에 공간을 깨끗하게 두고 싶습니다.

ANSWERS

1. advertising
2. sales manager
3. station
4. rent
5. 24-hour security
6. gym
7. fridge
8. store
9. canteen
10. furniture

52 Gym membership for sister

1. 여동생을 위해 등록한 헬스클럽은 워퍼드 로드에 있습니다.
2. 여동생에게 생일 선물로 헬스클럽 실버 회원 패키지를 주었습니다.
3. 헬스클럽은 오전 7시 반에 열고 오후 3시 45분에 닫습니다.
4. 1년 패키지를 선택하면 매달 25달러를 할인 받을 수 있습니다.
5. 한 달 이용료 외에도 가입비 30달러를 내셔야 합니다.
6. 다른 사람들은 헬스클럽에서 운동을 하는 대신에 테니스 같은 운동을 하는 것을 선호합니다.
7. 그녀는 항상 춤추는 것을 좋아했기 때문에 헬스클럽을 가는 것보다 댄스 수업 듣는 것을 선호합니다.
8. 스포츠센터에 있는 카페는 매일 오전 9시에서 오후 9시까지 엽니다.
9. 본인 수건을 가져오는 것을 잊어버렸을 경우에는 50센트에 빌릴 수 있습니다.
10. 등록을 하려면 두 개의 신청서를 작성하고 거기에 신분증 사진을 붙이셔야 합니다.

ANSWERS

1. Road
2. silver
3. opening time
4. discounted fee
5. joining fee
6. tennis
7. dancing
8. cafe
9. towel
10. two forms

53 Office space for lease

1. 전에 있던 사무실 세입자들은 방송 예능인들과 화가들이었습니다.
2. 전에 또 다른 세입자들은 가구 디자이너들이었습니다.
3. 우리가 빌리려는 사무실 건물 맨 윗 층에 더 큰 방이 있습니다.
4. 임대인에 따르면, 우리가 이사올 수 있는 가장 빠른 날은 1월 1일 입니다.
5. 사무실 임대료는 150파운드이고 최소 임대 기간은 3개월입니다.
6. 사무실 1층에는 모든 직원들을 위한 개인 물품 보관함이 있습니다.
7. 사무실에는 다른 시설들 외에 1층 북쪽에 카페도 있습니다.
8. CEO가 있을 본사에 전화가 없다는 것이 유일한 단점입니다.
9. 매니저는 주인에게 이메일로 사무실 사진을 보내달라고 요청했습니다.
10. 안타깝게도, 사무실 건물에서 가장 가까운 주차장은 한 블록 떨어져있는 주유소에 있습니다.

ANSWERS

1. painters	2. furniture designers
3. top floor	4. earliest day
5. stay	6. locker
7. facilities	8. occupying
9. photos	10. gas station

54 Fruit picking job

1. 직업소개소의 위치는 시드니에 있는 센트럴 호스텔에 있습니다.
2. 지원자의 연령 조건은 19세 이상입니다.
3. 지원자들이 선택할 수 있는 장소 중의 한곳은 퀸즐랜드 북부에 있는 해안 주변입니다.
4. 대부분의 지원자들은 주로 8월부터 일을 할 수 있습니다.
5. 고용인들은 시간당 혹은 한 바구니당으로 급여를 받습니다.
6. 과일 따는 사람들은 대부분 망고나 아보카도보다는 바나나 따는 것을 선호합니다.
7. 지원자들은 허리 문제 같은 기존에 가지고 있던 질병이 있어서는 안 됩니다.
8. 의뢰인들은 법에 따라 직원들에게 의료 보험을 제공해야 합니다.
9. 배송을 하기 위해서 의뢰인들은 트럭 면허가 있어야 합니다.
10. 고용주들은 과일 따는 직원들에게 인근 마을에 있는 숙소를 제공해야 합니다.

ANSWERS

1. Central Hostel	2. age requirement
3. coast	4. applicants
5. hours	6. bananas
7. back problems	8. medical insurance
9. truck	10. town

55 Consultation of a driving class

1. 관심이 있는 사람은 누구나 A1 운전면허 학원에서 하는 무료 운전 수업 상담을 예약할 수 있습니다.
2. 운전을 배우는 학생들의 시험 지역은 도시 북쪽에 있습니다.
3. 운전면허 학원에서는 운전을 할 수 있는 임시 면허 운전자들에게 세 번의 무료 운전 수업을 제공합니다.
4. 운전을 할 때 가장 대중적인 자동차는 자동 기어 타입입니다.
5. 연수 코스는 날이 밝을 때 합니다.
6. 제이콥은 운전을 아주 잘하기 때문에 어떤 날씨에서도 운전을 할 수 있습니다.
7. 요건을 갖추기 위해 운전면허를 딸 수 있는 단기 과정이 있습니다.
8. 운전 강습 등록비는 50달러이고 예약을 확인하기 위해 미리 지불을 해야 합니다.
9. 처음 운전 시험을 보는 데는 대략 30분이 걸립니다.
10. 운전 강습생들은 진행 상황을 점검하기 위해 일지를 써야 합니다.

ANSWERS

1. consultation	2. north
3. driving lessons	4. automatic gear
5. daylight	6. excellent driver
7. license	8. registration fee
9. exam	10. diary

56 Finding a job

1. 취업 센터의 현재 위치는 엠포리움과 마켓 로드가 만나는 모퉁이에 있습니다.
2. 사무실은 일요일을 포함해서 매일 몇 시간 동안만 열기 때문에 지원자들은 일찍 와야 합니다.
3. 직장에서 무거운 물건들을 드는 것은 주된 부상 원인 중 하나입니다.
4. 유치원 원장은 항상 새로 온 직원에게 첫 두주 동안은 식물에 물 주는 것만 시킵니다.
5. 부동산 업계에 들어가고 싶은 지원자들은 수학 실력을 갖추어야 합니다.
6. 고객 서비스 부서에 들어가고 싶은 사람들은 뛰어난 의사소통 기술이 있어야 합니다.
7. 첫 번째 면접은 수요일 오후 5시에 합니다.
8. 취업 센터 매니저인 마리아 래파나가 첫 면접관입니다.
9. 면접에 관한 더욱 자세한 사항은 3438873으로 연락하시면 됩니다.
10. 지원자들은 면접에 올 때 여권을 가지고 와야 합니다.

ANSWERS

1. Market Road	2. Sunday
3. heavy items	4. watering
5. math skills	6. communication
7. Wednesday	8. interviewer
9. details	10. passport

57 Inquiry about map reading courses

1. 지도 보는 법을 알려주는 수업들은 도시 전역에서 열릴 것입니다.
2. 지도 보는 법을 알려주는 수업의 참가자들은 길을 갈 때 발견할 쓰레기를 넣을 비닐 봉투를 가져오는 것이 좋습니다.
3. 전체 수업 과정에서 다루는 거리는 프로그램 안내책자에 나와 있습니다.
4. 지도 보는 법을 알려주는 수업에는 시외의 인근 야산에 가는 것도 포함이 될 것입니다.
5. 단기 지도 읽기 수업에 참여할 신입생들은 평가 시험을 봐야 합니다.
6. 지도 읽기 수업의 학생들은 작은 가게가 있는 곳을 지나가게 될 것입니다.
7. 그 작은 가게에서는 학생들에게 수프를 포함한 식사를 제공할 것입니다.
8. 지도 읽기 수업을 하는 대학의 시설에는 무료 주차가 포함되어 있습니다.
9. 참가자들은 방수가 되는 플라스틱 지도를 가지고 와야 합니다.
10. 지도 읽기 수업은 토론기반이기에 매우 재미있습니다.

ANSWERS

1. town	2. plastic
3. distance	4. hill
5. first year	6. small shop
7. soup	8. free parking
9. plastic map	10. discussion-based

58 Renting a house

1. 집이나 아파트를 임대하려고 하거나 임대하는 사람을 세입자라고 합니다.
2. 지난 번에 확인했을 때 방을 임대하는 데 평균 비용이 550달러였습니다.
3. 제 친구가 임대하려는 아파트에는 새 선반이 있습니다.
4. 이 지역에 괜찮은 아파트가 있지만 주차장이 없기 때문에 길에 주차를 해야 할 것입니다.
5. 침실 2개가 있는 2층 짜리 아파트는 어린이 놀이터 정 반대편에 있습니다.
6. 어린 아이가 있기 때문에 계단이 없는 단층 아파트를 빌리는 것이 가장 좋을 것입니다.
7. 그의 사촌은 산과 호수의 아름다운 전망이 있는 별장을 빌리고 있습니다.
8. 기간과 임대료를 확인하기 위해 임대 계약서에 서명을 하기 전에 검토해보는 것이 중요합니다.
9. 주인의 허락 없이는 세입자들이 집에 큰 변화를 주는 것은 대부분 허용되지 않습니다.
10. 임대인들은 세입자가 이사오기 전에 청소를 해야 할 책임이 있습니다.

ANSWERS

1. tenant	2. average rate
3. shelf	4. street
5. playground	6. no stairs
7. lake	8. rental fee
9. major change	10. any cleaning

59 Consultation rates

1. 신문 광고에는 일반 상담 비용이 시간당 2.50파운드라고 나와있습니다.
2. 제가 알기론 직접 가지 않고 중개인을 통해서 간다면 비용이 더 높아질 수 있습니다.
3. 상담소는 근무 시간을 지키지만 휴일에는 오후 4시 반까지 문을 열기도 합니다.
4. 상담소는 시내에 좋은 위치에 있고 정원이 있는 식당 바로 옆에 있습니다.
5. 상담소가 있는 건물 지하에는 카페가 있습니다.
6. 연관성은 이해가 가지 않지만 상담소에서는 주말마다 공포 영화를 보여줍니다.
7. 상담소가 있는 건물은 주로 여름 파티에 이용이 되는데 그 이유는 모릅니다.
8. 상담소에서 주말마다 영화를 보여주고 항상 공포나 액션 영화를 보여주는 타당한 근거는 없습니다.
9. 변호사는 진행하기에 앞서 변호사, 회계사와 상담해보라고 조언했습니다.
10. 그들은 가정 상담에서 그가 어색하지 않을 거라고 생각합니다.

ANSWERS

1. £2.50	2. agent
3. non-business days	4. restaurant
5. basement	6. horror movies
7. summer parties	8. action
9. lawyer	10. consultation

60 Choosing a moving company

1. 피아노를 새로운 곳으로 옮기기 위해서는 이삿짐 회사를 찾아야 합니다.
2. 손으로 옮겨야 하는 것 중 하나가 가로 세로 2미터의 앤틱 거울입니다.
3. 유리 덮개가 있는 작은 탁자도 옮겨야 합니다.
4. 이삿짐 회사는 유리문이 있는 나무 책장을 옮길 때 아주 조심해야 합니다.
5. 박스에는 손으로 쓴 설명서가 있는 흰색 라벨 표시가 모두 있어야 합니다.
6. 이삿짐 회사는 232달러를 청구하고 여기에는 보험이 포함되어 있지 않습니다.
7. 이삿짐 회사는 오전에 물건들을 모아서 포장하기 시작할 것입니다.
8. 집주인들은 귀중품과 포장해야 하는 나머지 것들을 분리해야 합니다.
9. 포장해서 상자에 넣을 물건들을 모두 모아서 옆 문으로 트럭에 실을 것입니다.
10. 이삿짐 트럭은 집 앞에 있는 차고 옆에 주차해놓을 것입니다.

ANSWERS

1. piano	2. mirror
3. coffee table	4. bookshelf
5. markings	6. insurance
7. collecting	8. valuables
9. side door	10. garage

61 Booking a hotel mid-tour

1. 고객이 도착하는 예정 날짜는 17일입니다.
2. 고객은 17층에 있는 2인실로 지정을 했습니다.
3. 고객은 발코니가 있는 방을 더 좋아할 것입니다.
4. 호텔의 이름은 마운틴 뷰 호텔입니다.
5. 이 호텔은 온라인 호텔 후기를 보면 5성급 호텔 시설입니다.
6. 고객들은 원한다면 개인 여행 가이드를 요청할 수 있습니다.
7. 고객은 호텔 스파에서 마사지 서비스도 예약을 했습니다.
8. 관광객들이 방문할 수 있는 곳 중에 하나는 호텔에서 가까운 새 공원입니다.
9. 고객은 온라인으로 예약을 했기 때문에 할인을 받았습니다.
10. 고객은 그가 탔던 비행기에 있는 잡지에서 그 호텔에 대해 알게 되었습니다.

ANSWERS
1. arrival
2. double room
3. balcony
4. Mountain View
5. reviews
6. private guide
7. massage
8. bird park
9. discount
10. magazine

62 Introduction to the Livingston Park

1. 리빙스턴 파크 관광의 첫 부분은 오래된 숲을 방문하는 것입니다.
2. 리빙스턴 파크에는 도시 전체를 볼 수 있는 또 다른 길이 있습니다.
3. 리빙스턴 파크에는 관광객들이 쉴 수 있는 장미 정원도 있습니다.
4. 리빙스턴 파크에는 두 곳의 해변길이 있지만 그 중 한곳에는 모래가 없습니다.
5. 강 옆에는 리빙스턴 파크로 가는 버스도 있습니다.
6. 여름에는 아이들이 리빙스턴 파크에 있는 동물원에서 동물들을 돌보는 교육을 받을 수 있습니다.
7. 따뜻한 계절 동안 리빙스턴 파크 옆에 있는 강에는 물고기들로 가득합니다.
8. 리빙스턴 파크에서는 유명한 지역 스타들이 출연한 콘서트도 한 차례 개최됐습니다.
9. 리빙스턴 파크에는 총 27개의 명소가 있습니다.
10. 리빙스턴 파크는 주말에 공원 버스 요금을 받지 않습니다.

ANSWERS
1. old forest
2. whole city
3. rose garden
4. sand
5. river
6. zoo
7. fish
8. local stars
9. attractions
10. bus

63 Mary's gift list

1. 메리의 손자는 스포츠에 관심이 있기 때문에 나는 그에게 선물로 스포츠 달력을 줄 것을 제안했습니다.
2. 메리의 손녀는 패션에 관심이 있기 때문에 나는 그녀에게 패션 잡지 정기 구독권을 줄 것을 제안했습니다.
3. 내 조카는 다른 언어를 배우는 것에 관심이 매우 많기 때문에 조카에게 사전 구독권을 주었습니다.
4. 조카는 그녀의 오빠에게 목걸이를 주라고 나에게 추천했습니다.
5. 할머니는 정원을 좋아하셔서 엄마는 할머니께 정원 손질용 장갑을 드리자고 제안했습니다.
6. 할머니께 장갑을 드린다고 말씀 드리자 할머니는 멋진 색을 원한다고 말씀하셨습니다.
7. 엄마의 오빠인 삼촌은 여행을 아주 좋아하셔서 우리는 삼촌에게 크리스마스 선물로 배낭을 드릴 것입니다.
8. 우리가 선물로 배낭을 준다면 삼촌은 큰 사이즈의 가방을 원한다고 말씀하셨습니다.
9. 내 여동생의 시어머니는 가족들에게만 관심이 있고 선물 받는 것을 별로 안 좋아하십니다.
10. 내 여동생의 시어머니는 선물에 관심이 없으셔서 시어머니가 도착하셨을 때 꽃을 드리기로 했습니다.

ANSWERS
1. calendar
2. magazine
3. dictionary
4. necklace
5. gloves
6. colour
7. travelling
8. large size
9. mother-in-law
10. flowers

64 Finding part-time work

1. 케이는 물류창고 아르바이트를 위해 파워 제조 회사에 있는 제인 히치에게 연락을 하라는 지시를 받았습니다.
2. 수는 슈퍼마켓의 빵집으로 배정이 될 것이라고 들었습니다.
3. 지원자들은 아르바이트를 위해 참조번호 ARW204를 명시해야 합니다.
4. 구직자들은 지원서를 제출하기 위해 사무실에 가야 합니다.
5. 지원자 중의 한 명은 지역 신문에서 아르바이트 자리 광고를 봤다고 했습니다.
6. 그 남자 지원자는 경력에 대한 기타 자세한 사항들을 적기 위해 서류 한 장을 구매해야 합니다.
7. 그 여자는 직업소개소를 통해 아르바이트에 지원할 것을 생각하고 있다고 합니다.
8. 아직 학업 중에 있는 지원자들은 학생증을 가지고 오라는 얘기를 들었습니다.
9. 감독관에 따르면 지원자들은 지도교수를 추천인으로 쓸 수 있습니다.
10. 그 여성 지원자는 나가기 전에 피드백 양식을 작성해야 합니다.

ANSWERS
1. warehouse
2. bakery
3. reference number
4. application
5. advertisement
6. paper
7. agency
8. student card
9. reference
10. feedback form

65 Insurance claims

1. 그 여자의 보험금 청구는 경찰 신고번호 TWS107942 사고와 연관되어 있습니다.
2. 사고는 8월 16일 빅토리아에 있는 예롱필리에서 일어났습니다.
3. 이전에 청구되었던 보험금 청구건 중의 하나는 자전거 분실로 인한 것이었습니다.
4. 그 남자는 폭풍우로 인한 손해 때문에 보험금을 청구했습니다.
5. 남편의 보험금을 청구한 여자는 수영장 옆에 그가 죽어있는 것을 발견했습니다.
6. 그 남자는 침실에 있는 깨진 창문을 수리하기 위해 보험금을 청구했습니다.
7. 폭풍우가 치는 동안 집 앞이 완전히 망가져서 그들은 집 뒤쪽에 있는 주방으로 옮겨가야 했습니다.
8. 태풍으로 인해 집 바깥쪽 벽의 벽돌들도 파손되었습니다.
9. 태풍이 부는 동안 피해를 입은 다른 것들에는 전화기와 컴퓨터도 있었습니다.
10. 집에서 심하게 파손이 된 곳은 자동차와 다른 모든 것들이 들어있는 차고였습니다.

ANSWERS

1. police number
2. August
3. bicycle
4. storm
5. pool
6. bedroom
7. kitchen
8. bricks
9. computer
10. severely damaged

66 Sharing accommodation

1. 공동 숙소의 집세는 매주 80달러라고 들었습니다.
2. 세입자들은 공동 주택 옆에 있는 차고에 차를 댈 수 있습니다.
3. 친구와 집을 같이 쓰고 있는 세입자 중의 한 명은 짐이고 그는 일주일에 두 번 슈퍼마켓에서 일을 합니다.
4. 피터는 짐의 룸메이트이고 그는 둘이 함께 차를 타고 휘발유비만 분담해서 낼 것을 제안했습니다.
5. 짐이 피터와 함께 쓰고 있는 집에는 난방기가 없어서 이사올 때 가져와야 했습니다.
6. 피터는 또한 짐에게 이사올 때 토스터를 가져와달라고 부탁했습니다.
7. 피터와 짐의 공동 아파트는 주방에 전화기가 있습니다.
8. 피터는 짐과 함께 6월 1일에 이사오기로 되어있습니다.
9. 피터와 짐은 금요일 밤마다 함께 경기를 보는 시간을 가지기로 했습니다.
10. 짐은 시험을 본 후에 피터와 함께 이사를 오기로 했습니다.

ANSWERS

1. rent fee
2. park
3. supermarket
4. petrol
5. heater
6. toaster
7. kitchen
8. June
9. Friday evening
10. exam

67 Consulting a wellness centre for health

1. 건강 관리 센터에 문의를 한 그레이스는 현재 간호사로 고용되었습니다.
2. 그녀는 이야기를 하고 있는 사람에게 자신이 아침을 거르는 습관이 있다고 알려주었습니다.
3. 또한 그녀는 두통도 종종 겪고 있다고 그 여자에게 말합니다.
4. 그녀는 두통뿐만 아니라 감기에도 자주 걸립니다.
5. 건강 관리 센터에서 상담을 한 여자는 해산물 알레르기가 있다고 했습니다.
6. 그녀는 눈에 문제가 있어서 최근에 안과의사와 상담을 했습니다.
7. 그녀는 활동으로 걷기를 하고 있고 처음에는 30분만 걸었습니다.
8. 그녀는 걷기 운동을 하기 위해 매일 오후 5시에 공원에 갑니다.
9. 그녀는 또한 요가를 시작했고 지난번에는 90분 동안 요가를 했습니다.
10. 그녀는 집에서 가까운 스포츠 센터에서 주말마다 수영도 합니다.

ANSWERS

1. nurse
2. skipping
3. headache
4. cold
5. seafood
6. eyes
7. beginning
8. park
9. last time
10. sports centre

68 Applying as a nanny

1. 유모 일자리에 대해 문의를 한 클로에는 근무 시간이 오후 3시 15분부터 6시 30분까지라고 들었습니다.
2. 유모 일자리에 대해 문의를 한 클로에는 고용주가 파크 로드 12번지에 살고 있다고 들었습니다.
3. 유모 일자리에 대해 문의를 한 여자는 유모 교육 수료증을 제출해야 한다고 들었습니다.
4. 유모가 되려고 하는 사람은 고객의 선호도에 따라 수영에 능숙해야 합니다.
5. 또한 유모 지망인은 고객의 선호도에 따라 음악에 관심이 있어야 합니다.
6. 아이를 돌보는 것 외에도 유모 지망인은 집안 청소와 설거지도 하게 될 것입니다.
7. 유모 지망인은 고객의 요청에 따라 신원 조사를 제시해야 합니다.
8. 유모 지망인은 며칠 안에 고용주가 될 사람들과 면접을 해야 합니다.
9. 고용주들은 지망자가 취업 비자를 제출할 필요가 없다고 말했습니다.
10. 그러나, 고용주에 따르면 지망자는 여권을 반드시 가지고 있어야 한다고 합니다.

ANSWERS

1. work time
2. employer
3. certificate
4. skilled
5. music
6. washing
7. police
8. interview
9. visa
10. passport

69 Aiden wants to find a part-time job at an orchard

1. 에이든은 과수원에서 일을 하려면 블루 카드 비자를 제시해야 한다고 들었습니다.
2. 에이든은 과수원의 작업 계절이 7월부터 10월까지라고 들었습니다.
3. 그는 처음에 웹사이트에서 과수원 일에 대한 자세한 것들을 알게 되었지만 회사로부터 받은 정보가 더 낫다고 얘기했습니다.
4. 회사에 따르면 과수원의 가장 바쁜 날이 9월이라고 합니다.
5. 그는 과수원의 수확 날짜가 날씨 상황에 따라 다르다고 들었습니다.
6. 에이든은 18세 미만의 직원들은 4.5파운드의 급여를 받지만 18세 이상의 직원들은 시간당 6.5파운드의 추가 급여를 받는다는 것을 알게 되었습니다.
7. 에이든은 과수원 직원들에게 캠프장에 있는 숙소가 제공된다고 들었습니다.
8. 그는 그 지역으로 가는 최선의 방법이 자전거를 타고 가는 것이라는 걸 알게 되었습니다.
9. 과수원에서 일을 하고 싶어하는 사람들은 자격을 갖추기 위해 여권을 제출해야 합니다.
10. 고용이 된 사람들은 물과 점심 식사를 가지고 와야 합니다.

ANSWERS

1. blue card
2. July to October
3. website
4. busiest time
5. picking date
6. additional wage
7. campsite
8. bike
9. passport
10. water and lunch

70 Accommodation and activities for 3 days

1. 숙소는 편리한 곳에 위치해 있고 심지어 근처에 슈퍼마켓도 있습니다.
2. 숙소에는 6명이 있기에 알맞은 스튜디오 룸이 있습니다.
3. 숙소에는 아름다운 가구와 기타 편의 시설들이 있습니다.
4. 숙소는 체육관과 수영장, 테니스 그리고 농구장이 있는 스포츠 센터와도 가깝습니다.
5. 숙소 테라스에는 넓은 식탁과 그에 어울리는 의자들이 있습니다.
6. 4명을 수용하는 숙소의 표준 가격은 219달러이지만 온라인으로 예약을 하면 할인을 받을 수 있습니다.
7. 조식 메뉴에는 목요일마다 과일이 있는 샐러드가 포함됩니다.
8. 매주 금요일에는 피크닉 장에서 가족들을 위한 바비큐 파티를 엽니다.
9. 대부분의 투숙객들은 토요일 오전에 와서 일요일 저녁이나 월요일 오전에 나갑니다.
10. 숙소에는 투숙객들이 공연 밴드에 맞춰 춤을 출 수 있는 무도장이 있습니다.

ANSWERS

1. supermarket
2. studio
3. furniture
4. sports centre
5. terrace
6. 4 people
7. salad
8. barbecue
9. Saturday
10. band

71 Booking a room at the Rainbow Hotel for a vacation

1. 휴가를 위해 임대 숙박 시설에 대해 문의를 한 어머니는 전원 생활 잡지에서 몇 가지 정보들을 봤습니다.
2. 그 여자는 업체 사람에게 일행 중에 허리에 문제가 있어서 계단을 이용하지 못하는 나이 많은 남자분이 있을 거라고 말했습니다.
3. 그들 일행은 5명이어서 적어도 방이 세 개가 있는 곳이 필요할 것입니다.
4. 그들은 남쪽 해안 근처에 있는 곳을 좋아할 것입니다.
5. 그들은 조용한 곳을 선호할 것입니다.
6. 그녀의 아이들이 즐길 수 있는 농장 근처에 장소를 잡을 수 있다면 좋을 것입니다.
7. 그들은 또한 차고가 있는 곳이 필요할 것입니다.
8. 그들은 카페가 가까이 있는 호텔도 좋아할 것입니다.
9. 그 여자는 욕실에 샤워실이 있는 호텔 객실로 지정을 했습니다.
10. 그 여자는 주방에 냉장고도 필요할 것이라고 덧붙였습니다.

ANSWERS

1. country life
2. stairs
3. 3 rooms
4. south coast
5. quiet environment
6. farm
7. garage
8. close
9. shower
10. freezer

72 Accommodations at Po Shan Park

1. BMD 호텔에서는 오전 활동으로 달리기 관광을 하고 오후에는 보트 타기를 제공합니다.
2. BMD 호텔은 근처에 어시장이 있는 해안가에 위치해 있습니다.
3. BMD 호텔의 객실 비용에는 이미 무료 조식이 포함되어 있습니다.
4. BMD 호텔의 모든 객실에 작은 발코니가 있다는 점을 고려하면 비용은 아주 적당합니다.
5. 파라다이스 호텔의 투숙객들은 오전 활동으로 근처에 있는 쇼핑몰에서 쇼핑을 할 수 있습니다.
6. 파라다이스 호텔의 투숙객들은 오후에 지역의 새들을 보기 위해 새를 관찰하러 갈 수 있습니다.
7. BMD 호텔과 마찬가지로 파라다이스 호텔도 해변 가까이에 있습니다.
8. 텍사스 호텔의 투숙객들은 오후에 자전거 타기를 즐길 수 있습니다.
9. 텍사스 호텔은 투숙객들이 자유롭게 운동을 할 수 있는 체육관 가까이에 위치해 있습니다.
10. 텍사스 호텔의 객실 비용에는 인터넷 접속과 케이블 텔레비전이 포함되어 있습니다.

ANSWERS

1. sailing
2. fish market
3. breakfast
4. little balcony
5. shopping
6. local birds
7. beach
8. cycling
9. gym
10. Internet

73 Introduction to a tourist attraction

1. 리사의 사촌은 숙박을 위해 현금을 더 가져가야 한다고 제안했습니다.
2. 그들은 그 지역에 있는 호화로운 호텔에 방을 예약하기로 했습니다.
3. 여행사에서는 그 지역의 최고 명소 중 하나인 박물관을 반드시 방문해야 한다고 말했습니다.
4. 그들이 그곳에 가서 하려고 하는 활동 중 하나는 보트 타기입니다.
5. 직원은 그들에게 짧은 휴일을 최대한 이용하기 위해 적어도 4일은 머물러야 한다고 제안했습니다.
6. 여행사에서 제안했던 숙소 중 한곳은 화이트 마운틴에 있는 배낭여행자들의 숙소입니다.
7. 그들이 화이트 마운틴에서 꼭 해봐야 하는 흥미로운 활동 한가지는 스노우보드 타기입니다.
8. 또한 그 사람은 오후에 케이크를 먹기 위해 산에 있는 카페에 가봐야 한다고 제안했습니다.
9. 예약 대행사에 있는 그 여자는 여행을 하는 동안 차를 빌려야 한다고 제안했습니다.
10. 그녀는 또한 미리 지도를 사는 것이 좋을 것이라고 제안했습니다.

ANSWERS
1. cash
2. hotel
3. museum
4. sailing
5. 4 days
6. White Mountain
7. snowboarding
8. eat cakes
9. rent a car
10. map

74 House repairs

1. 록시는 사촌과 함께 빌린 집에서 살고 있습니다.
2. 록시는 집 수리 문의를 하려고 서비스 관리자에게 연락을 하기로 했습니다.
3. 서비스 관리자는 그녀에게 수리비로 50파운드를 내야 한다고 안내를 했습니다.
4. 록시의 사촌은 수리 서비스를 받을 수 있는 더 빠른 방법은 개인 회사를 통한 것이라고 생각합니다.
5. 록시는 수리 일정을 잡아줄 여자분과 연락을 하기 위해서 휴대폰을 이용하라는 지시를 받았습니다.
6. 록시는 집 수리가 된 후에 계약서에 서명을 해야 한다고 들었습니다.
7. 록시는 서비스 관리자에게 창문 자물쇠가 부러졌다고 했습니다.
8. 회사에서는 전기선 수리를 하기 전에 온수기를 먼저 점검해야 한다는 제안을 했습니다.
9. 록시가 집 수리를 원하는 다른 부분은 안방 페인트 칠입니다.
10. 록시는 안방의 카펫도 교체하기를 원합니다.

ANSWERS
1. cousin
2. service manager
3. repair fee
4. faster way
5. mobile phone
6. agreement
7. broken
8. water heater
9. paint work
10. carpet

75 Setting up a company

1. 카렌은 회사를 소유하고 있고 매니저로 사업을 운영하고 있습니다.
2. 카렌은 역 근처 어딘가에 새 회사 사무실을 짓고 싶어합니다.
3. 그녀의 회사에는 40명의 직원들이 있고 그들 모두 사무실에 충분한 공간이 있어야 합니다.
4. 그녀가 새 사무실 공사를 시작하고 싶어하는 날짜는 5월 중입니다.
5. 그녀는 새 사무실로 12,000평방미터의 지역을 필요로 하고 디지털 검사기로 크기를 확인하고 싶어합니다.
6. 그녀가 구체적으로 명시했던 것 중 하나는 회의실에 칸막이를 없애달라는 것이었습니다.
7. 그녀는 또한 모든 방에 게시판을 설치해야 한다고 했습니다.
8. 그녀는 창고가 너무 작기 때문에 넓혀야 한다고 명시했습니다.
9. 또 해야 할 것은 주방을 개선하는 것입니다.
10. 그녀가 갖고 싶어하는 특별한 것은 강이 보이는 테라스입니다.

ANSWERS
1. manager
2. station
3. 40 people
4. preferred date
5. digital inspection
6. booths
7. boards
8. storeroom
9. improvements
10. river view

76 Survey questionnaire for north residents

1. 면접을 보고 있는 페리는 그레이스에게 지금 영업사원으로 일하고 있다고 말했습니다.
2. 페리는 그 지역에서 9년 동안 살고 있습니다.
3. 페리는 스프링 파크 지역에 삽니다.
4. 페리는 두 명의 동료들과 아파트에서 같이 살고 있었습니다.
5. 그는 주로 걸어 다니지만 종종 기차도 타고 가끔은 택시도 탑니다.
6. 그는 한 달에 한번 정도 외식을 합니다.
7. 그는 수영하는 것과 재미를 위해 클럽에 가는 것을 좋아합니다.
8. 그는 여가 시간에 극장에 가서 영화 보는 것을 좋아합니다.
9. 그가 여가 시간에 하기 좋아하는 것 중 다른 하나는 보트 타기입니다.
10. 그는 현재 단기 과정으로 일본어 수업을 듣고 있습니다.

ANSWERS
1. salesman
2. 9 years
3. Spring Park
4. two colleagues
5. trains
6. once a month
7. clubs
8. movies
9. sailing
10. Japanese

77 Children's activities

1. 비용은 하루에 26.65파운드이지만 일주일 치를 낸다면 할인해서 140파운드만 내면 됩니다.
2. 서핑 활동이 진행되고 있지만 활동 일정과 이용 가능 여부는 날씨에 달려 있습니다.
3. 티켓 가격에 점심이 포함되지 않는다는 것을 유의하세요.
4. 아이들은 바지와 재킷 같은 옷들을 가지고 와야 한다는 것을 기억하세요.
5. 활동 첫 날 만나는 장소는 호수 근처일 것입니다.
6. 활동에 참여하는 아이들은 빌딩에서 다양한 종류의 등반에 대해 배우게 될 것입니다.
7. 서핑과 등반, 수영, 전동자전거 경주, 기타 활동들 외에 아이들은 산도 오르게 될 것입니다.
8. 감독님이 오랫동안 몸이 안 좋았지만 회복되어 마침내 이번 여름에는 돌아올 것입니다.
9. 해변에서 전동자전거 타기 활동이 있을 예정이고 주최측에서는 아이들에게 헬멧을 제공할 것입니다.
10. 전동자전거 타기 활동이 있지만 주최측은 경주가 허용되지 않아 하지 않을 것이라고 했습니다.

ANSWERS

1. discount	2. weather
3. lunch	4. trousers and jackets
5. lake	6. climbing
7. mountain	8. long sick
9. motorbike	10. no race

78 Hot air balloon rides

1. 열기구를 타는 데 가장 저렴한 비용이 일인당 125파운드이었습니다.
2. 열기구를 탄 후에 성인에게는 인증서가 주어집니다.
3. 바로 예약을 하거나 당일에 예약을 하려면 온라인으로 해야 합니다.
4. 열기구가 오를 수 있는 최대 높이는 1,800미터입니다.
5. 일년 중 열기구를 타기 가장 좋은 때는 가을입니다.
6. 마리는 남편 생일 때문에 밤에 열기구 타는 것을 요청했으나 허용되지 않았습니다.
7. 남편 생일 때문에 예약을 한 열기구 타기는 곧 다가오는 폭풍우로 인해 취소가 될 수도 있습니다.
8. 그녀는 따뜻한 옷과 재킷, 모자 그리고 헬멧을 쓰라는 조언을 들었습니다.
9. 어린이 최저 연령 조건은 9세이며 성인은 나이 제한이 없습니다.
10. 열기구를 타고 싶어하는 성인들은 타고 가는 내내 서있는 상태로 있을 수 있어야 합니다.

ANSWERS

1. lowest price	2. certificate
3. online	4. 1800 metres
5. autumn	6. night
7. thunderstorm	8. a hat
9. age restriction	10. standing position

79 Job hunting at a Theme Park

1. 안드레는 직장이 재미슨 아일랜드 테마 파크에 있고 시작일이 7월 11일이라는 것을 알게 되었습니다.
2. 샌디는 테마 파크에 있는 식당 중 한곳에서 일을 하고 있고 그 식당의 종업원 네 자리가 비어있습니다.
3. 테마 파크에서 일하는 직원들 대부분은 사람들을 웃게 하는 것을 즐깁니다.
4. 테마 파크에서 구할 수 있는 다른 직업들도 있지만 그들은 노래를 할 수 있는 지원자들을 요구합니다.
5. 또 다른 구직 공고에서는 아이들을 돌본 경험이 있는 지원자들을 요구합니다.
6. 테마 파크에서 할 수 있는 또 다른 일자리는 운전을 할 수 있는 지원자들을 요구합니다.
7. 테마 파크에서 일하는 이점 중 하나는 직원들에게 무료 교통을 제공한다는 것입니다.
8. 테마 파크에서 일하는 또 다른 이점에는 직원들에게 식사가 무료로 제공이 된다는 것입니다.
9. 안드레의 면접 약속은 다음 주 목요일로 일정이 잡혀있습니다.
10. 지원자들은 면접에 이력서와 사진을 가지고 와야 합니다.

ANSWERS

1. Island	2. waiter
3. laugh	4. sing
5. children	6. drive
7. free transport	8. free meals
9. Thursday	10. photo

80 Theatre booking

1. 전화를 했을 때 극장에서 단체 예약 할인을 제공한다는 얘기를 들었습니다.
2. 성인 3명의 티켓 가격은 각각 23파운드이고 17명의 어린이 티켓의 가격은 10퍼센트 할인되어 각각 12.50파운드입니다.
3. 가운데 줄에 앉을 때 안 좋은 점은 입구와 가깝다는 것입니다.
4. 비튼이 선택한 좌석은 무대와 가까운 원형 관람석의 뒷줄 좌석입니다.
5. 손님은 휠체어가 필요한 자녀가 있었기 때문에 휠체어를 달라고 특별히 요청했습니다.
6. 다른 특별 요청 사항은 휠체어를 탄 아이를 엘리베이터와 가까운 곳에 앉을 수 있도록 해달라는 것이었습니다.
7. 극장 티켓은 도서관 근처에 있는 주차장에서 수령합니다.
8. 손님들은 종업원에게 자신들이 모두 채식주의자라는 것을 알려줬습니다.
9. 종업원은 그들에게 커피는 없지만 햄버거와 치즈와 감자가 들어간 피자가 제공될 것이라고 했습니다.
10. 또한 종업원은 극장 안에서 모든 사람들에게 갓 만든 팝콘이 주어질 것이라고 말했습니다.

ANSWERS

1. group booking	2. 10% discount
3. entrance	4. back row
5. wheelchair	6. lift
7. car park	8. vegetarians
9. cheese and potato	10. fresh popcorn

같은 의미를 가지고 같은 용법으로 쓰이는 단어지만 철자와 발음이 약간씩 다르기 때문에 혼동하기 쉬운 단어들이 있습니다. 우리에게 너무나도 익숙한 단어 mom은 미국식 표현이고, 영국에서는 mum을 사용합니다. 물론 발음도 '맘'이 아닌 '머엄'에 가깝습니다. 비슷한 예로 우리가 일반적으로 알고 있는 고모 '엔트'도 미국식 표현이고, 영국에서는 auntie라고 쓰며 '안티'라고 읽습니다. 또한 raise와 rise의 경우 increase의 뜻인 '증가하다'나 '오르다'로 쓰일 때 역시 철자와 발음에 차이가 있습니다. 그래서 임금 인상이라는 표현으로 쓸 때 미국에서는 pay raise라고 쓰고 영국에서는 pay rise로 쓰며, 발음도 당연히 다른 '페이 레이즈'와 '페이 라이즈'로 달라집니다.

이러한 단어들은 같은 의미의 단어지만 철자도 발음도 모두 다르기 때문에 미국에서는 미국식 단어를, 영국에서는 영국식 단어를 사용하면 더욱 세련되고 원활한 의사소통을 할 수 있습니다.

뜻	영국영어	미국영어
엄마	mum 멈	mom 맘
고모/이모	auntie 안티	aunt 엔트
알루미늄	aluminium 앨러미니엄	aluminum 얼루미넘
수학	maths 매쓰	math 매뜨
오르다	rise 라이즈	raise 레이즈
폴리에틸렌	polythene 폴러씬	polyethylene 폴리에털린
과자	crisps 크리스프	chips 칩스

✚ **Broken English 바로잡기**

모닝콜 **morning call** → **wake-up call**　　　　로터리 **rotary** → **traffic roundabout**
매니큐어 **manicure** → **nail polish**　　　　애프터서비스 **after service** → **warrantee service**
바바리 코트 **burberry coat** → **trench coat or coat**

IELTS LISTENING DICTATION
SECTION 2

♛ Listening Section 2 소개

Section 2는 Section 1보다 난도가 높습니다. Section 2의 들려지는 형식은 Section 1의 두 사람의 대화에서 한 사람이 말하는 설명으로 바뀌는데, 동일한 주제를 한 사람이 계속 말하기 때문에 처음 들으면 상당히 단조롭습니다. 대화의 경우 화제에 대해 도입, 설명, 확인 등 대화의 기술이 적용되어 대화 배경과 주제 파악이 다소 쉬운 편이지만 Section 2와 같이 한 사람이 단조롭게 설명하면 응시자들은 집중력을 잃기 쉽고 중요한 정보를 놓치게 됩니다. 하지만 Section 2는 Section 1과 형식만 조금 다를 뿐 일상생활과 관련된 주제라는 점에서 테스트 목적의 차이는 크지 않으며 Section 1과 마찬가지로 격식을 갖춘 어법은 아닙니다.

♛ Listening Section 2 출제 유형 분석

1. 안내

여행지 관광에 관련한 안내, 박물관이나 공원 안내, 대학시설이나 기관 안내 등이 주로 나오며 대개의 경우 Map과 함께 출제됩니다. 화자가 안내할 특정 지역이나 시설에 대해 설명하면서 방향, 거리, 위치, 용도와 관련한 것이나 여행 일정, 교통수단, 가격, 주의사항 및 활동 거리 등을 묻는 문제가 출제됩니다.

2. 소개

Section 2에서 가장 많이 출제되는 유형으로 각종 대학시설 소개, 교육기관의 강좌 및 코스 소개, 문화 공연 관련 소개에서부터 여행지나 물품의 소개에 이르기까지 일상생활과 관련된 다양한 소개가 출제됩니다. 공연 관련 소개의 경우 공연 제목, 시간, 내용, 표 구입 방법 등이 문제로 나오고, 대학교 소개의 경우 신입생 오리엔테이션과 관련한 학교시설 사용, 학사일정, 강의신청 등에 관한 문제가 출제됩니다.

3. 설명

특정 제품이나 서비스 혹은 대상에 관한 여러 가지를 설명합니다. 시험에서는 제품의 사용 설명, 쓰레기 분리 서비스 설명, 장학금 제도 설명, 특정 국가의 명절 설명, 항공사의 규칙 설명 같은 주제들이 등장하며 설명하는 대상에 관해 무엇을 설명했는지 하나하나 확인하는 문제가 출제됩니다. 설명이라는 것이 보통 정보 전달을 전제로 하는 경우가 많기 때문에 구어체로 된 문장을 들려주기도 하지만, 간혹 신문기사와 같이 문어체로 된 문장을 읽어주는 형식도 출제되어 응시자를 당황하게 만들 수도 있으니 이런 형식에도 익숙해지도록 공부해야 합니다.

4. 교육 및 세미나

직장과 관련된 인턴들에 대한 회사직무 교육, 쇼핑몰 직원 실무교육과 일상생활과 관련된 diving, 승마, 스포츠 관련 교육 등의 주제가 등장합니다. 제품이나 서비스에 대한 소개가 아닌 듣는 사람으로 하여금 지키거나 인지하거나 혹은 배워야 할 것을 교육시키면서 가르친 것에 대한 것을 확인하는 문제가 출제됩니다.

5. 정보 전달

라디오나 TV 뉴스 같은 형식으로 정보를 전달해 주는 broadcast의 형태를 취합니다. 각종 사건 사고부터 특정 개인의 경험담이나 의견 같은 것이 제시되기도 하는데, 들려지는 내용과 관련된 상세 사항을 묻는 문제가 출제됩니다. 대중매체의 형식을 띄고 있어서 듣는 상대의 이해나 설득이 아닌 정보 전달에 중점을 두므로 다른 유형보다 많은 정보가 들려지게 되어 문제 풀 때 응시자의 집중력이 보다 요구되는 유형입니다.

1 .... will be central topic of tomorrow's speech.

2 According to the speaker, the name Mario originated from a place in the ....

3 In the beginning, the area was known for exporting products related to ....

4 Currently, the area is well-known for exporting .... to Asian countries.

5 There will be a concert and a .... held at the museum this weekend.

6 On rainy days, local residents recommend that tourists spend their time watching the ....

7 The hot spring is suitable for ...., but not for elderly or pregnant women.

8 The hot spring must be tolerable enough for .... to enjoy in.

9 The rafting activity is open to primary and .... and parents won't have to worry because there will be professional instructors.

10 The Central Park is a good place to relax for the elderly and the .... on wheelchairs.

2 | Going camping

1 Going camping is much easier now because you can easily buy .... at the caravan park.

2 Children who get lost are usually taken to the ....·

3 At the Meadow campsite, campers can enjoy music played by ....·

4 Because there are .... lots at the Meadow campsite, you won't have to pay an extra fee for a trailer.

5 There's an ATM at the lodge in case you need some cash and interestingly, you can also learn "...................." from the instructors.

6 The Caravan park has tons of .... specifically for children's enjoyment.

7 If you want to watch the ...., just visit the Rolling restaurant.

8 The Meadow campsite is .... the Forest Road on its north and the Royal Way on its West side.

9 Between the .... on the west and the Royal Way on the east, sits the caravan park.

10 The Green lounge is along the Forest Road and it is .... to F and across H.

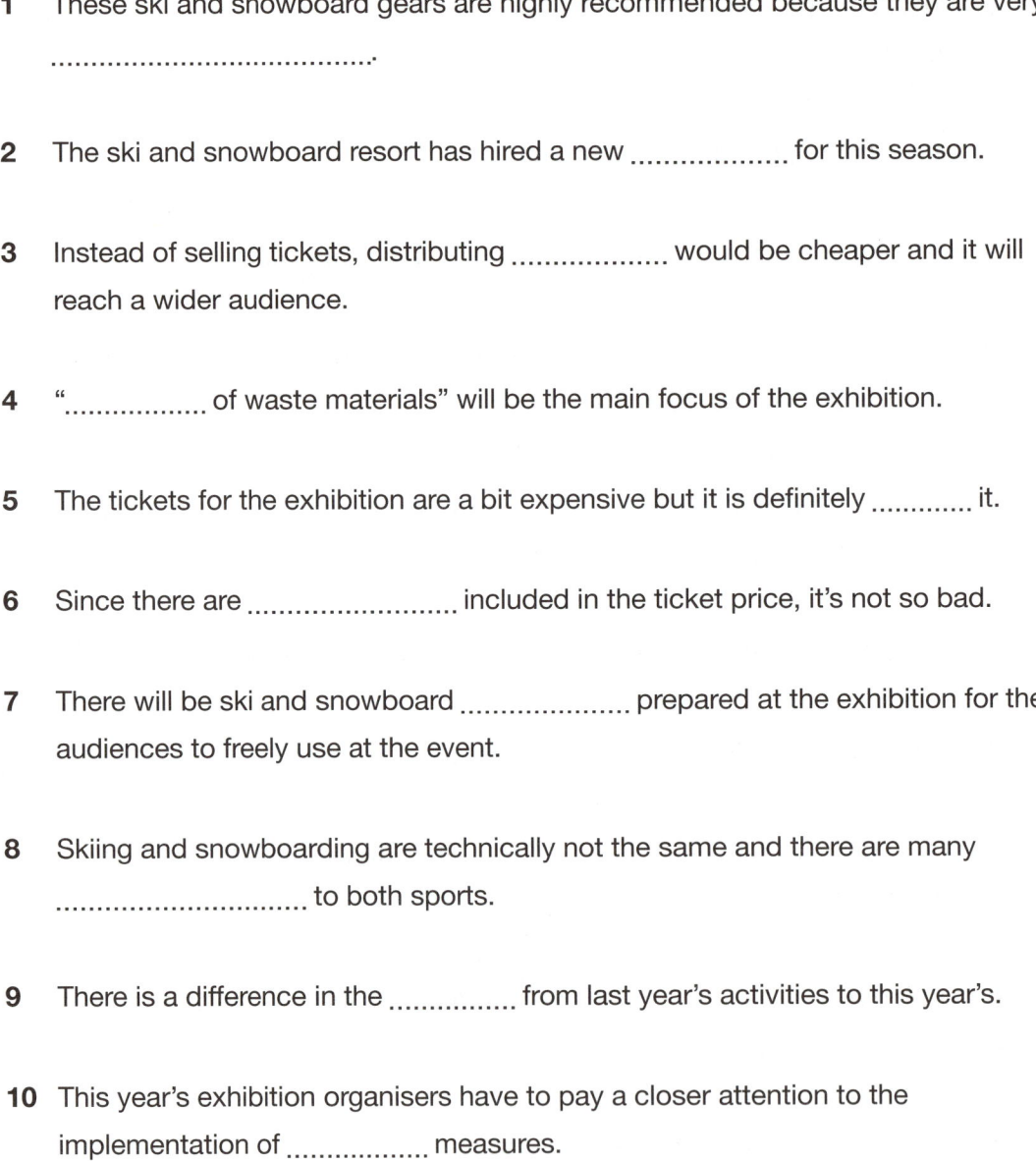

3 Ski and snowboard exhibition

1 These ski and snowboard gears are highly recommended because they are very

    ....

2 The ski and snowboard resort has hired a new .... for this season.

3 Instead of selling tickets, distributing .... would be cheaper and it will

    reach a wider audience.

4 "................. of waste materials" will be the main focus of the exhibition.

5 The tickets for the exhibition are a bit expensive but it is definitely .... it.

6 Since there are .... included in the ticket price, it's not so bad.

7 There will be ski and snowboard .... prepared at the exhibition for the

    audiences to freely use at the event.

8 Skiing and snowboarding are technically not the same and there are many

    .... to both sports.

9 There is a difference in the .... from last year's activities to this year's.

10 This year's exhibition organisers have to pay a closer attention to the

    implementation of .... measures.

1 Garbage bags can function as .... bags to keep stuff dry.

2 People are advised not to .... the blue garbage bin.

3 The community has been advised to place ...., such as wood, in a separate container.

4 The bins containing .... cannot be moved by the trash collectors.

5 A .... can be used as a container for little pieces of trash such as bits of paper and receipts to go in.

6 The wind will blow the trash back out if you leave the ....

7 A person will be assigned to empty dustbins in places that cannot be reached by garbage collectors due to ....

8 Garbage collection in the .... is scheduled at 7am on weekdays and 10am on weekends.

9 The rubbish that the garbage collectors have not collected for ...., is finally being collected.

10 The local government advised everyone not to throw in .... in the recycle bins.

Building a house

1   Nicole chose this topic because she wanted a building that was made with
    .... materials.

2   Putting a window on the roof for a .... feature would require a day of
    work.

3   During the research, she was very surprised at the fact that there was such a
    wide ....·

4   Apparently the cause of such difference in prices was due to the inconsistency
    of ....·

5   According to the contract, small companies are required to deposit money as
    .... for damages.

6   There is a need to compare the prices that are featured on the ....·

7   The only way to know the .... of a structure is by conducting an inspection
    of the house before its completion.

8   The foreman must conduct a survey of the structure .... contacting
    the customer.

9   If there is a problem with the house, it should be solved by having the builders
    .... the work.

10 When a house has a problem, it could best solved by first looking at the
    ....·

1   If you want to see wild animals, you should take the .... route.

2   The routes taken on the .... are free of charge.

3   You have to make a reservation in advance if you want to ....

4   People who wish to do their laundry will need coins for the ....
     laundry machine.

5   One of the activities conducted daily is the .... ride, which children
     enjoy very much.

6   Unfortunately, the .... activity has to be cancelled because the
     staff member, who's in charge, is sick.

7   The Visual Travel Tours provides an .... to enrich your
     travel experience.

8   Guidelines for the reception of tourist have been posted on the ....

9   The office is located at the ...., with two buildings right
     below it.

10   We can see the .... very close to the lake.

7   Preschool education

1   The Parent-Toddler program is a class specifically designed for children between the ages of .... and 5 years old.

2   The non-traditional school inspired by Rudolf Steiner runs .... by the parents.

3   The courses are all age appropriate and there are also specific programs .... for mixed ages.

4   There aren't many parents who want to .... in the intensive training.

5   Most of the school projects are given as special .... to students.

6   All parents are required to attend the .... conducted at the beginning of the school year.

7   Parents of older students are required to make .... and attend a class observation session.

8   The school programme, which aims to nourish a child's heart and mind, was funded by the ....

9   Children should be required to do .... for them to fully develop their creative thinking skills.

10 Children learn through experience and with art and music, which greatly increases their ....

8 Swimming lessons

1   Marcus felt an occasional pain .... during his swimming lessons.

2   While the pain on the neck gradually disappeared, Marcus realised that he now had problems with his ....

3   The coach feels that swimming lessons can be a bit problematic because the .... involved in it takes away students' focus.

4   Ever since he started swimming lessons, he saw the .... being done only five times.

5   Adult .... must take the stretching lessons for a minimum of 6 weeks.

6   The price for adult .... is $45 per week and it runs for a minimum of 6 weeks.

7   Adults who take swimming lessons should be able to learn how to .... within 4 weeks.

8   Children between the ages of 3 to 5, usually learn to swim after their ....

9   Adults who are learning to swim are constantly guided by ....

10 In contrast to other age groups, ... can have their head under-water during the first week of the lessons.

Gym map

1   The equipment in the gym really needs an .... because everything is old and worn out.

2   They are predicting that the newly opened fitness course will be ....

3   On weekends, they will only be open throughout .... because the gym needs to be thoroughly cleaned.

4   The membership card has to be paid and updated .... or it will stop operating.

5   I have a really bad ...., so I can't remember the club's main features.

6   Before anyone can get into the gym, they first have to register and write .... in the log book.

7   The .... is behind the cafe, on the northwest corner of the parking lot.

8   The cafe is on the southwest corner, ... the badminton court, beside the reception area.

9   The bathroom is on south side, ... the reception area, in between the cafe and the swimming pool.

10 The swimming pool occupies the .... of the lot, beside the car park and the bathroom.

10   Company relocation

1   I heard from a friend that Adam's company moved for ....

2   He heard that the Textron company had to move because their .... had ended.

3   The location of the Adam's new company office is close to the ....

4   The new Textron company office is located close to a ....

5   The furniture used in the old office were taken to the ....'s location.

6   Other furniture that no longer had a place in the new office were sold to ....

7   The .... that were kept in stockroom of the previous office have all been thrown away.

8   They made .... of the important documents that were found in the old office's stockroom.

9   During the moving period, employees were not expected to work and had to ....

10   The employees were instructed to check out the .... during the moving period even if they were not expected to work.

Celebration of the International Day

1   The .... will be held in August, as decided by the town businessmen.

2   The .... suggested that the event should be held for a whole week, instead of just a day.

3   It was decided that if the weather turns out bad, they will broadcast from the ....·

4   The overseas team had to submit a .... if they wanted to join the event.

5   Outdoor activities will be held at the community centre's ....·

6   The company will be supporting the fair by providing ....·

7   The group from Mexico will be performing their country's ....·

8   The South African group will be displaying traditional .... at the event.

9   The representatives from Indonesia will be showcasing traditional ....·

10 The Canadian team is going to exhibit their .... skills and products.

12 | Tourist attraction

1   The .... located in Oklahoma is said to be the tallest hill in the world.

2   Tourists will be enthralled by the many .... that grow on the hill.

3   A .... is an area set aside for the purpose of preserving certain animals and plants.

4   There are around 10 species of .... that can be found on the hill.

5   Archaeologists are excavating a 400-year-old .... found near a ceremonial site on the hill.

6   There are hundreds of .... that populate the hill during migration season.

7   The hostel at the edge of the hill is the most suitable accommodation that can be rented on a ....

8   There is a .... midway up the hill that can be rented out to tourists on a weekly basis.

9   Members of the Tourist Attraction Hunters Organisation are given free .... that feature nature.

10 Tourist Attraction Hunters Organisation members are granted ...., but they should be booked in advance.

1 The farm is a home to 19 types of .... that can be seen at all hours of the day.

2 The most popular children activity at the farm is ....·

3 The farm staff receives their salary from the ....·

4 Children who .... at the farm will learn about the problems that farmers face.

5 The agricultural concept of .... was developed for people to understand and compare the current farm production systems of the world.

6 Farming machinery's techniques, which usually produce the best results, control the yield potential of ....·

7 Crop .... is a branch of agriculture that involves growing crops to provide edible food.

8 Fertilisers and .... both have definite pros and cons associated within their use in crop production.

9 Organic production is an agricultural management system that promotes and enhances ...., biological cycles and soil biological activity.

10 The information can be .... from neighbours who farm close to the land.

14 New guided walk program

1   Majority of the participating .... have experienced it before.

2   One of the improvements in this year's guided walk program is that the menu changes ....

3   New guides will properly learn the methods of guiding by first being accompanied by an ....

4   The plan for this year's guided walk program is to travel in groups to ....

5   The organisers will prepare a .... for the participants' meal break after the tour.

6   The leader suggested that putting people who speak the .... could be ideal.

7   The assistant is responsible for booking the hotel and ordering the food that will be needed after ....

8   One of the new guides has the task of checking the weather report and relaying the .... information to the team leaders.

9   The experienced tour guides are the ones responsible for ....

10 Tourist walkers are responsible for the preparation of their own ....

15   How to save fuel

1   It has been suggested that buses use alternative fuels such as ....

2   The speaker said that small engines can be used instead, so .... will not be as heavy.

3   The most common cars on the road can .... at least 3 adults.

4   Motorists are advised to get their tanks filled on .... to save money.

5   The cars that consume the least fuel are those that do not need the engine to be .... before you start to drive it.

6   Another way to help your car conserve its fuel is by having the .... cleaned regularly.

7   You can avoid wasting fuel by keeping your car windows .... when the heater or the air-conditioner is on.

8   You can also save fuel by removing unnecessary items from your car and by keeping the ....

9   Many motorists attest that using .... helps them to save fuel.

10   In addition to all the other methods mentioned, drive on .... as much as possible to avoid fuel wastage.

1 The aim of this project is to examine how animals live in the ....

2 The majority of the cost goes to the volunteer's .... and their necessary needs.

3 It's not an easy project because the researchers and student volunteers are not used to the ....

4 Those who would like to volunteer for this activity are required to take a ....

5 Grace is one of the volunteers and she feels that this activity will help her ....

6 Edwin is one of the volunteers who feels very excited about encountering a ....

7 Clara is one of the volunteers and she feels that this activity will be beneficial for her ....

8 Sara is one of the volunteers and she's very excited about .... that's very different from hers.

9 Kate is one of the volunteers and she feels that it's important to set rules for safety and use it as a ....

10 Erin is one of the volunteers and she feels that this activity will help her better understand the concept of ....

17   Art gallery

1   According to the book, the art gallery opened in ....

2   It was mentioned in the article that the former owner of the art gallery wanted to specialise in ....

3   The biggest donation the art gallery ever received was given by the ....

4   The newspaper article said that the art gallery will open the .... to the public.

5   The radio announcer mentioned that the tickets can only be used within a .... of time.

6   The art gallery has a .... and it takes up most of the western side of the floor.

7   Between the seminar room on the northwest corner and the web room on .... is the tea house.

8   On the north side of the floor, between the tea house and the cafe is the ....

9   On the .... of the floor, next to the exit and the shop on the northeast corner is the cafe.

10 Right in front of the .... on the northeast corner of the floor is the shop.

18 Children's chess club

1 The club was organised for children who are ....

2 The fees differ based on the level, but it's £20 for .... private lesson.

3 The best way for anyone to learn chess is through ....

4 Skilled players recommend beginners practice chess ....

5 Children in the chess club can start joining competitions as soon as they are

....

6 The main rule in game A, which is open to both adults and children, is that they should play ....

7 It is a school .... and only beginners can participate in the game B.

8 A rule in game C states that club team winners may not substitute, assign, transfer or redeem the ....

9 Game D has more flexible rules as it is open to ....

10 Game E rule states that it can only be held twice a year because it is a

....

1   According to the review, Angel Spa has very a poor ....

2   The review says Lakeview Spa has a very ....

3   It was mentioned in the review that Gold Spa has a .... of food.

4   One of the women said she loves Ocean Motion Spa because she gets to sleep on a ....

5   The Orange Conference Room has a wide space for a ....

6   The Mozilla Conference Room can provide .... for health and fitness events.

7   There are many facilities at the hotel, including ....

8   Companies can hold meetings and conferences at the hotel and take advantage of the ....

9   The hotel will be offering a summer special for children, including ....

10   The hotel's summer specials include a .... depending on the availability.

20 | Holiday special ski

1 Jane's father is not only a screenwriter, but also an ....

2 Jane loves to travel because her parents' .... inspired her as a child.

3 The first ever British ski resort was .... in the 1960s.

4 Another activity that is recommended aside from skiing is ....

5 Residents of the Edimore region recommend tourists to visit their ....

6 The next scheduled program is on about improving the UK ....

7 One of the attractions that has been popular in that area for many years is the
   ....

8 Lindsey Berg is an American volleyball player who had the opportunity to play
   with .... three times.

9 Winterton is a sports broadcaster who may be good at training beginners with
   .... on sports.

10 Athletes usually don't get paid while they're being ...., although they still
   get stipends and allowances.

21 | Student orientation

1 Students were informed during the orientation that classes will ....

2 Some students were assigned to .... and equipments a week before the start of class.

3 Parents have known for a long time that they can make an .... to reserve class slots for their children.

4 The list of fees that was discussed during the orientation didn't make clear which was for gas and for ....

5 Many students who attended the orientation stood by the .... throughout the meeting because it was hot.

6 Many of the students failed to understand the academic .... in orientation.

7 The preschool and elementary school students were reminded to turn off the tap water while ....

8 The school manager was asked to begin repairs around the campus and ensure that sinks .... well.

9 According to the maintenance man, ... would help save electricity.

10 The building manager explained why the school should purchase a ....

22 | Fishing license

1 If you want to fish there, you must hand in .... and a fishing license from your home country.

2 Those who lack requirements must apply for and pass a .... and wait for the results.

3 Applicants can go to the local bank to inquire about the costs, regulations, and details about the .... of fishing licenses.

4 When you go fishing, you will be informed and provided with details about your .... on the island.

5 One of the best times to go fishing at the Pine Tree Beach is on a ....

6 Many people go to the ....to fish, especially when it's raining.

7 Some more .... go fishing in the River Bella at night.

8 Lots of tourists go to the Marton Reservoir to fish, especially in ....

9 Off in the ...., people go to fish particularly in winter.

10 The Bella Sea is filled with both local and foreign fishermen in ....

23 Volunteering and travelling

1 The main reason why Naomi travelled to the desert was because of

....

2 Because Naomi became interested in the .... concept, she
travelled to the desert.

3 Being involved in the conservation of wildlife has always attracted Naomi, so
she travelled to ....

4 Naomi travelled to the desert to go on an ...., whilst also doing
conservation jobs and learning at an educational facility in a small village.

5 Naomi went to a farm in South America to meet local people, learn from them,
teach them something, and to ....

6 Naomi spent evenings in the Himalayas, worked at a zoo where she washed and
...., and helped at a community centre teaching math.

7 On the second month of her trip, Naomi caught an .... in Tanzania where
she worked at a farm that cared for animals and endangered species.

8 On weekends, Naomi caught the bus that travelled around the ....,
forests and lakes, and spent time doing woodcraft with children.

9 The volunteer group that Naomi joined was divided based on ....

10 The prize to Naomi's volunteering efforts was the feeling of pride in her
....

24 Australian zoo

1 The Australian Zoo has the monkey zone located .... the gorilla cages on the upper level.

2 The zoo has two insect terrariums, where one is on the .... and the other is on the east by the snake house.

3 On the west side of the lake, in between the cafeteria and gorilla cages, is the ....

4 The snake house is on the northeast, right across the tiger cages by the entrance, in a .... with insects.

5 The cafeteria, the tiger cages, the lake and the bear zone surrounds the ....

6 There are three tiger cages on the north-northeast side of the entrance, and the .... is in the middle of the two smaller ones.

7 The Australian Zoo holds contests in the evenings where one visitor can become the ....

8 The Australian Zoo will resume the .... from this year.

9 The Australian Zoo holds an event called a "Zoo Twilight" ....

10 Adults and children who celebrate their birthday at the zoo receive a ....

25 | Introduction to ice-curling

1   An ice-curling group requires four members, which are the ...., the second, the third and the skip.

2   The ice rink where ice-curling is played is called the ....·

3   The target or the goal in ice-curling is called the ....·

4   There are two kinds of brooms or brushes used in ice-curling, one of which is a Scottish broom made of ....·

5   The shoes that ice-curling players use are made of ....·

6   In ice-curling, the team captain is required to always carry a ....·

7   The club is famous for being the .... in the region.

8   The club was established mainly to .... for the game.

9   Ice-curling was not banned in the 16th century because people were ....·

10 The earliest tool used in ice-curling in Canada was made of ....·

26   Cooking tour and classes

1   The cooking class and the tour class are separate ....

2   In the afternoon, after lunch, a .... for the students is scheduled.

3   The students will also participate in a guided ....

4   The course has a clear-cut budgeting system that carefully utilises ....
devices.

5   The students will learn how to cook two ....

6   There will be variations in the recipes where a .... may need to
be replaced.

7   All students can make use of the oven that is set up in the ....

8   Unfortunately, a .... broke down because water was poured into its
storage area.

9   Students will be required to attend a .... at the beginning of
every semester.

10 Students can use the tea table that is left on .... the exit.

1   From where we are, the .... are located straight on, at the southwest corner of the building by the taxi stand.

2   From where we are, the .... are on our right, on the northeast corner of the building, right in front of platform 2.

3   In between platform 1 and the train tracks is the ....

4   Across from us on the southwest corner of the building is the .... and it is beside the temporary luggage lockers.

5   Right across from the waiting room, on northwest corner, is the ....

6   Located on the right side of the pharmacy, in front of platform 2 is the ....

7   Tourists can buy .... to bring home at the boutique.

8   Tourists can buy .... photographs at the college near the train station.

9   The old cinema located on the right side of the train station will be rebuilt into .... building.

10   Behind the train station stands a statue of ....

28 Fitness program: Walking with your family

1 The fitness program sponsors would like .... to join this activity.

2 280 people participated in the activity several years ago, but this year there will be ....

3 The organiser will ask people who cause .... to leave the competition.

4 The competition was cancelled for years due to ....

5 Badges for the competition can be obtained .... or at the local office.

6 Participants are advised to wear light clothing, and thick .... are specifically not recommended.

7 The amount of water that a participant will .... during the competition is up to them.

8 It is up to the participant whether he or she will be carrying a .... or not.

9 Organizers recommend that participants carry a .... during the competition in case of emergency.

10 Organizers also recommend that participants carry their belongings in a ....

1 The enquiry desk is located .... the main hall, beside the science building.

2 The dining room is .... corner, right next to the student union area.

3 The science building is ...., beside the enquiry desk that's across the main hall.

4 The .... is next to the exit on the northeast, next to the student union area and right across the meeting rooms.

5 The printing centre is right here, where we're standing, across the dining room and the ....

6 The meeting rooms are on the ...., in between the exit and the science building.

7 The library .... is 9.30am and it closes at 6.30pm on weekends.

8 Students who have questions about their assignments should look for a ....

9 Students are required to present their .... upon registration at the campus clinic.

10 All students know that the .... telephone number is 455455.

30 | Technology museum

1 People had to take part in the activity because they accepted the .... before.

2 One of the things that has changed at the .... is the cafe.

3 One of the events scheduled for October is the exhibition on ....

4 The cinema isn't only for movies, but is also used to hold ....

5 One of the new members advised them on how to manage money and get .... for the museum.

6 Guests no longer have to worry about missing important information, as everything will now be sent ....

7 The film, Fly Us to the Moon and its exhibition is suitable for ....

8 The movie that was about a .... was made a long time ago.

9 The film, Secrets of the Pyramid, won a prestigious .... at a recent film festival.

10 The movie, Monsters utilised modern technology to create its special hi-tech ....

31 Employment service centre

1 The employment service centre accepts people between the ages of

.......................·

2 To find out about the type of jobs available, applicants are advised to

....·

3 The employment service centre is open to help people, who have completed the

.............................., to get a job.

4 As an applicant, you are required to indicate your skills and ....
on the registration form.

5 Applicants will be able to find information on different .... on the
notice board.

6 The information will include details on the number of .... required
for every available job.

7 If the applicant is interested in a job, they should ....·

8 The type of work most often available to women is .... service.

9 The type of job most often available to women is ....·

10 The type of job most often available to men is ....·

32 Diamond island

1 The barber shop is located on the northwest corner, right ....

2 The restaurant is on the .... of the pool, right beside the beach and next to the barber shop.

3 The .... is on the south, in between the beach and the gym.

4 The gym is on the ...., in between the conference centre and the tennis court.

5 The .... is on the east, in between the gym and the helicopter landing area.

6 The .... is on the north, in between the barber shop and the helicopter landing area.

7 The restaurant at Diamond Island has .... the whole day.

8 The restaurant at Diamond Island had recently won an .... for excellent service.

9 The Tiki Room is especially suitable for couples who are on their ....

10 The staff informed them that there were .... in the villa.

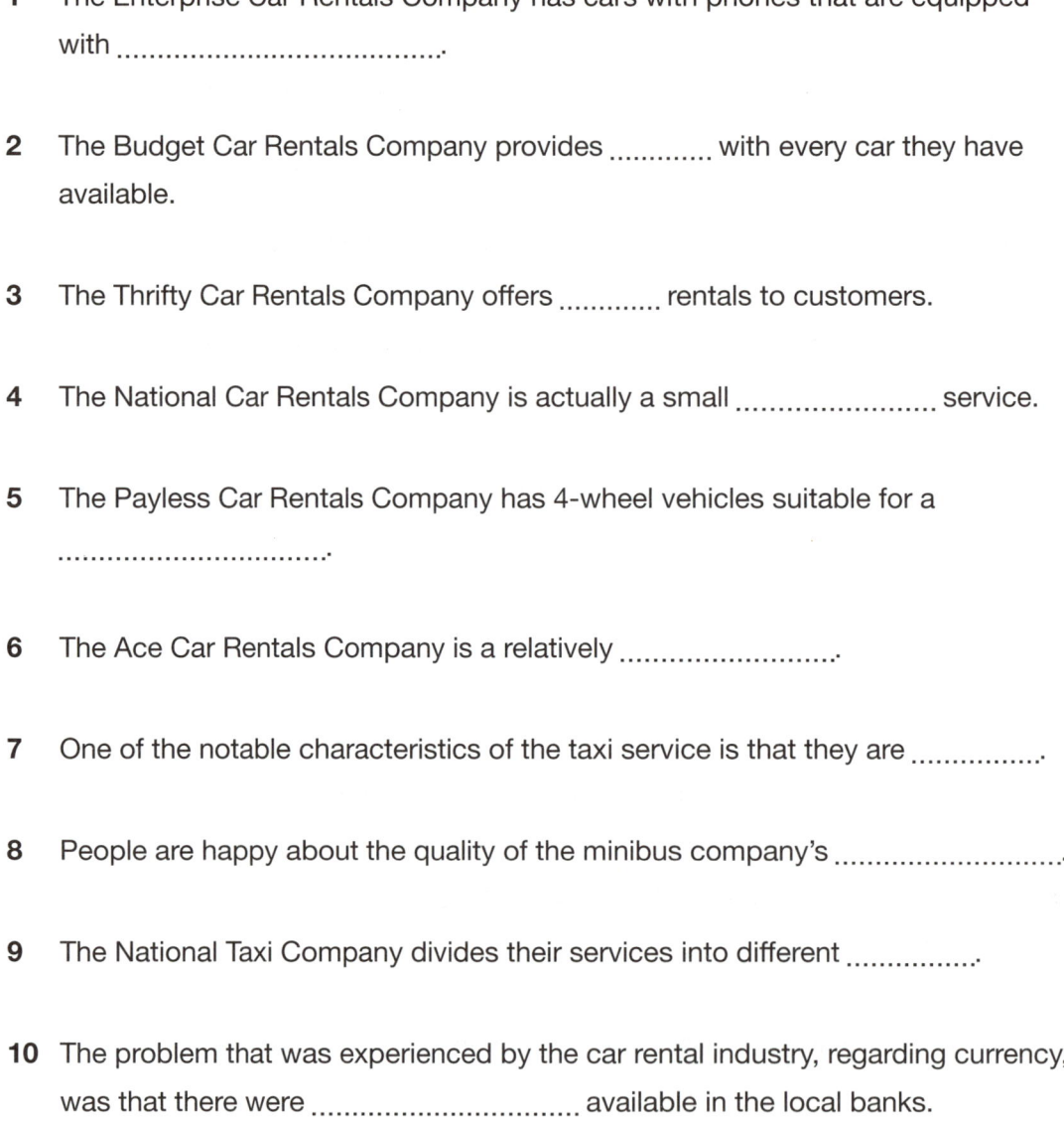

33 Car rental service

1 The Enterprise Car Rentals Company has cars with phones that are equipped with ....

2 The Budget Car Rentals Company provides .... with every car they have available.

3 The Thrifty Car Rentals Company offers .... rentals to customers.

4 The National Car Rentals Company is actually a small .... service.

5 The Payless Car Rentals Company has 4-wheel vehicles suitable for a ....

6 The Ace Car Rentals Company is a relatively ....

7 One of the notable characteristics of the taxi service is that they are ....

8 People are happy about the quality of the minibus company's ....

9 The National Taxi Company divides their services into different ....

10 The problem that was experienced by the car rental industry, regarding currency, was that there were .... available in the local banks.

34 Fashion show and dance show

1 The shopping centre where the fashion show will be held has 90 shops, including ....·

2 The parking area at the shopping center can accommodate up to ....·

3 Customers at the shopping centre can get information about .... at the desk.

4 Help can be provided to find .... even if it's an incident that happens rarely.

5 The first fashion show series has been scheduled on ....·

6 The purpose of the fashion show is to present the latest summer clothes for the ....·

7 The fashion show will happen on four consecutive days and each will be followed by a .... show.

8 The purpose of having a dance show is to ensure that .... have fun.

9 Children should be taught by their parents on how to use a .... to keep their money in.

10 The shopping centre gives birthday guests one .... card as a gift.

1   The guest was given two keys, one for the gate and a .... for the room.

2   One of the keys the guest received is for the ....

3   He was told to remember to always take his keys around because the doors have a ....-............ system.

4   For some reason, the hostel only had one bathroom with a ....

5   Guests are not allowed to play .... from late at night to the next morning.

6   The hostel provides guests with one ...., but they can request another with an additional fee.

7   Guests are told not to smoke inside the hostel area because it would trigger their sensitive .... system.

8   Guests at the hostel are informed that there are washing machines in the .... where they can do their laundry.

9   For those who are unfamiliar with operating the machine, instructions can be found posted on the ....

10 The guests are not responsible for cleaning the hostel, including the outside ....

36   Introduction to a toronto studio

1   The new studio workshop will be offering .... services.

2   The first workshop that's scheduled for next week will be about ....

3   There are ten interpreters for different languages, but the .... is not available at the moment.

4   In September, there will be a seminar on .... and another on English for engineers consecutively.

5   According to the organiser, the information display is in the ....

6   The woman at the desk offered advices to guests in room 202 about their ....

7   The guests who booked in room 205, all work in ....

8   A guest in room 206 called and asked about if there were any .... available at the hotel.

9   A woman in room 207 requested to be informed about .... in the area.

10   The man in room 208 helped a guest fill in .... that was requested from every guest.

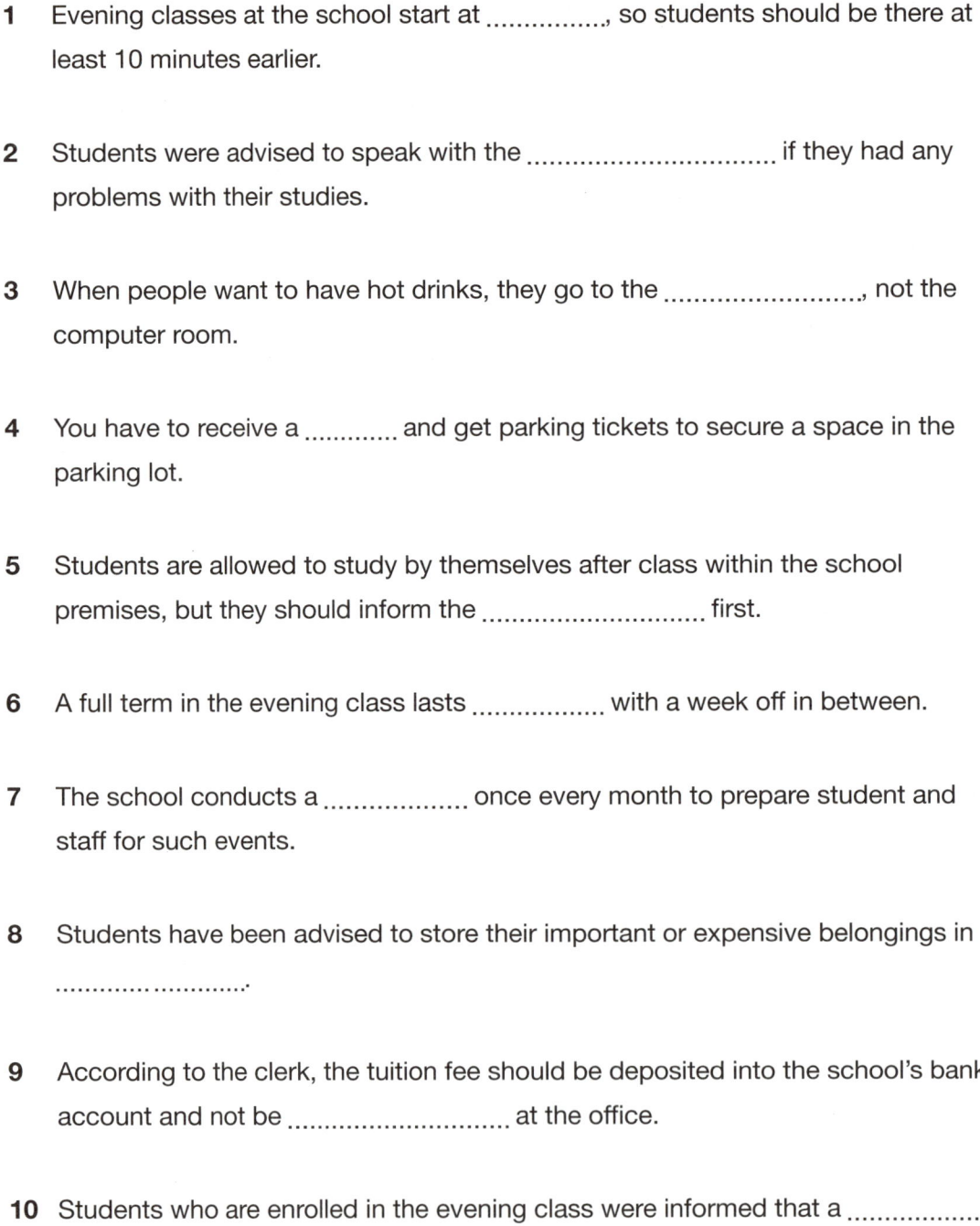

37 | Introduction to an evening school

1 Evening classes at the school start at ...., so students should be there at least 10 minutes earlier.

2 Students were advised to speak with the .... if they had any problems with their studies.

3 When people want to have hot drinks, they go to the ...., not the computer room.

4 You have to receive a .... and get parking tickets to secure a space in the parking lot.

5 Students are allowed to study by themselves after class within the school premises, but they should inform the .... first.

6 A full term in the evening class lasts .... with a week off in between.

7 The school conducts a .... once every month to prepare student and staff for such events.

8 Students have been advised to store their important or expensive belongings in ....

9 According to the clerk, the tuition fee should be deposited into the school's bank account and not be .... at the office.

10 Students who are enrolled in the evening class were informed that a .... will be held for them next week at the gym.

1   At this farm, children like the .... and goats.

2   Compared to the other farm, the .... here are redder.

3   Figs at this farm cost $6 ...., but it's only $4 at the other farm.

4   The local markets close to this farm, only sell to ...., while the local markets close to the other farm, do wholesale.

5   Compared to this farm where the .... look pale, at the other farm they are red and plump.

6   The good thing about both farms is that you can purchase with a .... if you haggle.

7   We gathered figs and .... at one of the farms in this area.

8   We also visited a family-owned .... at the edge of the village.

9   They allowed us to pick some greens and crops from their ....

10 We saw a number of different kinds of .... that were used for farming various crops.

1 The park, including all the ...., opens at 10.00 am every day.

2 The .... track ticket costs only 95 dollars if you book online.

3 Some people think it's better to enjoy the .... at the lake in the park in summer.

4 The Fun City Theme Park used a special material to construct their ....

5 .... are advised to bring their own food and have a picnic.

6 For a one-day trip to the park, the .... in the evening is one of the highlights.

7 The good thing about the Cowboy Show ride is that people don't have to stand and wait in a ....

8 Small children can have fun in the ...., which is exclusively for little children.

9 The most frightening ride in the theme park is called the ....

10 Both children and adults enjoy the .... because of the surprises at the end.

40   An introduction to a library

1   The library has a total of ...., 98 of which are from the U.S. and the rest from the U.K.

2   The library is required to submit an .... to the company.

3   The library allows the borrowing of company .... for commercial purposes.

4   The library also has a .... on the fifth floor where various types of reading materials are sold.

5   The library .... for a charge of 1.95 pounds.

6   The library allows books to be rented out for up to 8 weeks, but since the .... is 4 weeks, you must renew them.

7   The library allows a maximum of .... to be borrowed at a time.

8   There are 24 computers in the library, but .... are only allowed to use 6 of them.

9   To borrow books, a PIN and an .... are required, and if you want to use a computer, you must have your PIN number.

10   The library stays open much later on ...., as they close at 10.30 pm instead of the usual 9 pm.

1 Many think the best way to search for a job is through the .... because newspapers are inefficient and makes things difficult for agents.

2 The applicants were told that their resumes shouldn't be ....

3 The applicants were advised to make sure that their documents were .... and not handwritten.

4 The applicants were also told that corrections on their documents should be ....

5 The applicants were advised to include a .... in their resume to maintain the employer's interest.

6 They were told to make sure that their resumes didn't look messy and to pay close attention to the ....

7 The most important thing that they were told was to remember to leave a contact number, or else they might .... to be hired.

8 The applicants were told that it was good to ask the interviewer about .... to improve their skills.

9 The applicants were told that it would be a good idea to ask the interviewer and make clarifications about the ....

10 The applicants were told that it would be a good idea to ask the interviewer about ....

1   The man spoke at the National Tree Festival to inform the audience that
     .... have been planted since the first ever tree festival.

2   He added that planting trees is advantageous because it would ....
     in their city.

3   Another advantage to planting trees is that they .... in the hot
     summer months.

4   In addition to the other advantages, planting trees is beneficial as they help
     reduce ....

5   Trees have a soothing effect and help people lower ....

6   There are naturally more trees in .... than in cities.

7   He informs the audience that many insects will catch a disease due to the
     changes in the ....

8   Participants were informed that their wood art pieces can be submitted for
     .... at the museum.

9   The National Tree Festival is a way of encouraging people to make
     ....

10   The National Tree Festival will be releasing a new ...., featuring
     woodcrafts.

1   The first step to building a vegetable garden is to choose a location and measure the land with ....·

2   The third step to building a vegetable garden is to pay attention to the

    ....

3   While the adults are allowed to use particular tools, the children are advised to use a .... to dig.

4   The study shows that .... are the most popular plant in baby gardens because it's the children's favourite and they're tasty.

5   Another popular vegetable in baby gardens are .... because they're easy to take care of, doesn't wither easily, and grow all year round.

6   The reason why .... is popular in baby gardens is because it's colourful and its colour changes from light to dark green.

7   The reason why .... are popular in baby gardens is because they grow rapidly.

8   The Fig Tree Garden is famous for its lilies and the most suitable way to visit the place is by going on a ....·

9   The Victory Garden is famous for its wildflowers and the most suitable way to visit the place is by going on a ....·

10 The Eden Garden is famous for its .... and people can visit the place anytime during the day.

1 In one of the North West Canada's tourist attractions, some old .... were found that have never been discovered before.

2 Aside from the bones, there were also 170 .... found in the area.

3 It is recommended that tourists visit the place at night as it looks much more beautiful than it does ....

4 An article that was written for the Smithsonian Magazine reveals the shocking savagery of America's ....

5 Reasonable prospects exist for the extraction of .... that are potentially valuable.

6 Tourists are advised to make a stop at the .... before they continue on to the next location.

7 That river is located in the .... of the world.

8 The colour of the water in that river is ....

9 Tourists who want to go horse riding, have to secure a ....

10 One of the activities that tourists can do is to hire a .... and sail to the river.

1   To avoid causing further damage to the environment, people shouldn't buy

....

2   If you would like to know about the trash pick-up schedule in your area, just

contact the ....

3   People in the neighbourhood are instructed to leave some space between the

.... when positioning them side-by-side.

4   People in the neighbourhood have been instructed to take the ....

plastic bottles.

5   Since trash gets separated into different bins, we should only throw trash like

.... into the green zone.

6   Since trash gets separated into different bins, only the .... of

electronic appliances should be thrown into the black zone.

7   Since trash gets separated into different bins, used up .... should

be thrown only into the red zone.

8   Since trash gets separated into different bins, ... materials should be

thrown into the white zone.

9   Things made of glass that can no longer be used or recycled can be dumped,

but they should not be randomly thrown into a ....

10   Another zone that people should be aware of is the grey zone, which is meant

for computers, printers with ....

Sports centre opening ceremony

1 The purpose of this activity is to celebrate the opening of the ....

2 Apparently, the most popular time at this sports centre is ....

3 Guests at the sports centre can get a discount if they ....

4 The sports centre has a special offer, where a member can receive an hour of .... with a coach.

5 The sports centre won an award for providing guests with ....

6 They think some guests stopped going to the sports centre because they were busy with ....

7 General training session at the sports centre involves the development of ....

8 The weight training session offered at the sports centre helps guests have ....

9 Aerobics training session is also offered at the sports centre and it's good for ....

10 The squash training session offered at the sports centre helps players learn how to ....

1 Mount Rushmore, which only cost about $1 million to complete, is 465 feet tall and is 5,500 feet above ....·

2 The original goal for carving Rushmore was to increase .... in the Black Hills region of South Dakota.

3 As everyone knows, the sculptures at Rushmore face the ....·

4 The mountain was named after the prominent New York ...., Charles E. Rushmore.

5 Over 400 men worked on the project from 1933-1941 and including the 7 years that took to carve the ...., the total construction lasted 14 years.

6 The information centre has preserved the .... of the construction of Rushmore.

7 One of the courtrooms in the building is being used to serve .... to guests.

8 The other courtroom in the building is being used to sell ....·

9 The Flags Committee preserves the significance of the ....·

10 The visitor centre shows a documentary film of the .... where Rushmore is located.

48 Diary of a trip to Australian Islands

1 Both local and foreign tourists choose the island tour for ....

2 Tourists who join the island tour are advised to bring a ....

3 For Sally, the highlight of the island trip was watching the ....

4 Sally was most surprised about how easy it was to make .... during the trip.

5 Sally spent a lot of time going around ....

6 Many of the islands had areas where there were ....

7 Another highlight of Sally's island trip was seeing ....

8 One of the islands also had an .... that the tourists got to explore.

9 On another island was a .... filled with stories of exploration and human endeavour.

10 The Australian island had the most .... view she had ever seen.

49 | History of cave cheese production

1 Travelling to the cheese cave will include transport .... of 6.5 pounds for children and 9.5 pounds for adults.

2 If a group .... 8 persons, they can get a discount.

3 The price already includes an access to the .... to see the view.

4 The transport bus runs regularly up and down the ....

5 The area's main feature is the Grand Bourne Cave, which was first .... in 1813.

6 The area was opened to tourists and to the general public when the .... was built in 1830.

7 There are different shops in the area that sell food, such as fruit cake and ....

8 The climbing course qualification requires instructors to remove plants to protect the ....

9 It's worth visiting the .... of the reconstructed home cavern.

10 Interested individuals can contact 09166956432 for .... and other specific details.

50   Car exhibition

1   On March 18th, ... can view the exhibition, but it opens to the public on the 19th.

2   The expected number of visitors is ...., and would reach an estimated total of 70,000 by the end of the week.

3   The .... for both adults and children is 5 pounds.

4   It's best to see the exhibition on a weekend, but it's better on a Sunday because Saturday is the ....

5   The latest car featured in the exhibition uses .... instead of normal fuel.

6   The exhibition will include a .... activity for the guests.

7   Compared to the other years when the exhibition was hosted, there were .... this year.

8   For the last 2 years, children were able to enjoy the .... that have been built for them.

9   For the last 2 years, the audience had the .... the 4x4 racing cars featured in the exhibition.

10   Last year, the audience had a chance to win a car, but this year, the prize was replaced with ....

1   The expedition ship sunk in 1901 and it was replaced by another huge

    ....

2   The initial plan was to eventually travel around the .... in just one ship.

3   The captain had a difficulty navigating the waters because his assistant lost the

    ....

4   The purpose of going to London is to visit ....

5   They sailed from the UK to Canada, where the .... finally anchored at the
    port of Victoria in British Columbia.

6   Their appearance at sea was regarded as a good omen because it gave sailors
    time to .... safely.

7   The hull of the ship was made of fiberglass which allowed passengers to see
    .... animals in the water while sailing.

8   The ship's sleeping quarters had skylights from where people could see the sky
    and ....

9   The ferry travels between the islands can take commuters' .... with them.

10 People can learn about the marine .... by studying about ships and sailing.

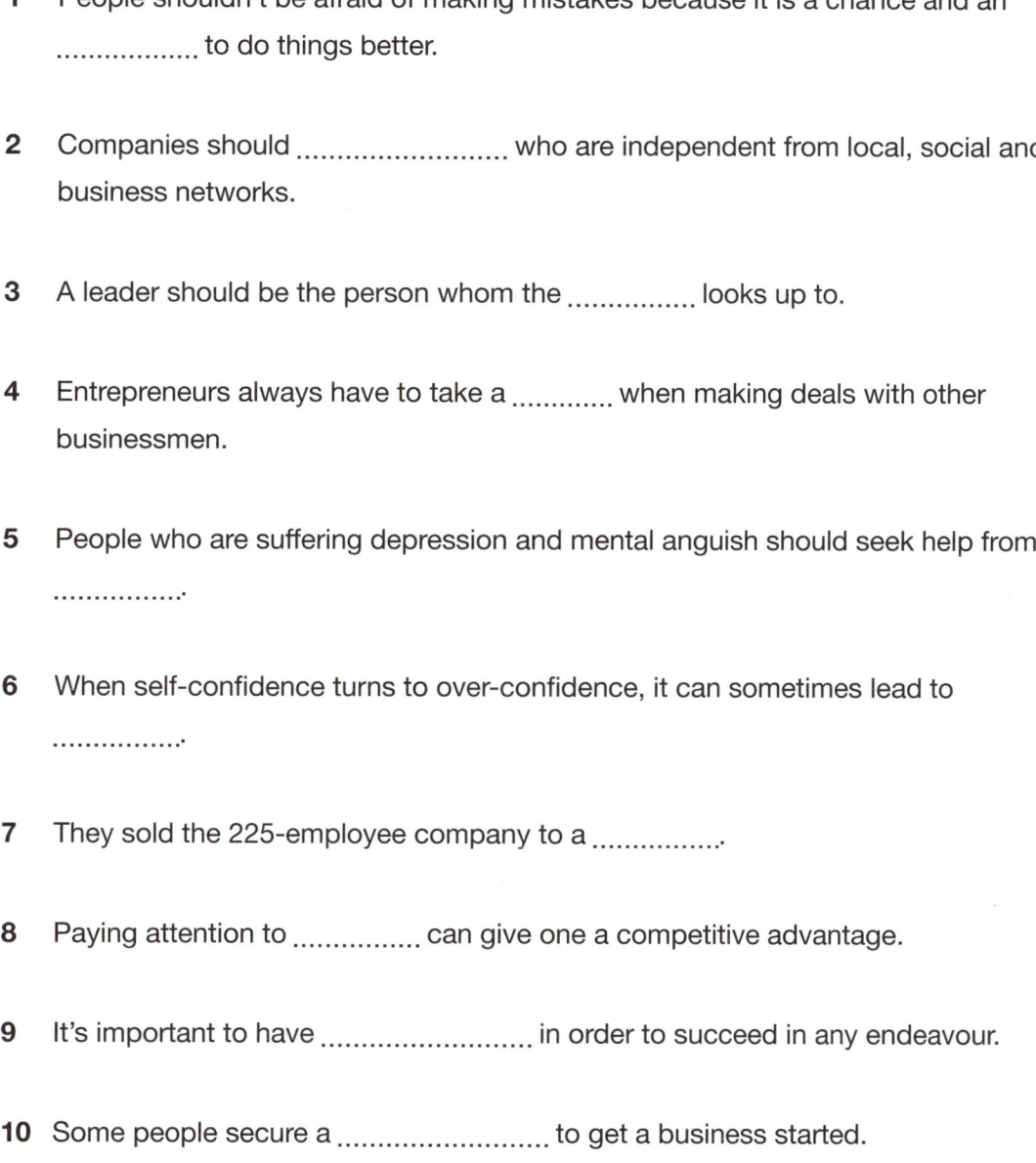

1 People shouldn't be afraid of making mistakes because it is a chance and an .... to do things better.

2 Companies should .... who are independent from local, social and business networks.

3 A leader should be the person whom the .... looks up to.

4 Entrepreneurs always have to take a .... when making deals with other businessmen.

5 People who are suffering depression and mental anguish should seek help from ....·

6 When self-confidence turns to over-confidence, it can sometimes lead to ....·

7 They sold the 225-employee company to a ....·

8 Paying attention to .... can give one a competitive advantage.

9 It's important to have .... in order to succeed in any endeavour.

10 Some people secure a .... to get a business started.

1 Katie's attitude towards the program was ...., commenting that the show had no new ideas, despite the several shots they took.

2 Haley had a .... towards the program, saying that although it wasn't bad, he knew the audience wouldn't be interested in the program.

3 David thought of the program positively, stating that it's something the .... shouldn't miss.

4 Mark's attitude towards the program was generally ...., expressing that it's something the audience would either love or hate.

5 Anna's impression of the program was negative, admitting that although she looked forward to watching it in the beginning, she was ultimately ....

6 .... films are the type of programmes that Doctor Jameson likes, and he is looking forward to watching one scheduled tonight at 8.

7 The Whisperer's programme contains different stories and situations related to ....

8 Another type of program that some people might find interesting is the ....; one of which will be shown at 8.30pm tomorrow.

9 The documentary will be a feature on birds that inhabit ....

10 A science fiction film about .... living in the year 2050 will be shown at 10pm.

54 Participating in activities

1   The dance course instructors are required to present a .... to the head department.

2   Students attending the dance course are required to bring their own ....

3   The curriculum for the dance course is extensive and it includes ....

4   The dance course curriculum will be tackling the .... of dance.

5   The students are all waiting in the reception room on the .... corner of the floor, sipping tea and flipping through magazines.

6   Passersby caught sight of the students in a store on the .... corner of the building, right next to the entrance.

7   All of the students, including their teachers, are in the library on the northwest .... of the building.

8   The teaching room where some classes and seminars are held, is located right in the centre of the ....

9   There is a bathroom on the southwest corner of the room, and another one right beside it, on the left when you ....

10   There is only one entrance to the building which is on the ...., with the bathrooms on the left and the store on the right.

1   There will be a free demonstration of proper .... in trimming branches.

2   The free demonstration will include a feature on ladyboy .... in tourist destinations, showing how they do their job.

3   If you're fed up with the school ...., you can buy something to eat at the restaurants outside of school.

4   Most .... are filled with worthless knick-knacks like keychains and souvenir fridge magnets.

5   My grandmother bought her .... from the Murray Garden at the corner of Oxford and Lille Street.

6   The Vincent Garden specialises in flowers and plants that can grow on ....

7   The Smith Garden sells peculiar but interesting .... and even pots made of chocolates.

8   People at the Lulean Garden are well-informed and they can recommend alternative plants for your ....

9   The Garneren Garden recommends adding .... to your plants to ensure that they grow healthy.

10   The Sadioly Garden at the Market Mall on 10th Avenue sells beautiful flowers with very ....

56   Working as a tour guide

1   It has been recommended that tour guides take tourists out in the ....

2   Tour guides have been warned that when it comes to tips, they are not allowed to .... from the transport centre.

3   According to the supervisor, the most important quality of a tour guide is the ability to deal with ....

4   In order for them to be recognised, tour guides are asked to wear same ....

5   The local government has instructed all tour guide companies and agencies to attach .... on their buses to unify their sector.

6   A walk with about 30 people that goes around the perimeter of the city wall is controlled by ....

7   Tourists were shown an ancient map that was etched on a ....

8   The guard who will be taking over the job is being instructed that .... should be pointing towards the northwest.

9   The new guard was provided with a .... for his rounds on the grounds at midnight.

10   Many people say that the newly built .... actually looks like a prison.

1 Some students never got off the waiting list because .... was the most popular course last year.

2 The course duration has been changed, and it now includes a .... break after Easter.

3 There won't be a Latin course because the instructor broke her leg and she will .... this year.

4 The tutor recommended attendees to .... with the attending teachers, as it will be a good opportunity for them to ask questions.

5 Students are advised to consult with ...., as the secretary and teaching staff will be busy with their work during the day.

6 Those who book for the evening training course a month .... will get a discount.

7 Mark Williams, who appeared in a ...., is one of the teachers at the college.

8 Tina Kaste published a ...., and she is one of the teachers at the college.

9 Carla Celludorf, who has been working for ...., will also be one of the teachers at the college.

10 Wilson Lutton has contributed greatly to a .... and he will be one of the teachers at the college.

1   The engine type that was shown at the museum is the one that was used in
     ....·

2   In ...., the museums open regularly from 10am to 4pm in winter.

3   As stated in the brochure, the .... price is 18 pounds.

4   Public transport .... are given to people who are on their way to visit the
     museum.

5   In the past, road signs usually had a .... background, but now it differs
     depending on the country.

6   The museum receives issues of different science and art ....·

7   The activities for National .... will be held at the museum on
     the 22nd of May.

8   It might be surprising, but one of the activities will be a ....·

9   The Universal ...., established in 1954, is celebrated every year
     on November 20th.

10   If .... have been stressful in the past, be thoughtful about
     managing them in the future.

1   My friend is looking for a house to rent, preferably with a ....·

2   Each flat at the condo where I live has its own one-car ....·

3   The building has a guard at the entrance and every flat has its own .... alarm system.

4   The hostel has just been remodelled and the whole place has been fitted with new ....·

5   The town's main bank is located .... to the travel agency along Carnegie Road.

6   The realtor informed the buyer that the house is positioned in .... of a pool.

7   To get to the hostel, you have to .... the High and West Street.

8   From the city centre, the flat is located on the left, between the first and .... crossing.

9   If you walk straight on, you'll find the post office on the .... of the West Street.

10   The bus stop is located on the ...., right beside the agency.

1   When you go through the main entrance on the north side, the first thing you will see is the shop .... it.

2   On the right of the shop is a cafe, followed by the playground on the west side, which is .... a child care centre.

3   At the northeast .... of the entrance, you will find a spa.

4   From the entrance, the swimming pool is .... the spa on the northeast, and right behind the pool is the gym.

5   At the centre of the floor, between the shops in front of the entrance and the admin, is the ....·

6   Customers who come during .... hours are entitled to a special discount.

7   Special discounts are also offered to members who bring their ....·

8   New members are given gifts such as a ....·

9   One of the gifts given to new members is a ....·

10 Members who are new are given gifts such as a ....·

1 The first thing you'll see when you arrive at the Miracle Resort is
.... right on the corner by the main entrance.

2 Tourists can have their foreign currency .... for the local currency at the
Kiosk by the main entrance.

3 The resort has employees all over the place and along the beach from whom
you can ask for ....

4 The resort has speakers placed around the grounds but they play awful ....
often too loud.

5 More people come to the resort when the weather is warm because ....
are offered during such period.

6 Other people choose to go to the resort when it's off-peak because there are
less people and they can ....

7 One of the tourist's favourite .... is a fresh seafood restaurant.

8 It's interesting to note that unlike typical resorts, the Miracle Resort has a
.... at the hotel lobby.

9 Guests won't need to bring much when they go to the resort because they also
have a ....

10 The resort's hotel, cabanas and all the equipment they have at the beach are
coloured in a ....

1   The Tonylic Electrical Company first produced their .... in 1930.

2   The Tonylic Electrical Company established its first .... plant in 1928.

3   The Tonylic Electrical Company first started in the .... business.

4   According to the Tonylic Electrical Company, the most important factor to customers is the product ....·

5   Based on recent reports, the company is scheduled to build a new ....·

6   The company has been winning awards for reducing their .... output.

7   The company trains new employees on .... every Monday for 4 weeks.

8   The manager's assistant secretary updates the company .... on every Tuesday of the week.

9   Meetings with old and new .... are scheduled all day on Wednesdays.

10 The finance department conducts record updating on Thursdays and Fridays to check whether the company has ....·

1   The first thing the students will receive upon check in is a ....·

2   Another thing the students will be given upon check in is a ....·

3   In the afternoon and in the evening, the dance hall will be holding an .... activity.

4   Before the informal dance activity in the afternoon and in the evening, there will first be a talk on ....·

5   Dance class students are allowed to take .... breaks but only on scheduled rest periods.

6   Dance class teachers and students are provided with a .... where they can rest for longer periods.

7   The Ballet Foundation's dance class for .... will begin on the 23rd of January.

8   The rate for enrolling into the hip hop .... company is $239.

9   According to the brochure, payments for all classes will be required upon ....·

10 Students of the dance class are not required to submit .... when filing their returns.

64 The difficulties of farming in Canberra

1 Canberra is different from other Australian cities because it's the country's largest .... that is far from the coast.

2 It's important that farmers keep a record of the number of .... every night to determine the best kinds of plants to grow.

3 Some farmers think that the rainfall in the local area is not ....

4 The farmer thinks the .... in the area doesn't help plants absorb water.

5 Farmers combine other methods with utilizing a ...., as well as food sharing.

6 The farm has recently established a .... where farmers can get together and discuss.

7 The new community garden also serves as a learning ground for ....

8 Facing the road on the north side of the community garden is a .... where people can get together and relax.

9 In front of the house, there is a .... that is right behind the shaded area.

10 The .... is surrounded by the pond, house, garage door and shaded area.

A photographer calls Darrel to talk about his pictures of a red squirrel

1   Darrel told the photographer that he thinks the squirrel's Latin name is quite

    ....·

2   According to Darrel, the number of squirrels reduced over time due to the

    ....·

3   Darrel knows the red squirrel is different from .... because of how they ate their food.

4   Harem was restricted from taking photos because it was only allowed in

    ....·

5   Dian believes he can shoot better photos and his confidence comes from the fact that he got help from a ....·

6   The photos that were taken will be exhibited at the ....·

7   The photos that were taken will be featured in the national ....·

8   Harem thinks that the photos that come out well were those taken late in the

    ....·

9   He thinks a good photo should contain records of ....·

10 Darrel's picture was awarded the .... in a local newspaper photo contest.

1 The horse riding club speaker says that they are trying to meet with the

....

2 Unfortunately, the horse riding club does not provide one-on-one .... for individuals.

3 The horse riding speaker said customers must pay a .... in order to use their equipment.

4 Customers are advised to cancel classes two days in advance to be

....

5 Classes can be watched by .... to feel better and less anxious about participating.

6 There is a shop in the horse riding club that sells ....

7 The Equus Club is exclusively for riders who are preparing for ....

8 The cafe is on the ...., right beside the booking office, in front of the stable.

9 The .... is on the northwest, in between the indoor arena and the cafe.

10 The spacious .... is on the right of where it overlooks the riding area.

1   The Maoris were the first people who lived on the island in the ....·

2   One of the resources that is abundant around the island is ....·

3   The New Zealand .... was built by a person named Jane.

4   The country that attracts the most tourists in the area is ....·

5   The island became so famous because it had many ....·

6   The Champion Building located in the centre of the town can house 20 tourists in one huge ....·

7   The transient house that is available for groups of tourists to rent has an ....·

8   The Goodwin Building is a tourist inn that features a ....·

9   Keane House is rented out to tourists in summer and it is also where the .... is located.

10   The Day Cottage Transient House provides guests with .... for touring around the island.

1   Jane chose to attend the .... because there are not many
    people on that day.

2   The educational entertainment performance is .... and it's
    free of charge.

3   One of the tourist attractions is the location of an old ....

4   The biggest difference between the Cuisine Festival and last year's Giant Tent
    Barbecue is the .... who performed this year.

5   People buy tickets at the library because it's cheaper and they can even get a
    ....

6   One of the interesting parts of the exhibition is that they allow tourists to have
    dinner in an ....

7   One of the things included in the family ticket is an .... for children.

8   Another thing included in the family ticket is a souvenir ....

9   What citizens really like about the event is that there are no restrictions on the
    ....

10 The citizens like the fact that there is no limit on the number of times a person
    can vote and everyone can do it ....

1   Most of the houses in the neighbourhood have .... facilities.

2   The town where we live in has .... facilities exclusively for residents.

3   It's a nice town in a convenient location and it is close to the ....·

4   Non-residents who would like to watch games and matches in the town's sports facility have to purchase a ....·

5   This specific neighbourhood is in .... to foreigners who are thinking of staying in the country for a long time.

6   One of the activities that foreigners would enjoy doing in California is ....·

7   One of the things that foreigners would love about Buenos Aires is the abundance of ....·

8   In Hong Kong, foreigners don't have to prepare food themselves because they can just pay for a ....·

9   In Scotland, both locals and foreigners enjoy spending their time around a ....·

10   Foreigners who live in Sweden usually enjoy living in houses where there is a ....·

70 | Fire prevention at home

1   To help prevent fires at home, choose trees that have ....

2   To help prevent fires at home, the location of your house shouldn't be too
    ....

3   To ensure a safe distance, place 10-15 .... space between trees and your
    home.

4   Make sure that your roof has no .... to prevent burning.

5   To prevent your home from catching fire, always clean the .... off your roof.

6   Remember to remove .... from your yard to prevent your house
    from accidentally catching fire.

7   Fire prevention methods should be enforced at home and all ....
    should be informed about them.

8   Make sure to start checking your home for possible causes of fire before
    .... when bush fires usually occur.

9   In case your house catches fire, remember to take a ....
    with you so you can be updated with news.

10 Volunteer fire fighters will begin their .... session for 4 weeks from today.

1   The person who wrote the script was also the film's ....

2   The story takes place in a .... with a garden view.

3   The reason why the film crew couldn't leave the island was because their boat got ....

4   The old man expected his lawyer to make the .... that night.

5   Unfortunately, people were .... during the shooting of this film.

6   It's interesting to note that the .... doesn't know what happened.

7   One of the frightened passengers was a .... who just kept crying.

8   Another character in the film is a .... who can predict the future.

9   Even though the writer played the protagonist in the film, he didn't get to play .... in real life when their boat got destroyed.

10 The movie is set to premiere at the .... instead of the usual cinema.

1   The first thing that he should do in his new job is to .... and they should be done by today.

2   Paul was informed that .... wasn't his responsibility because it's Karen's duty to deal with customers on the phone.

3   However, Paul was told that, in a few days, ... will be his responsibility.

4   They were informed that .... should be done by today.

5   The first thing that needs to be done is to give the person an .... to do the job.

6   The person who was given authority to do the job has to confirm the ....

7   The finance department has to be provided with a ....

8   The person in charge of placing orders should be taught how to fill out an ....

9   The person in charge is responsible for emailing the ....

10 When the delivery is made, the customer must submit a ....

1 For the company to succeed, they have to come up with ....

2 The type of professionals that the company is looking for are trained and experienced ....

3 The fashion company is also in need of .... to handle their taxes.

4 The fashion company is looking for .... to help build their new headquarters.

5 The fashion company is planning to recruit employees who are confident and ....

6 The fashion company would like to find and hire employees who can be .... to them.

7 The fashion company prefers to recruit employees who are motivated and ....

8 The fashion company will be providing their employees with ....

9 The new fashion company headquarters will have a .... for the employees and their families.

10 The fashion company will provide their workers with accommodation that is close to their ....

1   Even though Mount Rushmore is a sculpted mountain that is 465 feet tall and
    5,500 feet above sea level it only cost .... to complete.

2   The purpose of undertaking the project "carving Rushmore" was to increase
    .... in the Black Hills region of South Dakota.

3   The faces that are carved onto the mountain are all facing towards the ....

4   Mount Rushmore was named after Charles E. Rushmore who was a prominent
    .... in New York.

5   Mount Rushmore's .... took 14 years, with the carving alone lasting 7
    years.

6   The information centre has a .... of the construction of Mount
    Rushmore.

7   They are serving .... in one of the courtrooms in the building.

8   There is another courtroomm in the building where .... are being sold.

9   The people in the workshop change the .... of the Avenue of Flags by
    referencing to historical dates.

10 Visitors can watch a documentary film on Mount Rushmore that focuses on its
    ....

1   The advantage of working in the stock market is the .... perks, but the disadvantage is that it's very tiring.

2   If you want to get a job at the stock exchange building, it is recommended that you ....

3   The advantage of doing office works is that you get to stay in an air-conditioned place, but the disadvantage is that you have to ....

4   If you plan on getting a job at an office, it is recommended that you choose a company with a ....

5   The advantage of working at a zoo is that the employees get a ....

6   If you have a desire to work in a zoo, it is recommended that you ....

7   Peter got the information about the job vacancy at the zoo from one of ....

8   Peter really likes his job at the zoo because he thinks it's quite ....

9   The part of his job at the zoo that Peter finds the most interesting is ....

10   Although Peter enjoys working at the zoo, he plans to get another .... soon.

1   The Taihi is the only restaurant in this part of the country that serves .... and fish dishes.

2   The Sky Travel is a specialty restaurant that only serves ....

3   The Zak's Travel Diner has a terrace with outdoor .... where you can enjoy a view of the river.

4   The Star and Moon Diner is elegant, comfortable, and looks very ....

5   The Pal Diner is a simple .... restaurant that serves quick and easy meals.

6   There is a .... in one of the buildings where the restaurants are located.

7   There is a .... place by the river, close to Zak's Travel Diner.

8   At the top right corner of the Square Centre opposite to the Masters motel is the ....

9   Masters motel has a diner at the lobby called The Tithi ....

10   There are .... available for rent at the center of the town but they can only go in one direction.

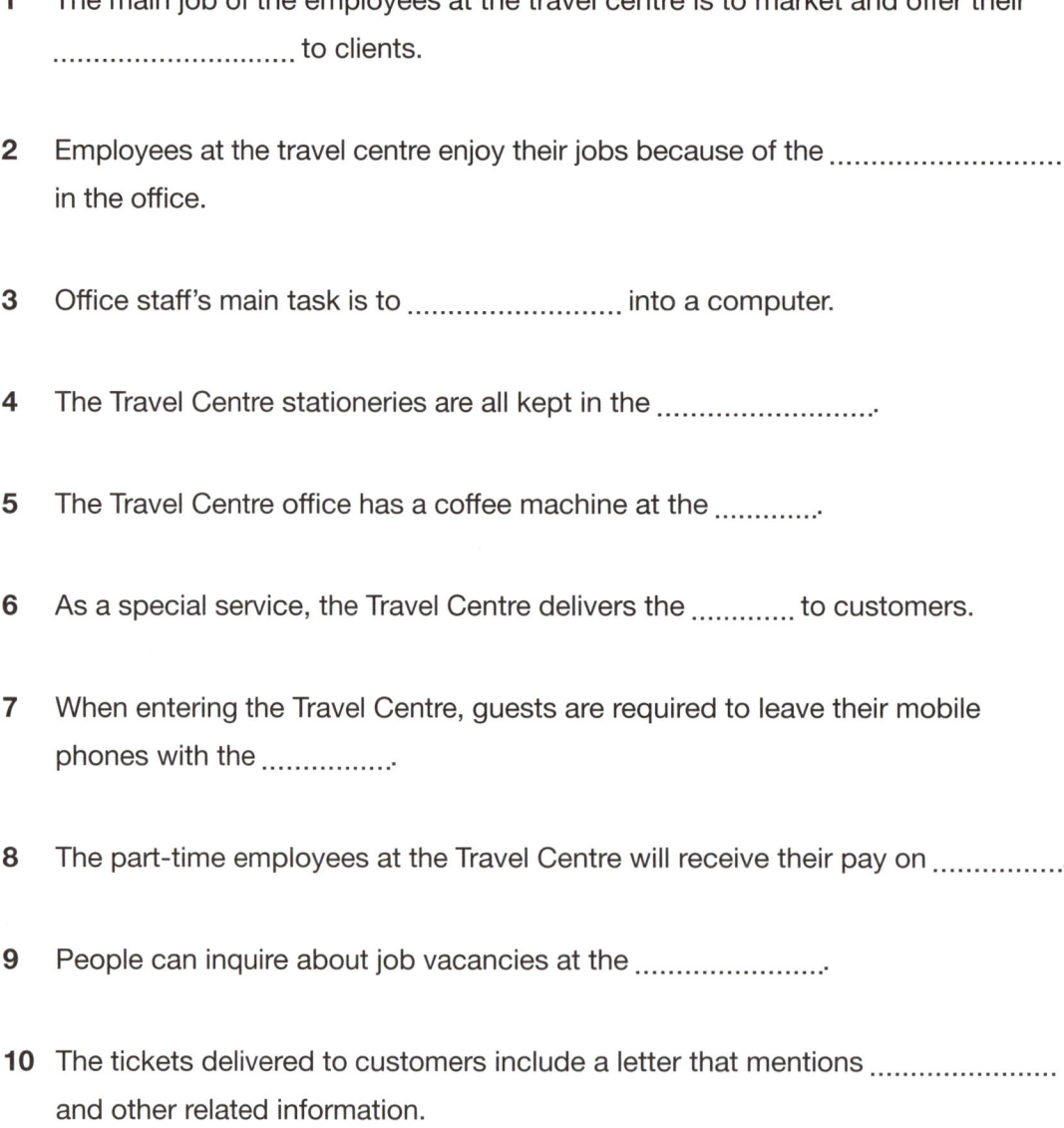

77　Part-time job at a travel centre

1 The main job of the employees at the travel centre is to market and offer their
.... to clients.

2 Employees at the travel centre enjoy their jobs because of the ....
in the office.

3 Office staff's main task is to .... into a computer.

4 The Travel Centre stationeries are all kept in the ....

5 The Travel Centre office has a coffee machine at the ....

6 As a special service, the Travel Centre delivers the .... to customers.

7 When entering the Travel Centre, guests are required to leave their mobile
phones with the ....

8 The part-time employees at the Travel Centre will receive their pay on ....

9 People can inquire about job vacancies at the ....

10 The tickets delivered to customers include a letter that mentions ....
and other related information.

1   There's a part-time job fair on campus because of the new special policy that applies to ....

2   According to the paper, the .... has moved to a new location.

3   The woman said the .... is open until 8.30 pm.

4   However, the lawyer is only available on .... and Thursdays.

5   The clerk says the information will be posted on the university ....

6   The school department that is currently recruiting employees is the ....

7   Employers have been scheduled to visit the school ....

8   The advantage of having a part-time job is that you get a ....

9   The students applying for part-time jobs have been told that their salary will be ....

10 The applicants were told that they should maintain contact with their boss via ....

1 One of the activities that the audience can participate in at the folk festival is
....

2 Attendees at the folk festival will get a .... of the CD as a souvenir.

3 Everyone was informed that there will be an activity ....
throughout the festival period.

4 There will be an acrobatic performance at the festival and children will also be
able to learn ....

5 One of the activities that festival attendees can participate in is the South
American ....

6 People who attend the festival will be able to watch movies and first participants
will be given a free ....

7 The festival attendees can also learn about recipes for cooking the ....

8 Those who participate in the cooking activity will receive a .... as
a souvenir.

9 Festival attendees can also learn about the basket .... of local
women.

10 The festival activities will be aired on a radio program and those who participate
during the broadcast will get a ....

80 Child training centre

1 The Child Training Centre only accepts children aged .... to 5 years old.

2 The Child Training Centre started out as a ....·

3 The curriculum and classes at the Child Training Centre are designed specifically for .... groups.

4 Parents of children who attend the Child Training Centre must go through .... because they are required to be involved in class sometimes.

5 Parents are advised to pay the school .... before deciding to enrol their children.

6 Parents who intend to have their children attend this school should be doing a ....·

7 Parents are required to attend at least .... in order to be informed about what their children will be learning.

8 The Child Training Centre, which started out as a cooperative organization, is now finally ....·

9 The Child Training Centre has a completely different curriculum and has methods of teaching that .... may feel unsure about.

10 The Child Training Centre is a very good school for helping children ....·

1 History and introduction to tourism

1. 내일 하게 되는 연설의 주제는 관광 산업입니다.
2. 연설가에 따르면 마리오라는 이름은 대서양 연안에 있는 한곳에서 유래했습니다.
3. 그 지역은 처음에 어업과 관련된 수출품으로 알려져 있었습니다.
4. 현재 그 지역은 아시아에 레몬과 오렌지를 수출하는 것으로 유명합니다.
5. 이번 주말에 박물관에서 콘서트와 가장 무도회가 열릴 예정입니다.
6. 현지인들은 관광객들에게 비가 오는 날에는 문화 공연을 보면서 시간을 보내라고 권합니다.
7. 온천은 신혼 부부들에게는 적합하지만 노인들이나 임산부에게는 적합하지 않습니다.
8. 온천은 젊은 사람들이 즐길 수 있을 정도로 충분히 견딜 만해야 합니다.
9. 래프팅 활동은 초ㆍ중등학교의 학생들이 할 수 있는 활동이고 전문강사들이 있을 것이기 때문에 부모들은 걱정할 필요가 없습니다.
10. 센트럴 파크는 노인들이나 휠체어를 탄 장애인들이 휴식을 취하기에 좋은 장소입니다.

ANSWERS
1. Tourism
2. Eastern Coast
3. fishery
4. lemons and oranges
5. costume party
6. culture show
7. newly wedded couples
8. young adults
9. secondary school children
10. disabled people

2 Going camping

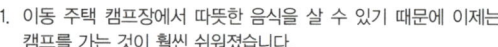

1. 이동 주택 캠프장에서 따뜻한 음식을 살 수 있기 때문에 이제는 캠프를 가는 것이 훨씬 쉬워졌습니다.
2. 길을 잃은 아이들은 보통 그린 라운지로 가게 됩니다.
3. 풀밭 캠프장에서 야영객들은 지역 밴드가 연주하는 음악을 즐길 수 있습니다.
4. 풀밭 캠프장에는 무료 주차장이 있기 때문에 이동 주택을 끌고 와도 별도로 돈을 내지 않아도 됩니다.
5. 현금이 필요한 경우에는 관리사무소에 현금 인출기가 있고 흥미롭게도, 내부 강사에게 춤도 배울 수 있습니다.
6. 이동 주택 캠프장은 특별히 아이들이 즐길 수 있는 많은 오락거리를 포함하고 있습니다.
7. 최신 영화를 보고 싶다면 롤링 레스토랑으로 가면 됩니다.
8. 풀밭 캠프장은 북쪽으로 포레스트 로드와 마주하고 있고 서쪽으로는 로얄 웨이와 마주보고 있습니다.
9. 이동 주택 캠프장은 서쪽에 있는 강 다리와 동쪽에 있는 로얄 웨이 사이에 있습니다.
10. 그린 라운지는 F 바로 옆, H 건너편에 있는 포레스트 로드를 따라 가다 보면 있습니다.

ANSWERS
1. hot food
2. Green Lounge
3. local bands
4. free parking
5. dancing
6. entertainment
7. latest film
8. facing
9. River Bridge
10. right next

3 Ski and snowboard exhibition

1. 이 스키, 스노우보드 장비들은 매우 편하고 안전하기 때문에 많이 추천을 합니다.
2. 스키와 스노우보드 리조트에서는 이번 시즌을 위해 새 강사를 고용합니다.
3. 티켓을 파는 것 대신에 소식지를 배포하는 것이 더 저렴하고 심지어 더 많은 관람객들에게 접근할 수 있을 것입니다.
4. 전시회의 주된 목적은 쓰레기 감소일 것입니다.
5. 전시회 표는 조금 비싸긴 하지만 확실히 그럴만한 가치가 있습니다.
6. 티켓 가격에는 특별 서비스가 포함되어 있기 때문에 그렇게 나쁘지 않습니다.
7. 전시회에는 참가자들이 행사에서 무료로 사용할 수 있도록 준비된 스키, 스노우보드 장비가 있을 것입니다.
8. 스키와 스노우보드를 타는 것은 엄밀히 따지면 같지 않고 두 스포츠 모두 다양한 면들이 있습니다.
9. 작년 활동과 올해 활동에는 수치상 차이가 있습니다.
10. 올해 전시회의 주최자들은 보안 조치를 실행하는 데 있어서 세심한 주의를 기울여야 합니다.

ANSWERS
1. comfortable and safe
2. instructor
3. newsletters
4. Reduction
5. worth
6. special offers
7. equipments
8. different aspects
9. figures
10. security

4 Garbage classification

1. 쓰레기 봉투는 쓰레기를 말리기 위해 방수 기능도 할 수 있습니다.
2. 사람들에게는 파란색 쓰레기 통에 쓰레기를 너무 많이 넣지 말 것을 권고합니다.
3. 지역 주민들은 나무와 같은 건축 자재들은 별도의 컨테이너 안에 넣으라는 권고를 받습니다.
4. 무거운 쓰레기들이 들어있는 통은 청소부들이 이동시킬 수 없습니다.
5. 비닐 봉지는 작은 종이들과 영수증 같은 작은 쓰레기를 넣는 데 사용될 수 있습니다.
6. 쓰레기통을 열어둔 채로 둔다면 바람 때문에 쓰레기들이 밖으로 흩어지게 됩니다.
7. 차량 때문에 청소부들이 갈 수 없는 곳들은 한 사람이 쓰레기통을 비우는 일을 하게 될 것입니다.
8. 상업 지역의 쓰레기 수거는 주중 오전 7시와 주말 오전 10시마다 하기로 되어 있습니다.
9. 청소부가 4주 동안 수거해가지 않은 쓰레기는 마침내 수거가 되고 있습니다.
10. 지역 정부는 모든 사람들에게 재활용 통에 흙과 돌을 넣지 말라고 권고했습니다.

ANSWERS
1. waterproof
2. overfill
3. building materials
4. heavy stuff
5. plastic bag
6. dustbin open
7. traffic
8. business district
9. 4 weeks
10. dirt and stones

5 | Building a house

1. 니콜은 더 나은 품질로 만들어진 건물을 원했기 때문에 이 주제를 선택했습니다.
2. 하늘 지붕의 특색을 위해 지붕에 창을 내는 것은 하루 동안의 작업을 필요로 할 것입니다.
3. 연구를 하는 동안 가격 차이가 아주 광범위하다는 사실 때문에 그녀는 매우 놀랐습니다.
4. 분명 이러한 가격 차이는 계산 방법이 일관되지 않았기 때문입니다.
5. 작은 회사들은 계약서에 따라 피해에 대해 선불로 계약금을 내야 합니다.
6. 라디오 웹사이트에 나와있는 가격들을 비교해야 할 필요가 있습니다.
7. 건물의 질을 알 수 있는 유일한 방법은 완성되기 전에 집을 점검해보는 것입니다.
8. 공사감독은 고객에게 연락을 하기 전에 구조 점검을 해야 합니다.
9. 집에 문제가 있다면 건축업자에게 작업을 다시 하도록 해서 해결을 해야 합니다.
10. 집에 문제가 있을 경우 먼저 조절 장치에 나타나는 문제를 들여다보는 것이 가장 좋은 해결 방법입니다.

ANSWERS
1. better quality
2. sky roof
3. price difference
4. calculating methods
5. prepayment
6. radio's website
7. quality
8. prior to
9. redo
10. regulator's reflection

6 | Introduction to the park

1. 야생동물을 보고 싶다면 빨간색 길의 경로로 가야 합니다.
2. 야간 관광이 있는 경로는 무료입니다.
3. 쇼핑을 가려면 미리 예약을 해야 합니다.
4. 빨래를 하고 싶은 사람들은 동전을 넣으면 작동하는 세탁기를 이용하기 위해 동전이 필요할 것입니다.
5. 매일 하는 활동 중 하나는 바나나보트 타기이고 아이들이 상당히 좋아합니다.
6. 안타깝게도 암벽 등반 활동을 진행하는 직원의 몸이 좋지 않아서 암벽 등반 활동은 취소되어야 합니다.
7. 비주얼 여행 관광에서는 여행 경험을 풍부하게 하기 위해 시청각 안내를 제공합니다.
8. 관광 접수처에 대한 안내는 지역 게시판에 올라와 있습니다.
9. 사무실은 오른쪽 아래 모퉁이에 있고 그 바로 밑에 두 건물이 있습니다.
10. 호수와 매우 가까운 곳에서 피크닉 장소를 볼 수 있습니다.

ANSWERS
1. red track
2. night tour
3. go shopping
4. coin operated
5. banana boat
6. rock climbing
7. audio-visual guide
8. community board
9. bottom-right corner
10. picnic area

7 | Preschool education

1. 부모와 어린아이 프로그램은 3개월에서 5세 사이의 아이들을 위해 특별히 만들어진 수업입니다.
2. 루돌프 슈타이너에게 영감을 받은 비전통적인 학교는 학부모들의 협조로 운영됩니다.
3. 과정들은 모든 연령에게 적합하고 또한 다양한 연령대에게 적합한 특정 프로그램들도 있습니다.
4. 집중 훈련에 참가하고 싶어하는 학부모들이 많지 않습니다.
5. 학교에 대부분의 프로젝트는 학생에게 특별 과제로 주어집니다.
6. 모든 학부모들은 학기 초에 하는 공개 오리엔테이션에 참여를 해야 합니다.
7. 고학년 학생들의 학부모들은 학교에 여러번 방문을 해야 하고 수업 참관 기간에 참여를 해야 합니다.
8. 아이의 마음과 정신을 기르는 것을 목표로 하는 학교 프로그램은 정부의 자금 지원을 받았습니다.
9. 아이들의 창의적 사고 능력을 발달시키기 위해 아이들은 독서를 더 많이 해야 합니다.
10. 아이들은 경험을 통해 배우고 미술과 음악을 배움으로써 자신감을 크게 높입니다.

ANSWERS
1. 3 months
2. cooperatively
3. suitable
4. participate
5. assignments
6. public orientation meeting
7. several school visits
8. government
9. more reading
10. self-confidence

8 | Swimming lessons

1. 마커스는 수영 수업을 하는 동안 목의 간헐적인 통증을 느꼈습니다.
2. 마커스는 목의 통증이 점점 사라졌지만 이제는 손을 움직이는 데 문제가 있다는 것을 알게 되었습니다.
3. 코치는 학생들의 집중을 빼앗는 수영 수업의 재미 때문에 수업에 약간 문제가 있다고 느낍니다.
4. 그가 수영 수업을 시작한 이후로, 그는 그 방법이 5번만 수행되는 것을 보았습니다.
5. 성인 초급자들은 스트레칭 수업을 최소 6주는 들어야 합니다.
6. 성인 개인 수업의 비용은 매주 45달러이고 최소 6주 동안 합니다.
7. 수영 수업을 듣는 성인들은 4주 이내에 물 위에서 숨을 쉬는 방법을 배울 수 있어야 합니다.
8. 3세에서 5세 사이의 아이들은 보통 첫 4번의 수업 직후에 수영하는 법을 배웁니다.
9. 수영을 배우고 있는 성인들은 강사에게 계속 지도를 받습니다.
10. 다른 나이대 와는 반대로, 아기는 보통 수업 첫 주에서 머리를 물 속으로 넣을 수 있습니다.

ANSWERS
1. on the neck
2. hand movements
3. enjoyment
4. methods
5. beginners
6. private lessons
7. breathe above water
8. first four lessons
9. instructors
10. babies

9 Gym map

1. 체육관에 있는 장비들은 모두 오래되고 닳아서 못쓰게 되었기 때문에 최신 것으로 교체할 필요가 있습니다.
2. 그들은 최근에 연 새로운 신체단련과정이 성공할 것이라고 예측하고 있습니다.
3. 체육관을 깨끗이 청소해야 하기 때문에 그들은 주말마다 반나절만 문을 엽니다.
4. 회원카드비용을 내야 하고 매년 갱신을 해야 합니다. 그렇지 않으면 이용할 수 없게 될 것입니다.
5. 나는 기억력이 매우 안 좋기 때문에 그 클럽에 중요한 사항에 대해 기억이 나지 않습니다.
6. 체육관에 가려는 사람들은 그 전에 먼저 등록을 하고 등록증에 이름을 써야 합니다.
7. 배드민턴장은 주차장 북서쪽 모퉁이에 있는 카페 뒤편에 있습니다.
8. 카페는 접수처 옆 배드민턴장 맞은편에 있는 남서쪽 모퉁이에 있습니다.
9. 화장실은 카페와 수영장 사이에 있는 접수처 앞 남쪽에 있습니다.
10. 수영장은 주차장과 화장실 옆 주차장 동쪽에 있습니다.

ANSWERS
1. update
2. successful
3. half-day
4. annually
5. memory
6. their name
7. badminton court
8. across
9. in front of
10. eastern side

10 Company relocation

1. 나는 친구로부터 아담의 회사가 확장을 이유로 이전을 했다는 것을 듣게 되었습니다.
2. 그는 텍스트론 기업의 임대가 만료가 되어 이사를 해야 했다는 것을 듣게 되었습니다.
3. 아담의 새 회사 사무실의 위치는 인쇄소와 가깝습니다.
4. 텍스트론 회사의 새 사무실은 교통의 중심지와 가까이 있습니다.
5. 이전 사무실에서 사용했던 가구들을 회사의 새 사무실이 있는 곳으로 가지고 왔습니다.
6. 더 이상 새 사무실에 두지 않을 다른 가구들은 사람들에게 팔았습니다.
7. 이전 사무실의 창고에 보관되고 있었던 오래된 파일들은 모두 버려졌습니다.
8. 그들은 이전 사무실 창고에서 발견한 중요한 서류들은 복사를 해 두었습니다.
9. 이사를 하는 동안 직원들은 일을 하지 않고 집에 있어야 합니다.
10. 직원들은 이사 기간 동안 일을 하지 않더라도 새 건물을 확인하라는 지시를 받았습니다.

ANSWERS
1. expansion reasons
2. lease
3. printers
4. transport centre
5. new company
6. the public
7. old files
8. copies
9. stay at home
10. new building

11 Celebration of the international day

1. 국제 주간은 도시 사업가들에 의해 정해졌기 때문에 8월에 열리게 될 것입니다.
2. 지역 신문에서는 행사가 단 하루가 아닌 일주일 동안 열려야 한다고 했습니다.
3. 날씨가 안 좋아지면 라디오 방송국에서 방송을 할 것이라고 정해졌습니다.
4. 해외 팀에서 경기에 참여하고 싶었다면 좋은 제안서를 내야 했습니다.
5. 야외 활동은 지역주민 센터의 주차장에서 하게 될 것입니다.
6. 그 회사는 가구와 장비들을 제공함으로써 행사를 지원할 것입니다.
7. 멕시코에서 온 사람들은 그들의 전통 춤을 출 것입니다.
8. 남아프리카에서 온 사람들은 행사에서 전통 민족 의상을 보여줄 것입니다.
9. 인도네시아의 대표들은 전통 요리법을 선보일 것입니다.
10. 캐나다 팀은 그들의 목각 기술과 상품들을 전시할 것입니다.

ANSWERS
1. International Week
2. local newspaper
3. radio station
4. good proposal
5. parking lot
6. furniture and equipment
7. traditional dance
8. ethnic costumes
9. cooking methods
10. woodcarving

12 Tourist attraction

1. 오클라호마에 있는 캐버널 힐은 세계에서 높은 언덕이라고 불립니다.
2. 관광객들은 언덕에 자란 많은 야생화들에 매료될 것입니다.
3. 자연 보호구역은 특정 동물이나 식물을 보호하기 위한 목적으로 따로 정해놓은 지역입니다.
4. 언덕에는 대략 10종류의 사슴이 발견될 수 있습니다.
5. 고고학자들은 언덕에 의식을 올렸던 자리 근처에서 발견한 400년 된 폐허를 발굴하고 있습니다.
6. 이동 기간 동안 언덕에 이주한 새들의 종류는 수백 종입니다.
7. 언덕 끝에 있는 호스텔은 주 단위로 빌릴 수 있는 가장 적합한 숙소입니다.
8. 언덕 중간에 관광객들이 주 단위로 빌릴 수 있는 별장이 있습니다.
9. 관광 명소 헌터 단체의 회원들에게는 자연을 다루는 무료 잡지가 주어집니다.
10. 관광 명소 헌터 단체의 회원들에게는 여행 가이드가 주어지지만 미리 예약을 해야 합니다.

ANSWERS
1. Cavanal Hill
2. wildflowers
3. nature reserve
4. deer
5. ruin
6. species of birds
7. weekly basis
8. cottage
9. magazines
10. tour guides

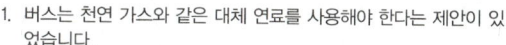

13 Introduction to farming

1. 농장은 하루 종일 볼 수 있는 19종류의 야생 조류의 터전입니다.
2. 농장에서 아이들을 위한 가장 인기 있는 활동은 조랑말 타기입니다.
3. 농장의 직원은 시 의회에서 급여를 받습니다.
4. 농장에 자원봉사를 하러 온 아이들은 농부들이 직면하는 문제들에 대해 알게 됩니다.
5. 전형적인 농장의 농업에 대한 개념은 사람들이 전 세계의 현재 농장 생산 시스템을 이해하고 비교하기 위해 개발되었습니다.
6. 벼농사의 잠재 수확량은 대체로 최적의 결과를 보장하는 농작물 시설 기술에 달려 있습니다.
7. 작물생산은 먹을 수 있는 식품을 제공하기 위해 작물을 키우는 농업분야입니다.
8. 비료와 농약 둘 다 농작물 생산 사용과 관련해서 뚜렷한 장단점이 있습니다.
9. 유기농 생산은 생물의 다양성과 생물학적 주기, 토양 생물학적 활동을 촉진하고 향상시키는 농업 경영시스템입니다.
10. 가까운 지역에서 농업을 하는 이웃으로부터 정보를 얻을 수 있습니다.

ANSWERS

1. wild birds
2. pony riding
3. city council
4. volunteer
5. typical farms
6. rice crops
7. production
8. pesticides
9. biodiversity
10. obtained

14 New guided walk program

1. 참여하는 고객들 대다수는 이전에 경험을 해보았습니다.
2. 올해 가이드가 안내하는 걷기 프로그램의 개선된 점 중 하나는 매주 음식의 메뉴가 바뀐다는 것입니다.
3. 새 가이드는 먼저 경험이 많은 가이드와 동행해서 적절한 안내 방법에 대해 배웁니다.
4. 올해 가이드가 안내하는 걷기 프로그램의 계획은 다양한 방향으로 단체 여행을 가는 것입니다.
5. 주최측은 관광 후 참가자들의 식사를 위해 지역 음식을 준비할 것입니다.
6. 지도자는 같은 언어를 쓰는 사람들을 함께 두는 것이 이상적일 거라고 제안했습니다.
7. 보조는 관광을 마친 후에 필요한 호텔 예약과 음식 주문하는 것을 맡고 있습니다.
8. 새 가이드 중의 한 명은 일기 예보를 확인하고 팀 지도자들에게 기상 상태를 전달하는 임무가 있습니다.
9. 경험이 많은 여행 가이드들은 교통편을 마련해야 할 책임이 있습니다.
10. 도보 관광객들은 간식을 스스로 준비해야 합니다.

ANSWERS

1. customers
2. every week
3. experienced guide
4. different directions
5. local food
6. same language together
7. finishing the tour
8. weather condition
9. arranging transportation
10. refreshments

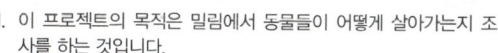

15 How to save fuel

1. 버스는 천연 가스와 같은 대체 연료를 사용해야 한다는 제안이 있었습니다.
2. 발표자는 소형 엔진이 연료 소비량이 많지 않기 때문에 대신 사용될 수 있다고 했습니다.
3. 도로에 있는 가장 흔한 차들은 적어도 성인 3명을 태울 수 있습니다.
4. 운전자들은 돈을 절약하기 위해 화요일마다 기름을 채우는 것이 좋습니다.
5. 최소한의 연료를 소비하는 자동차들은 운전을 하기 전에 엔진을 예열시킬 필요가 없습니다.
6. 차 연료를 절약하는 데 도움이 되는 또 다른 방법은 오일 필터를 정기적으로 청소하는 것입니다.
7. 차에 히터나 에어컨을 틀 때 창문을 닫으면 연료 낭비를 막을 수 있습니다.
8. 트렁크를 비우고 차의 불필요한 짐을 줄이는 것도 연료를 절약할 수 있습니다.
9. 많은 운전자들은 일반 오일을 사용하는 것이 연료를 절약하는 데 도움이 된다는 것을 입증합니다.
10. 언급한 다른 방법들 외에도 연료 낭비를 막기 위해 되도록 평평한 길을 운전해야 합니다.

ANSWERS

1. natural gases
2. fuel consumption
3. carry
4. Tuesdays
5. warmed up
6. oil filter
7. closed
8. trunk empty
9. standard oil
10. smooth roads

16 Volunteers' wildlife protection and organisation's introduction and activity arrangement

1. 이 프로젝트의 목적은 밀림에서 동물들이 어떻게 살아가는지 조사를 하는 것입니다.
2. 비용의 대부분은 자원봉사자들의 숙박과 기타 필요사항들을 위해 쓰입니다.
3. 연구자들과 학생 자원봉사자들은 기후에 익숙하지 않기 때문에 쉬운 프로젝트가 아닙니다.
4. 이 활동에 자원봉사를 하고 싶어하는 사람들은 건강 검진을 받아야 합니다.
5. 그레이스는 자원봉사자 중 한 명이고 이 활동이 친구들을 사귀는 데 도움이 될 것이라고 생각합니다.
6. 에드윈은 야생동물과 마주치는 것에 대해 매우 설레 하고 있는 자원봉사자들 중 한 명입니다.
7. 클라라는 자원봉사자 중 한 명이고 이 활동이 그녀의 장래 직업에 유익할 것이라고 생각합니다.
8. 사라는 자원봉사자 중 한 명이고 그녀의 문화와 매우 다른 문화를 배우는 것에 매우 즐거워합니다.
9. 케이트는 자원봉사자 중 한 명이고 안전을 위해 규칙을 세우고 스스로 조심하기 위해 규칙을 이용하는 것이 중요하다고 생각합니다.
10. 에린은 자원봉사자 중 한 명이고 이 활동이 팀워크의 개념을 더 많이 이해하는 데 도움이 될 것이라고 생각합니다.

ANSWERS

1. jungle
2. accommodation
3. climate
4. medical test
5. make friends
6. wild animal
7. future career
8. learning a culture
9. warning to yourself
10. teamwork

17 Art gallery

1. 책에 따르면 그 미술관은 1888년에 개관을 했다고 합니다.
2. 미술관의 이전 소유자는 유화를 전문적으로 하고 싶어했다고 기사에 언급되어 있었습니다.
3. 미술관으로부터 받았던 가장 많은 기부금은 지역 정부가 제공한 것이었습니다.
4. 신문 기사에서는 미술관이 일반 대중들에게 조각 공원을 개방할 것이라고 했습니다.
5. 라디오 아나운서는 티켓은 일정 기간 안에만 사용할 수 있다고 했습니다.
6. 미술관에는 미디어실이 있고 그 층의 서쪽에 가장 많은 공간을 차지하고 있습니다.
7. 북서쪽 모퉁이에 있는 세미나실과 북쪽에 있는 인터넷실 사이에는 찻집이 있습니다.
8. 그 층의 북쪽에 있는 찻집과 카페 사이에는 인터넷실이 있습니다.
9. 그 층의 북쪽에 있는 북동쪽 모퉁이의 가게와 출구 옆에는 카페가 있습니다.
10. 그 층의 북동쪽 모퉁이에 있는 출구 바로 앞에는 가게가 있습니다.

ANSWERS

1. 1888	2. oil paintings
3. local government	4. sculpture garden
5. certain period	6. media room
7. the north	8. web room
9. north side	10. exit

18 Children's chess club

1. 그 클럽은 체스에 관심이 있는 아이들을 위해 만들어졌습니다.
2. 수업료는 수준에 따라 다르지만, 초보자들을 위한 개인 수업료는 20파운드입니다.
3. 체스를 배우고자 하는 사람들에게 가장 좋은 방법은 꾸준히 연습을 하는 것입니다.
4. 노련한 선수들은 초보자들에게 인터넷으로 체스 연습을 하는 것을 권합니다.
5. 체스 클럽에 있는 아이들은 가능한 빨리 자신감을 갖고 잘하게 되면 대회에 참여할 수 있습니다.
6. 성인들과 아이들 모두 참여할 수 있는 A게임의 주요 규칙은 빠르게 경기를 진행해야 한다는 것입니다.
7. 이건 학교 대회이고 초보자들만 B게임에 참가할 수 있습니다.
8. C게임의 규칙에는 클럽 팀의 우승자가 상을 대신 받거나 맡기고, 다른 사람에게 주거나 현금으로 바꿀 수 없을 것이라고 나와 있습니다.
9. D게임은 다양한 수준들이 참여할 수 있기 때문에 좀 더 융통성 있는 규칙들이 있습니다.
10. E게임은 전국 대회이기 때문에 일년에 두 번만 열릴 수 있다는 규칙이 있습니다.

ANSWERS

1. interested in chess	2. beginners'
3. regular practice	4. on the Internet
5. confident and good	6. rapidly
7. competition	8. prize for cash
9. different levels	10. national competition

19 Hotels in America

1. 후기를 보면, 엔젤 스파의 룸 서비스는 매우 안 좋다고 나와 있습니다.
2. 후기에 레이크뷰 스파는 아주 잘 갖춰진 스위트룸이 있다고 합니다.
3. 골드 스파에는 여러 종류의 음식이 있다고 후기에 나와 있었습니다.
4. 여자들 중 한 명은 매우 편안한 침대에서 잠을 잘 수 있기 때문에 오션 모션 스파가 마음에 든다고 했습니다.
5. 오렌지 컨퍼런스 룸은 공간이 넓지만 가격은 저렴합니다.
6. 모질라 컨퍼런스 룸은 건강과 피트니스 행사들을 위한 피트니스 시설을 제공할 수 있습니다.
7. 호텔에는 스파 서비스들을 포함한 많은 시설들이 있습니다.
8. 기업들은 호텔에서 모임과 회의를 열 수 있고 인터넷을 무료로 이용할 수 있습니다.
9. 호텔에서는 아이들에게 무료 음식을 포함한 여름 특별 상품을 제공할 것입니다.
10. 호텔의 여름 서비스에는 이용 여부에 따라 객실 업그레이드가 포함됩니다.

ANSWERS

1. room service	2. well-equipped suite
3. good choice	4. very comfortable bed
5. low price	6. fitness facilities
7. spa services	8. free Internet access
9. free children's meals	10. room upgrade

20 Holiday special ski

1. 제인의 아버지는 시나리오 작가면서 배우입니다.
2. 제인의 부모님의 열정은 어린 시절 제인에게 영향을 주었기 때문에 그녀는 여행을 좋아합니다.
3. 영국의 첫 스키장은 1960년대에 만들어졌습니다.
4. 스키타는 것 외에 권장하는 또 다른 활동은 골프를 치는 것입니다.
5. 에디모어 지역에 사는 사람들은 관광객들에게 박물관을 방문하는 것을 권합니다.
6. 예정된 다음 프로그램은 영국 풍경들의 개선된 점들입니다.
7. 오랜 세월 동안 인기가 있었던 그 지역의 명소 중 한곳은 호숫가입니다.
8. 린제이 버그는 올림픽 우승자들과 세 번 경기를 할 수 있는 기회가 있었던 미국 배구 선수입니다.
9. 윈터튼은 스포츠에 대해 해박한 지식을 갖고 있었기 때문에 초보자들을 잘 훈련시킬 수 있는 스포츠 방송인입니다.
10. 운동 선수들은 급료와 수당을 받을지라도 훈련을 받는 동안에는 보통 급료를 받지 않습니다.

ANSWERS

1. actor	2. passion
3. established	4. playing golf
5. museum	6. landscape
7. lakeside	8. Olympics champions
9. his extensive knowledge	10. trained

21 Student orientation

1. 오리엔테이션을 하는 동안 학생들은 수업이 곧 시작할 것이라는 것을 들었습니다.
2. 몇몇 학생들은 수업 시작을 앞두고 일주일 동안 교실과 용품들을 청소하도록 배정이 되었습니다.
3. 학부모들은 자녀들의 수업시간을 예약하기 위해 온라인으로 지불할 수 있다는 것을 오랫동안 알고 있었습니다.
4. 오리엔테이션에서 논의된 비용 목록에는 무엇이 가스이고 전기인지 정확하지 않았습니다.
5. 오리엔테이션에 참가한 많은 학생들은 그곳이 매우 더웠기 때문에 모임을 하는 동안 창문 옆에 서있었습니다.
6. 많은 학생들은 오리엔테이션의 학문적인 기술에 대해 이해하지 못했습니다.
7. 유치원과 초등학교의 학생들에게 이를 닦는 동안 수도 꼭지를 잠가야 한다는 것을 상기시켰습니다.
8. 학교 관리자는 학교 주변 수리를 시작해달라는 것과 싱크대에 수돗물이 잘 빠지는 것을 확인해달라는 요청을 받았습니다.
9. 정비사에 따르면 물을 데우는 것이 전기를 절약하는 데 도움이 될 것이라고 합니다.
10. 건물 관리자는 학교가 절전 장비를 사야 하는 이유를 설명했습니다.

ANSWERS

1. start soon
2. clean up rooms
3. online payment
4. electricity
5. window
6. technique
7. brushing their teeth
8. drained tap water
9. heating water
10. power saving equipment

22 Fishing license

1. 그곳에서 낚시를 하고 싶다면 여권 번호와 자국의 어업 면허를 제출해야 합니다.
2. 자격 요건이 부족한 사람들은 낚시 시험에 지원해서 통과해야 하고 결과를 기다려야 합니다.
3. 지원자들은 어업 면허의 여러 종류에 대한 비용과 규정, 자세한 사항들을 알아보기 위해 지역 은행으로 가면 됩니다.
4. 낚시를 갈 때 섬에 있는 숙소에 대한 자세한 사항들을 듣고 제공받을 것입니다.
5. 파인 트리 해변에 낚시를 갈 때 가장 좋은 시기 중 하나는 바람이 잔잔한 날입니다.
6. 많은 사람들은 특히 비가 올 때 오이스터 해안에 낚시를 하러 갑니다.
7. 좀 더 모험심이 강한 몇몇 낚시꾼들은 밤에 벨라 강으로 낚시를 하러 갑니다.
8. 많은 관광객들은 특히 가을에 마튼 저수지로 낚시를 하러 갑니다.
9. 사람들은 남쪽 해안으로 갈 때 특히 겨울에 낚시를 하러 갑니다.
10. 벨라 바다는 3월과 4월에 현지 낚시꾼과 외국에서 온 낚시꾼으로 가득 찹니다.

ANSWERS

1. your passport number
2. fishing exam
3. different types
4. accommodation
5. calm day
6. Oyster coast
7. adventurous fishermen
8. autumn
9. southern coasts
10. March and April

23 Volunteering and travelling

1. 나오미가 사막을 여행했던 주된 이유는 국제 탐사 때문이었습니다.
2. 나오미는 야생동물 거래에 대한 개념에 관심이 생겼기 때문에 사막을 여행했습니다.
3. 보호에 참여하는 것은 언제나 나오미의 마음을 끌었기 때문에 동물들을 추적하기 위해 해외로 여행을 갔습니다.
4. 나오미는 보호 일을 하고 작은 마을의 교육시설에서 배우면서 모험을 하기 위해 사막으로 여행을 갔습니다.
5. 나오미는 현지 사람들을 만나서 그들로부터 배우고, 그들에게 무언가를 가르치고, 사냥을 하기 위해 남미에 있는 농장으로 갔습니다.
6. 나오미는 저녁마다 히말라야에서 시간을 보냈고 코끼리들을 씻기고 돌보는 동물원에서 일을 했고, 지역 센터에서 수학을 가르치는 것을 도왔습니다.
7. 여행을 하는 두 달 동안, 나오미는 동물들과 위기에 처한 종들을 돌보는 일을 하는 농장이 있는 탄자니아에서 병에 걸렸습니다.
8. 나오미는 주말이면 해안 지역과 숲, 호수를 다녀오기 위해 버스를 탔고 아이들과 함께 목공작업을 하면서 시간을 보냈습니다.
9. 나오미가 함께 한 자원봉사단체는 비슷한 관심사에 따라 나누어졌습니다.
10. 나오미의 자원 봉사 활동 노력에 대한 상은 그녀의 성취에 대한 자부심이었습니다.

ANSWERS

1. international exploration
2. wildlife exchange
3. track animals abroad
4. adventure
5. go shooting
6. cared for elephants
7. illness
8. coastal area
9. similar interests
10. achievement

24 Australian zoo

1. 호주 동물원에는 위층에 있는 고릴라 우리 밑에 원숭이 구역이 있습니다.
2. 동물원에는 두 개의 곤충 테라리엄이 있는데, 하나는 남동쪽에 있고 다른 하나는 뱀이 있는 곳 옆 동쪽에 있습니다.
3. 호수 서쪽에 있는 식당과 고릴라 우리 사이에는 곰이 있는 구역이 있습니다.
4. 뱀이 있는 곳은 정문 옆 호랑이 우리 바로 맞은 편인 곤충들과 함께 쓰는 곳 안 북동쪽에 있습니다.
5. 캥거루 구역은 식당과 호랑이 우리, 호수 그리고 곰이 있는 구역에 둘러싸여 있습니다.
6. 정문 옆 북북동 쪽에는 세 개의 호랑이 우리가 있는데, 가장 큰 우리는 두 개의 작은 우리 한가운데에 있습니다.
7. 호주 동물원에서는 그날 방문한 사람들 중 오직 한 사람만 상을 받을 수 있는 대회를 저녁마다 엽니다.
8. 호주 동물원은 올해 예술 축제를 다시 시작할 것입니다.
9. 호주 동물원은 매년 동물원 황혼이라는 것을 개최합니다.
10. 동물원에서 생일을 축하하는 어른들과 어린이들은 무료 장난감을 받습니다.

ANSWERS

1. underneath
2. southeast
3. bear zone
4. shared space
5. kangaroo area
6. biggest tiger cage
7. prize winner
8. arts festival
9. annually
10. free toy

25 Introduction to ice-curling

1. 아이스 컬링 팀에는 네 명이 필요한데 리드와 세컨드, 써드, 그리고 스킵입니다.
2. 아이스 컬링을 하는 아이스 링크는 시트라고 부릅니다.
3. 아이스 컬링의 목표물이나 골문을 하우스라고 부릅니다.
4. 아이스 컬링에서 사용하는 빗자루는 두 가지 종류가 있는데 그 중 하나는 말의 털로 만든 스코틀랜드 것입니다.
5. 아이스 컬링 선수들이 사용하는 신발은 고무로 만들어졌습니다.
6. 아이스 컬링에서 주장은 항상 스톱워치를 가지고 있어야 합니다.
7. 그 클럽은 그 지역에서 가장 오래돼서 유명합니다.
8. 그 클럽은 주로 게임의 규정들을 정하기 위해 만들어졌습니다.
9. 16세기에는 사람들이 제대로 된 교육을 받았기 때문에 아이스 컬링은 금지되지 않았습니다.
10. 캐나다에서 제일 먼저 아이스 컬링에 사용한 도구는 주철로 만들어졌습니다.

ANSWERS
1. lead
2. sheet
3. house
4. horsehair
5. rubber
6. stopwatch
7. oldest club
8. fix regulations
9. properly trained
10. cast iron

26 Cooking tour and classes

1. 요리 수업과 관광 수업은 각각 개별 수업들입니다.
2. 오후에는 점심을 먹고 나서 학생들의 버스 관광 일정이 잡혀있습니다.
3. 학생들은 가이드가 있는 도보 여행도 참가할 것입니다.
4. 과정에는 시간 절약 장치를 신중하게 사용하는 확실한 예산 시스템이 있습니다.
5. 학생들은 몸에 좋은 음식 두 가지를 만드는 법을 배우게 될 것입니다.
6. 특정 재료가 변경될 수도 있는 조리법에는 차이들이 있습니다.
7. 모든 학생들은 복도에 설치되어 있는 오븐을 사용할 수 있습니다.
8. 안타깝게도 창고에 물이 쏟아져서 냉장고가 고장 났습니다.
9. 학생들은 매 학기 초에 하는 시범 수업에 참여를 해야 할 것입니다.
10. 출구 오른쪽에 놓여 있는 티 테이블은 학생들이 사용할 수 있습니다.

ANSWERS
1. individual classes
2. bus tour
3. walking tour
4. time-saving
5. healthy foods
6. specific ingredient
7. hallway
8. refrigerator
9. demonstration class
10. the right side of

27 Train station layout

1. 우리가 있는 곳에서 임시 수하물 보관소는 택시 승차장 옆에 있는 건물의 남서쪽 모퉁이에서 곧장 가면 있습니다.
2. 우리가 있는 곳에서 자전거 보관대는 2번 플랫폼 바로 앞에 있는 건물의 북동쪽 모퉁이에서 오른쪽에 있습니다.
3. 1번 플랫폼과 기차 선로 사이에는 약국이 있습니다.
4. 건물 남서쪽 모퉁이에서 우리 맞은편에는 대기실이 있고 임시 수하물 보관소 옆에 있습니다.
5. 북서쪽 모퉁이에 있는 대기실 바로 맞은편에는 신문 판매실이 있습니다.
6. 화장실은 2번 플랫폼 앞에 있는 약국 오른쪽에 있습니다.
7. 관광객들은 부티크에서 집으로 가져갈 특별한 현지 음식을 살 수 있습니다.
8. 관광객들은 기차역 근처에 있는 대학에서 기념 사진들을 살 수 있습니다.
9. 기차역 오른쪽에 있는 오래된 극장은 아파트 건물로 개조될 것입니다.
10. 기차역 뒤에는 한 정치인의 조각상이 있습니다.

ANSWERS
1. temporary luggage lockers
2. bike racks
3. pharmacy
4. waiting room
5. newsagent's room
6. rest room
7. special local food
8. souvenir
9. an apartment
10. a politician

28 Fitness program: Walking with your family

1. 신체 단련 프로그램의 후원자들은 부모들과 아이들이 이 활동에 참여하기를 바랍니다.
2. 몇 년 전에는 280명이 활동에 참여했지만 올해에는 더 많은 지원자들이 있을 것입니다.
3. 주최자는 많은 문제를 일으키는 사람들에게 대회에서 나가줄 것을 요청할 것입니다.
4. 몇 년 동안 후원자들이 부족해서 대회는 취소되었습니다.
5. 대회를 위한 명찰은 온라인 또는 지역 사무실에서 얻을 수 있습니다.
6. 참가자들은 가벼운 옷을 입는 것이 좋고 두꺼운 바지는 권장되지 않는 다는 것이 명시되어 있습니다.
7. 대회 동안 참가자들이 마시는 물의 양은 그들에게 달려 있습니다.
8. 손전등을 들고 갈 지의 여부는 참가자들에게 달려 있습니다.
9. 주최자들은 참가자들에게 대회를 하는 동안 위급한 경우를 대비해 휴대전화를 가지고 오라고 권합니다.
10. 또한 주최자들은 참가자들에게 배낭에 물건들을 넣어 오라고 권합니다.

ANSWERS
1. parents and children
2. more volunteers
3. a lot of trouble
4. lack of supporters
5. online
6. trousers
7. drink
8. torch
9. mobile phone
10. rucksack

29   Garden construction

1. 문의 데스크는 과학 건물 옆에 있는 대강당 바로 맞은편에 있습니다.
2. 식당은 학생회관 바로 옆 북서쪽 모퉁이에 있습니다.
3. 과학 건물은 대강당 맞은편에 있는 문의 데스크 옆 남동쪽에 있습니다.
4. 자전거 주차장은 회의실 바로 맞은편과 학생회관 옆 북동쪽에 있는 출구 옆에 있습니다.
5. 복사실은 식당과 학생회관 맞은편 우리가 서있는 바로 여기에 있습니다.
6. 회의실은 출구와 과학 건물 사이 동쪽에 있습니다.
7. 도서관은 주말에 오전 9시 30분에 문을 열고 오후 6시 30분에 닫습니다.
8. 과제에 대해 질문이 있는 학생들은 지도교수를 찾아야 합니다.
9. 학교 내 병원에 등록을 하려면 학생들은 학생 카드를 제시해야 합니다.
10. 모든 학생들은 비상 전화번호가 455455라는 것을 알고 있습니다.

ANSWERS
1. right across
2. on the northwest
3. on the southeast
4. bike-parking place
5. student union area
6. east side
7. opening time
8. personal tutor
9. student card
10. emergency

30   Technology museum

1. 사람들은 전에 설문 조사를 수락했기 때문에 활동에 참여해야 했습니다.
2. 박물관에서 바뀐 것 중 하나는 카페입니다.
3. 10월에 예정되어 있는 행사 중 하나는 식물 전시회입니다.
4. 극장은 영화를 위한 곳일 뿐만 아니라 각종 파티들을 여는 데 사용됩니다.
5. 새 회원 중의 한 명은 그들에게 박물관의 돈을 관리하고 추가적인 수입을 얻는 방법에 대해 알려주었습니다.
6. 모든 정보가 전자방식으로 전송이 될 것이기 때문에 손님들은 중요한 정보를 놓치는 것에 대해 더 이상 걱정할 필요가 없습니다.
7. 플라이 어스 투 더 문이라는 제목으로 상영되고 있는 영화와 전시회는 모든 연령대에 적합합니다.
8. 돌고래에 관한 그 영화는 오래 전에 만들어졌습니다.
9. 피라미드의 비밀이라는 영화는 최근 영화제에서 권위 있는 상을 받았습니다.
10. 몬스터즈 영화는 현대 기술을 이용해서 특수 첨단 기술의 극적인 효과를 만들어냈습니다.

ANSWERS
1. survey
2. museum
3. plants
4. various parties
5. extra income
6. electronically
7. all ages
8. dolphin
9. award
10. dramatic effect

31   Employment service centre

1. 고용지원센터는 16세에서 25세 사이에 있는 사람들을 받습니다.
2. 지원할 수 있는 일자리의 종류를 알아보기 위해 지원자들은 고용주에게 전화를 하는 것이 좋습니다.
3. 고용지원센터는 직업교육과정을 이수한 사람들이 직업을 가질 수 있도록 도움을 주기 위해 열려있습니다.
4. 지원자로서 신청서에 당신의 기량과 가능성을 나타내야 합니다.
5. 지원자들은 게시판에서 다양한 직업에 대한 정보들을 찾을 수 있을 것입니다.
6. 정보에는 지원할 수 있는 모든 일자리에서 요구하는 근로 시간에 대한 자세한 사항들도 포함이 될 것입니다.
7. 지원자가 일에 관심이 있으면 그들은 고용주에게 전화를 해야 합니다.
8. 여성들이 주로 할 수 있는 일의 종류는 대부분 보육 서비스입니다.
9. 주로 여성들이 할 수 있는 대부분의 일은 가사 노동입니다.
10. 주로 남성들이 할 수 있는 대부분의 직업은 노동 작업입니다.

ANSWERS
1. 16 and 25
2. telephone the employer
3. vocational courses
4. your availability
5. types of work
6. working hours
7. call the employer
8. childcare
9. domestic work
10. labour work

32   Diamond island

1. 이발소는 해변 바로 옆 북서쪽 모퉁이에 있습니다.
2. 식당은 이발소 옆과 해변 바로 옆에 있는 수영장의 서쪽에 있습니다.
3. 회의장은 해변과 체육관 사이 남쪽에 있습니다.
4. 체육관은 회의장과 테니스 코트 사이 남동쪽에 있습니다.
5. 테니스 코트는 체육관과 헬리콥터 이착륙장 사이 동쪽에 있습니다.
6. 놀이터는 이발소와 헬리콥터 이착륙장 사이 북쪽에 있습니다.
7. 다이아몬드 아일랜드에 있는 식당은 매일 온 종일 바비큐가 있습니다.
8. 다이아몬드 아일랜드에 있는 식당은 최근 훌륭한 서비스로 상을 탔습니다.
9. 티키룸은 특별히 신혼여행을 온 부부에게 어울리는 객실입니다.
10. 직원은 그들에게 별장에 4개의 침실이 있다고 알려줬습니다.

ANSWERS
1. beside the beach
2. west side
3. conference centre
4. southeast
5. tennis court
6. play area
7. barbecue
8. award
9. honeymoon
10. 4 bedrooms

33 Car rental service

1. 엔터프라이즈 자동차 대여 회사는 글로벌 로밍 서비스를 갖춘 전화기가 있는 자동차들을 가지고 있습니다.
2. 버짓 자동차 대여 회사에서는 운전자들에게 그들이 대여하는 모든 자동차를 제공합니다.
3. 쓰리프티 자동차 대여 회사에서는 고객들에게 패키지 대여를 제공합니다.
4. 내셔널 자동차 대여 회사는 사실 소규모의 택시 대여 서비스입니다.
5. 페이리스 자동차 대여 회사는 야유회나 소풍을 가기에 적합한 4륜 구동 차량이 있습니다.
6. 에이스 자동차 대여 회사는 비교적 새로운 사업체입니다.
7. 택시 서비스의 주목할만한 특징 중의 하나는 정확히 시간을 맞춘다는 점입니다.
8. 사람들은 소형 버스 회사의 공동 이용 서비스의 질을 마음에 들어 합니다.
9. 내셔널 택시 회사는 그들의 서비스를 여러 가지 범주로 나눕니다.
10. 화폐에 관해 자동차 대여 회사에서 겪은 문제점은 현지 은행에서 구할 수 있는 지폐가 충분하지 못하다는 것입니다.

ANSWERS
1. global roaming services
2. drivers
3. package
4. taxi hiring
5. trip or picnic
6. new business
7. punctual
8. pooling services
9. categories
10. insufficient banknotes

34 Fashion show and dance show

1. 패션쇼가 열리는 쇼핑 센터에는 백화점 두 곳을 포함하여 90개의 상점들이 있습니다.
2. 쇼핑 센터의 주차 구역은 800대까지 수용할 수 있습니다.
3. 쇼핑 센터에 있는 고객들은 안내처에서 대중교통편에 대한 정보를 얻을 수 있습니다.
4. 거의 일어나지 않는 일이지만 아이를 잃어버렸을 경우에는 도움을 받을 수 있습니다.
5. 첫 패션쇼 시리즈는 화요일에 일정이 잡혀 있고 토요일까지 합니다.
6. 패션쇼의 목적은 해변에서 입을 수 있는 최신 여름 의상을 보여주기 위해서 입니다.
7. 패션쇼는 4일 연속으로 하게 되고 각 패션쇼에 이어 댄스 공연이 있을 것입니다.
8. 댄스 공연을 갖는 목적은 청소년들이 즐길 수 있도록 하기 위한 것입니다.
9. 아이들은 돈을 보관할 수 있는 지갑을 사용하기 위해 부모님에게 배워야 합니다.
10. 쇼핑 센터는 생일인 고객들에게 선물로 할인 카드 하나를 줍니다.

ANSWERS
1. 2 department stores
2. 800 vehicles
3. public transport
4. lost children
5. Tuesday to Saturday
6. beach
7. dance
8. teenagers
9. wallet
10. discount

35 Hostel conditions

1. 투숙객에게는 두 개의 열쇠가 주어지는데, 하나는 정문 열쇠이고 더 작은 하나는 방 열쇠입니다.
2. 투숙객들이 받았던 열쇠 중 하나는 정문 열쇠입니다.
3. 문들은 저절로 잠기는 시스템이기 때문에 그는 항상 열쇠를 가지고 다녀야 한다고 들었습니다.
4. 어떤 이유에선지, 그 호스텔에는 샤워기가 있는 욕실이 하나 밖에 없습니다.
5. 투숙객들은 늦은 밤부터 다음날 아침까지 음악을 틀어서는 안 됩니다.
6. 호스텔은 투숙객들에게 담요 한 개를 제공하지만 요금을 내고 또 요청을 할 수 있습니다.
7. 호스텔 안에서 담배를 피우면 민감한 화재 경보기가 작동할 수 있기 때문에 투숙객들은 안에서 담배를 피우면 안 됩니다.
8. 호스텔에 있는 투숙객들은 지하에 빨래를 할 수 있는 세탁기가 있다는 안내를 받습니다.
9. 세탁기를 작동하는 것에 대해 잘 모르는 투숙객들을 위해 부엌 찬장에 붙어 있는 장비 설명서를 볼 수 있습니다.
10. 투숙객들은 복도 밖을 포함하여 호스텔 주변을 청소할 책임은 없습니다.

ANSWERS
1. smaller one
2. gate
3. self-locking
4. shower
5. music
6. blanket
7. fire alarm
8. basement
9. kitchen cupboard
10. corridor

36 Introduction to a Toronto studio

1. 새로운 스튜디오 워크숍은 가정 방문 서비스를 제공할 것입니다.
2. 다음 주에 하기로 되어있는 첫 번째 워크숍은 일자리를 구하는 것에 대한 것일 것입니다.
3. 여러 언어에 대한 10명의 통역자들이 있지만 지금 이탈리아 통역자는 구할 수가 없습니다.
4. 9월에는 재무에 대한 세미나가 있을 것이고 이어서 기술자들을 위한 영어 세미나가 있을 것입니다.
5. 주최측에 따르면 강의실에 정보가 표시되어 있다고 합니다.
6. 안내처에 있는 여성은 202호에 있는 손님들에게 그들의 숙박시설에 대한 조언을 해주었습니다.
7. 205호실을 예약한 손님들은 모두 같은 직종에서 일을 합니다.
8. 206호에 있는 한 손님은 전화를 걸어 호텔에서 할 수 있는 레저 활동에 대해 물어봤습니다.
9. 207호에 있는 한 여성은 그 지역의 대중교통에 대해 알려달라고 요청을 했습니다.
10. 208호에 있는 남성은 한 손님에게 모든 손님들이 해야 하는 양식을 작성하는 것을 도와주었습니다.

ANSWERS
1. home visiting
2. finding a job
3. Italian interpreter
4. Finance
5. lecture room
6. accommodation
7. the same line
8. leisure activity
9. public transportation
10. the form

37 Introduction to an evening school

1. 학교 야간 수업은 오후 7시 반에 시작하기 때문에 학생들은 적어도 10분 전에 와야 합니다.
2. 학생들은 학업과 관련한 문제점들에 대해 총무 부장님과 이야기를 해보라는 조언을 들었습니다.
3. 따뜻한 음료를 마시고 싶다면 컴퓨터 실이 아닌 휴게실로 가세요.
4. 주차장에 한 자리를 얻기 위해서는 허가를 받고 주차권을 받아야 합니다.
5. 학생들은 수업 후에 학교 안에서 자습을 하는 것이 허용되지만 먼저 경비원에게 알려야 합니다.
6. 야간 수업의 한 학기는 중간에 한 주를 쉬고 12주 동안 갑니다.
7. 학교에서는 학생들과 직원들이 만일의 사태에 대비를 할 수 있도록 한 달에 한번 소방 훈련을 합니다.
8. 학생들은 중요한 소지품이나 비싼 것들은 개인 물품 보관함에 보관하는 것이 좋습니다.
9. 직원에 따르면, 수업료는 학교 계좌로 입금을 해야 하고 사무실에서 현금으로 지불을 할 수 없습니다.
10. 야간 수업을 등록한 학생들은 다음 주에 체육관에서 환영회가 열린다는 것을 들었습니다.

ANSWERS

1. 7.30pm	2. Administrative Director
3. common room	4. permit
5. security officer	6. 12 weeks
7. fire drill	8. their locker
9. paid with cash	10. reception

38 Comparing farms

1. 이 농장에서 아이들이 좋아하는 것은 당나귀와 염소들입니다.
2. 다른 농장에 비해서 이곳의 사과는 더 새빨갛습니다.
3. 이 농장의 무화과는 킬로그램당 6달러이지만 다른 농장의 무화과는 킬로그램당 4달러밖에 하지 않습니다.
4. 이 농장과 근접해있는 지역 시장은 개인 구매자들에게만 팔지만 다른 농장과 가까이 있는 지역 시장은 도매로 팝니다.
5. 이 농장에 있는 토마토는 색이 연한 것에 비해 다른 농장에 있는 토마토는 붉고 속이 꽉 차있습니다.
6. 두 농장의 좋은 점은 흥정을 하면 더 저렴한 가격에 얻을 수 있다는 것입니다.
7. 우리는 이 지역에 있는 농장 중 한곳에서 무화과와 피스타치오를 따 모았습니다.
8. 우리는 또한 마을 변두리에 있는 가족이 운영하는 채소 농장을 방문했습니다.
9. 그들은 우리가 채소밭에서 푸른 채소들과 농작물들을 따가는 것을 허락했습니다.
10. 우리는 다양한 농작물들을 경작하는 데 사용하는 여러 종류의 트랙터를 봤습니다.

ANSWERS

1. donkeys	2. apples
3. per kilogram	4. individual buyers
5. tomatoes	6. cheaper price
7. pistachios	8. vegetable farm
9. vegetable garden	10. tractors

39 Introduction to the fun city theme park

1. 탈 것들을 모두 포함해서 공원은 매일 오전 10시에 엽니다.
2. 온라인으로 예약을 하면 가족 우선 통행권을 95달러에 살 수 있습니다.
3. 어떤 사람들은 여름에 공원에 있는 호수에 가서 워터 라이드를 즐기는 것이 더 좋다고 생각합니다.
4. 펀 시티 테마 파크는 롤러코스터를 짓기 위해 특수 소재를 사용했습니다.
5. 테마 파크 방문객들은 음식을 직접 가지고 소풍을 가는 것이 좋습니다.
6. 공원에서 당일치기 여행의 가장 좋은 부분 중 하나는 야간 불꽃놀이입니다.
7. 카우보이 쇼 놀이기구의 좋은 점은 사람들이 긴 줄을 서서 기다릴 필요가 없다는 것입니다.
8. 어린 아이들은 유아 전용 드라이빙 스쿨 라이드에서 재미있게 놀 수 있습니다.
9. 테마 파크에서 가장 무서운 놀이기구는 롤러코스터 점핑이라는 것입니다.
10. 매직 쇼 라이드는 마지막에 깜짝 놀래키는 것이 있기 때문에 아이들과 어른들 모두 즐깁니다.

ANSWERS

1. rides	2. family-fast-line
3. water ride	4. roller coaster
5. Theme park visitors	6. fireworks display
7. long queue	8. Driving School Ride
9. Rollercoaster Jumping	10. Magic Show Ride

40 An introduction to a library

1. 도서관에는 총 134권의 잡지 출판물이 있고 그 중의 98권은 미국에서 온 것이고 나머지는 영국에서 온 것입니다.
2. 도서관은 회사에 연간 보고서를 제출해야 합니다.
3. 도서관은 상업적인 목적으로 회사의 업계지를 빌려가는 것을 허용합니다.
4. 또한 도서관에는 다양한 종류의 읽을 거리들을 파는 서점이 5층에 있습니다.
5. 도서관은 1.95파운드에 DVD를 대여할 수 있도록 해줍니다.
6. 도서관은 책을 8주까지 대여를 해주지만 보통은 4주 동안이고 그 후에는 연장을 해야 합니다.
7. 도서관에서는 한 번에 최대 12권의 책을 빌려갈 수 있도록 해줍니다.
8. 도서관에는 24대의 컴퓨터가 있지만 청소년들은 그 중에서 6대만 사용이 가능합니다.
9. 책을 빌리려면 비밀번호와 전자 카드가 필요하고 컴퓨터를 사용하려면 비밀번호가 있어야 합니다.
10. 도서관은 화요일과 금요일에는 더 늦게까지 열어서 보통 오후 9시에 닫는 대신에 이날은 오후 10시 반에 닫습니다.

ANSWERS

1. 134 magazine titles	2. annual report
3. trade journals	4. bookshop
5. rents out DVDs	6. standard period
7. 12 books	8. teenagers
9. electronic card	10. Tuesdays and Fridays

SECTION 2 | Answers & Translations

41 How to write an application

1. 많은 사람들은 신문은 비효율적이고 중개인을 힘들게 하기 때문에 직업을 찾는 가장 좋은 방법은 인터넷이라고 생각합니다.
2. 지원자들은 이력서가 너무 길어서는 안 된다고 들었습니다.
3. 지원자들은 서류들을 손으로 쓰지 말고 타자로 입력하라는 조언을 들었습니다.
4. 또한 지원자들은 서류를 수정하지 말라는 것을 들었습니다.
5. 지원자들은 고용주의 관심을 두기 위해 이력서에 기술 목록을 포함하라는 조언을 들었습니다.
6. 그들은 이력서가 지저분해 보이지 않고 배치에 주의해야 한다는 것을 들었습니다.
7. 그들이 들었던 가장 중요한 것은 연락처를 남기는 것입니다. 그렇지 않으면 고용이 될 기회를 놓칠 수도 있습니다.
8. 지원자들은 능력을 키울 수 있는 교육에 대해 면접관에게 물어보는 것은 좋다고 들었습니다.
9. 지원자들은 근무 시간에 대해 면접관에게 묻고 설명을 듣는 것이 좋다고 들었습니다.
10. 지원자들은 면접관에게 승진 가능성에 대해 묻는 것은 좋을 것이라고 들었습니다.

ANSWERS
1. Internet	2. too long
3. typed	4. avoided
5. skills list	6. layout
7. miss an opportunity	8. training
9. working hours	10. promotion prospects

42 National tree festival

1. 그 남자는 국립 나무 축제에서 청중들에게 첫 나무 축제를 한 이후로 2천만 그루의 나무가 심어졌다고 말했습니다.
2. 그는 나무를 심는 것이 도시의 홍수를 감소시킬 것이기 때문에 유익하다고 덧붙였습니다.
3. 나무를 심는 것의 또 다른 이점은 뜨거운 여름날 그늘을 제공한다는 것입니다.
4. 다른 이점들 외에도, 나무를 심는 것은 교통 소음을 줄이는 데 도움이 되기에 이롭습니다.
5. 나무에는 진정시키는 효과가 있어서 사람들의 스트레스를 낮추는 데 도움이 됩니다.
6. 시골은 당연히 도시보다 나무가 훨씬 더 많습니다.
7. 그는 많은 곤충들이 기후의 변화로 질병들에 걸리게 될 것이라고 청중들에게 말합니다.
8. 참가자들은 그들의 목각 예술품들이 박물관 전시회에 제출이 될 수 있다고 들었습니다.
9. 국립 나무 축제는 사람들이 나무로 예술 작품을 만들 수 있도록 장려하는 하나의 방법입니다.
10. 국립 나무 축제는 목공예에 대해 다룬 새 출간물을 낼 것입니다.

ANSWERS
1. 20 million trees	2. reduce flooding
3. provide shade	4. traffic noises
5. stress levels	6. rural areas
7. climate	8. exhibition
9. art from wood	10. publication

43 Recommendations for a children's vegetable garden

1. 채소밭을 만드는 첫 번째 단계는 위치를 정하고 나서 줄로 땅을 측정하는 것입니다.
2. 채소밭을 만드는 세 번째 단계는 접근성과 그늘에 중점을 두는 것입니다.
3. 어른들은 특정 도구를 사용하는 것이 허용되지만 아이들은 땅을 파기 위해 숟가락을 사용하는 것이 좋습니다.
4. 연구에서는 아이들이 깍지완두를 가장 좋아하고 맛이 있기 때문에 깍지 완두는 아기 정원에서 가장 인기 있는 식물이라는 것을 보여줍니다.
5. 방울토마토는 기르기 쉬우며 잘 죽지 않고 일년 내내 자라기 때문에 아기 정원에서 인기 있는 또 다른 농작물입니다.
6. 상추가 아기 정원에서 인기가 있는 이유는 색이 다채롭고 연한 녹색에서 짙은 녹색으로 색이 변하기 때문입니다.
7. 해바라기가 아기 정원에서 인기가 있는 이유는 빠르게 자라기 때문입니다.
8. 무화과 나무 가든은 백합 때문에 유명하고 그곳을 방문하는 적절한 방법은 조류 관찰에 가는 것입니다.
9. 빅토리 가든은 야생화로 유명하고 그곳에 가기에 적절한 방법은 야간 관광을 가는 것입니다.
10. 에덴 가든은 장미로 유명하고 하루 중 언제든 방문할 수 있습니다.

ANSWERS
1. strings	2. access point and shade
3. spoon	4. snow peas
5. cherry tomatoes	6. lettuce
7. sunflowers	8. bird walk
9. night tour	10. roses

44 Introduction to North West Canada's tourist attractions

1. 캐나다 북서부의 관광 명소 중 한곳에서는 이전에는 발견된 적이 없는 오래된 동물 뼈들이 발견되었습니다.
2. 그 지역에서는 동물 뼈 말고도 170개의 공룡발자국도 발견되었습니다.
3. 그곳은 낮보다 밤이 훨씬 더 아름답기 때문에 관광객들은 밤에 방문을 하는 것이 좋습니다.
4. 스미스소니언 매거진에 써있던 한 기사에서는 미국의 초기 역사에 대한 충격적인 야만성을 폭로합니다.
5. 잠재적으로 가치가 있는 광물 자원을 궁극적으로 추출하는 것에는 상당한 가능성이 존재합니다.
6. 관광객들은 다음 지역으로 계속해서 가기 전에 휴게소에 들르는 것이 좋습니다.
7. 그 강은 세계에서 가장 깨끗한 도시에 있습니다.
8. 그 강물의 색은 파란색입니다.
9. 승마를 하고 싶어하는 관광객들은 허가를 받아야 합니다.
10. 관광객들이 할 수 있는 활동 중 하나는 강을 항해하기 위해 보트를 빌리는 것입니다.

ANSWERS
1. animal bones	2. dinosaur footprints
3. in the daytime	4. early history
5. mineral resources	6. rest area
7. cleanest city	8. blue
9. permit	10. boat

45 How to recycle

1. 환경에 더 큰 피해가 가는 것을 막기 위해 사람들은 페인트를 너무 많이 사서는 안 됩니다.
2. 당신의 지역에 쓰레기 수거 일정을 알고 싶다면 고객 서비스 센터에 연락을 하면 됩니다.
3. 그 지역에 있는 사람들은 쓰레기통을 나란히 놓을 때 쓰레기통 사이에 공간을 좀 두라는 것을 들었습니다.
4. 그 지역에 있는 사람들은 플라스틱 병의 뚜껑을 빼야 한다는 얘기를 들었습니다.
5. 쓰레기는 분리되기 때문에 종이와 카드 같은 쓰레기만 초록색 구역에 버려야 합니다.
6. 쓰레기는 분리가 되기 때문에 전자 제품의 예비 부품만 검은색 구역에 버려야 합니다.
7. 쓰레기는 분리가 되기 때문에 다 쓴 자동차 배터리는 빨간색 구역에만 버려야 합니다.
8. 쓰레기는 분리가 되기 때문에 유리 자재는 흰색 구역에 버려야 합니다.
9. 더 이상 사용하지 않거나 다른 용도에 맞게 다시 만들 수 있는 유리로 만든 것들은 버릴 수 있지만 아무 색의 구역에 버리면 안 됩니다.
10. 사람들이 알아야 하는 또 다른 구역은 회색 구역인데 컴퓨터와 잉크 카트리지가 있는 프린터를 버리는 곳입니다.

ANSWERS
1. too much paint
2. customer service centre
3. two bins
4. caps off
5. paper and cards
6. spare parts
7. car batteries
8. glass
9. coloured zone
10. ink cartridges

46 Sports centre opening ceremony

1. 이 활동의 목적은 댄스 스튜디오의 개관을 축하하기 위한 것입니다.
2. 확실히 이 스포츠 센터에서 가장 인기 있는 시간대는 주중 저녁입니다.
3. 스포츠 센터의 손님들은 미리 예약하면 할인을 받을 수 있습니다.
4. 스포츠 센터에는 코치에게 한 시간 동안 무료로 트레이닝을 받을 수 있는 특별 상품이 있습니다.
5. 스포츠 센터는 손님들에게 전문 상담가를 제공한 것으로 상을 받았습니다.
6. 그들은 몇몇 손님들이 학업과 업무로 바빴기 때문에 스포츠 센터에 발길을 끊었다고 생각합니다.
7. 스포츠 센터에서 하는 일반적인 트레이닝에는 다리의 근력을 기르는 것이 포함됩니다.
8. 스포츠 센터에서 제공하는 근력 운동은 손님들이 집중력을 향상시키는 데 도움이 됩니다.
9. 스포츠 센터에서는 에어로빅 운동도 제공하는데 스트레스를 해소시키는 데 좋습니다.
10. 스포츠 센터에서 제공하는 스쿼시 운동은 운동을 하는 사람들이 순발력 있게 반응하는 법을 배우는 데 도움이 됩니다.

ANSWERS
1. dance studio
2. weekday evenings
3. book in advance
4. free training
5. professional advisers
6. studies or work
7. leg strength
8. better concentration
9. relieving stress
10. react quickly

47 Mount Rushmore national memorial

1. 완성하는데 백만 달러밖에 들지 않은 러슈모어산은 높이 465피트에 해발 5,500피트입니다.
2. 러슈모어를 조각한 원래의 목적은 사우스 다코타의 블랙 힐즈 지역에 관광 사업을 늘리려는 것이었습니다.
3. 누구나 알고 있듯이, 러슈모어의 조각들은 남동쪽을 향하고 있습니다.
4. 산의 이름은 뉴욕의 저명한 변호사인 찰스 E. 러슈모어의 이름을 따라 붙였습니다.
5. 400명이 넘는 남자들이 1933년부터 1941년까지 프로젝트를 위해 일을 했으며 조각을 하는 것은 7년이 걸렸고, 총 건설 기간은 14년 동안 계속되었습니다.
6. 안내센터에는 러슈모어 건설에 대한 사진 기록물이 보존되어 있습니다.
7. 건물에 있는 법정 중의 하나는 손님들에게 다과를 제공하는 데 사용되고 있습니다.
8. 건물에 있는 또 다른 법정은 기념품을 파는 데 사용을 하고 있습니다.
9. 국기위원회는 역사적인 날의 중대성을 보존합니다.
10. 관광 안내소에는 러슈모어가 있는 자연 경관에 대한 기록 영화가 있습니다.

ANSWERS
1. sea level
2. tourism
3. southeast
4. lawyer
5. sculptures
6. photographic record
7. refreshments
8. souvenirs
9. date in history
10. landscape

48 Diary of a trip to Australian Islands

1. 현지 관광객들과 외국인 관광객들 둘 다 휴식을 취하기 위해 섬 관광을 선택합니다.
2. 섬 관광에 참가하는 관광객들은 우비를 가져오는 것이 좋습니다.
3. 샐리에게 섬 관광의 가장 좋았던 부분은 석양을 바라보는 것이었습니다.
4. 샐리는 여행을 하는 동안 친구를 사귀는 것이 정말 쉽다는 것에 가장 놀랐습니다.
5. 샐리는 선물을 사러 가는 데 시간을 많이 들였습니다.
6. 많은 섬에는 거리 예술 작품을 담고 있는 지역들이 있었습니다.
7. 샐리가 섬 관광을 하면서 또 좋았던 점은 멸종 위기에 있는 동물들을 보았던 것입니다.
8. 섬들 중 한곳에는 관광객들이 탐험을 할 수 있는 오래된 감옥도 있었습니다.
9. 또 다른 섬에는 탐험과 인간의 노력에 대한 이야기들로 채워진 해양 박물관이 있었습니다.
10. 호주의 섬은 그녀가 지금까지 본 것 중에서 가장 멋지고 아름다운 섬이었습니다.

ANSWERS
1. relaxation
2. raincoat
3. sunset
4. friends
5. gift shopping
6. street artworks
7. endangered animals
8. old prison
9. maritime museum
10. stunning and beautiful

49 History of cave cheese production

1. 치즈 동굴 여행에는 어린이 6.5파운드와 성인 9.5파운드의 교통비가 포함될 것입니다.
2. 한 단체가 8명이 넘으면 할인을 받을 수 있습니다.
3. 비용에는 풍경을 볼 수 있는 전망대를 이용하는 것이 이미 포함되어 있습니다.
4. 버스는 골짜기를 오르내리며 정기적으로 운행합니다.
5. 그 지역의 주요 특징은 1813년에 처음 발견된 그랜드 본 동굴입니다.
6. 1830년에 기차역이 지어졌을 때 그 지역은 관광객들과 대중들에게 개방이 되었습니다.
7. 그 지역에는 과일 케이크와 사과 주스 같은 음식을 파는 여러 가게들이 있습니다.
8. 등반 과정 자격증은 강사들에게 암석 표면을 보호하기 위해 식물 제거를 처리하는 것을 요구합니다.
9. 복원된 집 동굴의 주방을 방문하는 것은 그만한 가치가 있습니다.
10. 관심이 있는 분은 더 많은 정보와 기타 세부사항을 위해 09166956432으로 연락을 하면 됩니다.

ANSWERS
1. expenses
2. outnumbers
3. lookout point
4. valley
5. discovered
6. railway station
7. apple juice
8. rock surface
9. kitchen area
10. more information

50 Car exhibition

1. 3월 18일은 초대를 받은 방문객들만 전시회를 볼 수 있지만 19일은 대중에게 개방을 합니다.
2. 예상 방문객 수는 매일 10,000명이고, 이번 주말까지 대략 총 70,000명에 이를 것입니다.
3. 성인과 아이 둘 다 주중 요금은 5파운드입니다.
4. 주말에 전시회를 보는 것이 가장 좋지만 토요일은 가장 붐비는 날이기 때문에 일요일이 더 좋습니다.
5. 전시회에 특별히 전시된 최신 자동차는 일반 연료대신에 전기를 사용합니다.
6. 전시회에는 손님들을 위한 자동차 경주 활동이 포함될 것입니다.
7. 전시회가 개최되었던 예년과 비교해서 올해에는 좌석이 충분했습니다.
8. 지난 2년 동안 아이들은 그들을 위해 지어진 좋은 시설들을 즐길 수 있었습니다.
9. 지난 2년 동안 관람객들은 전시회에 포함된 4륜 구동 경주용 자동차를 운전할 수 있는 기회가 있었습니다.
10. 작년에 관람객들은 자동차를 경품으로 얻을 기회가 있었지만 올해는 전자 제품으로 대체되었습니다.

ANSWERS
1. only invited visitors
2. 10,000 each day
3. weekday fee
4. busiest day
5. electricity
6. car racing
7. enough seats
8. good facilities
9. opportunity to drive
10. electronic products

51 Canon history

1. 그 탐험선은 1901년에 가라앉았고 다른 거대한 통나무선으로 대체되었습니다.
2. 원래의 계획은 궁극적으로 단 하나의 배로 전 세계를 여행하는 것이었습니다.
3. 부선장이 나침반을 잃어버려서 선장은 항해를 하는 데 어려움을 겪었습니다.
4. 런던에 가는 목적은 더 많은 사람들이 방문하기 위해서입니다.
5. 그들은 영국에서 캐나다로 항해를 했고 마침내 그 배는 브리티쉬 콜롬비아에 있는 빅토리아 항구에 정박했습니다.
6. 바다에서 그들의 모습은 선원들에게 안전하게 갈 수 있는 시간을 주었기 때문에 좋은 징조로 여겨졌습니다.
7. 배의 선체는 섬유 유리로 만들어져서 승객들이 배를 타고 가는 동안 물 속에서 해양 동물들을 볼 수 있었습니다.
8. 배의 잠자리에는 채광창이 있어서 새가 날아다니는 것과 하늘을 볼 수 있었습니다.
9. 섬들 사이를 오가는 여객선은 통근자들의 차를 실을 수 있습니다.
10. 사람들은 배와 항해하는 것에 대해 공부를 해서 해양 역사에 대해 알 수 있습니다.

ANSWERS
1. log ship
2. whole world
3. compass
4. more people
5. ship
6. steer
7. marine
8. birds flying
9. vehicles
10. history

52 How to become a millionaire

1. 실수를 하는 것은 더 잘하기 위한 기회이기 때문에 사람들은 실수하는 것을 두려워 할 필요가 없습니다.
2. 회사에서는 지역과 사회, 기업 네트워크로부터 독립된 전문 지식을 가진 사람을 고용해야 합니다.
3. 지도자는 직원들이 존경하는 사람이어야 합니다.
4. 사업가들은 다른 사업가와 거래를 할 때 늘 위험을 감수해야 합니다.
5. 우울증과 정신적인 고통을 겪고 있는 사람들은 전문가로부터 도움을 받아야 합니다.
6. 자신감이 지나치게 되면 때로는 실패로 이어질 수 있습니다.
7. 그들은 225명의 직원들이 있는 회사를 경쟁 회사에 팔았습니다.
8. 세부적인 것에 신경을 쓴다면 경쟁적 우위를 차지할 수 있습니다.
9. 어떠한 시도에도 성공하기 위해서는 가족의 지원이 중요합니다.
10. 어떤 사람들은 사업을 하기 위해 은행 대출을 받습니다.

ANSWERS
1. opportunity
2. employ experts
3. workforce
4. risk
5. experts
6. failure
7. competitor
8. details
9. family support
10. bank loan

53 Comments about a TV show on a radio station

1. 케이티는 그 프로그램 촬영을 여러 번 했지만 새로운 아이디어가 없다고 하면서 프로그램에 대한 그녀의 태도는 부정적이었습니다.
2. 헤일리는 그 프로그램이 나빠지는 않았지만 시청자들은 관심이 없을 거라는 것을 알았다고 말하면서 그 프로그램에 대해 중립적인 태도를 취했습니다.
3. 데이비드는 그 프로그램에 대해 시청자들이 놓쳐서는 안 되는 프로그램이라고 말하며 긍정적으로 생각했습니다.
4. 마크는 시청자들이 그 프로그램을 좋아하거나 싫어하거나 둘 중에 하나일 것이라고 말하고 그는 대체로 긍정적이었습니다.
5. 안나는 처음에 그 프로그램을 보기를 기대했지만 결국 실망을 해서 그 프로그램에 대한 그녀의 느낌은 부정적이었습니다.
6. 코미디 영화는 제임슨 박사가 좋아하는 프로그램의 종류이고 그는 오늘 밤 8시에 하는 영화 한편 볼 것을 기대하고 있습니다.
7. 위스퍼러의 프로그램에는 가정 생활과 관련된 다양한 이야기들과 상황들이 담겨 있습니다.
8. 몇몇 사람들이 흥미로워하는 프로그램의 또 다른 종류는 다큐멘터리이고 그 중의 하나는 내일 오후 8시 반에 방영이 될 것입니다.
9. 그 다큐멘터리는 미국 숲에 서식하는 새를 특집으로 다룰 것입니다.
10. 2050년을 살고 있는 생물체에 대한 공상 과학 영화가 오후 10시에 방영이 될 것입니다.

ANSWERS

1. negative
2. neutral attitude
3. audience
4. positive
5. disappointed
6. Comedy
7. family life
8. documentary
9. American forests
10. creatures

54 Participating in activities

1. 댄스 수업의 강사들은 부서장에게 학급 명부를 제출해야 합니다.
2. 댄스 수업을 듣는 학생들은 본인의 신발 가방을 가지고 와야 합니다.
3. 댄스 수업의 수업 과정은 광범위하고 일상 댄스도 포함이 되어 있습니다.
4. 댄스 수업의 수업 과정에서는 춤의 역사를 다룰 것입니다.
5. 학생들은 모두 그 층의 북동쪽 모퉁이에 있는 응접실에서 차를 마시고 잡지를 넘겨보면서 기다리고 있습니다.
6. 행인들은 입구 바로 옆의 건물 남동쪽에 있는 가게에서 학생들을 얼핏 봤습니다.
7. 선생님들을 포함해서 모든 학생들은 건물 북서쪽 모퉁이에 있는 도서관에 있습니다.
8. 몇몇 수업과 세미나가 이루어지는 교실은 그 층 한가운데에 있습니다.
9. 방의 남서쪽 모퉁이에는 화장실이 있고 입구를 향해 왼쪽에는 그 바로 옆에 또 다른 화장실이 있습니다.
10. 건물의 입구는 남쪽에 하나 밖에 없고 왼쪽에는 화장실이 있고 오른쪽에는 가게가 있습니다.

ANSWERS

1. class list
2. shoe bag
3. informal dance
4. history
5. northeast
6. southeast
7. corner
8. floor
9. face the entrance
10. south side

55 Gardens

1. 나뭇가지를 손질하는 데 적절한 안내의 무료 시범 설명이 있을 것입니다.
2. 무료 시범에는 그들이 작업을 하는 것을 보여주면서 관광지의 성전환 소매치기에 대한 것이 특별히 포함될 것입니다.
3. 학교 카페가 지겹다면 학교 밖에 있는 식당에서 먹을 것을 살 수 있습니다.
4. 대부분의 선물가게들은 열쇠고리나 냉장고 자석 기념품 같은 쓸모 없는 장식품들로 차 있습니다.
5. 할머니는 옥스포드와 릴 스트리트가 만나는 모퉁이에 있는 머리 가든에서 자생 식물들을 샀습니다.
6. 빈센트 가든은 건조한 땅에서 자랄 수 있는 꽃과 식물들을 전문으로 합니다.
7. 스미스 가든은 독특하지만 흥미로운 식용작물을 팔고 심지어 초콜릿으로 만든 화분도 팝니다.
8. 루린 가든에 있는 사람들은 아는 게 많아서 마당에 놓을 다른 식물들을 추천해줄 수 있습니다.
9. 가네런 가든에서는 식물들이 건강하게 자라기 위해 식물에 토양 영양분을 주는 것을 권합니다.
10. 10번가 마켓 몰에 있는 새디올리 가든에서는 아주 특별한 색을 가진 아름다운 꽃들을 팝니다.

ANSWERS

1. guidelines
2. pickpockets
3. cafe
4. gift shops
5. native plants
6. dry land
7. edible plants
8. yard
9. soil nutrients
10. special colours

56 Working as a tour guide

1. 여행 가이드는 관광객들을 저녁에 데리고 나가는 것이 좋습니다.
2. 여행 가이드는 팁에 관해 교통 센터에서 돈을 받으면 안 된다는 경고를 받았습니다.
3. 관리자에 따르면, 여행 가이드의 가장 중요한 자질은 예상치 못한 일들을 처리하는 능력입니다.
4. 여행 가이드를 알아볼 수 있도록 그들은 똑같은 유니폼을 입으라는 권유를 받습니다.
5. 지역 정부는 모든 여행 가이드 회사와 업체들에게 그들의 구역을 통일하기 위해 버스에 깃발을 붙이도록 지시했습니다.
6. 도시 벽 주변을 30명의 사람들이 돌아다니며 걷는 것은 공무원의 통제를 받습니다.
7. 관광객들은 돌탁자에 새겨진 고지도를 보았습니다.
8. 일을 넘겨받게 될 경호원은 총이 북서쪽을 향하고 있어야 한다는 지시를 받고 있습니다.
9. 새로 온 경호원은 자정에 현장에서 그가 돌아볼 곳의 지도를 받았습니다.
10. 많은 사람들은 새로 지어진 현대 건물이 감옥 같아 보인다고 말합니다.

ANSWERS

1. evening
2. receive money
3. unexpected things
4. uniform
5. flags
6. officials
7. stone table
8. his gun
9. map
10. modern building

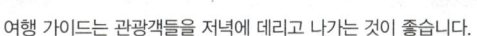

57 Introduction to an evening training course

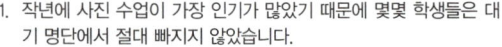

1. 작년에 사진 수업이 가장 인기가 많았기 때문에 몇몇 학생들은 대기 명단에서 절대 빠지지 않았습니다.
2. 수강 기간이 바뀌고 있고 지금은 부활절 이후에 단기 방학이 포함되어 있습니다.
3. 강사의 다리가 부러져서 올해는 수업을 할 수 없기 때문에 라틴어 수업은 없을 것입니다.
4. 개인 교사는 참석한 선생님과 질문을 할 좋은 기회이기에 참석자들에게 참석한 선생님들과 소통하라고 권고했습니다.
5. 총무와 교사진들은 업무로 인해 하루 종일 바쁠 것이기 때문에 학생들은 전문 직원들과 상담을 하는 것이 좋습니다.
6. 야간 교육 과정을 한 달 전에 미리 신청을 한 사람들은 할인을 받을 것입니다.
7. TV 프로그램에 나온 마크 윌리엄스는 전문 학교의 교사 중 한 명입니다.
8. 티나 카스트는 책을 출간했고 전문 학교의 교사 중 한 명입니다.
9. 25년 동안 일을 해온 칼라 셀루도프 또한 전문 학교의 교사 중 한 명일 것입니다.
10. 윌슨 루튼은 자선 단체에 엄청난 기여를 하고 있고 전문 학교의 교사 중 한 명일 것입니다.

ANSWERS

1. photography
2. short-term
3. not be available
4. communicate
5. staff specialists
6. in advance
7. TV program
8. book
9. 25 years
10. charity

58 Introduction to museum

1. 박물관에서 본 엔진의 종류는 마차에서 사용되었던 것입니다.
2. 북유럽에 있는 박물관들은 겨울에 오전 10시부터 오후 4시까지 정기적으로 엽니다.
3. 책자에 나와있는 대로 가족 티켓의 가격은 18파운드입니다.
4. 박물관을 방문하는 사람들에게 대중교통 할인이 제공됩니다.
5. 과거에는 도로 표지판이 주로 노란색 배경이었지만 지금은 나라마다 다릅니다.
6. 박물관은 매달 다양한 과학, 예술 잡지를 받습니다.
7. 어버이날 활동들은 5월 22일 박물관에서 열릴 것입니다.
8. 놀라울 수도 있지만 활동들 중의 하나는 부모들을 위한 퀴즈일 것입니다.
9. 1954년에 제정된 세계 어린이날은 매년 11월 20일에 기념됩니다.
10. 과거에 가족들의 방문이 힘들었다면 앞으로는 가족들의 방문을 감당하는 것에 대해 깊이 생각을 해봐야 할 것입니다.

ANSWERS

1. coaches
2. Northern Europe
3. family ticket
4. discounts
5. yellow
6. magazines every month
7. Parent's Day
8. quiz for parents
9. Children's Day
10. family visits

59 Renting a house

1. 내 친구는 가급적이면 정원이 있는 집을 빌리기 위해 찾고 있습니다.
2. 내가 살고 있는 콘도에 있는 모든 아파트에는 차 한대가 들어가는 차고가 있습니다.
3. 건물 입구에는 경비가 있고 모든 아파트에는 자체 경비시스템이 있습니다.
4. 호스텔은 이제 막 개조되었고 모든 곳에는 새 가구가 비치되어 있습니다.
5. 마을의 주 은행은 카네기 로드에 있는 여행사 맞은편에 있습니다.
6. 부동산 중개인은 구매자에게 그 집이 수영장 앞에 있다고 알려줬습니다.
7. 호스텔에 가려면 하이 스트리트와 웨스트 스트리트를 건너야 합니다.
8. 시내 중심가에서 그 아파트는 첫 번째 건널목과 두 번째 건널목 사이 왼쪽에 있습니다.
9. 똑바로 걸어가다 보면 웨스트 스트리트 오른 쪽에 있는 우체국을 발견할 것입니다.
10. 버스 정류장은 회사 바로 옆 같은 쪽에 있습니다.

ANSWERS

1. garden
2. garage
3. security
4. furniture
5. opposite
6. front
7. cross
8. second
9. right side
10. same side

60 Fitness centre and membership card

1. 북쪽에 있는 정문을 지나갈 때 처음 보이는 것은 바로 맞은편에 있는 가게입니다.
2. 가게 오른 쪽에는 카페가 있고 그리고 보육원 바로 옆 서쪽에는 놀이터가 있습니다.
3. 정문에서 북동쪽 모퉁이로 가면 스파를 찾을 수 있을 것입니다.
4. 정문에서 수영장은 북동쪽에 있는 스파 바로 뒤에 있고 수영장 바로 뒤에는 체육관이 있습니다.
5. 그 층의 중앙에 정문을 향하고 있는 가게와 관리실 사이에는 체력단련실이 있습니다.
6. 비수기에 오는 고객들에게는 특별 할인이 주어집니다.
7. 또한 가족을 데리고 오는 회원들에게도 특별 할인이 제공됩니다.
8. 새로 온 회원들에게는 무료 마사지와 같은 선물이 제공됩니다.
9. 새 회원들에게 주어지는 선물 중 하나는 심장모니터입니다.
10. 새로 온 회원들은 물병 같은 선물들을 받습니다.

ANSWERS

1. right across
2. right beside
3. corner
4. right behind
5. weight room
6. off-peak
7. family
8. free massage
9. heart monitor
10. water bottle

61 Going to a resort for the holiday

1. 미라클 리조트에 도착해서 먼저 보이는 것은 정문에서 오른쪽 모퉁이에 있는 주유소입니다.
2. 관광객들은 정문 옆 매점에서 그들의 외화를 그 지역의 화폐로 환전할 수 있습니다.
3. 리조트의 해변과 모든 곳에는 도움과 조언을 구할 수 있는 직원들이 있습니다.
4. 리조트 마당에는 스피커가 있는데 종종 끔찍한 음악을 너무 크게 틉니다.
5. 날씨가 따뜻해지면 할인이 제공되기 때문에 더 많은 사람들이 리조트로 옵니다.
6. 비수기에는 사람이 적고 돈을 절약할 수 있기 때문에 다른 사람들은 비수기에 리조트로 가기로 선택합니다.
7. 관광객들이 좋아하는 현지 장소 중 한곳은 신선한 해산물 레스토랑입니다.
8. 흥미로운 점은 다른 전형적인 리조트와 달리, 미라클 리조트는 호텔 로비에 서점이 있다는 것입니다.
9. 리조트에는 작은 슈퍼마켓도 있기 때문에 투숙객들은 리조트에 올 때 많이 가져올 필요가 없습니다.
10. 리조트의 호텔과 오두막집, 해변에 있는 모든 시설들은 녹색 계통입니다.

ANSWERS
1. a gas station
2. exchanged
3. help and advice
4. music
5. discounts
6. save money
7. local spots
8. bookshop
9. small supermarket
10. shade of green

62 Tonylic electrical company

1. 토니릭 전기 회사는 1930년에 자동차를 처음 생산했습니다.
2. 토니릭 전기 회사는 1928년에 발전소를 처음 세웠습니다.
3. 토니릭 전기 회사는 영화 사업을 처음 시작했습니다.
4. 토니릭 전기 회사에 따르면, 고객들에게 가장 중요한 요소는 제품의 질입니다.
5. 최근 보고에 의하면 회사는 공장을 새로 지을 예정이라고 합니다.
6. 회사는 폐기물의 양을 감소시킨 것으로 상들을 받아왔습니다.
7. 회사는 4주 동안 월요일마다 새 직원들에게 안전에 대한 교육을 합니다.
8. 매니저의 보조 비서는 회사의 웹사이트를 매주 화요일마다 업데이트합니다.
9. 기존 고객들과 새 고객들과의 모임은 매주 수요일마다 하루 종일 일정이 잡혀있습니다.
10. 재무부에서는 회사에 재정이 넉넉한지 확인하기 위해 매주 목요일과 금요일마다 기록들을 업데이트합니다.

ANSWERS
1. cars
2. electrical power
3. cinema
4. quality
5. factory
6. waste
7. safety
8. website
9. customers
10. enough money

63 Introduction to dance class

1. 학생들이 확인을 할 때 제일 먼저 받는 것은 학급 명부입니다.
2. 학생들이 확인을 할 때 받는 또 다른 것은 신발 가방입니다.
3. 오후와 저녁에 댄스 홀에서 일상 댄스 활동을 할 것입니다.
4. 오후와 저녁에 일상 댄스 활동이 있기 전, 먼저 춤의 역사에 대한 강연이 있을 것입니다.
5. 댄스 수업의 학생들은 화장실에 가는 것이 허용되지만 정해진 휴식 시간 동안에만 갈 수 있습니다.
6. 댄스 수업의 강사들과 학생들에게는 오랜 시간 쉴 수 있는 이층 침대가 있는 방이 제공됩니다.
7. 발레 재단의 댄스 수업 상급자들은 1월 23일에 수업을 시작할 것입니다.
8. 힙합 청소년 회사의 등록비는 239달러입니다.
9. 책자에 따르면 등록시에 모든 수업의 결제를 해야 합니다.
10. 댄스 수업의 학생들은 신고를 할 때 영수증을 제출하지 않아도 됩니다.

ANSWERS
1. class list
2. shoe bag
3. informal dance
4. dance history
5. bathroom
6. bunk room
7. seniors
8. junior
9. registration
10. receipts

64 The difficulties of farming in Canberra

1. 캔버라는 해안과 멀리 떨어진 호주에서 가장 큰 내륙 도시이기 때문에 호주의 다른 도시들과는 다릅니다.
2. 농부들은 재배하기 가장 좋은 종의 식물을 확인하기 위해 매일 밤마다 서리의 양을 기록하는 것이 중요합니다.
3. 몇몇 농부들은 그 지역의 강우량이 믿을 만하지 않다고 생각합니다.
4. 농부는 그 지역의 토양은 식물이 물을 흡수하는 데 도움이 되지 않는다고 생각합니다.
5. 농부들은 먹이 분배뿐만 아니라 일벌들을 활용하는 다른 방법들을 결합합니다.
6. 그 농부는 최근에 농부들이 함께 만나서 논의를 할 수 있는 새로운 지역 사회 정원을 만들었습니다.
7. 새 지역 사회 정원은 새로 온 농부들이 배울 수 있는 곳도 됩니다.
8. 지역 사회 정원의 북쪽에 있는 길과 마주보고 있는 곳에는 사람들이 함께 모여 쉴 수 있는 그늘 공간이 있습니다.
9. 집 앞에는 차고 문이 있는데 그늘진 곳 바로 뒤에 있습니다.
10. 재 버리는 곳은 연못과 집, 차고 문 그리고 그늘진 곳으로 둘러싸여 있습니다.

ANSWERS
1. inland city
2. frosts
3. reliable
4. soil
5. worker bee
6. new community garden
7. new farmers
8. shade
9. garage door
10. ash pit

65 · A photographer calls Darrel to talk about his pictures of a red squirrel

1. 대럴은 사진사에게 다람쥐의 라틴 이름이 아주 잘 어울린다고 했습니다.
2. 대럴은 먹이의 감소 때문에 시간이 흐르면서 다람쥐의 수가 줄어들었다고 했습니다.
3. 대럴은 먹이를 먹는 방식 때문에 붉은날다람쥐가 쥐와는 다르다는 것을 압니다.
4. 특정 지역에서만 사진을 찍는 것이 허용되기 때문에 하렘은 사진 찍는 것이 제한되었습니다.
5. 다이앤은 그가 사진을 더 잘 찍을 수 있다고 생각하고 그의 자신감은 개인지도를 받은 것에서 비롯되었습니다.
6. 찍었던 사진들은 지역 박물관에 전시가 될 것입니다.
7. 찍었던 사진들은 전국 신문에 실릴 것입니다.
8. 하렘은 잘 나온 사진들이 오후 늦게 찍힌 사진들이라고 생각합니다.
9. 좋은 사진은 상세한 기록을 담고 있어야 한다고 그는 생각합니다.
10. 대럴의 사진은 지역 신문 사진 대회에서 3등을 했습니다.

ANSWERS
1. suitable
2. decrease of food
3. rats
4. certain locations
5. tutor
6. local museum
7. newspaper
8. afternoon
9. all detailed notes
10. third prize

66 · The horse riding club

1. 승마 클럽의 발표자는 고객의 요구를 충족시키기 위해 노력하고 있다고 합니다.
2. 안타깝게도 승마 클럽은 개인에게 일대일 수업을 제공하지 않습니다.
3. 승마 클럽 발표자는 고객들이 장비를 사용하려면 보증금을 내야 한다고 했습니다.
4. 고객들은 비용을 내지 않으려면 2일 내에 미리 수업을 취소하는 것이 좋습니다.
5. 불안해 하는 고객들은 참가를 하는 것에 대해 불안감을 줄이고 기분이 나아지게 하기 위해 수업을 볼 수 있습니다.
6. 승마 클럽에는 신발을 파는 상점이 있습니다.
7. 에쿠스 클럽은 오로지 대회를 준비하는 선수들을 위한 클럽입니다.
8. 카페는 마구간 앞에 있는 매표소 바로 옆 북쪽에 있습니다.
9. 매표소는 실내 경기장과 카페 사이 북서쪽에 있습니다.
10. 승마를 하는 곳이 내려다보이는 곳 오른쪽에 넓은 대기실이 있습니다.

ANSWERS
1. demands of customers
2. classes
3. deposit
4. free of charge
5. nervous customers
6. footwear
7. competitions
8. north side
9. booking office
10. waiting area

67 · Travelling to New Zealand

1. 마오리족은 1,400년대에 그 섬에 살았던 최초의 사람들이었습니다.
2. 섬 주변에 풍부한 자원들 중 하나는 물입니다.
3. 뉴질랜드의 박물관은 제인이라는 사람이 지었습니다.
4. 그 지역에서 가장 많은 관광객들을 끌어 모은 나라는 뉴질랜드입니다.
5. 그 섬에는 독특한 건물들이 많았기 때문에 매우 유명해졌습니다.
6. 번화가에 있는 챔피언 빌딩은 커다란 침실 하나에 20명의 관광객들을 수용할 수 있습니다.
7. 단체 관광객들이 빌릴 수 있는 단기 숙소에는 낡은 세탁기가 있습니다.
8. 굿윈 빌딩은 특별히 전통적인 주방이 있는 관광객 숙소입니다.
9. 킨 하우스는 여름에 관광객들이 임대를 하고 지역 상점도 있는 곳입니다.
10. 데이 코티지 단기 숙소는 투숙객들에게 섬 주변을 관광할 수 있도록 교통편을 제공합니다.

ANSWERS
1. 1400s
2. water
3. museum
4. New Zealand
5. unique buildings
6. bedroom
7. old washing machine
8. traditional kitchen
9. local shop
10. transport

68 · Tourist attractions

1. 화요일은 전시회에 사람이 많지 않기 때문에 제인은 그날 가기로 했습니다.
2. 교육적인 놀이 공연은 매일 오후에 하고 무료입니다.
3. 관광 명소 중 한곳은 오래된 시청 건물이 있는 곳입니다.
4. 큐진 페스티발과 작년 자이언트 텐트 바비큐의 큰 차이점은 올해 공연을 했던 유명 음악인들입니다.
5. 도서관에서 표를 사는 것이 더 저렴하고 할인도 받을 수 있기 때문에 사람들은 도서관에서 표를 삽니다.
6. 전시회에서 재미있는 부분 중 하나는 관광객들이 오래된 기차 객실에서 저녁 식사를 할 수 있도록 하는 것입니다.
7. 가족 표에 포함되어 있는 것 중 하나는 아이들을 위한 교육 서적입니다.
8. 가족 표에 포함되어 있는 다른 것은 기념 국기입니다.
9. 시민들이 그 행사에서 정말로 맘에 들어 하는 것은 투표 연령에 제한이 없는 것입니다.
10. 시민들은 투표를 하는 횟수에 제한이 없고 모두 여러 번 투표를 할 수 있다는 것을 맘에 들어 합니다.

ANSWERS
1. exhibition on Tuesday
2. on every afternoon
3. city hall building
4. great musicians
5. discount
6. old train cabin
7. educational book
8. flag
9. voting age
10. several times

69 Living in a foreign country

1. 이웃에 있는 대부분의 집들은 실내외 시설이 있습니다.
2. 우리가 살고 있는 동네에는 주민들만 이용할 수 있는 스포츠 시설이 있습니다.
3. 지역 마켓과 근접해 있고 편리한 위치에 있는 좋은 동네입니다.
4. 동네의 스포츠 시설에서 게임과 경기를 보고 싶은 외부인들은 스포츠 티켓을 구매해야 합니다.
5. 이러한 특정 동네는 오랫동안 그 나라에 머물 생각이 있는 외국인들의 수요가 많습니다.
6. 캘리포니아에서 외국인들이 즐길 수 있는 활동 중 하나는 야외에서 요리를 하는 것입니다.
7. 외국인들이 부에노스아이레스에서 좋아하는 것 중 하나는 스포츠 시설이 많다는 것입니다.
8. 홍콩에서 외국인들은 요리 서비스 비용을 지불하기만 하면 되기 때문에 음식을 준비할 필요가 없습니다.
9. 스코틀랜드에서는 현지인들과 외국인들 모두 모닥불 주위에 함께 모여 시간을 보내는 것을 즐깁니다.
10. 스웨덴에 사는 외국인들은 보통 옥상 정원이 있는 집에서 사는 것을 좋아합니다.

ANSWERS

1. outdoor and indoor
2. sports
3. local market
4. sports ticket
5. high demand
6. outdoor cooking
7. sports facilities
8. cooking service
9. campfire
10. roof garden

70 Fire prevention at home

1. 집에 화재가 나는 것을 막기 위해서는 부드러운 잎을 가진 나무들을 고르세요.
2. 집에 화재가 나는 것을 막기 위해서 집의 위치가 나무들과 너무 가까워서는 안 됩니다.
3. 안전 거리를 보장하기 위해서는 나무들과 집 사이에 10~15미터의 공간을 두세요.
4. 화재를 막기 위해 지붕에 반드시 틈이 생기지 않도록 하세요.
5. 집에 불이 붙는 것을 방지하기 위해 지붕에 있는 쓰레기를 항상 치워주세요.
6. 실수로 집에 불이 나는 것을 막기 위해 마당에 가스탱크를 치워야 하는 것을 기억하세요.
7. 집에서 화재 예방 대책을 시행해봐야 하고 모든 가족들은 예방 대책에 대해 알아야 합니다.
8. 주로 산불이 발생하는 10월이 되기 전에 집에서 화재의 원인들을 확인하기 시작해야 합니다.
9. 집에 불이 날 경우를 대비해서 최근 정보를 듣기 위해 라디오와 배터리를 가지고 갈 것을 기억하세요.
10. 자원 봉사 소방대원들은 오늘부터 4주 동안 훈련을 받게 될 것입니다.

ANSWERS

1. soft leaves
2. close to trees
3. metres
4. gaps
5. rubbish
6. gas tanks
7. family members
8. October
9. radio and batteries
10. training

71 Conversation about adventure thriller films

1. 대본을 썼던 그 사람은 영화의 주연 배우이기도 했었습니다.
2. 이야기는 정원이 보이는 방에서 일어납니다.
3. 영화제작진이 그 섬을 떠나지 못했던 이유는 배가 부서졌기 때문입니다.
4. 그 노인은 변호사가 그날 밤 발표를 할 것을 기대했습니다.
5. 불행하게도 이 영화를 촬영하는 동안 사람들이 죽었습니다.
6. 흥미로운 점은 여주인공은 무슨 일이 일어났는지 몰랐다는 것입니다.
7. 겁을 먹은 승객들 중 한 명은 계속해서 울고 있던 중년의 여성이었습니다.
8. 그 영화의 또 다른 등장인물은 미래를 예측할 수 있는 하녀입니다.
9. 작가는 영화에서 주인공 역할을 했지만 현실에서 배가 부서졌을 때 그는 영웅 역할을 하지 못했습니다.
10. 영화는 일반 영화관 대신에 시청에서 방영이 될 것입니다.

ANSWERS

1. leading actor
2. room
3. destroyed
4. announcement
5. killed
6. heroine
7. middle-aged woman
8. maid servant
9. hero
10. town hall

72 New job in the post office

1. 그가 새로운 직장에서 해야 하는 첫 번째 일은 우편물을 받는 것이고 오늘 안에 마쳐야 합니다.
2. 전화로 고객들을 상대하는 것이 카렌의 업무이기 때문에 폴은 전화 응대가 그의 임무가 아니었다는 것을 알게 되었습니다.
3. 그러나, 폴은 며칠 후에 소비자의 메일을 읽는 것이 그의 임무가 될 것이라는 것을 들었습니다.
4. 그들은 자료를 오늘 안에 업데이트 해야 한다는 것을 알게 되었습니다.
5. 먼저 해야 하는 것은 그 사람에게 일을 할 수 있도록 권한을 주는 것입니다.
6. 일을 할 수 있는 권한을 부여 받은 사람은 수표 번호를 확인해야 합니다.
7. 재무과는 공급 업체의 목록을 받아야 합니다.
8. 주문하는 것을 담당하는 사람은 주문서 작성하는 방법을 배워야 합니다.
9. 담당자는 주문 계약서를 메일로 보내는 것을 책임지고 있습니다.
10. 배달이 될 때 고객은 서명을 한 배달장을 내야 합니다.

ANSWERS

1. receive posts
2. answering phones
3. reading consumer emails
4. updating data
5. authority
6. cheque number
7. list of suppliers
8. order form
9. order contract
10. signed delivery note

73 Fashion industry

1. 회사가 성공하기 위해서 그들은 새로운 제품들을 생산해야 합니다.
2. 회사에서 찾고 있는 전문가 유형은 훈련되고 능숙한 디자이너입니다.
3. 패션 회사는 그들의 세금을 처리할 회계사도 필요합니다.
4. 패션 회사는 새 본사를 짓는 데 도움을 줄 수 있는 기술자들을 찾고 있습니다.
5. 패션 회사는 자신감이 있고 똑똑한 직원들을 모집할 예정입니다.
6. 패션 회사는 충실하게 일할 수 있는 직원들을 발굴해서 고용하고 싶어합니다.
7. 패션 회사는 의욕적이고 근면한 직원들을 모집하고 싶어합니다.
8. 패션 회사는 직원들에게 무료 교통편을 제공할 것입니다.
9. 패션 회사의 새 본사에는 직원들과 그들의 가족들을 위한 헬스클럽이 있을 것입니다.
10. 패션 회사는 직원들에게 직장과 가까운 숙소를 제공할 것입니다.

ANSWERS

1. new products	2. designers
3. accountants	4. engineers
5. clever	6. loyal
7. hardworking	8. free transportation
9. fitness centre	10. workplace

74 Sculpture mountain in California

1. 러슈모어산은 465피트의 높이와 해발 5,500피트의 조각이 된 산이지만 완성을 하는 데 십만 달러밖에 들지 않았습니다.
2. 러슈모어를 조각하는 프로젝트를 착수한 목적은 사우스 다코타의 블랙 힐즈 지역에 관광 사업을 늘리려는 것이었습니다.
3. 산에 조각이 된 얼굴들은 모두 남동쪽을 향하고 있습니다.
4. 러슈모어산은 뉴욕의 유명한 변호사인 찰스 E. 러슈모어의 이름을 따서 지은 것입니다.
5. 러슈모어산 공사는 14년이 걸렸고 조각을 하는 것만 7년 동안 계속되었습니다.
6. 안내소에는 러슈모어산이 만들어진 사진 기록물이 있습니다.
7. 그들은 건물에 있는 법정 중 한곳에서 다과를 제공하고 있습니다.
8. 건물에 있는 또 다른 법정에서는 기념품을 팔고 있습니다.
9. 작업실에 있는 사람들은 역사적인 날짜를 근거로 한 국기의 거리 디자인을 변경합니다.
10. 방문객들은 그 지역의 풍경에 초점을 둔 러슈모어산에 대한 기록 영화를 볼 수 있습니다.

ANSWERS

1. 100,000 dollars	2. tourism
3. southeast	4. lawyer
5. construction	6. photographic record
7. refreshments	8. souvenirs
9. design	10. landscape

75 Students looking for work

1. 증권 거래소에서 일을 하는 이점은 여행 특전이 있다는 것이지만 단점은 매우 일이 힘들다는 것입니다.
2. 증권 거래소에 취업을 하고 싶다면 좋은 신발을 신는 것이 좋습니다.
3. 사무직의 이점은 냉난방이 되는 곳에서 있을 수 있다는 점이 있지만 단점은 정장을 입어야 한다는 것입니다.
4. 사무직 일자리를 얻을 계획이라면 사무실이 큰 회사를 고르는 것이 좋습니다.
5. 동물원에서 일을 하는 이점은 직원들이 많은 급여를 받는다는 것입니다.
6. 동물원에서 일을 하고 싶다면 근처에 사는 것이 좋습니다.
7. 피터는 친구 중 한 명으로부터 동물원에 일자리가 있다는 것에 대한 정보를 들었습니다.
8. 피터는 동물원에서 일을 하는 것이 꽤 독특하다고 생각을 하기 때문에 그 직업을 정말로 좋아합니다.
9. 피터가 동물원에서 일 하는 것 중 가장 흥미롭게 생각하는 것은 아이들과 일하는 것입니다.
10. 피터는 동물원에서 일하는 것을 즐기기는 하지만 곧 다른 직업을 얻을 계획입니다.

ANSWERS

1. travelling	2. get good shoes
3. wear formal clothes	4. large office space
5. good pay	6. live nearby
7. his friends	8. unusual
9. working with children	10. job

76 Dining location recommendation

1. 타이히는 현지 음식과 생선 요리를 제공하는 이 지방에 있는 유일한 식당입니다.
2. 스카이 트래블은 옛날 음식만 제공하는 전문 식당입니다.
3. 잭스 트래블 다이너는 강의 경치를 즐길 수 있도록 야외 탁자와 의자가 있는 테라스가 있습니다.
4. 스타 앤 문 다이너는 우아하고 편안하며 내부가 고급스러워 보입니다.
5. 팔 다이너는 빠르고 쉬운 요리를 제공하는 간단한 패스트푸드 식당입니다.
6. 식당들이 있는 건물 중에 한곳에는 수영장이 있습니다.
7. 잭스 트래블 다이너 근처에 있는 강 옆에는 보트 대여장이 있습니다.
8. 마스터즈 모텔 반대편에 있는 스퀘어 센터의 오른쪽 위 모퉁이에는 모델 패션 센터가 있습니다.
9. 마스터즈 모텔의 로비에는 더 타이히 레스토랑이라는 식당이 있습니다.
10. 도심에는 대여할 수 있는 자전거들이 있지만 한쪽 방향으로만 갈 수 있습니다.

ANSWERS

1. local food	2. old dishes
3. tables and seats	4. luxurious inside
5. fast food service	6. swimming pool
7. boat rental	8. Model Fashion Centre
9. restaurant	10. bikes

77   Part-time job at a travel centre

1. 여행 센터에 있는 직원들의 주 업무는 고객들에게 여행 상품을 제공하는 것입니다.
2. 여행 센터에 있는 직원들은 사무실의 지원을 아끼지 않는 분위기 때문에 일을 즐깁니다.
3. 사무 직원의 주 업무는 컴퓨터에 자료를 기록하는 것입니다.
4. 트래블 센터의 문구류는 모두 창고에 보관되어 있습니다.
5. 트래블 센터 사무실 로비에는 커피 자판기가 있습니다.
6. 트래블 센터는 특별 서비스로 고객에게 티켓을 배달을 해줍니다.
7. 손님들은 트래블 센터에 들어갈 때 안내원에게 휴대전화를 두고 가야 합니다.
8. 트래블 센터의 시간제 사원들은 목요일에 급여를 받을 것입니다.
9. 사람들은 안내데스크에 일자리에 관해 문의를 할 수 있습니다.
10. 고객에게 배달된 티켓에는 택시 요금과 다른 관련 정보에 관해 언급한 편지가 포함되어 있습니다.

ANSWERS

1. travel package	2. supportive atmosphere
3. record data	4. store room
5. lobby	6. tickets
7. receptionist	8. Thursday
9. front desk	10. taxi rates

78   A part-time job fair on campus

1. 유학생들에 해당하는 새로운 특별 정책으로 학교에는 시간제 일자리 박람회가 있습니다.
2. 신문에 우드사이드 캠퍼스가 새 지역으로 옮겼다고 나왔습니다.
3. 그 여성은 문의처가 오후 8시 반까지 연다고 했습니다.
4. 그러나 변호사는 화요일과 목요일에만 만날 수 있습니다.
5. 직원은 대학교 웹사이트에 정보가 게시될 것이라고 합니다.
6. 현재 직원을 채용하고 있는 교내 부서는 IT 학부입니다.
7. 고용주들은 일년에 두 번 학교를 방문할 예정입니다.
8. 시간제 일을 하는 이점은 좋은 경력을 얻는 다는 것입니다.
9. 시간제 일을 지원한 학생들은 급여에 세금이 부과될 것이라고 들었습니다.
10. 지원자들은 상사와 휴대 전화로 연락을 유지할 것이라고 들었습니다.

ANSWERS

1. overseas students	2. Woodside campus
3. enquiry office	4. Tuesdays
5. website	6. IT faculty
7. twice a year	8. good record
9. taxed	10. mobile phone

79   Folk festival

1. 민속 축제에서 관객들이 참여할 수 있는 활동 중 하나는 노래 부르기입니다.
2. 민속 축제의 참가자들은 기념품으로 CD의 무료 복사본을 받을 것입니다.
3. 축제 기간 동안 주말마다 활동이 있을 거라고 모든 사람들은 들었습니다.
4. 축제에는 곡예 묘기가 있을 것이고 아이들이 페이스 페인팅도 배울 수 있습니다.
5. 축제 참가자들이 참여할 수 있는 활동 중 하나는 남미 춤 수업입니다.
6. 축제에 참여하는 사람들은 영화를 볼 수 있고 첫 참가자들은 무료 포스터를 받을 것입니다.
7. 축제 참가자들은 지역의 생선으로 요리하는 조리법에 대해서도 배울 수 있습니다.
8. 요리 활동에 참여하는 사람들은 기념품으로 요리 비디오를 받을 것입니다.
9. 또한 축제 참가자들은 지역 여성들의 바구니 만드는 방법에 대해 배울 수 있습니다.
10. 축제 활동들은 라디오 프로그램에서 방송이 될 것이고 방송을 하는 동안 참여하는 사람들은 기념품으로 티셔츠를 받을 것입니다.

ANSWERS

1. singing	2. free copy
3. every weekend	4. face painting
5. dance lessons	6. poster
7. local fish	8. cooking video
9. weaving methods	10. souvenir t-shirt

80   Child training centre

1. 아동 훈련 센터는 3개월에서 5세 사이의 아이들만 받습니다.
2. 아동 훈련 센터는 협동 단체로 시작을 했습니다.
3. 아동 훈련 센터의 교육과정과 수업들은 특별히 여러 연령대가 섞인 그룹을 위해 만들어져 있습니다.
4. 아동 훈련 센터에 다니는 자녀의 학부모들은 가끔씩 수업에 참여해야 하기 때문에 반드시 훈련을 거쳐야 합니다.
5. 학부모들은 자녀들을 등록시키기로 결정하기 전에 학교에 여러 번 방문을 해보는 것이 좋습니다.
6. 자녀들을 이 학교에 다니게 하려는 학부모들은 특별한 일을 하고 있어야 합니다.
7. 학부모들은 자녀들이 배우게 될 것에 대해 듣기 위해 적어도 한 번은 모임에 참석해야 합니다.
8. 협동 단체로 시작을 한 아동 훈련 센터는 이제는 마침내 정부의 재정 지원을 받고 있습니다.
9. 아동 훈련 센터는 학부모가 의심스럽게 느껴질 수도 있는 전혀 다른 교육과정과 교수법이 있습니다.
10. 아동 훈련 센터는 아이들이 자신감을 얻을 수 있도록 도움을 주는 아주 훌륭한 학교입니다.

ANSWERS

1. 3 months	2. cooperative organisation
3. mixed age	4. training
5. several visits	6. special job
7. one meeting	8. government funded
9. parents	10. gain confidence

앞서 공부한 것과는 반대로 단어의 철자가 서로 다르지만 같은 의미를 가진 경우도 있습니다. 영국에서는 레스토랑에서는 식사를 마치고 웨이터에게 bill을 달라고 하면 식사한 계산서를 달라고 하는 것이지만, 미국에서는 '지폐'라는 뜻으로 쓰입니다. 또한 영국에서는 본 음식을 먹기 전에 먹는 음식을 starter라고 하는 반면, 미국에서는 우리나라에서도 많이 사용하는 appetizer라는 단어를 사용합니다. 이 appetizer라는 미국식 단어는 프랑스어에서 영향을 받은 단어인데, 미국은 이런 단어가 영국보다 많다고 합니다. 그 이유는 역사적으로 프랑스와 충돌이 잦았던 영국은 자존심 때문에 프랑스어로 된 단어를 받아들이지 않고 독자적인 단어를 써서 프랑스어의 '먹음직한 appetissant'에서 파생된 appetizer를 사용하는 미국과는 다른 단어를 사용하게 된 것입니다. 하지만 지금은 global 시대이기에 영국이나 미국에서도 같은 단어를 사용하는 경우가 많아졌습니다.

뜻	영국영어	미국영어
아파트	flat	apartment
엘리베이터	lift	elevator
쓰레기	rubbish	garbage, trash
축구	football	soccer
택시	taxi	cab
줄	queue	line
가을	autumn	fall
휘발유	petrol	gas

뜻	영국영어	미국영어
영화	film	movie
전채요리	starter	appetizer
공립학교	state school	public school
계산서	bill	check
지하철	underground, tube	subway
휴대폰	mobile phone	cellular phone
사탕	sweets	candy

✚ Broken English 바로잡기

포볼 four ball → base on balls

슈퍼 super → supermarket

사이드 브레이크 side brake → handbrake

빽미러 back mirror → rear-view mirror, rear mirror

공중전화 박스 telephone box → phone booth, telephone booth

IELTS LISTENING DICTATION
SECTION 3

1~20 : 🎧 C1-20
21~40 : 🎧 C21-40
41~60 : 🎧 C41-60
61~80 : 🎧 C61-80

👑 Listening Section 3 소개

Section 3와 Section 4는 학업(academic)적인 주제에 대한 내용이 나옵니다. Section 3는 Section 1과 같은 대화 형식인데, Section 1이 일상생활에 대한 내용이었다면 Section 3는 대학교에서 다루게 되는 학업적인 내용이 주제입니다. 또한 두 명이 아닌 세 명이나 그 이상의 사람들이 대화를 나누는 형식이기 때문에 화자의 전환이 많고 이에 따른 전개가 복잡해지므로 집중력 더욱 요구되는 섹션입니다.

👑 Listening Section 3 출제 유형 분석

1. 대화

학생들끼리 혹은 학생들과 교수와의 학업이나 학교와 관련한 대화입니다. 학문적으로 깊은 대화는 아니며 대부분 대학에서의 일상적인 생활, 기숙사 관련, 전공 course 선택, 과제 준비, 강의일정, 학사일정, 전공 변경 등 학업과 관련된 부분에 대해 2~3명이 하는 대화 내용이 문제로 출제됩니다.

2. 토론

과제나 논문과 관련된 academic한 주제나 교과 과정에서 나오는 학업적인 주제에 관해 학생 간이나 학생과 교수 간에 진행하는 토론 내용이 출제됩니다. 예를 들면 architect 형식 관련 토론, 도시 개발 관련 토론, 환경 문제 관련 토론, 교과 과정 프로젝트 및 수업 방법 개선에 대한 토론 등 여러 가지 분야에서 academic한 주제로 토론이 이루어집니다. 보통 토론하는 내용에 대해 좀 더 상세한 것을 묻는 Multiple Choice 문제가 자주 등장합니다.

3. 의논

학생 간이나 학생과 교수 간의 전공 presentation 준비, 과제 수행, 취업을 위한 전공 선택, research 준비, 온라인 수업 진행 등과 관련된 의논이 출제됩니다. 대화하고 비슷해 보이지만 의견을 모으거나 결론을 내고 함께 다음 행동을 하는 것에서 다른 성격을 띕니다. 의논은 대화와 달리 의논한 것에 대한 결론과 향후 계획이 나오는 것이 특징이며 이것이 문제로 출제됩니다.

4. Research

토론과 의논 그리고 대화가 복합된 형태로, 과제나 논문을 위해 특정 주제에 대해 조사하거나 결과를 고찰 및 분석하면서 학생 간 혹은 학생과 교수 간의 대화와 의논 그리고 토론을 하는 과정에서 문제가 출제됩니다. 토론이 각 개인간의 지식이나 조사를 바탕으로 하는 것이라면 Research는 화자들 간에 공통된 대상이나 주제를 조사하거나 조사결과를 가지고 대화가 진행되는 것이 특징입니다.

5. 자문이나 조언

학생과 교수 간 혹은 선후배 사이나 전문가와 학생 간의 직업 진로나 전공과목 선택, 전공 변경, 논문 주제 선택 또는 과제에 대한 피드백이나 중간 과정 등과 관련된 조언 내용이 문제로 출제됩니다. 대화보다는 좀 더 심도 있고, 의논이 아닌 전문가나 교수가 비전문가나 학생에게 문제나 걱정거리 개선에 대해 해결방안이나 방향을 제시하는 것이 특징입니다.

1   Most companies usually market 2 or more products but the company .... in one product.

2   This business cooperation project was established through ....

3   The company's investigation .... involves the checking of account information.

4   The two students decided to conduct the interviews face-to-face so there is ....

5   According to the supervisor, the questionnaire was about ....

6   The company has more newly .... because of the new software.

7   The new software has helped the company raise their ....

8   The company is able to cut .... because of the new software.

9   The new software enables customers to be more involved in the ....

10 Customers are able to .... because of the new software.

1   The new teacher, who authored the book ...., is very popular among students.

2   One of the research techniques covered in the book is .... skills.

3   The objective of the presentation is to highlight the .... culture in the field of research.

4   The main technical observation method was focused on the .... of pupils.

5   A suggested technical observation method requires the writing of a ....

6   One of the main entries in the observation checklist is the implementation of ....

7   Another technical observation method highlighted in the book is class ....

8   The questionnaire is an evaluation of the .... from the experiments conducted.

9   Statistical data is received through the technical observation method of the ....

10 Statistical observation methods include choosing one's own .... for an interview.

3 Two students discussing their report

1 My university course includes .... management in which we learn about coordinated steps and procedures applied in handling, containing and resolving emergencies.

2 The course in Manchester includes .... the progress of the underground systems.

3 The Liverpool course requires students to request for a .... for their future accreditation applications.

4 The .... exercise conducted at Leeds is a great experience for students and teachers.

5 Employers often seek employees with strong .... that's why students at Glasgow are trained to excel in this aspect.

6 The course in Cardiff focuses on .... management because it is a crucial factor in the success of all types of projects.

7 Gas generators are purposely designed to help solve problems with the ....·

8 The issue of .... has been a major blockade in the production of gas generators.

9 The new greenhouse design is significant in that it can .... value of foods.

10 More farmers will be able to contribute their children with .... as the new greenhouse design will enhance the productiveness of their farming.

4   Influence of art and music on patients

1   Previously, hospitals helped heart patients with .... focus on healing through music.

2   The involvement of art and music in the healing process allows the hospital to distract the patients from focusing on ....

3   What Zoe appreciated most about the research was how well .... were handled.

4   Continual hostility can keep your .... high, and may increase your risk for a heart attack.

5   According to details gathered from various clinics, child patients generally spend less time on ....

6   Based on data gathered from clinical studies, art and music have very little .... on emergency medical cases.

7   Data gathered from various clinics show that .... generally spend less time on rehabilitation training.

8   Feedback from different clinics showed that .... typically have average blood pressure levels.

9   Information gathered from different clinics reveal that close .... between doctor and patient is imperative in the success of medical procedures.

10   Data gathered from different clinics revealed that .... was more beneficial than art in the healing process.

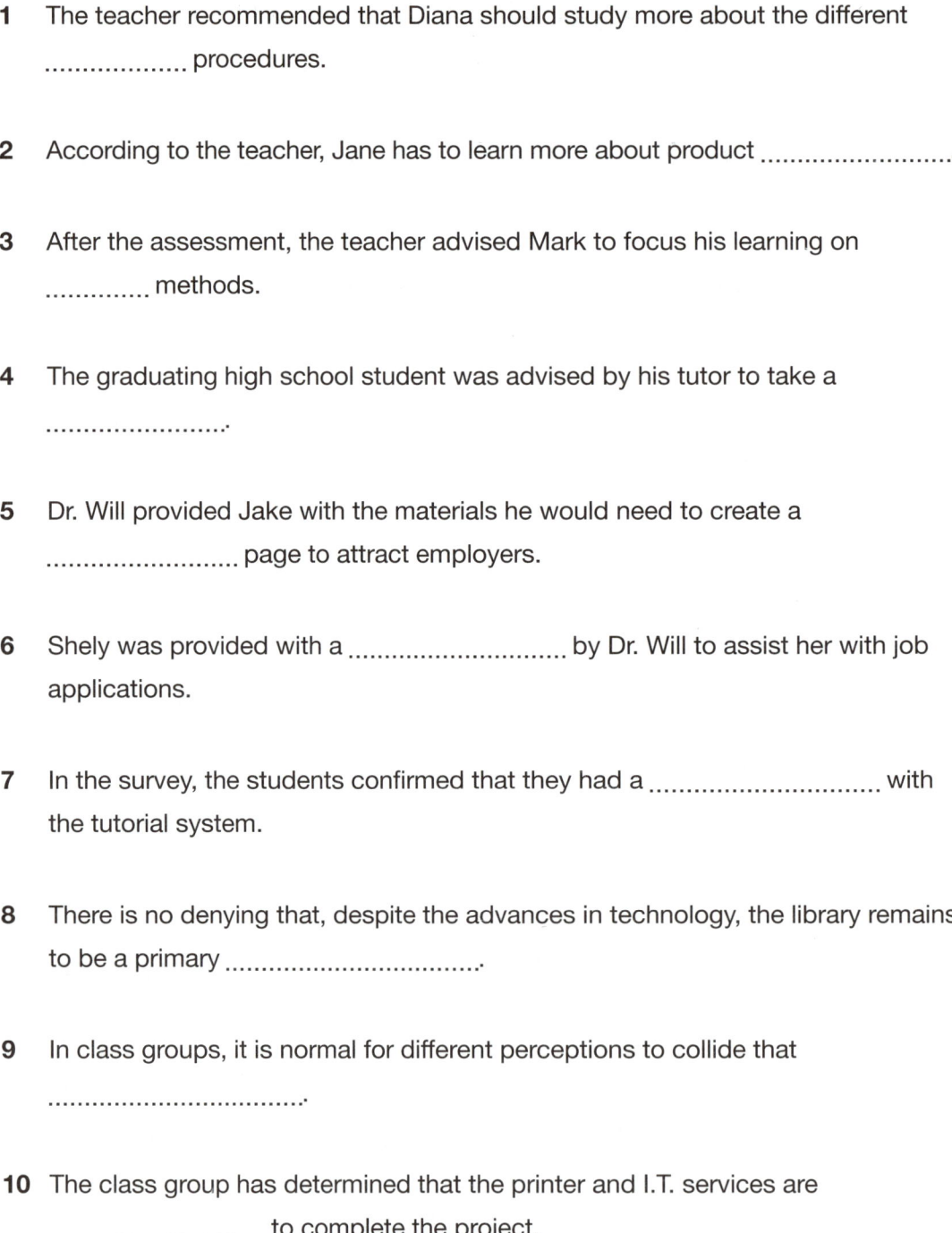

5 Curricular assessment and evaluation

1 The teacher recommended that Diana should study more about the different .... procedures.

2 According to the teacher, Jane has to learn more about product ....

3 After the assessment, the teacher advised Mark to focus his learning on .... methods.

4 The graduating high school student was advised by his tutor to take a ....

5 Dr. Will provided Jake with the materials he would need to create a .... page to attract employers.

6 Shely was provided with a .... by Dr. Will to assist her with job applications.

7 In the survey, the students confirmed that they had a .... with the tutorial system.

8 There is no denying that, despite the advances in technology, the library remains to be a primary ....

9 In class groups, it is normal for different perceptions to collide that ....

10 The class group has determined that the printer and I.T. services are .... to complete the project.

1 The proposal is going to be returned to the students with appropriate constructive ....

2 The proposal will mostly emphasise the .... that was developed and applied in the project.

3 Students are required to follow a set of .... that include a word limit for the proposal.

4 Section A rules present that an interview should be included, as well as feedback for a .... of the project.

5 Section B states that the .... should be used in the assignment presentation.

6 As stated in Section B of the assignment presentation, a project may be .... only if it is done ahead of time.

7 It is explained in Section B of the assignment presentation that a .... has to be sent in advance and the tutor must be informed.

8 In presenting the assignment, it is stated in Section B that .... of the file will have to be provided.

9 The assignment has to be submitted on or before the 11th of May ....·

10 Students are required to pay attention to the .... in the project.

1   The date indicated in .... for the presentation is October 15th.

2   Metaphors will help the speakers summarise ...., and motivate and engage participants in the process.

3   The goal of the presentation is to feature the relevant .... content of the project.

4   Write-ups and reviews can be used by buyers and collectors to determine the .... of a book.

5   Software programs will need to be applied in order to .... in the presentation.

6   Judges will base their assessment on content, ..., and the appearance of the presentation file.

7   During the actual presentation, only one .... will be allowed to be shown.

8   Presenters are advised not to .... from their book during their presentation.

9   The presenters have been advised not to use too many .... in their slide presentations.

10 According to the judges, the presentation has to be .... in advance.

1 The Con University students are required to do a .... of 4 years study.

2 The Hans University student says the field course is .... in their major.

3 The Con University students say that their courses include both

....

4 Students from Hans and Con University say it's compulsory for them to request

for .... even if it's highly unusual.

5 The objective of the research carried out in Portugal was to investigate the

....

6 According to the students from Hans University, their IT department allows

students to borrow any ....

7 The Con University students are required to take a .... when they go on

the field.

8 The dorm cost that the university students pay does not cover ....

9 The book that the university students published was titled ....

10 The students decided to attend the .... at the museum after

their meeting.

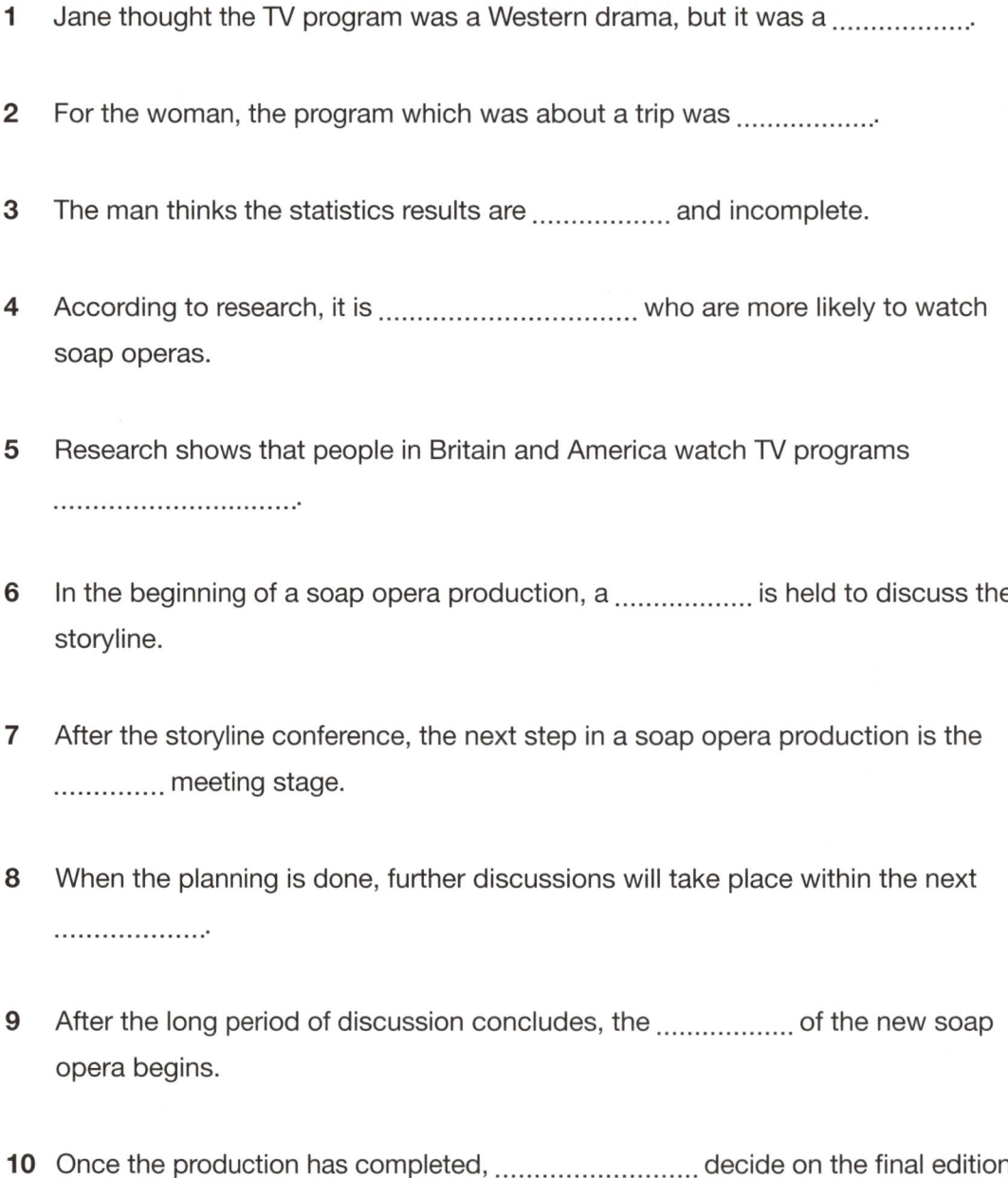

9   Discussion of a television program

1   Jane thought the TV program was a Western drama, but it was a ....

2   For the woman, the program which was about a trip was ....

3   The man thinks the statistics results are .... and incomplete.

4   According to research, it is .... who are more likely to watch soap operas.

5   Research shows that people in Britain and America watch TV programs ....

6   In the beginning of a soap opera production, a .... is held to discuss the storyline.

7   After the storyline conference, the next step in a soap opera production is the .... meeting stage.

8   When the planning is done, further discussions will take place within the next ....

9   After the long period of discussion concludes, the .... of the new soap opera begins.

10 Once the production has completed, ... decide on the final edition.

230

1   The .... course is too difficult that's why they didn't choose nursing.

2   Students who want to continue on to medicine have to first take up ....

3   Young people who will be taking the course will learn to work together through
   ....

4   One of the courses in the institute specialises in ....

5   The .... at the university takes four years to complete.

6   The professor suggested that the students focus on just ....

7   She chose the school because of the courses offered and its ....

8   Students have to choose a book that has been .... by someone from their
   school.

9   The most important thing is to investigate the background of the .... by
   asking questions yourself.

10 The situation will .... if a decision is not reached soon.

1   People thought the second witness was more reliable because of her ....

2   One of the most amazing parts of the research is that the .... in the book were collected a long time ago.

3   Both of them agreed that the most important evidence was the weak ....

4   The prosecutor states that those who don't think they've witnessed a .... are naive observers.

5   They failed to change the wrong testimony, which has led to a ....

6   The jury members failed to differentiate between reality and the ....

7   Radar-based meters show that the people who are most afraid in an .... are the elderly.

8   The open questions led the jurors to feel overwhelmed, frustrated, and confused by .... well beyond their comprehension.

9   In a close enquiry it was discovered that the children put on the witness stand were the types who never tell the ....

10 The woman seemed to .... process and was suspicious of how the information would be used.

12 | Discussion about rebuilding the city

1 The .... respondents are those who earn a living in the area.

2 Respondents are instructed to directly reply through the website and to attach their .... signature at the end of the questionnaire.

3 Map drawings are created and added to the .... archive to allow people to see the buildings and structures of the period.

4 The tutor thinks that the presentation should be given by a group of ....

5 The results from the questionnaire are used to take both sides into ....

6 The two students feel that they have earned the .... of their teachers with the result of their survey project.

7 Information for the map content requires input from a national press ....

8 Photos for the survey content should be provided by a ....

9 The budget required to complete the materials needed for the survey should be discussed at the ....

10 Radio commentators will be discussing about the survey and its contents during the morning ....

1   It is faster to capture carbon dioxide with the use of ....

2   The application and .... as concrete additives has its advantages.

3   The problem was ignored in Hector's article because of its .... to the tutor.

4   The harmful effects can be reduced with the use of .... or professional instruments.

5   The most interesting part of the woman's research is the .... of her studies.

6   The male student suggested that a .... should be created to introduce some regulations.

7   Hactor and Flocia having a similar view on writing papers, which suggested applying the new ....

8   According to Flocia, the .... is to overcome the difficulty of making readers more interested in reading the article.

9   Hactor's view on writing papers is that they don't help in addressing issues and problems remain .... even far into the future.

10   According to Hactor, writing papers should involve extensive studies and ....

1 The research report was based on the results that were gathered using the .... in each room.

2 Ben felt the recording was inappropriate because they were done without the child's ....·

3 Ben doubts the result of the tests because of the .... the parents used during the recorded conversation.

4 When the woman asked, she was told that the best way to learn French is by understanding ....·

5 Ben likes learning a foreign language by doing role playing dialogues because he's ....·

6 The ability to express thoughts, needs, wants and ideas is known as ....·

7 Selected .... could be used as a method to learn a language.

8 The woman says another way to learn a foreign language is by keeping a ....·

9 The man says one of the main difficulties with analysing data is the .... commonly encountered.

10 The man says one of the main difficulties with analysing data is the .... commonly encountered in recordings.

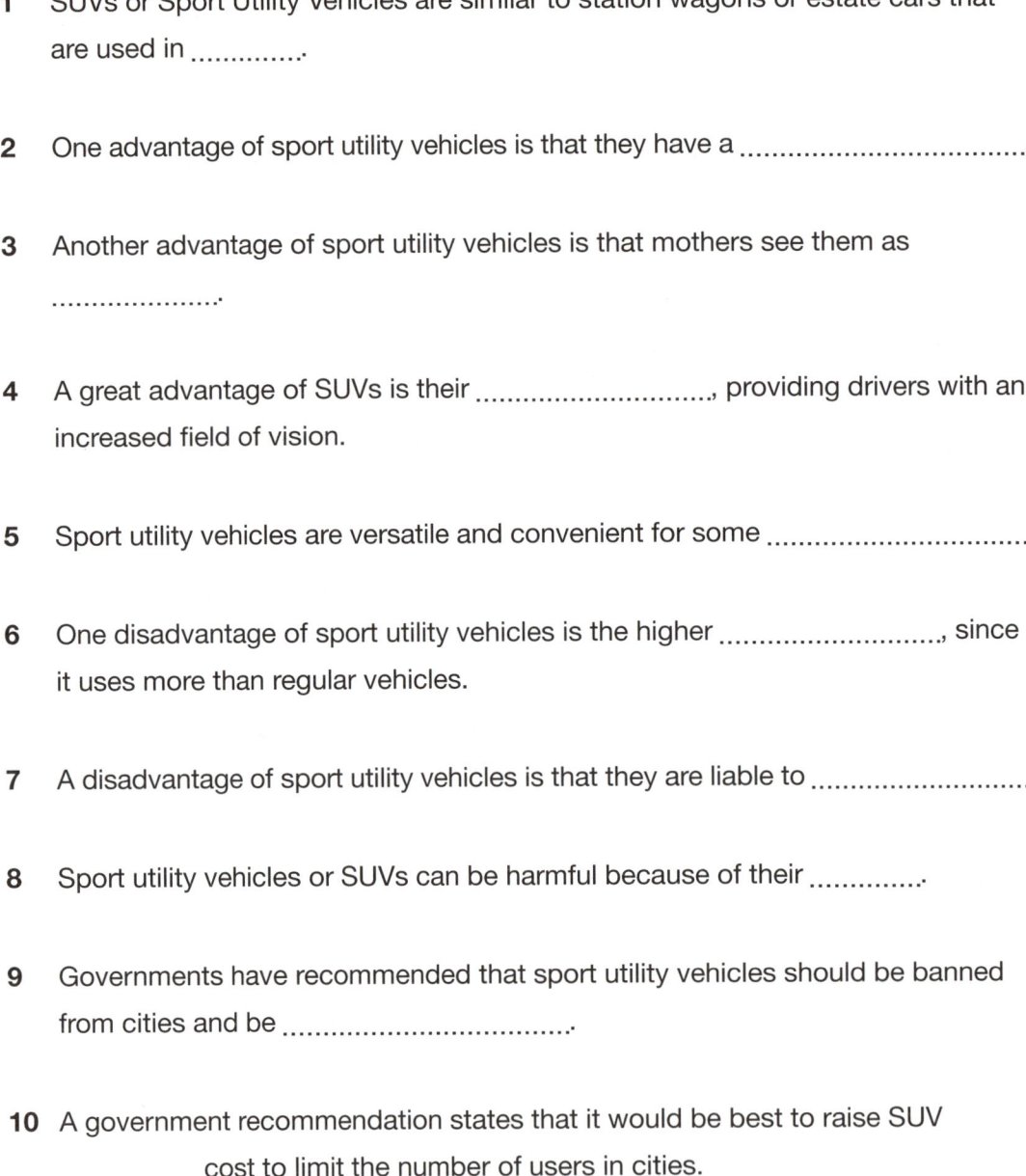

15 An investigation of SUVs

1 SUVs or Sport Utility Vehicles are similar to station wagons or estate cars that are used in ....·

2 One advantage of sport utility vehicles is that they have a ....·

3 Another advantage of sport utility vehicles is that mothers see them as ....·

4 A great advantage of SUVs is their ...., providing drivers with an increased field of vision.

5 Sport utility vehicles are versatile and convenient for some ....·

6 One disadvantage of sport utility vehicles is the higher ...., since it uses more than regular vehicles.

7 A disadvantage of sport utility vehicles is that they are liable to ....·

8 Sport utility vehicles or SUVs can be harmful because of their ....·

9 Governments have recommended that sport utility vehicles should be banned from cities and be ....·

10 A government recommendation states that it would be best to raise SUV .... cost to limit the number of users in cities.

16 Introduction to the mini rocket DIY module

1 The idea for compressed air used in Rocket 1's power came from the ....

2 One of the problems with Rocket 1 is that its cone head gets ....

3 Instead of compressed air, the power used to propel Rocket 2 is ....

4 The idea for Rocket 2's main case, which is made of a ...., came from the tutors.

5 The Rocket 2 model was patterned after a ....

6 Unlike Rockets 1 or 2, the power source for Rocket 3 is ....

7 The ideas for Rocket 3 were inspired by a ....

8 The main case for Rocket 3 is made from a ....

9 Rocket 3 is protected by a covering made of ....

10 The problem with Rocket 3 is that the salt it produces is not ....

1 One of the reasons why she received low scores is due to her ....

2 One of the reasons why she received such a low score is ....

3 One of the reasons why the report received a low score is ....

4 The coffee company should support Lena's relationship with her teacher through ....

5 The data has increased .... its previous amount as shown in the research report.

6 The teacher says the student should have included relevant details about ....

7 The teacher has asked all the students to include a .... document in their report.

8 In addition to the standard writing rules and regulations, it was also stipulated that students must mention eight .... in their final report.

9 One of the details in the report states that a specific company buys equipment, such as .... for use in running their coffee production business.

10 The teacher advised students to watch the program entitled ....

18   Report presentation

1   The audio recording that was used for the research method had poor
    .... and there was also a lack of audience participation.

2   The math research included the interview process, which proved unsatisfactory
    because of time .... and the teacher forgetting what was said in class.

3   The method used for the Language Research is field notes and the findings
    resulted in the teacher asking ....

4   One of the methods used in the Language Research is student ...., but
    there were problems with the questionnaires.

5   The method utilised in the Physical Education research is video recording and
    although the videos had ...., the teacher praised the student more.

6   One of the suggestions given to the students by the teacher was to make use of
    .... in their presentation for reference.

7   The teacher advised the students to prepare a .... for their presentation.

8   The students were advised by the teacher to record their presentation on
    ....

9   The teacher advised the students to re-read their .... several days
    before the actual presentation in order to have time for any necessary change.

10 The students have been advised to utilise sufficient time .... their report
    to ensure that everything is correct.

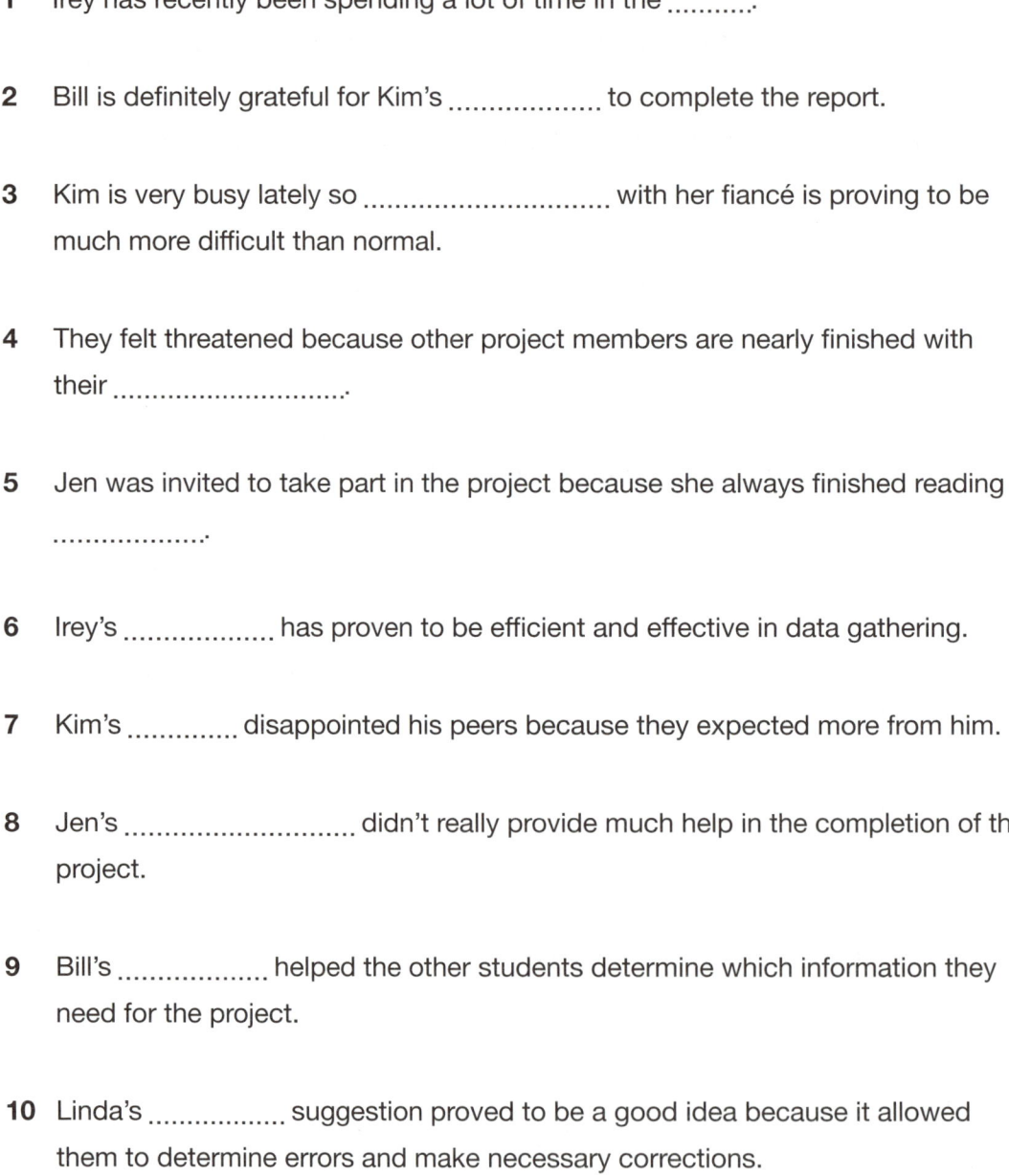

19 Discussion assignment

1 Irey has recently been spending a lot of time in the ....·

2 Bill is definitely grateful for Kim's .... to complete the report.

3 Kim is very busy lately so .... with her fiancé is proving to be much more difficult than normal.

4 They felt threatened because other project members are nearly finished with their ....·

5 Jen was invited to take part in the project because she always finished reading ....·

6 Irey's .... has proven to be efficient and effective in data gathering.

7 Kim's .... disappointed his peers because they expected more from him.

8 Jen's .... didn't really provide much help in the completion of the project.

9 Bill's .... helped the other students determine which information they need for the project.

10 Linda's .... suggestion proved to be a good idea because it allowed them to determine errors and make necessary corrections.

20 Discussion about course issues

1 Instead of choosing the other subject, the girl chose ...., hoping that the teacher taught well.

2 One of the things that the man dislikes is the .... requirement.

3 During the course of this subject, the man had to interview a .... twice.

4 Students who want to take the business test have to first speak with ....

5 The course includes IT subjects but most of them are related to ....

6 Students who are taking classes about marketing are provided with a ....

7 Students gather their information about the .... from the newspaper.

8 Students who are taking courses on banking are required to use a specific ....

9 Students rely on publications related to the subject that deals with ....

10 People in the business advise students about starting their ....

1   Leon wants to study tourism because he believes he will have a .... in it.

2   Leon has gained an advantage over his peers for having taken classes on ....

3   Leon believes his main ability that puts him above the rest is his ....

4   Leon chose to take courses at the polytechnic over other universities because it's popular and ....

5   The course Leon chose features an .... in travel and business and tourists and the economy.

6   The course chosen by Leo features a culture subject that highlights .... methods and skills.

7   Japanese and Mandarin are included in the course for .... development.

8   The tourism course that Leon chose is so intensive and extensive that it even includes subjects focusing on ....

9   The course that Leo had chosen has a scheme called .... that looks at the student as a whole and not just admission rank.

10 The course that Leo will be taking also includes subjects about .... management.

1 Ron didn't find out much about the .... of JUST-IN-TIME on the Internet, but he found a Japanese textbook entitled JUST-IN-TIME.

2 In the essay, the student omitted the .... of JUST-IN-TIME.

3 He didn't find enough information on the Internet, but he later found some in a ....

4 The JUST-IN-TIME system is unsuitable for the service industry because the .... are not made to be accountable.

5 The student's speech delivery speed in his last presentation was ....

6 The audience thought the student's last presentation was ....

7 The student's presentation wasn't appreciated much because the vocabulary he used was ....

8 The transition in the student's last presentation was .... because the ideas turned over very quickly.

9 The pictures that the student used in his last presentation had nothing to do with the research, so the .... were not related.

10 The student didn't like the topic so his performance during the presentation wasn't very good, as he wasn't ....

23   Student participation in archaeological activities

1   Before attending the activities, students felt a ....·

2   After attending the activities, the students learned to be careful about ....·

3   During the activity, Karen found a piece of .... that was very ancient.

4   Students were amazed with the .... that the people they studied ate.

5   The students learned that people have to .... to achieve anything.

6   It was interesting for the students to learn that the excavation process involves
.....................................·

7   They were not so keen on filling in .... during the excavation
process.

8   Before the excavation process, a .... is necessary.

9   Another step that needs to be done first before the excavation procedure is to
take ....·

10   As items are found during the excavation process, archaeologists need to spend
time .... them.

1   The problem with the essay is that the details included are ....

2   The company will succeed if they .... based on the media advertising module.

3   The presentation failed in the past due to lack of interaction with the ....

4   The source for his presentation about essay marketing was .... for any of the mistakes he made.

5   The source for his presentation was unreliable and the result of his presentation was ....

6   The presentation speaker has to be prepared to make .... with the audience.

7   The presentation speaker should be prepared for the question and ....

8   The presentation speaker should be able to clearly .... the featured essays.

9   The presentation speaker should be able to focus on the .... of the essays.

10 The presentation speaker should leave .... to answer questions from the audience.

1 The tutor said she should have examples of chocolates with different

.... that can be found in various areas.

2 The tutor informed the student that the details she wrote about the ....

in the sales of chocolate were clear.

3 The student thinks the company should be criticised for replacing

.............................·

4 The tutor told the student that her example of the company overlooked its

.... in the area.

5 To improve on her research, the student should further read the book entitled

Centralization of ....·

6 The company that the student featured in her essay had its ....

located at Elbeys.

7 The students essay will include company ...., particularly with the

Emerson Corporation.

8 Small companies always make the .... of entering the global

market too soon.

9 Small companies should pay special attention to .... when entering the

global market.

10 The student's draft includes a part on the special .... of Babbies.

26 Content outline

1 It should be noted in the content outline that the underlying .... may be at odds with cultural beliefs.

2 There are three .... or development plans that are necessary in the content outline.

3 A brief outline of the .... should be included in the content summary.

4 The correct .... is not a matter of preference as it is a crucial element in the research process.

5 The research content outline should clearly define the .... undertaken.

6 The research content outline must precisely indicate the .... involved.

7 The research content outline should have a clear summary of the .... conducted.

8 The research content outline has to inform references from any ....·

9 The research content outline must contain a detailed ....·

10 From the research content outline, 25 items will be included in the ....·

1   It was mentioned during the academic group discussion that there were things happening to the .... recently.

2   The group had an academic discussion about how some people are child-like but in a ....

3   The group also discussed about ideas and insights into ....

4   There are some people who are deliberately .... to others.

5   The group holds the opinion that the discussions and lectures were ....

6   On the other hand, the group thought there was .... for discussions after the lectures.

7   The group also discussed about the possible improvements that can be made with the use of ....

8   There was also a discussion about improvements that should be made to the ....

9   The group thought the meeting places for the discussions were .... and easy to find.

10   The group thought the discussions would be very useful for ....

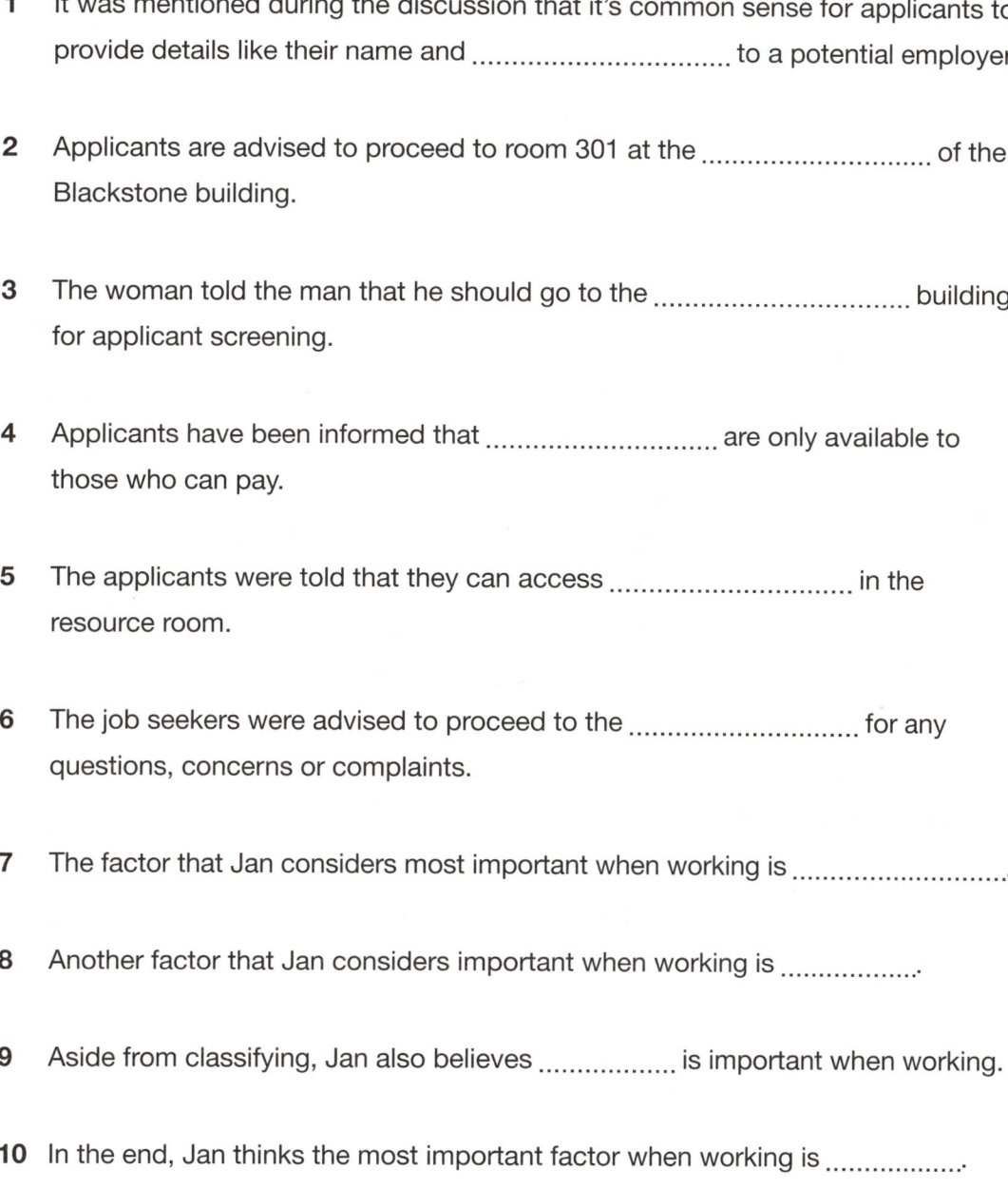

1   It was mentioned during the discussion that it's common sense for applicants to provide details like their name and .... to a potential employer.

2   Applicants are advised to proceed to room 301 at the .... of the Blackstone building.

3   The woman told the man that he should go to the .... building for applicant screening.

4   Applicants have been informed that .... are only available to those who can pay.

5   The applicants were told that they can access .... in the resource room.

6   The job seekers were advised to proceed to the .... for any questions, concerns or complaints.

7   The factor that Jan considers most important when working is ....

8   Another factor that Jan considers important when working is ....

9   Aside from classifying, Jan also believes .... is important when working.

10   In the end, Jan thinks the most important factor when working is ....

29   Torero tutorial on African art in Nigeria

1   They chose the topic of African Arts in Nigeria because he visited .... in the past that had featured them.

2   He was informed that he can get funding through the help of the ....

3   He found out that funding can also be acquired from an ....

4   There were no details but he was told that .... about funding can be acquired from the city hall.

5   According to him, African arts in Nigeria are mainly centred on their ....

6   His information was limited but the locals helped him gather .... he wasn't familiar with.

7   As he explained, most African sculptures were historically made from .... and other natural materials.

8   He went on to explain that Nigeria has had an .... dating back thousands of years.

9   The museum where the tutorial was conducted has an African arts and .... shop.

10 Most of the artworks that were discussed during the tutorial related to events of .... in Nigeria and other African countries.

30 | New grinding machine

1   The grinding machine has a .... located on the top part.

2   In the middle part of the machine beneath the regulator, you will find the .... attached with the blade and grain shatter.

3   The part where the hammer, blade and grain shatter are attached is covered by a ....

4   The beans and chemical compounds are mixed together in a separate container called the ....

5   In the middle part of the machine, you will find the hammer, blade and ....

6   The flour outlet is where the beans and .... are mixed together.

7   The problem with the traditional machine is that it has a part that is ....

8   The advantage of the new incubator is that it doesn't ....

9   The student's aim in creating this new machine is to .... of nuts from the traditional one in the process.

10 The only power required when using this new machine is ....

31 Biology report

1 The subject we are taking focuses on physical activities such as a person's

....

2 Students taking the class are required to a complete a ....

3 According to Jane, people generally do not have enough .... for physical activities.

4 The subject also focuses on studies about blood pressure, heart disease and .... problems.

5 Jane's feasibility studies show that students may experience high blood pressure at the school stadium due to ....

6 The subject focuses on studies related to the stress levels of different ....

7 Students taking the class are required to create a stress level chart that they can compare with other ....

8 Jane's feasibility studies reveal that stress levels at school are high because although the use of the school gym is free, it's always ....

9 The biology class focuses on the .... of the problem.

10 Jane's feasibility studies state that students must conduct further research on the topic of being overweight because their data isn't ....

1 According to the study, obesity has more than .... in children.

2 The researchers were more concerned about .... rather than diet.

3 The professor thinks that more accurate .... had to be acquired.

4 The leading cause for families having .... nowadays is the need for parents to drive their children to and from school.

5 Parents driving their children to and from school have led to more ....

6 The .... encountered by researchers are very complicated to solve.

7 The reference criteria for the control group in this experiment is ....

8 The reference criteria for the control group in this experiment is the .... to schools.

9 The research intended to prove that walking to school led to ....

10 The research intended to prove that doing more .... helps lower obesity rates.

1　The tutor told the student that the project topic focuses on .... recycling.

2　The student told the tutor she wanted to focus the project on recycling ....·

3　The advertisement says .... and managers should join the lecture.

4　The student came to the office looking for the ....·

5　He wanted to find out the changes that have occurred over the ....·

6　The research methods consisted of interviews and the use of data ....·

7　The tutor informed the student that she will visit her at the end of the ....·

8　The student decided to send a note to her .... when she didn't hear from her for a week.

9　The student wanted to conduct an investigation regarding the relationship between a society and its people's ...., but he'll require information from many households.

10　The tutor told the student to make sure to bring a .... and some batteries for the interviews.

34 Discussion about soil problems

1 When the soil captures carbon dioxide, it ...., and this is a big concern.

2 Concrete has many advantages because it is created by adding .... into its mixture, so it's hitting two birds with one stone.

3 The problem was ignored in Hector's article because they didn't want to talk about ....

4 According to Hector's article, the harmful effect can be reduced with the use of .... and professional instruments.

5 The most interesting part of her research were the studies on the wide .... patterns.

6 The suggestion of the male student was to introduce a .... to provide some regulation.

7 Flocia and Hector applied the new .... in writing their papers.

8 Flocia believes that when it comes to papers, it is the level of difficulty that .... readers and creates interest.

9 As far as Hector is concerned, the writing papers don't help because the problems remain ....

10 According to Hector, students like himself should conduct .... when writing papers.

1   The advantage of chemistry over engineering in medical science is that their .... last year were very good.

2   The disadvantage of chemistry in medical science is that it's a little ....

3   It would be advantageous for people taking a double degree to take a second major in ....

4   The disadvantage in engineering is that it will result in .... for student taking double degrees.

5   The advantage of shifting from chemistry to engineering is the increase of ....

6   The disadvantage of shifting from chemistry to engineering is that you have to pay a ....

7   Both engineering and chemistry have a .... of work opportunities.

8   The good thing about engineering is that even fresh graduates receive a ....

9   The good thing about .... is the various employment opportunities.

10   Engineering is highly regarded by foreigners so it would be easy for graduates to find employment in ....

1   The teacher asked Milly and Paul why they didn't choose to pursue ....

2   Paul told the teacher that he didn't choose nursing because the .... course was too difficult.

3   Students who would like to pursue nursing are first required to study ....

4   The teacher said that if they both choose one of the courses, they will be working together with other ....

5   Later in their studies, students will have to take a specialisation course that helps ....

6   The professor suggested that they focus on only ....

7   Milly didn't choose this school because she was accepted at another university that has an .... and world-renowned professors.

8   Paul will choose a book .... by the school so if he encounters a problem, he can ask for help in the campus.

9   The most important thing is to find a .... by yourself and to know as much as you can about him or her.

10 Although Milly was interested in a .... offered by MHC, she still remained undecided in the end.

1   The discussion about the online courses in business planning was the main
.... of the university.

2   According to the records, the business planning online course discussion had a
.... set aside for the Manchester seminar.

3   The business planning online course staff and administrators are going on a
.... seminar in Liverpool.

4   A seminar was going to be conducted in Leeds that would focus on a
.... to motivate.

5   The Glasgow Campus staff will be responsible for handling the online course
....

6   Submissions for the student application will go directly to the Cardiff office
where the .... is conducted.

7   According to the professor, the purpose for designing the gas generators was to
help solve problems in the ....

8   The professor said the reason why the gas generators were designed was to
help solve problems related to ....

9   The speakers highlighted the significance of the new greenhouse by
emphasizing that it helps ....

10 Another point that the speakers underlined is that with the new greenhouse,
more children will be able to have ....

Application for Baker Art College

1   James chose to study at Baker Art College because it has a good reputation in his ....

2   What surprised him about his studies was his ability to finish all the

   ....

3   The first term assessment and marks in James' course are ....

4   Amelia inquired about the English language course because she wanted to sell art pieces in a ....

5   Amelia wanted to get more information about the .... before deciding to attend this college.

6   The course on History of Art has many seminars and lectures with

   ....

7   The good thing about the sculpture class is that it's not only theoretical, and .... is mandatory.

8   Students who are taking Digital Painting classes tend to stay in the .... for long periods of time.

9   Students who are taking up .... are required to do their own research.

10 Students who are taking Photography are first trained to .... subjects.

39   School orientation

1   During the school orientation, the students were informed that they need to register in the .... on the first day.

2   During the school orientation, the students were informed that they should register to join the .... on the first day.

3   During the school orientation, the students were informed that they are required to take part in activities in .... on the first day.

4   Students were lectured in batches and told that it would be better for them to use the .... to improve their language ability.

5   The students were told that there are two or three .... located in areas around the campus.

6   On the sixth and seventh orientation day, the students were informed of the ....

7   On the sixth and seventh orientation day, the students were informed of the standard ....

8   On the sixth and seventh orientation day, the students were informed about their ....

9   On the sixth and seventh orientation day, the students were informed that they are required to write an .... for teacher feedback.

10   On the sixth and seventh orientation day, the students were informed that they are required to submit their homework in a ....

1 Sarah says she decided to continue her current major to get a ....

2 Sarah decided to telephone her parents to discuss her decision because they know her very well, so they can give her ....

3 Jack believes that the sports course has a very ....

4 She agrees that the biggest concern about changing majors is the ....

5 Her point in sticking to her current major is that it's a .... than the other major she wants to take.

6 She was told that information about the new courses will be available at the ....

7 The woman at the information desk said that students should proceed to the .... for more details on changing majors.

8 Students are advised to send an email to the .... regarding inquiries on changing majors.

9 Students who would like to change plans should contact the ....

10 Students who are undecided about their major should .... assigned to their group.

1 It was mentioned in the dissertation that normal tourism is mainly in famous places, while ecotourism is mainly in ....·

2 It states that ecotourism works well in undeveloped areas because it helps the ....·

3 Normal tourism in Africa typically has people enjoying sunshine at the beach or checking out the .... game animals.

4 Ecotourism visitors can take part in environmental .... programs that help the locals.

5 Locals benefit from ecotourism because .... is provided for untrained employees and employers.

6 Ecotourism also provides education and .... to the local population.

7 The essay says ecotourism has many accommodation options which can help a local area in a .... of economic development.

8 When the students asked, the professor said they should also address issues related to whether ecotourism is ....·

9 When the students asked, the professor told them that their dissertation lacked a .... of ecotourism.

10 When the students asked, the professor said their essay lacked information on the .... of ecotourism.

How music affects diners in restaurants

1 The subject of the research focuses on the effect of music on .... at restaurants.

2 In cafes and restaurants, music is played at a uniform ....

3 In cafes and restaurants, music is played at a ....

4 The purpose of the questionnaire is to disguise the real goal of the ....

5 The purpose of the survey is to gain an edge over a ....

6 Aside from music, it's been found that a restaurant's .... also has an effect on diners.

7 It was discovered that people tend to spend .... when jazz music is played.

8 It was discovered that people tend to think that a restaurant is .... when there is no music playing.

9 It was discovered that people tend to forget rings on toilet sinks when .... is played.

10 It was discovered that people tend to return to a restaurant when .... is played.

1   People think witnesses are reliable because many of them exude ....

2   The problem with the book is that the data in it were collected a

    ....

3   Both of them agree about the validity of the evidence because what's important
    is how long the ....

4   A fact about a naive observer is that in their mind they don't think they have

    ....

5   The defence team failed to correct the error in the testimony because they
    feared being seen as ....

6   The prosecution team failed to compare and differentiate between reality and
    the ....

7   The radar that was entered as evidence is a device that can determine whether
    a person feels fear in an ....

8   The open questions that were being asked by the detectives in the detention
    room made the jury ....

9   The closed investigation made it clear that children cannot tell the .... and
    then lie.

10 The panel of jurors, as well as the judge, were confused by the ....

44   The impact of art and music on hospital patients

1   The study on the impact of art and music on hospital patients previously focused on those suffering from ....·

2   The study on the impact of art and music on hospital patients previously focused on those suffering from the hands of ....·

3   The response gathered from hospital staff when art was first used as a .... indicated that they disliked it.

4   What Zoe appreciates most about the research is that it has revealed how .... really are and how rude the staff can be.

5   The research showed that staff at the postnatal clinic are nicer and less rude to patients who are ....·

6   The research aimed to disprove that art and music had little impact on .... patients.

7   The day surgery clinic can only handle patients whose heartbeat rate and .... are average.

8   It's interesting to note that patients at the children's clinic .... in the hospital.

9   The emergency unit has to quickly determine whether they should grant a patient's request for ....·

10   The survey done at the gynaecology clinic showed that .... had more impact on patients there.

45   Discussing about four tribes in Africa

1   The Dogon Tribe relies on astrology and they can recognise the different

....

2   The Weyaka people get rich by .... to others.

3   The Pacahuara tribe makes an effort to preserve nature, so they are

conscientious about their ....

4   The Nanti tribe is doing all they can to be able to go back to their

....

5   The professor who was discussing about the tribes from Africa supports

....

6   The Nanti tribe admits they have difficulties with the process to ....

7   For the Dogon tribe, ... is very important so they always focus on this

activity.

8   In the Weyaka tribe, the government plays a huge role in .... and they

really focus efforts on this.

9   The Pacahuara tribe are a very open and welcoming people, so it wasn't difficult

to encourage them to .... in another area.

10   The Nanti tribe are a very giving and caring people, so they value the different

kinds of .... that they receive.

46 Design development presentation

1 Mona says her .... presentation will include its history from the 1800s.

2 Mona would like to be able to talk about various topics related to the subject of design development and see the .... to it.

3 Ted, who is Mona's friend, told her that her presentation is ....

4 When it comes to computers, Mona's viewpoint is that they have already influenced ....

5 For Ted, "purism" is very important and he ....

6 Ted had recommended Mona to .... so she can have a better insight for her presentation.

7 The first thing that Mona needs to prepare for her presentation is the ...., which she has to write soon.

8 The other thing that Mona needs to do for her presentation is to conduct further .... of the topic.

9 Another thing that Mona needs to complete is put a .... on the picture slides with accompanying explanations in support of the statements.

10 One more thing that Mona needs to finish before the presentation is the ....

1   The students working on the presentation feel that they have ....
for the assignment's introduction.

2   Members of the group working on the presentation think that they should use
the .... for the body structure.

3   One of the students working on the presentation thinks their ....
solutions are too long.

4   Jane feels the conclusion has to include .... to improve on the
presentation.

5   Jane informed her peers that she would like to prepare a .... task for the
presentation.

6   According to Mike, the .... can be divided to discuss matters as a group.

7   The students were advised to ...., so they can gather
information faster.

8   According to the professor, information about the .... should be
emphasised in the presentation's conclusion.

9   The professor suggested that they put emphasis on ....
at the end of their presentation.

10   The professor informed them that what they should emphasise in the
presentation's conclusion is the ....

48   Inventions of the 21st century

1   The energy harvest invention relates to a .... that uses fuel cells.

2   The thin solar panel films can be .... with no effect on quality.

3   Sports shoes are being used as a model to incorporate ....

4   Many believe that the wind turbine can meet ....

5   Scientists discovered that using hi-tech packaging for fruits can actually ....

6   There would be a greater demand for electric sports cars if they had a ....

7   The innovative feature at the seed vault in the North Pole is its ability to .... collected stable for a long time.

8   According to the Svalbard Global Seed Vault in the North Pole, the seeds are available for the use of ....

9   Darrel said he couldn't do the presentation because he has a .... of the subject.

10   Carol didn't want to discuss the innovation at the presentation because she would rather talk about how .... can be used in better ways.

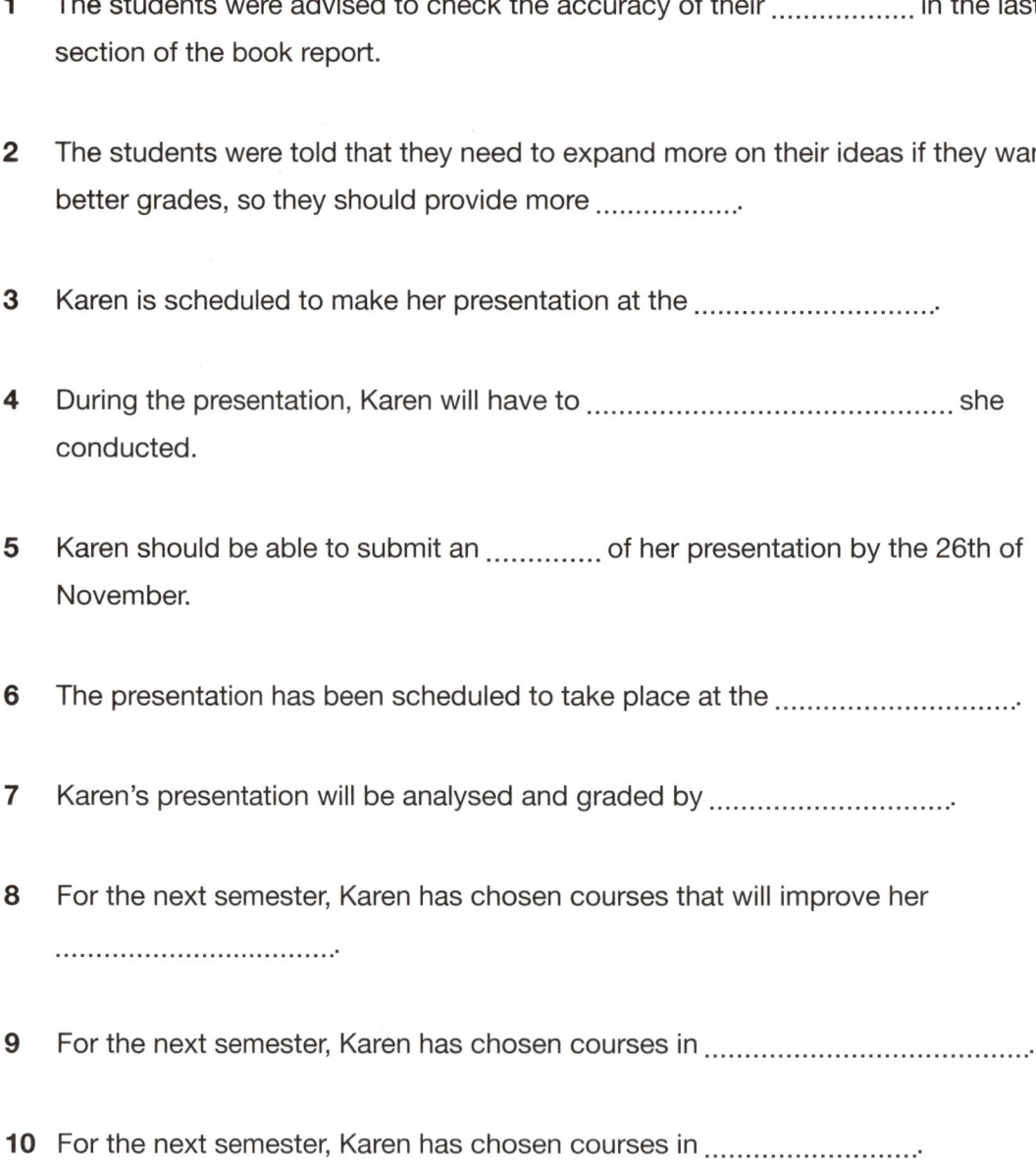

49 | **Discussing a presentation**

1   The students were advised to check the accuracy of their .... in the last section of the book report.

2   The students were told that they need to expand more on their ideas if they want better grades, so they should provide more ....

3   Karen is scheduled to make her presentation at the ....

4   During the presentation, Karen will have to .... she conducted.

5   Karen should be able to submit an .... of her presentation by the 26th of November.

6   The presentation has been scheduled to take place at the ....

7   Karen's presentation will be analysed and graded by ....

8   For the next semester, Karen has chosen courses that will improve her ....

9   For the next semester, Karen has chosen courses in ....

10 For the next semester, Karen has chosen courses in ....

50 Study of pigeons

1   Their research showed that feeding the pigeons caused them to become

    ....·

2   According to the researchers, the government will resolve the problem by

    .... for the pigeons.

3   The environmental experts say the second stage of the research will be quite

    ....·

4   The researchers discovered that the most successful method was

    .... about the pigeons habits and characteristics.

5   The students have been assigned to conduct further research on the effects of

    pigeons on ....·

6   The Australian Crested pigeons were discovered to have the ability to

    communicate with their ....·

7   Rock pigeons that nest best in rooms have been discovered in a

    ....·

8   The Black-banded pigeon has a strange habit of ....·

9   The Galapagos pigeon gets poisoned by meat of any kind, so they only eat the

    leaves of a ....·

10 The Nicobar pigeon's appearance is very attractive because it has a

    ....·

1   The movie tickets that I got are for the 8pm ....

2   It was .... when we started sailing yesterday, but it got very rough after about an hour.

3   We were about a hundred meters away from the .... and the visibility was almost zero.

4   In recent years, Old Port has started to use .... for whale watching.

5   The fin whale's sleek .... made sailors to call it the "greyhound of the sea".

6   Research on the natural .... of whales is very difficult because they spend majority of their time underwater.

7   The total discount price will also depend on the ....

8   The .... right whale can be easily distinguished from other whales because of its thick skin on its head and its broad back that has no fin.

9   Humpback whales are known to have .... edges on their tail.

10   Minke whale can be recognised from other whales by the white band on their ....

52 Course selection

1 The teachers are never ...., and they are never impatient even when their students fail to understand them.

2 It's good to hear other .... but the most important thing when choosing a course is your own opinion.

3 .... are required subjects for classes related to entrepreneurship.

4 This morning, I helped two students who were not sure how to ....

5 Statistics is the science of collecting and analysing data, which is very useful but requires ....

6 Art classes are .... because they teach you how to concentrate and how to pay attention to details.

7 Students can benefit from .... art classes as they explore the different textures and colours of glass.

8 All the .... and information about the Photography class can be found in the instructor materials.

9 I just realised that the film class was much .... than I expected.

10 Music is relaxing and students find learning musical .... very interesting.

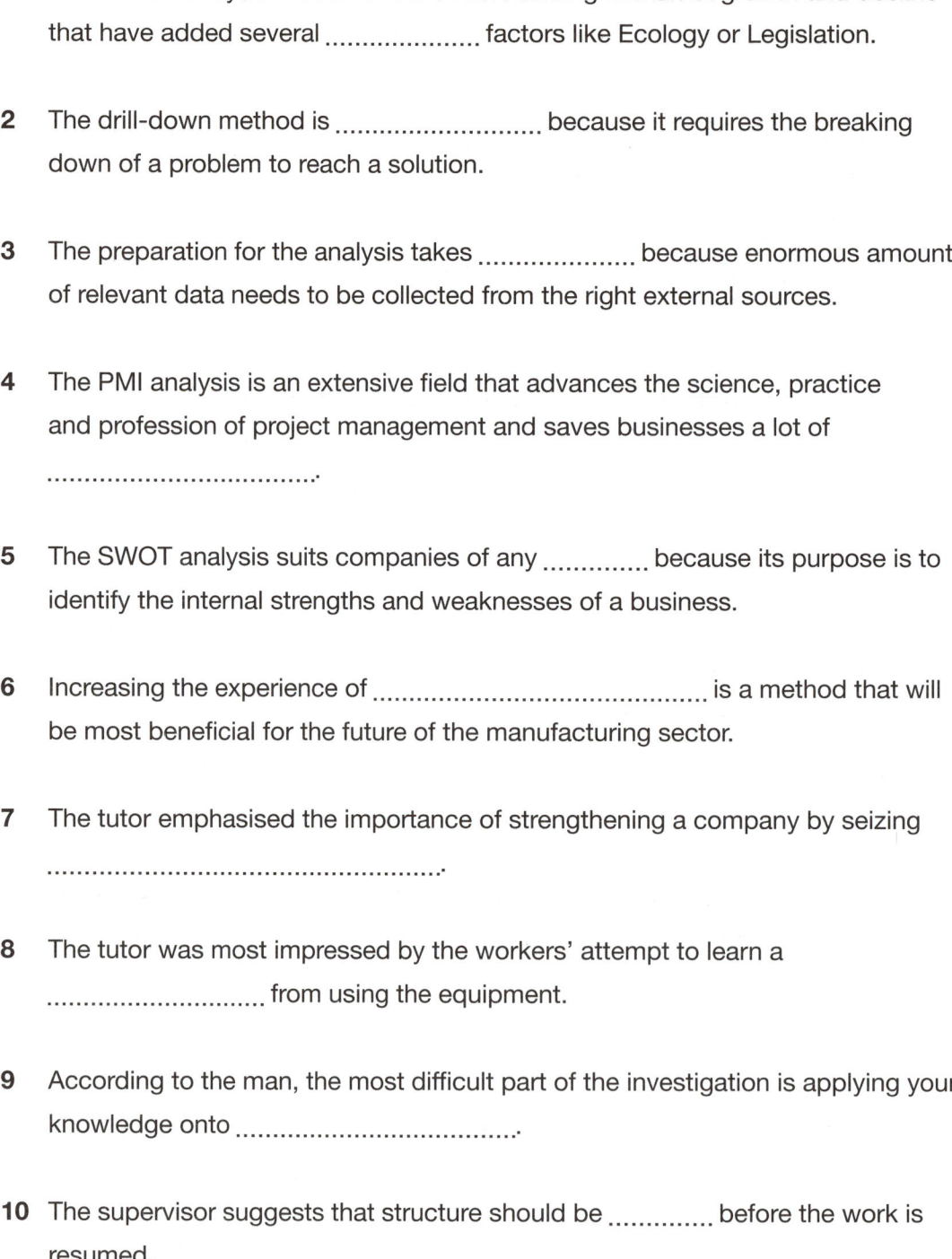

1 PEST is an analysis model for the understanding of market growth and decline that have added several .... factors like Ecology or Legislation.

2 The drill-down method is .... because it requires the breaking down of a problem to reach a solution.

3 The preparation for the analysis takes .... because enormous amount of relevant data needs to be collected from the right external sources.

4 The PMI analysis is an extensive field that advances the science, practice and profession of project management and saves businesses a lot of ....

5 The SWOT analysis suits companies of any .... because its purpose is to identify the internal strengths and weaknesses of a business.

6 Increasing the experience of .... is a method that will be most beneficial for the future of the manufacturing sector.

7 The tutor emphasised the importance of strengthening a company by seizing ....

8 The tutor was most impressed by the workers' attempt to learn a .... from using the equipment.

9 According to the man, the most difficult part of the investigation is applying your knowledge onto ....

10 The supervisor suggests that structure should be .... before the work is resumed.

54 Discussions in architecture

1 This building is very important because it played a big role in resisting
   ....·

2 Maori terminologies interestingly catch the ....·

3 Maori people chose a place very close to the water to ensure their people had
   an endless ....·

4 The historical building that stands in the centre of the town is known as one of
   the .... structures built in the country.

5 Marketing executives were instructed to create a ....
   about the newly made products.

6 During the period of modernisation between 1940 and 1950, clients were
   encouraged to be .... when giving product reviews.

7 On the other hand, the clients insisted that the marketing team should request
   .... from them before releasing any results.

8 The factory will be undergoing reconstruction, so the workers will have to
   .... themselves to a temporary place on the other side of town.

9 The employees were assured that the reconstruction will be completed in a
   .... of time.

10 The .... revealed that the building was actually converted into a public
   park.

1 Every year, their company sells more .... cranes, which are often used for ocean exploration, than any other companies.

2 The cleanest and the most abundant renewable energy source available is ....

3 Voyages reveal new information about the special .... and structure of the ocean floor.

4 The ocean exploration machines will have to stay at a specific place under the ....

5 All the world's oceans are an unexplored part of .... earth.

6 Oil companies conduct extensive surveys to determine the amount of .... available in the oceans.

7 The company is creating a vehicle that can collect oil from the ocean and transport it to .... directly from the water.

8 There is no denying that there is great .... in conducting ocean surveys.

9 Underwater technology has come a long way as ...., aside from submarines and they are now being used to explore the deep ocean.

10 Many types of mammals are shown to adapt better to ....

56   Survey on consumer attitudes and behaviour

1.   One of the occupations that was highlighted in the research is the .... position.

2.   According to the cashiers who took the survey, customers spend an average of 50 pounds per .... to the supermarket.

3.   Based on the survey results, it shows that customers prefer to shop in big ....

4.   Customers who participated in the survey chose .... as the most difficult item to purchase because trying them on takes time.

5.   Sportswear is another item that people find the most difficult to ....

6.   As relayed by the customers, ... are the most difficult products to purchase.

7.   Many people feel that .... are one of the most difficult things to purchase.

8.   Generally, men feel that purchasing .... is very difficult and time-consuming.

9.   Budget for .... varies from person-to-person because it is based on one's personal needs and wants.

10.   A lot of people feel that buying .... is not as easy as it seems.

57 Discussion about elective courses

1 The elective course will be booked ...., so Rick and Nina should discuss about it immediately.

2 Mathematics is not included in the options for elective courses because it is a .... for all students.

3 Many students found the information on course statistics quite ....·

4 Rick and Nina are going to consult students about course's .... before choosing an elective course.

5 Rick and Nina felt that the art design elective class is ....·

6 Rick and Nina are certain that they will take elective courses because most of the course work will be done ....·

7 Metallurgy students assured Rick and Nina that they will be able to find tons of ....·

8 The students confirmed that the Fluid Mechanics professor gave ....·

9 According to the students, the course on computing has been ....·

10 The students say that the elective course on Energy Economy includes a lot of ....·

58 Interview for internship

1 The problem is that the company has .... of Julie.

2 One of the problems is that .... find it difficult to get along with Julie.

3 The problem with Julie and Mick is that they have difficulties applying their .... to practical work.

4 The interviewer took note of Julie and Mick's ....·

5 Mick published the .... without discussing it with the professor first.

6 Julie learned from this study that interviewers don't directly .... out.

7 Mick learned how to use .... for the interview.

8 One of the problems that people encounter on the website is the difficulty of ....·

9 Mick thinks that the result of the .... revealed many ideas about the subject.

10 Mick is .... to meet with the tutor on the 30th of November.

1 I learnt the definition of "oral history" from .... at school that feature vocabulary and expressions.

2 The most important influence of oral history on the Internet is the concept of maintaining ....

3 Mike chose the topic because his father absolutely loves ....

4 It needs to be noted that the system accessing the .... is not always necessarily the system which had initially preserved them.

5 Mike found the player's information through browsing a ....

6 He thinks the questions on the draft are ....

7 Respondents felt that it took .... to answer the survey because the questions were not clear.

8 Many of the individuals involved in the project complained that the recording equipment was ....

9 Some of the people who responded to the survey felt that the topic was ....

10 They have to redo the report because they have included too much of ....

60 Discuss Prof. John Smith's article about online course

1 Prof. John Smith says that problems may arise when .... of teaching are used in online courses.

2 According to Lynaire, instructors should be cautious when applying the Internet ....

3 Prof. John Smith confirmed that computers can be applied in ....

4 Peter's opinion is based on the fact that lack of .... can have a negative effect on students.

5 Peter agrees that there is no stopping the occurrence of .... in the field of education.

6 Students are required to use the school's .... which will initially be set up by College staffs.

7 The .... on campus is too widespread that practically every student has become so dependent on it when doing research.

8 John Smith's term refers to the instance when one cannot .... a computer.

9 Reference to the term should be differentiated, but this can only be done with a ....

10 Smith's simple opinion about making a .... involves computer companies having to invest more money.

1   The reason why Rob is nervous is because he hasn't faced such a .... of people before.

2   Sarah's attitude towards the speech wasn't so encouraging because she seemed totally ....

3   The medical presentation speech started with the showing of a ....

4   Leo learned how to .... between a doctor and his patients.

5   The presentation focused on how the therapy can be used to ....

6   The next thing that the presenter has to do is to give an .... of the information.

7   The first thing that the presenter explained was why they chose the ....

8   Another thing that the presenter did was showing an .... of the current common medical procedures and therapy methods.

9   The man is grateful that the .... by clapping and nodding.

10   At the end of the presentation, the audience was given the main job of asking ....

62 Discussion about cookery books

1   Many people buy cookery books because they provide a glimpse into the
    .... of the rich and famous.

2   Sue thinks the cookery book that they published was ....

3   Ancient cookery books are no longer practical because the cooking methods
    are .... and the ingredients are hard to find.

4   The organisation of the illustrations gives the impression that the cookery book
    is not for ....

5   One of the characteristics of the book is that it's .... in the preparation
    of nutritious foods.

6   Another characteristic of the book is that it has good information about the
    .... of the dishes.

7   The topics in the book are .... and filled with information about
    the development of food.

8   Every dish featured in the cookery book has .... illustrations
    and cooking instructions.

9   The publisher insists that promoting the book on television cooking shows will
    be ....

10 People who have read the book say that it's suitable for .... purposes.

1   Both students agree that the Greenstone is too hard to be ....

2   Only a small number of greenstone has been found in archaeological sites because the areas are taken care of by the ....

3   New Zealanders have been using this stone to communicate with their ....

4   The two types of Moain hei-m can be differentiated through .... of their hands and legs.

5   New Maori stones can be easily recognised because of their regular hole and the .... that was used to make them.

6   Natives use sand to form the .... and to clean the cord.

7   Studies show that natives used the .... method to make cave details.

8   The beautiful birch bark .... tables are crafted in the old method one at a time.

9   The purpose of using wax is to make the eyes look .... and shiny.

10   The stone is used as a tool to .... the mind and the body.

64 Research on chimpanzees

1 Researchers discovered that the best time to observe chimpanzees is when they're ....·

2 Scientists have known for a long time that the behaviours of chimpanzees originate from ....·

3 According to the researchers, the chimpanzees were waving to them to show ....·

4 The tests showed that chimpanzees used leaves to protect their .... from the rain.

5 It was determined that chimpanzees get nuts out of hard shells by hitting them with ....·

6 In spite of the positive results, students still believed that the evidence was ....·

7 Researchers implied that future research direction will be headed towards the chimpanzees' ....·

8 The report says the future research direction is geared towards feeding the chimpanzees' ....·

9 Scientists specified that to be able to gather better results, they would need more .... next time.

10 In addition to fruits and other tools, the scientists would also require .... for the tests.

65 Bond River Reservoir field investigation

1 Results from the field investigation show that sand could .... be present in the river reservoir.

2 The investigation also revealed that the .... that existed along the Bond River Reservoir was no longer present.

3 The researchers didn't have any difficulties finding their way to the reservoir because there was a .... to follow.

4 Studies show that life exists in and around the reservoir, since animal tracks are .... present.

5 There was definitely .... present at the reservoir when the investigation was conducted.

6 Jill and Jason informed their professor that they weren't sure about the .... of their presentation.

7 The team that conducted the field investigation included .... and valuers who trained in the art and science of estate management.

8 The surveyors were advised by the professor to always make a .... on site.

9 Jill admitted that the most difficult thing for her was the .... of the data.

10 The most .... in reservoir investigations is the presence of water on the surface of the mud.

1 Both of them agreed that the traditional definition in the reconstruction should be ....

2 They determined that many businesses fail when applying this practice because they do not know their ....

3 The companies and businesses that are involved have agreed that now is the time to ....

4 Sue suggested that he should read the .... so he can get a better idea of the rebranding concept.

5 Sue was sent an email informing her to set up a .... model.

6 Tom and Sue chose little businesses to conduct their re-branding research because there are plenty of .... in the area.

7 The reconstruction for the ice cream company has to be reconsidered because the .... is not colourful enough.

8 The reconstruction of the ice cream company involves adding products that ....

9 The research showed that the car wash company failed because they chose a .... in the market.

10 Another reason why the car wash company failed was because their prices were just ....

1   The cooking course lasted ...., not three years as thought by many.

2   Students have to put in two .... in their third year.

3   Students are required to attend the .... that's held every fortnight.

4   Students are expected to have acquired specific skills by the end of the
     ....

5   The cooking course has compulsory .... blocks that students have to
     attend.

6   All of the necessary information regarding the cooking course can be found in
     the ....

7   It was suggested by Dr. Gibson that students borrow books from the ....
     instead of buying them.

8   The teacher informed the students that missed calls will go straight to voicemail,
     so the best way to contact Dr. Gibson would be through ....

9   The writing skills part of the course is handled by ....

10   The teacher didn't agree to submitting terms papers in disks nor to online
     submissions, so they are required to hand in assignments on .... in person.

68 | Varroa Jacobsoni Debate

1 Varroa Jacobsonis are parasitic mites that can be found in ....·

2 Varroa Jacobsoni mites are known for hiding under a ....·

3 They like hiding under hives because the .... helps them to cover their smell.

4 The adult mites feed on the .... of adult honey bees.

5 Adult bees are more prone to infections as their health is can be easily affected by the .... from the mites.

6 Varroa mites don't like bumble bees from .... because they are unable to produce honey.

7 Scientists and researchers do not know much about the .... bee.

8 The Italian blue bee adapts easily to .... but they are less capable of coping with cold and rainy weathers.

9 Africa bees, also known as "killer bees", are ....·

10 The rare carniolan bees help .... by a little bit.

1 One of the feedbacks in the course evaluation stated that the .... may not be convenient for everyone.

2 Another feedback regarding the course stated the library had ....

3 Feedbacks about teaching were positive and most stated that they catered to ....

4 Another positive feedback stated that all students had a .... with the tuition payment system.

5 One comment in the evaluation mentioned that the IT Support was ....

6 A negative feedback revealed that some details were omitted from the .... information.

7 According to the evaluation, it was the people in the project group who started the .... in the office.

8 Diana decided to specialise in .... because she's interested in production processes and manufacturing concepts.

9 The professor suggested Diana to try to .... to acquire an in-depth knowledge about the industry.

10 The professor told Diana that he could write a .... for her to help her gain an employment.

70 Investigation on website design

1 According to the survey, the .... of website users in a family is women.

2 The research revealed that the field applications that families use the most are those that involve exchanging ....·

3 The field application that is primarily used in the food business is the one that helps to sell products and provides ....·

4 The field application that is mainly utilised by big corporations is the one that offers ....·

5 Big corporations have to deal with many problems, and one of them is the need to be .... with their website designs.

6 The investigation reveals that users who worry about website designs are typically new ....·

7 The most common field applications used by personal users are those that ....·

8 One of the problems that personal users have to deal with is the fact that website details are ....·

9 Based on the results of the investigation, ... are mainly composed of young adults.

10 One of the field applications commonly used by networkers is the one that enables them to ....·

1 One similarity that moas and dinosaurs share is that they are both interested in

.........................·

2 The main difference between moas from other birds is that moas have

.....................................·

3 One special characteristic of moa .... is that they can find food by themselves.

4 The teacher's .... to the study about moas was predictable.

5 The student enjoyed the lecture because he was .... by the lecturer.

6 According to the report, ... caused moas' extinction.

7 The Northern Island Moa is considered as the species' ....·

8 There are very little .... left of the moas that lived by the coast.

9 It was discovered that stout-legged moas have ....·

10 The research showed that the eastern moa had a tendency to eat at ....·

Marketing research

1 The marketing research team aims to discover whether or not the drink is

....

2 To be able to get the results they need, they must conduct a research ....

3 Sophia has fulfilled her responsibility, so it's Philip's turn to take charge of

....

4 Sophia and Philip's goal is to provide a .... of the product.

5 The first .... of the marketing research paper should be finished within this week.

6 They are also responsible for checking and comparing the .... of similar products.

7 Sophia told Philip that he can borrow a .... from her study materials.

8 Philip discovered that the booklet had a very useful .... that could guide him in his tasks.

9 Both Sophia and Philip have to contact shop .... to ask about sales and product reviews.

10 Sophia discovered that if she wants to advertise, she will have to prepare a

.........................·

1   Aiden found out that he was in trouble when he realised he couldn't read

....

2   Aiden decided not to record the class content because he didn't want to

.... to it again.

3   Olivia told Aiden that her method for note-taking involves just writing down

....

4   Aiden now knows that all he needs to do during the course is to just write down

....

5   He's slowly learning which .... he should be taking note of during lectures.

6   Aiden has also learned how to pay attention to the lecturers .... to determine when something important is coming up.

7   The part that the boy liked most in the course was the class on ....

8   The other thing that the boy liked in the course was the lessons on ....

9   Meanwhile, what Olivia liked in the course was the studies on ....

10   The other thing that Olivia liked in the course was the .... class.

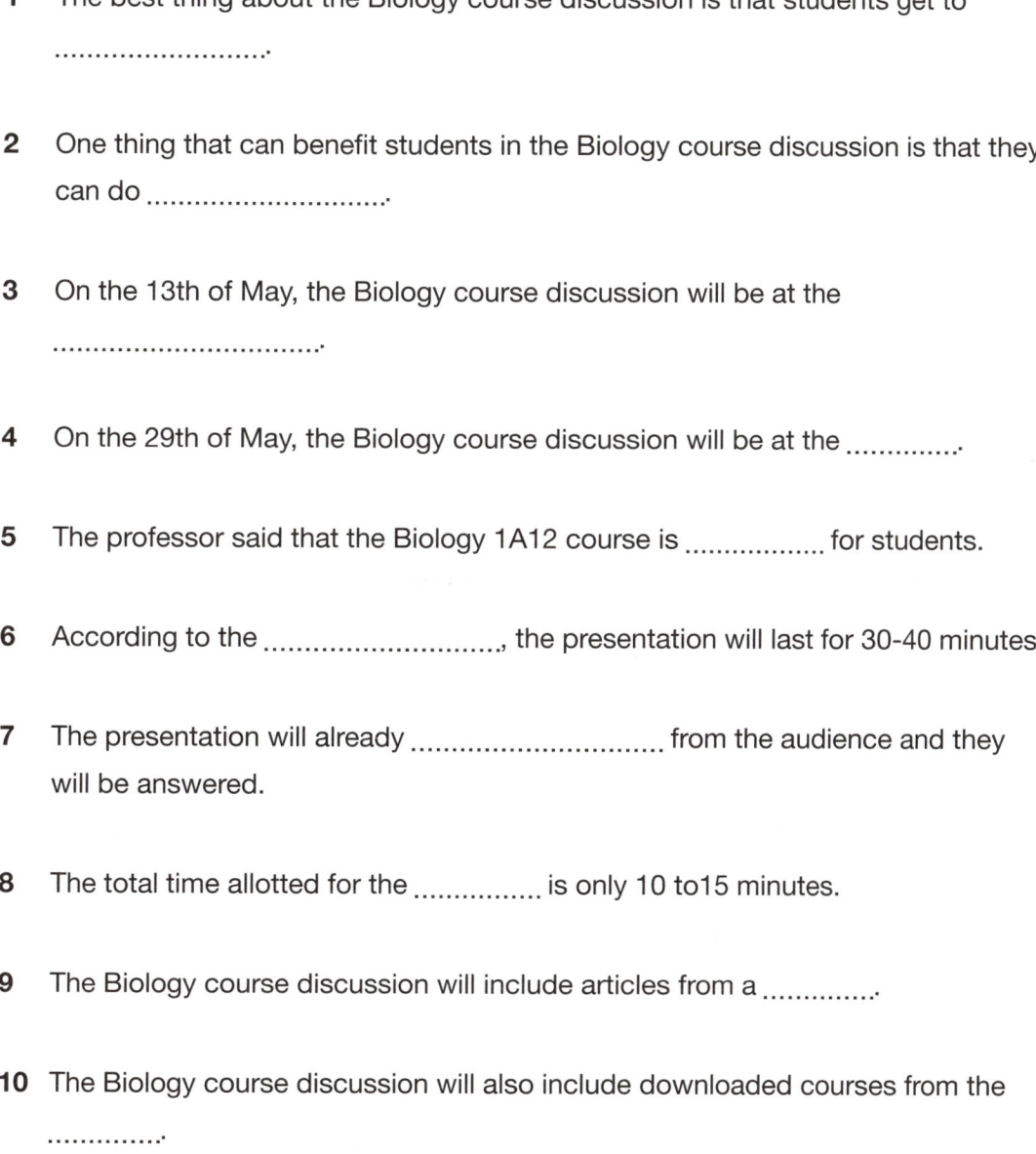

74 Biology course discussion

1   The best thing about the Biology course discussion is that students get to

....

2   One thing that can benefit students in the Biology course discussion is that they

can do ....

3   On the 13th of May, the Biology course discussion will be at the

....

4   On the 29th of May, the Biology course discussion will be at the ....

5   The professor said that the Biology 1A12 course is .... for students.

6   According to the ...., the presentation will last for 30-40 minutes.

7   The presentation will already .... from the audience and they

will be answered.

8   The total time allotted for the .... is only 10 to15 minutes.

9   The Biology course discussion will include articles from a ....

10 The Biology course discussion will also include downloaded courses from the

....

1 The assignment has to include relevant information about the history of the

....

2 His uncle has a house in that the area and this is his reason for .... this
topic for the assignment.

3 The records he found about his uncle's house included a well-made

....

4 He was very excited to use the .... from the library for his
research.

5 He believes that the architects should have made separate drawings of the

....

6 If permitted, he would pick a .... for analysis.

7 However, it was emphasised to him that the .... of the house should be
fully discussed.

8 Apparently, he has to find out exactly what the .... is.

9 Another thing that should be put in consideration is the building's ....

10 The assignment also requires him to write down questions that are yet

....

1 The students who wanted to teach children were able to get permission to visit the ....·

2 Both students chose not to use a worksheet because they didn't want their lessons to be ....·

3 Their purpose of doing this is to teach children how to identify the .... by putting animals in the order of the chain.

4 The professor advised the students to provide .... in the class.

5 They decided to let the children watch a movie instead of letting them see real animals because it was more .... and easier to control.

6 The students were very happy because all the children in the class ....·

7 One of the activities they had the children to do was to .... in pairs.

8 Another activity which the whole class had to do was to ....·

9 The other activity required each child to ....·

10 Another activity required each child to .... for the class.

77   Fiona and Daniel organising a debate

1   Fiona decided to organise and join the debate after .... with a friend.

2   Fiona and Daniel can practice their listening and .... through debating.

3   Fiona and Daniel planned their debate by selecting people from a .... themselves.

4   The participants were divided into .... to involve everyone in the debate.

5   People with .... generally don't participate in activities like debates.

6   After the debate, the lecturer will be .... on their writing.

7   The procedure will include giving handouts that have major .... indicated in the summary.

8   While article handouts are being given, judges should take note of every participant's ....

9   The participants' ability to .... and write instructional materials on the board will be analyzed.

10   The debaters are required to write a summary draft and give a ....

78 Sick students return to discuss the problems of learning

1 Since Keira confirmed that emails are okay, she's going to send the project plan to the teacher as an ....

2 There are certain periods where groups A & B are asked to carry out

....

3 According to Keira, the 5th of November is the deadline for submitting the

....

4 The students are discussing about the format of the assignment, which will include individual .... in the last stage.

5 Group 1 will be interviewing employees at the University's ....

6 Group 2 will handle the topic related to attitudes toward ....

7 Group 3 will be interviewing members of the university student union, as well as .... employees.

8 Group four's topic will be on ....

9 Group five's topic will be on ....

10 Members of group 5 will be interviewing officials at the ....

1   The teacher advised Tom to make .... before submitting his draft.

2   The students chose the One World Company market because it's ....

3   The teacher suggested that the students should change their way of ....

4   The other advice that the teacher gave the students was to do a .... of their topic.

5   If it is out of the assessment rubrics, the .... may not truly reflect the quality of the report.

6   The students were advised to spend their time and energy in enhancing their .... and to watch how it affects their report.

7   One of the problems with the reference part is that the data in the book is ....

8   The problems with the reference part stem from the fact that the book is somewhat ....

9   The tutor suggested that the students should keep an eye on the .... on their next presentation.

10 The tutor suggested that the students take time to handle .... on the next presentation.

1   The book report should include a reference page to cite sources such as periodicals and ....

2   The reference page should include citations for information gathered from the ....

3   Author-date is one of the two styles of referencing that is more appropriate for ....

4   The .... signals the reader with the information of source they used by a superscript number at the end of each sentence.

5   All references must be .... out at the end of the article on a new page.

6   Based on the requirements, ... is a must to create a clear distinction between the paragraphs.

7   Aside from the double line space, ... are also required to be 3.25.

8   In addition to the margins and spacing, the title must also be in ....

9   Another requirement is to have the page numbers placed on the ....

10 Furthermore, the coversheet should be clearly marked with the report ....

1 Dialogue between a supervisor and two business research students

1. 대부분의 기업들은 보통 두 가지 혹은 더 많은 상품들을 내놓지만 그 기업은 한 가지 상품을 전문으로 합니다.
2. 이 사업 제휴 프로젝트는 뉴스 보도를 통해 만들어졌습니다.
3. 그 기업의 조사 방법론에는 계정 정보를 확인하는 것이 포함됩니다.
4. 두 학생들은 대면한 인터뷰를 하기로 결정했기에 방해가 적습니다.
5. 지도교수에 따르면, 설문지는 평범했다고 했습니다.
6. 그 기업은 새 소프트웨어 때문에 새로 입사한 직원들이 더 많습니다.
7. 새 소프트웨어는 기업의 이윤을 올리는 데 도움이 되었습니다.
8. 그 기업은 새 소프트웨어 때문에 인건비를 삭감할 수 있습니다.
9. 새 소프트웨어는 고객들이 디자인에 더 몰두할 수 있도록 해줍니다.
10. 고객들은 새 소프트웨어 덕분에 시간을 더 절약할 수 있습니다.

ANSWERS

1. specialises	2. news reports
3. methodology	4. less disturbance
5. average	6. employed workers
7. profit margin	8. labour cost
9. design	10. save more time

2 Teaching methods

1. 전문 학습이라는 책을 쓴 새로 온 선생님은 학생들 사이에서 매우 유명합니다.
2. 책에서 다룬 연구 기법 중의 하나는 팀 연구 기술입니다.
3. 발표의 목적은 연구 분야에서 공동 작업의 문화를 강조하기 위한 것입니다.
4. 주된 전문적인 관찰 방식은 학생들의 행동에 중점을 뒀습니다.
5. 제시된 전문적인 관찰 방식은 일기를 쓰는 것이 요구됩니다.
6. 관찰 점검표의 주요 항목들 중 하나는 비디오 녹화를 시행하는 것입니다.
7. 책에 강조된 또 다른 전문적인 관찰 방식은 수업 모의 실험입니다.
8. 설문지는 시행한 실험의 검사 결과를 평가하는 것입니다.
9. 통계 자료는 인터넷의 전문적인 관찰 방식을 통해 얻어집니다.
10. 통계에 근거한 관찰 방식에는 인터뷰를 위해 본인의 설문참여자를 선택하는 것이 포함됩니다.

ANSWERS

1. Professional Learning	2. team research
3. collaborative	4. behaviour
5. diary	6. video recording
7. simulation	8. test results
9. Internet	10. respondents

3 Two students discussing their report

1. 대학 수업에는 위급 상황을 처리하고, 방지하고 해결하는 데 적용되는 조직화된 단계들과 절차들에 대해 배우게 되는 위기 관리가 포함되어 있습니다.
2. 맨체스터에 있는 과정에는 지하 시스템의 진행 상태를 모니터 하는 것이 포함됩니다.
3. 리버풀 과정은 학생들이 향후 승인 신청서를 위해 프로그램 평가를 요청하는 것을 필요로 합니다.
4. 리즈에서 시행한 팀워크 활동은 학생들과 교사들에게 아주 멋진 경험입니다.
5. 고용주들은 종종 강력한 지도력이 있는 직원을 구하기 때문에 글래스고에 있는 학생들은 이런 면에서 앞서기 위해 훈련을 받습니다.
6. 예산 관리는 모든 종류의 프로젝트에서 성공할 수 있는 아주 중요한 요소이기 때문에 카디프의 과정은 이에 중점을 두고 있습니다.
7. 가스 발생기는 환경 문제를 해결하는 데 도움이 되기 위해 일부러 만든 것입니다.
8. 수익 부족 문제는 가스 발생기의 생산에 중대한 봉쇄 원인입니다.
9. 새로운 온실 설계는 음식의 영양학적 가치를 높일 수 있다는 점에서 의미가 있습니다.
10. 새로운 온실 설계는 농업 생산량을 높일 것이기에 더 많은 농부들이 자녀들에게 교육을 제공할 수 있게 될 것입니다.

ANSWERS

1. crisis	2. monitoring
3. program assessment	4. team building
5. leadership skills	6. budget
7. environment	8. insufficient revenue
9. increase the nutrition	10. education

4 Influence of art and music on patients

1. 이전에는 병원에서 심리적 문제가 있는 심장병 환자들이 음악을 통한 치료에 집중을 할 수 있도록 도왔습니다.
2. 병원들은 환자들이 사소한 문제에 집중하지 못하도록 하기 위해 치료 과정에 미술과 음악을 포함합니다.
3. 조가 연구에 대해 가장 높이 평가하는 것은 관리 문제가 얼마나 잘 처리가 되었는가 였습니다.
4. 끊임없는 적대감은 혈압을 높게 할 수 있고 심장마비의 위험을 증가시킬 수도 있습니다.
5. 여러 진료소에서 모은 세부사항에 따르면, 어린이 환자들은 대체로 약물 치료에 들이는 시간이 더 적습니다.
6. 임상 연구에서 모은 자료에 근거하면, 미술과 음악은 응급 의료 환자에게는 거의 영향을 미치지 못한다고 합니다.
7. 여러 진료소에서 모은 자료는 수술 환자들은 대부분 재활훈련에 시간을 덜 들인다고 보여줍니다.
8. 여러 진료소의 결과는 일반적인 임산부들의 혈압 수치는 평균이라고 했습니다.
9. 여러 진료소에서 모은 정보는 의사와 환자 사이의 긴밀한 협조가 의료 치료가 성공하는 데 필수적인 것이라고 보여줍니다.
10. 여러 진료소에서 모은 자료는 치료 과정에서 라이브 음악이 미술보다 더 도움이 되었다고 나타냈습니다.

ANSWERS

1. psychological problems	2. minor issues
3. management issues	4. blood pressure
5. medication	6. impact
7. surgery patients	8. pregnant women
9. cooperation	10. live music

5 Curricular assessment and evaluation

1. 선생님은 다이애나에게 다양한 생산 절차에 대해 더 공부를 해야 한다고 권했습니다.
2. 선생님은 제인이 제품 품질 관리에 대해 더 배워야 한다고 했습니다.
3. 평가 후에 선생님은 마크에게 마케팅 방식을 배우는 데 중점을 두라고 조언을 했습니다.
4. 졸업 예정 고등학생은 개인 교사에게 다음 해 시험을 준비하라는 조언을 받았습니다.
5. 윌 박사는 고용주들을 끌기 위한 좋은 연락처 페이지를 만드는 데 필요한 자료들을 제이크에게 주었습니다.
6. 윌 박사는 셸리의 취업 지원서를 도와주기 위해 추천서를 줬습니다.
7. 조사에서 학생들은 개인 지도 시스템으로 긍정적인 경험을 했다는 것을 보여주었습니다.
8. 기술의 발달에도 불구하고 도서관은 주요 정보 자원으로 남아 있다는 것은 누구도 부인할 수 없습니다.
9. 수업 그룹에서, 다양한 인식들이 충돌해서 의견 차이를 만들어내는 것은 정상적인 것입니다.
10. 수업 그룹은 프린터와 IT 서비스는 프로젝트를 완성하는 데 필요하지 않다고 결정했습니다.

ANSWERS
1. manufacture
2. quality control
3. marketing
4. gap year
5. good contact
6. reference letter
7. positive experience
8. information resource
9. create disagreement
10. not necessary

6 Discussing about the assignment project

1. 그 제안은 적절한 건설적인 피드백과 함께 학생들에게 돌아갈 것입니다.
2. 그 제안은 주로 개발되고 프로젝트에 적용되었던 방식을 강조할 것입니다.
3. 학생들은 제안서의 단어 제한을 포함한 엄격한 규칙들을 따라야 합니다.
4. 섹션 A 규칙에서는 프로젝트의 소규모 관찰에 대한 피드백뿐만 아니라 인터뷰도 포함되어야 한다고 합니다.
5. 섹션 B에서는 과제 발표에 올바른 공식 글꼴을 사용해야 한다고 합니다.
6. 과제 발표에 대한 섹션 B에 명시된 대로, 프로젝트가 예정보다 빨리 될 때만 변경이 될 수도 있습니다.
7. 과제 발표에 대한 섹션 B에는 메모는 미리 보내서 지도교수에게 반드시 알려야 한다고 나와 있습니다.
8. 과제를 발표하는 것에 대해 섹션 B에서는 파일 두 개의 복사본이 제공되어야 한다고 나와 있습니다.
9. 과제는 5월 11일 마감일까지 혹은 그 전에 제출을 해야 합니다.
10. 학생들은 프로젝트의 절차에 집중을 해야 합니다.

ANSWERS
1. feedback
2. method
3. strict rules
4. small-scale observation
5. correct formal font
6. changed
7. note
8. 2 copies
9. deadline
10. procedures

7 Discussion about the presentation

1. 발표를 위한 프로그램 안내서에 나와 있는 날짜는 10월 15일입니다.
2. 비유는 발표자가 내용을 요약하고 참가자들에게 동기를 부여하며 그 과정에 참여하도록 하는 데 도움이 될 것입니다.
3. 발표의 목적은 프로젝트의 관련 있는 사회적 내용을 다루기 위한 것입니다.
4. 책의 가치를 확인하기 위해 구매자들과 수집가들은 논평과 비평을 이용할 수 있습니다.
5. 발표에 도움이 되기 위해 소프트웨어 프로그램들을 쓸 필요가 있을 것입니다.
6. 심사위원들은 그들의 평가를 발표 파일의 내용과 구성, 외관에 근거를 둘 것입니다.
7. 실제 발표를 하는 동안 슬라이드 하나만 보여줄 수 있을 것입니다.
8. 발표자들은 발표를 하는 동안 책을 크게 소리 내서 읽지 않는 것이 좋습니다.
9. 발표자들은 슬라이드 발표에 너무 많은 색과 글꼴들을 사용하지 않는 것이 좋습니다.
10. 심사위원에 따르면, 발표는 미리 제작이 되어야 합니다.

ANSWERS
1. program guide
2. content
3. social
4. value
5. assist
6. organisation
7. slide
8. read aloud
9. colours and fonts
10. filmed

8 Discussion among students about their universities

1. 콘 대학의 학생들은 최소 4년 동안 공부를 해야 합니다.
2. 한스 대학의 학생들은 전공에서 현장 과목은 필수라고 합니다.
3. 콘 대학의 학생들은 과정에 세미나와 강의가 둘 다 포함되어 있다고 합니다.
4. 한스 대학과 콘 대학의 학생들은 상당히 드물지만 그들에게 과제를 요구하는 것이 필수라고 합니다.
5. 포르투칼에서 한 연구의 목적은 생태계를 조사하기 위한 것이었습니다.
6. 한스 대학의 학생들에 따르면, IT 학부는 학생들이 어떤 장비든 빌려가는 것을 허용합니다.
7. 콘 대학의 학생들은 현장에 갈 때 지도를 가지고 가야 합니다.
8. 대학생들이 내야 하는 기숙사비에는 생활비가 포함되어 있지 않습니다.
9. 대학생들이 출간한 책의 이름은 조사 방법이었습니다.
10. 학생들은 모임 후에 박물관에서 하는 곤충 전시회에 가기로 했습니다.

ANSWERS
1. minimum
2. compulsory
3. seminars and lectures
4. assignment
5. ecosystem
6. equipment
7. map
8. living expenses
9. Survey Methods
10. insect exhibition

9 Discussion of a television program

1. 제인은 그 TV 프로그램이 서부극이었지만 다큐멘터리였다고 생각했습니다.
2. 여성들에게는 여행에 관한 그 프로그램이 인상적이었습니다.
3. 그 남자는 통계 결과가 부정확하고 불완전하다고 생각합니다.
4. 연구에 따르면, 드라마를 볼 가능성이 더 높은 연령대는 14~15세라고 합니다.
5. 연구에 따르면, 영국과 미국에 있는 사람들은 가끔씩 TV 프로그램을 시청한다고 합니다.
6. 드라마 제작 초기에는 줄거리를 논의하기 위해 회의를 엽니다.
7. 줄거리 회의를 하고 난 후, 드라마 제작의 다음 단계는 모임 시기를 계획하는 것입니다.
8. 계획이 끝나면, 4주 내에 추가 논의를 할 것입니다.
9. 장기간의 논의가 끝나면 새 드라마 제작이 시작됩니다.
10. 제작이 끝나면 비디오테이프 편집자들은 최종판을 정합니다.

ANSWERS

1. documentary	2. inspiring
3. inaccurate	4. 14-15 year olds
5. once in a while	6. conference
7. planning	8. 4-weeks
9. production	10. videotape editors

10 Discussion about medicine course

1. 수료 과정이 너무 힘들어서 그들은 간호학을 선택하지 않았습니다.
2. 의학을 계속해서 하고 싶은 학생들은 먼저 생물학을 시작해야 합니다.
3. 수업을 듣게 될 젊은 사람들은 요리 수업을 통해 함께 작업하는 것을 배우게 될 것입니다.
4. 기관에 있는 과정 중 하나는 장애인을 전문으로 합니다.
5. 대학의 기본 과정을 마치는 데 4년이 걸립니다.
6. 교수님은 학생들이 한 과목에만 집중을 하도록 제안했습니다.
7. 그녀는 제공이 되는 수업들과 국제적인 명성 때문에 그 학교를 선택했습니다.
8. 학생들은 학교에서 누군가가 쓴 책을 선택해야 합니다.
9. 가장 중요한 것은 직접 질문을 해서 지도교수의 이력을 조사하는 것입니다.
10. 빨리 결정이 되지 않는다면 그 상황은 불확실한 채로 남아 있을 것입니다.

ANSWERS

1. diploma	2. biology
3. cooking classes	4. disabilities
5. standard course	6. one subject
7. international reputation	8. written
9. tutor	10. remain uncertain

11 Reliability of witness report

1. 사람들은 두 번째 목격자의 자신감 때문에 그녀가 더 신뢰가 간다고 생각했습니다.
2. 연구에서 가장 놀라운 부분 중 하나는 책에 있는 자료가 오래 전에 수집된 것이었다는 것입니다.
3. 가장 중요한 증거가 흐릿한 영상의 빛이었다는 것에 둘 다 동의했습니다.
4. 검사는 범행을 목격했다고 생각하지 않는 사람들은 단순한 목격자들이라고 했습니다.
5. 그들은 잘못된 증언을 바꾸지 못했고 법의 결과로 이어졌습니다.
6. 배심원들은 실제 상황과 주관적인 생각을 구분하지 못했습니다.
7. 전파 탐지 계량기는 낯선 환경을 가장 두려워하는 사람들은 노인들이라고 보여줍니다.
8. 공개 질문은 배심원들이 전혀 이해할 수 없는 증거로 인해 그들을 당황하게 하고, 좌절감을 느끼고 혼란스럽게 만들었습니다.
9. 밀착 수사에서 증인석에 있는 아이들은 절대 진실과 거짓을 말하지 않았을 것이라고 밝혀졌습니다.
10. 그 여성은 인터뷰 과정을 불신하는 듯했고 정보가 어떻게 사용될지에 대해 의심했습니다.

ANSWERS

1. confidence	2. data
3. vision light	4. crime
5. law consequence	6. subjective idea
7. unfamiliar environment	8. testimony
9. truth and lie	10. distrust the interview

12 Discussion about rebuilding the city

1. 설문 응답자들은 그 지역에서 생활을 하는 사람들입니다.
2. 응답자들은 웹사이트를 통해 직접 답을 하고 설문지 끝에 전자 서명을 첨부하라는 지시를 받습니다.
3. 사람들이 그 시대의 건물과 건축물들을 볼 수 있도록 지도 설계를 만들어서 디지털 역사 기록 보관소에 추가합니다.
4. 지도교수는 발표는 대표자들이 해야 한다고 생각합니다.
5. 설문지 결과는 양측의 주장을 모두 고려하기 위해 사용됩니다.
6. 두 학생들은 설문 프로젝트의 결과로 선생님들의 존중을 얻었다고 생각합니다.
7. 지도 내용에 대한 정보는 국제 언론인의 조언을 필요로 합니다.
8. 설문지 내용을 위한 사진들은 지역신문에서 제공해야 합니다.
9. 설문 조사에 필요한 자료를 완벽하게 만들기 위해 필요한 예산은 위원회 회의에서 논의가 되어야 합니다.
10. 라디오 해설가들은 아침 방송을 하는 동안 설문 조사와 그 내용에 대해 토론을 할 것입니다.

ANSWERS

1. survey questionnaire	2. electronic digital
3. digital history	4. representatives
5. consideration	6. respect
7. journalist	8. local newspaper
9. council meeting	10. broadcast

13 Discussing soil problems

1. 건조한 토양을 사용해서 이산화탄소를 담아내는 것이 더 빠릅니다.
2. 쓰레기를 콘크리트 첨가제로 응용하고 사용하는 것에는 이점이 있습니다.
3. 지도교수에 대한 잠재적인 위험 때문에 헥터의 기사에서는 그 문제가 무시되었습니다.
4. 전문 도구나 기구들을 사용함으로써 해로운 영향을 줄일 수 있습니다.
5. 그 여자의 연구에서 가장 흥미로운 부분은 그녀의 연구의 지리적 범위입니다.
6. 그 남학생은 몇 가지 규정들을 도입하기 위해서 새로운 법안이 만들어져야 한다고 제안했습니다.
7. 헥터와 플로시아는 논문에 대해 비슷한 견해를 가지고 있어서 새로운 근본적인 조사 방식을 적용하자는 제안을 했습니다.
8. 플로시아에 따르면, 도전은 독자들이 글을 읽을 때 더 흥미를 느낄 수 있게 하는 어려움을 극복하는 것이라고 합니다.
9. 논문에 대한 헥터의 관점은 논문이 먼 미래에까지 미결인 채로 남아 있는 문제들을 해결하는 데 도움이 안 된다는 것입니다.
10. 헥터에 의하면, 논문에는 폭 넓은 연구와 조사가 포함되어야 한다고 합니다.

ANSWERS

1. dry soil
2. use of waste
3. potential danger
4. specialised tools
5. geographic range
6. new law
7. radical research method
8. challenge
9. unsolved
10. research

14 Methods for language learning

1. 연구보고서는 각 방에서 녹음 장비를 사용하여 모았던 결과들을 바탕으로 했습니다.
2. 벤은 아이의 허락이 없이 녹음을 했기 때문에 녹음은 부적절했다고 생각했습니다.
3. 벤은 녹음된 대화에서 부모들이 사용한 간소화된 언어 때문에 검사 결과를 믿지 못합니다.
4. 그 여성이 질문을 했을 때 그녀는 프랑스어를 배우는 가장 좋은 방법은 문법을 이해하는 것이라고 들었습니다.
5. 벤은 자신감이 있기 때문에 역할극 대화를 하면서 외국어를 배우는 것을 좋아합니다.
6. 생각과 필요, 욕구, 아이디어들을 표현하는 능력은 구두 표현이라고 알려져 있습니다.
7. 선별된 비디오 면접이 언어를 배우는 방법으로 사용이 될 수 있습니다.
8. 그 여자는 외국어를 배우는 또 다른 방법이 일기를 쓰는 것이라고 말합니다.
9. 그 남자는 자료를 분석할 때 주된 어려움 중 하나는 흔히 발생하는 기술상의 오류라고 합니다.
10. 그 남자는 자료를 분석할 때 주된 어려움 중 하나가 녹음에서 흔히 발생하는 중단이 되는 것이라고 합니다.

ANSWERS

1. recording equipment
2. permission
3. simplified language
4. grammar
5. confident
6. oral expression
7. video interviews
8. diary
9. technical errors
10. interruption

15 An investigation of SUVs

1. SUV 혹은 스포츠 범용차는 도시에서 사용되는 스테이션 왜건이나 왜건형 차와 유사합니다.
2. 스포츠 범용차의 한가지 장점은 좀더 넓은 다용도 공간이 있다는 것입니다.
3. 스포츠 범용차의 또 다른 장점은 엄마들이 그 차를 안전한 차로 여긴다는 것입니다.
4. SUV의 큰 장점은 좌석이 더 높고 운전자들에게 넓은 시야를 제공한다는 것입니다.
5. 스포츠 범용차는 다용도이고 상업적인 용도로 편리합니다.
6. 스포츠 범용차는 일반 자동차보다 연료를 더 많이 사용하기 때문에 스포츠 범용차의 한가지 단점은 연료비가 더 높다는 것입니다.
7. 스포츠 범용차의 단점은 전복되기 쉽다는 것입니다.
8. 스포츠 범용차 혹은 SUV는 무게 때문에 위험할 수 있습니다.
9. 정부는 스포츠 범용차를 도시에서 금지시키고 농부들로만 제한을 하도록 권고했습니다.
10. 정부의 권고는 도시에서 SUV 사용자들의 수를 제한하기 위해 보험료를 인상하는 것이 가장 좋을 것이라고 합니다.

ANSWERS

1. cities
2. larger utility capacity
3. safe cars
4. higher seats
5. commercial applications
6. cost of fuel
7. easily roll over
8. weight
9. restricted to farmers
10. insurance

16 Introduction to the mini rocket DIY module

1. 로켓 1의 동력에 사용되는 압축 공기에 대한 아이디어는 인터넷에서 가져왔습니다.
2. 로켓 1의 문제점 중 하나는 앞 머리가 빠져나가지 못한다는 것입니다.
3. 압축 공기 대신에 로켓 2를 나아가게 하기 위해 사용한 동력은 증기력입니다.
4. 금속제 원통으로 만들어진 로켓 2의 메인 케이스에 대한 아이디어는 지도교수로부터 받았습니다.
5. 로켓 2의 모델은 새 둥지를 본떠 만들었습니다.
6. 로켓 1이나 2와 달리, 로켓 3의 동력 자원은 산소입니다.
7. 로켓 3의 아이디어들은 텔레비전 프로그램에서 영감을 얻었습니다.
8. 로켓 3의 메인 케이스는 플라스틱 병으로 만든 것입니다.
9. 로켓 3은 나무로 만든 덮개로 보호되어 있습니다.
10. 로켓 3의 문제점은 로켓이 만들어낸 염분은 깨끗하지 않다는 것입니다.

ANSWERS

1. Internet
2. stuck
3. steam
4. metal cylinder
5. bird's nest
6. oxygen
7. television program
8. plastic bottle
9. wood
10. pure

17　Research report writing

1. 그녀가 낮은 점수를 받은 이유 중 하나는 그녀의 문체 때문입니다.
2. 그녀가 이렇게 낮은 점수를 받았던 이유 중 하나는 제출을 늦게 해서 입니다.
3. 보고서가 낮은 점수를 받았던 이유 중 하나는 연구가 부족했기 때문입니다.
4. 커피 회사는 경제적 지원을 통해 선생님과 레나의 관계를 지원해야 합니다.
5. 연구 보고서에 나타난 대로, 자료는 이전의 양에 비해 세 배가 늘었습니다.
6. 선생님은 그 학생이 시장 확대에 대한 관련 세부 정보들을 포함시켜야 한다고 합니다.
7. 선생님은 모든 학생들에게 보고서에 참고 문서를 포함시키라고 요청했습니다.
8. 일반적인 표기 규칙과 규정 외에, 학생들은 최종 보고서에 8가지 제품들을 언급해야 한다는 것도 명시되어 있었습니다.
9. 보고서의 세부사항들 중 하나는 특정 기업이 그들의 커피 생산 사업을 운영하는 데 사용하기 위한 컴퓨터와 같은 장비를 산다는 것입니다.
10. 선생님은 학생들에게 경제개발경험지식 공유라는 제목의 프로그램을 보라고 조언했습니다.

ANSWERS
1. writing style	2. late submission
3. lack of research	4. financial aid
5. triple	6. market expansion
7. reference	8. products
9. computers	10. "Knowledge Sharing"

18　Report presentation

1. 연구 방법을 위해 사용된 오디오 녹음은 음질이 좋지 않았고 청중들의 참여도 부족했습니다.
2. 수학 연구에는 인터뷰 과정이 포함되어 있었는데 시간 지연과 선생님이 수업에서 말했던 것을 잊어버렸기 때문에 만족스럽지 않았습니다.
3. 언어 연구를 위해 사용된 방식은 현장 기록이고 연구 결과들은 선생님이 너무 많은 질문을 하게 되는 결과를 낳았습니다.
4. 언어 연구에 사용된 방식 중 하나는 학생 조사이지만 설문지에 문제점이 있었습니다.
5. 체육 수업 연구에 활용된 방식은 비디오 녹화입니다. 비디오 녹화는 소음이 너무 심하긴 했지만, 선생님은 그 학생을 더 많이 칭찬했습니다.
6. 선생님이 학생들에게 제안한 것 중 하나는 발표에 참고로 핵심단어를 사용하는 것이었습니다.
7. 선생님은 학생들에게 발표를 위해 전체 대본을 준비하라고 조언했습니다.
8. 선생님은 학생들에게 발표를 비디오로 녹화하라고 조언했습니다.
9. 선생님은 학생들에게 불가피한 변경을 해야 하는 시간을 갖기 위해 실제 발표를 하기 전에 며칠 동안 보고서 초안을 다시 읽어보라고 조언했습니다.
10. 학생들은 모든 것이 정확하기 위해 보고서를 교정하는 데 충분한 시간을 들이는 것이 좋습니다.

ANSWERS
1. sound quality	2. delays
3. too many questions	4. survey
5. too much noise	6. keywords
7. full script	8. video
9. report draft	10. proofreading

306

19　Discussion assignment

1. 아이리는 최근에 실험실에서 많은 시간을 보냈습니다.
2. 빌은 보고서를 완성하는 데 보탬을 준 김에게 정말 고마워합니다.
3. 김은 최근에 너무 바빠서 약혼자와 연락을 하는 것이 평소보다 훨씬 더 힘들다는 것을 알 수 있습니다.
4. 다른 프로젝트 팀원들은 자료 분석이 거의 끝났기 때문에 그들은 위협을 느꼈습니다.
5. 젠은 읽기 과제를 항상 끝냈기 때문에 프로젝트 참여 제안을 받았습니다.
6. 아이리의 방법론은 자료를 모으는 데 효율적이고 효과적이라고 입증이 되었습니다.
7. 김의 친구들은 그에게 더 많은 것을 기대했기 때문에 그의 결과에 실망했습니다.
8. 젠의 문헌 조사는 프로젝트를 완성하는 데 있어서 사실 큰 도움을 주지 못했습니다.
9. 빌의 참고문헌은 다른 학생들이 프로젝트에 필요한 정보를 결정하는 데 도움이 되었습니다.
10. 린다의 논의 제안은 오류를 확인하고 필요한 교정 작업을 할 수 있도록 해주었기 때문에 좋은 아이디어로 판명이 났습니다.

ANSWERS
1. lab	2. contribution
3. keeping in touch	4. data analysis
5. assignments	6. methodology
7. results	8. literature review
9. bibliography	10. discussion

20　Discussion about course issues

1. 다른 과목을 선택하는 것 대신에 그 여자 아이는 선생님이 잘 가르칠 거라 기대하며 경제학을 선택했습니다.
2. 그 남자가 좋아하지 않는 것 중 하나는 구두 발표 조건입니다.
3. 이 과목 수업 동안, 그 남자는 사업가와 두 번 인터뷰를 해야 했습니다.
4. 실무 능력 테스트를 받고 싶은 학생들은 먼저 두 명의 지도교수와 이야기를 해야 합니다.
5. 그 과정에는 IT 과목들이 포함되어 있지만 대부분은 인터넷과 관련이 있습니다.
6. 마케팅에 대한 수업을 듣는 학생들은 모델 가이드를 제공 받습니다.
7. 학생들은 신문에서 지역 경제에 대한 정보를 모읍니다.
8. 금융 수업을 듣는 학생들은 특정 컴퓨터 소프트웨어를 사용해야 합니다.
9. 학생들은 국가 산업을 다루는 과목과 관련 있는 간행물에 의존합니다.
10. 사업을 하는 사람들은 학생들에게 본인의 사업을 시작하는 것에 대해 조언을 합니다.

ANSWERS
1. economics	2. oral presentation
3. businessman	4. two tutors
5. the internet	6. model guide
7. local economy	8. PC software
9. national industry	10. own business

21 Two students discuss about picking a major

1. 레온은 관광 산업의 미래가 밝을 것이라고 생각하기 때문에 관광 산업을 공부하고 싶어 합니다.
2. 레온은 재무 계획 수업을 듣고 있어서 그의 동료들보다 유리합니다.
3. 레온은 자신을 더 뛰어나게 하는 중요한 능력은 독립심이라고 생각합니다.
4. 레온은 다른 대학교에서 기술 과정을 듣기로 했는데 유명하고 더 실용적이기 때문입니다.
5. 레온이 선택한 과정은 여행과 사업, 관광객 그리고 경제를 다루는 집중 수업을 포함합니다.
6. 레오가 선택한 과정은 지도력의 방식과 기술들을 강조하는 교양 과목을 포함하고 있습니다.
7. 일본어와 중국어는 언어 능력 발달을 위한 과정에 포함되어 있습니다.
8. 레온이 선택한 관광 산업 과정은 매우 집중적이고 광범위해서 심지어 의료 기술에 중점을 둔 과목도 포함합니다.
9. 레오가 선택한 과정은 학생들을 입학 등급이 아닌 전체적으로 보는 자율 입학제라는 제도가 있습니다.
10. 레오가 들을 과정에는 고객 관계 관리에 대한 과목도 포함되어있습니다.

ANSWERS

1. good future
2. financial planning
3. independence
4. more practical
5. intense class
6. leadership
7. language skills
8. medicine skills
9. flexible entry
10. customer relationship

22 Presenting a new system called JUST-IN-TIME

1. 론은 인터넷에서 저스트 인 타임의 창작자에 대해 많이 알아내지 못했지만 저스트 인 타임이라는 제목의 일본어 교과서를 찾아냈습니다.
2. 그 학생은 에세이에서 저스트 인 타임의 의미를 생략했습니다.
3. 그는 인터넷에서 정보를 충분히 찾지 못했지만 나중에 일본어 교과서에서 몇 가지 정보를 찾아냈습니다.
4. 서비스 제품은 책임을 지지 않아도 되기 때문에 저스트 인 타임 시스템은 서비스 산업에 맞지 않습니다.
5. 그 학생의 지난 발표에서 발표를 전달하는 속도는 너무 불규칙했습니다.
6. 청중은 학생의 지난번 발표는 너무 딱딱하다고 생각했습니다.
7. 그 학생이 발표에서 사용했던 단어는 너무 전문적이었기 때문에 많이 인정을 받지 못했습니다.
8. 그 학생의 지난번 발표의 아이디어들은 매우 빠르게 바뀌었기 때문에 변화가 너무 갑작스러웠습니다.
9. 그 학생이 지난번 발표에서 사용했던 사진들은 조사와 아무런 관련이 없었기 때문에 시각 이미지는 연관성이 없었습니다.
10. 학생은 그 주제를 좋아하지 않았기 때문에 발표에 열정적이지 않아서 그의 발표 수행은 썩 좋지 않았습니다.

ANSWERS

1. creator
2. definition
3. Japanese textbook
4. service products
5. too irregular
6. too formal
7. too technical
8. too sudden
9. visual images
10. too enthusiastic

23 Student participation in archaeological activities

1. 학생들은 활동에 참여하기 전에 동기가 부족하다는 것을 느꼈습니다.
2. 활동에 참여한 후에 학생들은 기록에 신경을 써야 한다는 것을 배웠습니다.
3. 활동을 하는 동안 카렌은 아주 오래된 천 조각을 발견했습니다.
4. 학생들은 그들이 연구했던 사람들이 먹었던 다양한 음식에 놀랐습니다.
5. 학생들은 사람들이 무엇이든 성취하기 위해 열심히 일해야 한다는 것을 알게 되었습니다.
6. 학생들이 발굴 과정에 도구를 찾는 것도 포함이 된다는 것을 배우는 것은 흥미로웠습니다.
7. 그들은 발굴 과정 동안 기록 용지를 작성하는 것에 그다지 관심이 없었습니다.
8. 발굴 과정 전에 포괄적인 계획이 있어야 합니다.
9. 발굴 과정 전에 먼저 해야 할 또 다른 단계는 흙 표본을 추출하는 것입니다.
10. 발굴 과정 동안 물건들이 발견될 때 고고학자들은 라벨을 붙이는 데 시간을 써야 합니다.

ANSWERS

1. lack of motivation
2. records
3. fabric
4. various food
5. work hard
6. looking for tools
7. recording sheets
8. comprehensive plan
9. soil samples
10. labelling

24 Presentation about essay marketing

1. 에세이의 문제점은 포함되어 있는 세부사항들이 관련이 없다는 것입니다.
2. 언론 광고 모듈에 기반을 둔 아이디어를 변경한다면 그 회사는 성공할 것입니다.
3. 그 발표는 이전에 청중과의 상호 교류가 부족해서 실패를 했었습니다.
4. 에세이 마케팅에 대한 그의 발표 자료의 출처는 그가 했던 실수들에 대한 책임이 없었습니다.
5. 그의 발표 자료의 출처는 믿을 수 없었고 발표 결과는 매우 지루했습니다.
6. 발표자는 청중과 눈을 마주치는 것에 준비를 해야 합니다.
7. 발표자는 질문과 답변을 준비해야 합니다.
8. 발표자는 추가한 에세이들을 명확하게 비교하고 대조할 수 있어야 합니다.
9. 발표자는 에세이의 논리에 초점을 맞출 수 있어야 합니다.
10. 발표자는 청중의 질문에 답을 할 충분한 시간을 남겨두어야 합니다.

ANSWERS

1. irrelevant
2. change the idea
3. audience
4. not liable
5. very dull
6. eye contact
7. answer part
8. compare and contrast
9. logic
10. enough time

25 | A discussion between a student and her tutor about her first draft

1. 지도교수는 그녀에게 여러 지역에서 찾을 수 있는 다양한 맛과 재료가 들어간 초콜릿 견본들이 있어야 한다고 말했습니다.
2. 지도교수는 초콜릿 판매를 확장시키는 것에 대해 그 학생이 썼던 세부사항들은 명확했다고 알려주었습니다.
3. 그 학생은 회사가 지역 관리자들을 교체하는 것은 비난 받아 마땅하다고 생각합니다.
4. 지도교수는 학생에게 그 회사의 사례는 지역에서 회사의 이득에 대해 간과했다고 말했습니다.
5. 그녀의 연구를 개선하기 위해 그 학생은 글로벌 경영의 집중화 라는 제목의 책을 더 읽어야 합니다.
6. 학생이 에세이에서 다룬 그 기업의 본사는 엘비스에 있었습니다.
7. 학생들의 에세이에는 기업 합병, 특별히 에머슨 기업과의 합병을 포함시킬 것입니다.
8. 소기업들은 항상 세계 시장에 너무 일찍 들어가려는 전형적인 실수를 합니다.
9. 소기업들은 세계 시장에 들어갈 때 시기 선택에 특별히 주의를 해야 합니다.
10. 그 학생의 초안에는 바비스의 특별한 협상 능력에 대한 부분이 포함되어 있습니다.

ANSWERS

1. tastes and ingredients
2. expansion
3. local managers
4. benefit
5. Global Management
6. head office
7. mergers
8. classic mistake
9. timing
10. bargaining power

26 | Content outline

1. 연구의 본질이 문화적인 신념과 상충할 수도 있다는 것은 세부내용 개요에서 주의해야 합니다.
2. 세부내용 개요에 포함되어야 하는 개선점이나 개발 계획이 세 가지 있습니다.
3. 연구 결과의 간략한 개요에는 내용 요약이 포함되어야 합니다.
4. 연구 절차에서 견본의 크기는 중요한 요소이기 때문에 견본의 정확한 크기는 선호도의 문제가 아닙니다.
5. 연구 세부내용 개요는 착수한 수행 목록을 분명하게 밝혀야 합니다.
6. 연구 세부내용 개요에서는 참여한 학생들의 수를 정확히 나타내야 합니다.
7. 연구 세부내용 개요는 실시한 인터뷰의 명확한 요약본이 있어야 합니다.
8. 연구 세부내용 개요는 지난 연구들의 참고 사항들을 알려야 합니다.
9. 연구 세부내용 개요에는 상세한 요약 보고서가 들어있어야 합니다.
10. 연구 세부내용 개요에서 25개의 항목들이 조사에 포함될 것입니다.

ANSWERS

1. nature of research
2. areas of improvement
3. research findings
4. size of sample
5. list of actions
6. number of students
7. interviews
8. previous studies
9. summary report
10. examination

27 | Academic group discussion

1. 학회 그룹 토론을 하는 동안 최근 여성의 특징으로 나타났던 것들에 대한 언급이 있었습니다.
2. 그 그룹은 몇몇 사람들이 순진하긴 하지만 얼마나 어리석은 방법인지에 대해 학회 토론을 했었습니다.
3. 그 그룹은 인간 본성에 대한 생각들과 통찰력에 대한 논의도 했습니다.
4. 다른 사람들에게 고의적으로 모질게 대하는 사람들이 있습니다.
5. 그 그룹은 토론과 강의가 체계적이었다는 의견을 가지고 있습니다.
6. 반면에, 그 그룹은 강의 후에 토론을 하는 시간이 충분하지 못했다고 생각했습니다.
7. 그 그룹은 또한 컴퓨터를 사용해서 만들어질 수 있는 개선 가능성에 대해 토론을 했습니다.
8. 복사 시설에서 개선되어야 할 사항들에 대한 토론도 있었습니다.
9. 그 그룹은 토론을 위한 회의 장소가 편리하고 찾기 쉬웠다고 생각했습니다.
10. 그 그룹은 토론이 나중 연구를 위해 매우 유용할 것이라고 생각했습니다.

ANSWERS

1. female character
2. foolish way
3. human nature
4. cruel
5. well-organised
6. insufficient time
7. computers
8. photocopy facilities
9. convenient
10. later study

28 | Job search discussion

1. 토론을 하는 동안 지원자들이 그들의 이름과 이메일 주소 같은 세부사항을 잠재적 고용주에게 제공하는 것은 당연한 것이라고 언급되었습니다.
2. 지원자들은 블랙스톤 건물 위층에 있는 301호로 이동해주세요.
3. 그 여자는 남자에게 지원자 선발을 위해 현대어 건물로 가야 한다고 말했습니다.
4. 집중 과정은 비용을 지불할 수 있는 지원자들만 이용할 수 있다고 들었습니다.
5. 지원자들은 자료실에서 멀티미디어 자료를 이용할 수 있다고 들었습니다.
6. 구직자들은 질문이나 우려되는 부분, 불만사항이 있으면 법률 부서로 가보라는 조언을 들었습니다.
7. 잔이 일을 할 때 가장 중요하게 여기는 요소는 신중한 언어입니다.
8. 잔이 일을 할 때 중요하게 여기는 다른 요소는 구분을 하는 것입니다.
9. 구분하는 것 외에, 잔은 일을 할 때 단순화하는 것 또한 중요하다고 생각합니다.
10. 마지막으로, 잔이 일을 할 때 가장 중요하게 생각하는 요소는 요약을 하는 것입니다.

ANSWERS

1. e-mail address
2. upper level
3. Modern Languages
4. intensive courses
5. multimedia resources
6. Law Department
7. cautious language
8. classifying
9. generalizing
10. summarising

29 Torero tutorial on African art in Nigeria

1. 그는 이전에 아프리카 예술을 다루었던 전시회에 방문을 했었기 때문에 그들은 나이지리아의 아프리카 예술 주제를 선택했습니다.
2. 그는 신문사의 도움으로 자금 지원을 받을 수 있다고 들었습니다.
3. 그는 또한 예술 단체로부터 자금을 얻을 수 있다는 것도 알아냈습니다.
4. 자세하지는 않지만 그는 자금에 대한 추가 정보를 시청에서 얻을 수 있다고 들었습니다.
5. 그에 의하면, 나이지리아의 아프리카 예술은 주로 그들의 신앙에 초점을 맞추고 있다고 합니다.
6. 그의 정보는 한계가 있었지만 현지 사람들은 그가 잘 몰랐던 자료와 주제들을 모으는 데 도움을 주었습니다.
7. 그가 설명한대로, 대부분의 아프리카 조각품들은 역사적으로 나무와 다른 천연 재료들로 만들어졌습니다.
8. 나이지리아는 예술 전통이 수천 년이나 되었다고 그는 계속해서 설명했습니다.
9. 해설이 제공되었던 박물관에는 아프리카 공예품 가게가 있습니다.
10. 해설을 하는 동안 얘기를 했었던 대부분의 예술품들은 나이지리아와 다른 아프리카 국가들의 다양한 기원의 행사들과 관련이 있습니다.

ANSWERS
1. exhibitions	2. newspaper agency
3. art organisation	4. additional information
5. beliefs	6. data about subjects
7. wood	8. artistic tradition
9. crafts	10. various origins

30 New grinding machine

1. 분쇄기의 맨 윗부분에는 조절 장치가 있습니다.
2. 조절 장치 아래의 기계 중간 부분에는 날과 알갱이 파쇄기가 부착되어 있는 망치가 있습니다.
3. 망치와 날, 알갱이 파쇄기가 부착된 부분은 안전 보호막으로 덮여 있습니다.
4. 콩류와 화학 혼합물은 가루 배출구라는 분리된 용기에서 섞입니다.
5. 기계 중간 부분에는 망치와 날, 알갱이 파쇄기가 있습니다.
6. 가루 배출구는 콩류와 화학 혼합물이 섞이는 곳입니다.
7. 전통 기계의 문제점은 쉽게 파손이 되는 부분이 있다는 것입니다.
8. 새 인큐베이터의 장점은 전기가 필요 없다는 것입니다.
9. 이러한 새로운 기계를 만드는 학생의 목적은 그 과정에서 전통 기계의 견과류의 양을 늘리기 위한 것입니다.
10. 이 새로운 기계를 사용할 때 필요한 유일한 에너지는 인력입니다.

ANSWERS
1. regulator	2. hammer
3. plate safety shield	4. flour outlet
5. grain shatter	6. chemical compound
7. easily damaged	8. require electricity
9. improve the quantity	10. manpower

31 Biology report

1. 우리가 듣는 과목은 사람의 수면 습관과 같은 신체 활동에 중점을 둡니다.
2. 수업을 듣는 학생들은 신체 활동표를 완성해야 합니다.
3. 제인은 일반적으로 사람들이 신체 활동을 하는 시간이 충분하지 않다고 합니다.
4. 그 과목은 또한 혈압과 심장병, 식습관 장애에 대한 연구에 초점을 맞추고 있습니다.
5. 제인의 예비 조사에서는 학교 운동장의 공간이 부족해서 학생들이 고혈압을 겪을 수도 있다고 보여줍니다.
6. 그 과목은 다양한 사회 계층의 스트레스 수치와 관련된 연구에 초점을 맞추고 있습니다.
7. 그 수업을 듣는 학생들은 다른 학생들과 비교할 수 있는 스트레스 수치 차트를 만들어야 합니다.
8. 제인의 예비 조사에서는 학교 운동장 사용이 무료이지만 항상 닫혀있기 때문에 학교에서의 스트레스 수치가 높다고 보여줍니다.
9. 생물학 수업은 문제의 주 원인에 초점이 맞춰 있습니다.
10. 제인의 예비 조사는 학생들의 자료가 충분히 명확하지 않기 때문에 과제중의 주제에 대한 조사를 더 해야 한다고 합니다.

ANSWERS
1. sleeping habits	2. physical activity chart
3. time	4. diet
5. lack of space	6. social groups
7. students	8. closed
9. main causes	10. clear enough

32 Study of obesity in children

1. 연구에 따르면, 아이들의 비만은 2배 이상 증가했습니다.
2. 연구자들은 식습관보다 운동에 더 관심이 있었습니다.
3. 교수님은 더욱 정확한 데이터 통계를 얻어야 했다고 생각합니다.
4. 요즘 차 두 대를 가지고 있는 가족들의 주된 원인은 부모들이 아이들을 차로 통학시켜줘야 하기 때문입니다.
5. 자녀들을 운전을 해서 통학시키는 학부모들은 더 많은 사고와 혼잡을 일으킵니다.
6. 연구자들이 부딪치게 되는 최근 문제점들은 풀기에 매우 복잡합니다.
7. 이번 실험에서 통제 집단의 기준은 비슷한 나이대입니다.
8. 이번 실험의 통제 집단의 기준은 학교와 동일한 거리입니다.
9. 연구에서는 걸어서 학교에 가는 것이 더 적은 비만율을 가져왔다는 것을 증명하려고 했습니다.
10. 연구는 스포츠 활동을 더 많이 하는 것이 비만율을 줄이는 데 도움이 된다는 것을 증명하려고 했습니다.

ANSWERS
1. doubled	2. exercise
3. data statistics	4. two-cars
5. accidents and congestion	6. current problems
7. similar age	8. same distance
9. less obesity rates	10. sport activities

33 Tutorial with a student

1. 지도교수는 과제의 주제가 유리 재활용에 초점을 맞춘 것이라고 학생에게 말했습니다.
2. 학생은 지도교수에게 친환경 폐기물 재활용에 대한 과제에 초점을 맞추고 싶었다고 말했습니다.
3. 광고는 직원들과 관리자들이 강의에 참여해야 한다고 말합니다.
4. 그 학생은 교육담당자를 찾기 위해 사무실에 왔습니다.
5. 그는 지난 20년간 일어났던 변화들을 알고 싶어 했습니다.
6. 연구 방식은 인터뷰와 데이터통계 사용으로 구성되었습니다.
7. 지도교수는 학생에게 학기 말에 그녀를 방문할 것이라고 알려줬습니다.
8. 그 학생은 일주일 동안 지도교수로부터 얘기를 듣지 못했을 때 메시지를 보내기로 결심했습니다.
9. 그 학생은 사회와 그 사회의 사람들의 재활용 습관의 관계에 대한 조사를 하고 싶어 했지만, 많은 가정으로부터 정보가 필요할 것입니다.
10. 지도교수는 학생에게 인터뷰를 위해 테이프 녹음기와 배터리를 꼭 가져오라고 했습니다.

ANSWERS
1. glass
2. green waste
3. employees
4. education officer
5. past two decades
6. statistics
7. term
8. tutor
9. recycling habits
10. tape recorder

34 Discussion about soil problems

1. 흙이 이산화탄소를 빠져나가지 못하게 하면 더 빨리 건조해지고 이것은 큰 문제가 됩니다.
2. 콘크리트는 재활용된 제품들을 혼합물에 첨가해서 만든 것이어서 일석이조이기 때문에 많은 이점들이 있습니다.
3. 그들은 잠재적 위험에 대해 이야기하고 싶지 않았기 때문에 헥터의 글에는 문제점이 간과되었습니다.
4. 헥터의 글에 따르면, 특수 장비와 전문 기구를 사용해서 해로운 영향을 줄일 수 있다고 합니다.
5. 그녀의 연구에서 가장 흥미로운 부분은 넓은 지리적 범위 유형에 대한 연구였습니다.
6. 남학생의 제안은 몇 가지 규칙들을 규정하기 위해 새로운 법안을 도입해야 한다는 것이었습니다.
7. 플로시아와 헥터는 논문을 쓸 때 새로운 근본적인 연구 방식을 적용했습니다.
8. 플로시아는 논문에 관해서, 독자들을 도전하게 만들고 흥미를 일으키는 수준이라고 생각합니다.
9. 헥터의 생각에는, 문제들이 해결되지 않은 채로 남아 있기 때문에 논문은 도움이 되지 않습니다.
10. 헥터는 자신과 같은 학생들은 논문을 쓸 때 더 많은 연구를 해야 한다고 생각합니다.

ANSWERS
1. dries faster
2. recycled products
3. potential dangers
4. specialised tools
5. geographical range
6. new law
7. radical research method
8. challenges
9. unsolved
10. more research

35 Chemistry versus engineering

1. 의학에서 공학보다 화학이 나은 점은 작년 그들의 결과가 매우 좋았다는 것입니다.
2. 의학에서 화학의 불리한 점은 약간 지루하다는 것입니다.
3. 일본어로 제2전공을 하기 위해 복수 학위를 갖는 것은 유익할 것입니다.
4. 공학의 단점은 복수 학위를 갖는 학생들에게 더 많은 공부량을 가져올 것이라는 것입니다.
5. 화학에서 공학으로 바꾸는 이점은 취업 기회의 상승입니다.
6. 화학에서 공학으로 바꾸는 것의 단점은 더 높은 수업료를 내야 한다는 것입니다.
7. 공학과 화학 둘 다 다양한 취업의 기회가 있습니다.
8. 공학의 좋은 점은 갓 졸업을 한 사람들도 높은 초봉을 받는다는 것입니다.
9. 화학의 좋은 점은 다양한 취업기회입니다.
10. 공학은 외국인들에게 높이 평가를 받기 때문에 졸업자들이 외국에서 직업을 얻는 것이 쉬울 것입니다.

ANSWERS
1. results
2. boring
3. Japanese
4. extra workload
5. job opportunities
6. higher fee
7. wide range
8. higher initial salary
9. chemistry
10. foreign countries

36 Course guide

1. 선생님은 밀리와 폴에게 간호사 공부를 선택하지 않은 이유를 물었습니다.
2. 폴은 선생님에게 수료 과정이 너무 힘들어서 간호사 공부를 선택하지 않았다고 말했습니다.
3. 간호사 공부를 하고 싶어하는 학생들은 먼저 생물학을 시작해야 합니다.
4. 만약 그들이 둘 다 과정 중에서 하나만 선택한다면 그들은 다른 젊은 사람들과 일을 하게 될 것이라고 선생님을 말했습니다.
5. 학생들은 공부를 한 이후에, 장애인을 돕는 전공 과정을 듣게 될 것입니다.
6. 교수님은 그들이 한 과목에만 집중을 해야 한다고 말했습니다.
7. 밀리는 국제적인 명성과 세계적으로 유명한 교수들이 있는 다른 대학의 입학 허가를 받았기 때문에 이 학교를 선택하지 않았습니다.
8. 폴은 문제가 생기면 캠퍼스에서 도움을 요청할 수 있기 때문에 학교에서 쓰고 출판한 책을 고를 것입니다.
9. 가장 중요한 것은 지도교수를 스스로 찾고 그에 대해 최대한 많이 아는 것입니다.
10. 밀리가 MHC에서 제공하는 특별 프로그램에 관심이 있었다고 해도, 결국 그녀는 여전히 결정을 못 내렸습니다.

ANSWERS
1. nursing
2. diploma
3. Biology
4. young people
5. disabled people
6. one subject
7. international reputation
8. written and published
9. tutor
10. special program

37 Discussion of online courses on business planning

1. 사업 계획 온라인 과정에 대한 논의는 대학의 주요 목표였습니다.
2. 기록을 보면, 사업 계획 온라인 과정 논의에는 맨체스터 세미나를 위해 따로 마련한 예산이 있었습니다.
3. 사업 계획 온라인 과정 직원들과 관리자들은 리버풀에서 팀워크 세미나를 할 예정입니다.
4. 동기를 부여하는 지도자의 능력에 중점을 둔 세미나는 리즈에서 하게 될 예정이었습니다.
5. 글래스고 캠퍼스 직원은 온라인 과정 모니터링 시스템을 다룰 책무가 있을 것입니다.
6. 학생 신청서 제출은 프로그램 평가를 하는 카디프 사무실로 바로 가게 될 것입니다.
7. 교수님에 따르면, 가스 발생기를 디자인하는 목적은 환경 문제를 해결하는 데 도움이 되기 위해서였습니다.
8. 교수님은 가스 발생기를 디자인했던 이유가 부족한 수익과 관련된 문제들을 해결하는 데 도움을 주기 위해서였다고 말했습니다.
9. 발표자들은 새로운 온실이 영양공급을 증진시키는 데 도움이 된다는 것을 힘주어 말하면서 새로운 온실의 중요성을 강조했습니다.
10. 발표자가 강조했던 또 다른 점은 새로운 온실과 함께 더 많은 아이들이 교육을 받을 수 있다는 것입니다.

ANSWERS
1. objective
2. budget
3. team building
4. leader's skill
5. monitoring system
6. programme assessment
7. environment
8. insufficient revenue
9. increase nutrition
10. an education

38 Application for Baker Art College

1. 베이커 예술 대학은 제임스의 교과 부분에서 좋은 평판을 갖고 있기 때문에 그는 그 대학에서 공부하기로 했습니다.
2. 그가 공부하면서 놀랐던 점은 모든 이론 과정을 끝낼 수 있었다는 것이었습니다.
3. 제임스가 듣는 과정의 첫 학기 평가와 평점은 학생들이 줍니다.
4. 아멜리아는 갤러리에서 예술 작품들을 팔고 싶어했기 때문에 영어 과정에 대해 문의를 했습니다.
5. 아멜리아는 이 대학에 들어가기로 결정하기 전에 강의 선택에 대한 더 많은 정보를 얻고 싶어했습니다.
6. 미술사 강좌에는 외부 강사들이 하는 많은 세미나와 강의들이 있습니다.
7. 조각 수업의 좋은 점은 이론적일 뿐만 아니라 의무적으로 재료를 사용합니다.
8. 디지털 페인팅 수업을 듣는 학생들은 장기간 스튜디오에서 지냅니다.
9. 예술론을 듣는 학생들은 스스로 조사를 해야 합니다.
10. 사진 수업을 듣는 학생들은 먼저 대상을 보여주는 것에 초점을 맞추는 훈련을 받습니다.

ANSWERS
1. subject area
2. theoretical courses
3. given by students
4. gallery
5. choice of modules
6. outside speakers
7. using materials
8. studio
9. Theory of Art
10. focus on display

39 School orientation

1. 학교 오리엔테이션을 하는 동안, 학생들은 첫 날 의료 센터에 등록을 해야 한다는 것을 들었습니다.
2. 학교 오리엔테이션을 하는 동안, 학생들은 첫 날 학생회에 가입신청을 해야 한다고 들었습니다.
3. 학교 오리엔테이션을 하는 동안, 학생들은 첫 날 동아리 활동에 참여해야 한다고 들었습니다.
4. 학생들은 언어능력을 향상시키기 위해 개별 연구실을 사용하는 것이 더 좋을 것이라고 일괄적으로 강의를 들었습니다.
5. 캠퍼스 주변 지역에는 두세 개의 전자 안내책자가 있다고 들었습니다.
6. 오리엔테이션 여섯, 일곱 번째 날 학생들은 교과 과정에 대해 들었습니다.
7. 오리엔테이션 여섯, 일곱 번째 날 학생들은 기본적인 시험 체계에 대해 들었습니다.
8. 오리엔테이션 여섯, 일곱 번째 날 학생들은 지침 참고 사항에 대해 들었습니다.
9. 오리엔테이션 여섯, 일곱 번째 날 학생들은 교사 피드백을 위해 과제 개요를 써야 한다고 들었습니다.
10. 오리엔테이션 여섯, 일곱 번째 날 학생들은 파워포인트 프리젠테이션으로 과제를 제출해야 한다고 들었습니다.

ANSWERS
1. medical centre
2. Student Union
3. clubs
4. self-assist lab
5. electronic directories
6. subject courses
7. test structure
8. guideline references
9. essay outline
10. powerpoint presentation

40 Discussing about changing majors

1. 사라는 학점에서 점수를 받기 위해 현재 전공을 계속 하기로 결심했다고 합니다.
2. 사라의 부모는 사라를 매우 잘 알고 있어서 좋은 조언들을 해줄 수 있기 때문에 사라는 결정에 대해 부모와 논의하기 위해 전화를 하기로 했습니다.
3. 잭은 스포츠 수업의 평판이 매우 좋다고 생각합니다.
4. 그녀는 전공을 바꾸는 것에 대한 가장 큰 걱정거리가 별도로 돈을 더 내는 것이라는 것에 동의합니다.
5. 현재 전공을 계속 하는 것에 대한 그녀의 의견은 그녀가 듣고 싶은 다른 전공보다 현재 전공이 조금 더 실용적이라는 것입니다.
6. 그녀는 새로운 수업에 대한 정보는 기숙사에서 알 수 있을 것이라고 들었습니다.
7. 안내데스크에 있는 여자는 학생들이 전공을 바꾸는 것에 대해 더 자세히 알고 싶으면 행정실로 가야 한다고 했습니다.
8. 학생들은 전공을 바꾸는 것에 대해 문의를 하려면 후생관에게 이메일을 보내는 것이 좋습니다.
9. 계획을 변경하고 싶은 학생들은 재무과에 연락을 해야 합니다.
10. 전공에 대해 아직 결정을 못한 학생들은 그룹에 배정된 지도교수와 상담을 해야 합니다.

ANSWERS
1. score for credits
2. good advice
3. good reputation
4. extra pay
5. little more practical
6. residence hall
7. administration office
8. welfare director
9. finance office
10. consult the tutor

41 Discussing a dissertation with a professor

1. 일반 관광은 주로 유명한 곳에서 하게 되지만 생태 관광은 주로 미개발 지역에서 한다는 것이 논문에 언급되어 있습니다.
2. 생태 관광은 지역 사회에 도움이 되기 때문에 미개발 지역에 충분한 효과가 있다고 합니다.
3. 아프리카의 일반 관광은 보통 사람들이 해변에서 햇빛을 쬐거나 빅 파이브 게임 동물들을 살펴봅니다.
4. 생태 관광 방문객들은 지역 주민들에게 도움이 되는 환경 보호 프로그램에 참여할 수 있습니다.
5. 교육을 받지 않은 직원들과 고용주들에게 교육이 제공되기 때문에 지역 주민들은 생태 관광으로부터 이득을 얻습니다.
6. 생태 관광은 지역 주민들에게 교육과 주택도 제공합니다.
7. 에세이에서는 생태 관광이 지역의 다양한 분야의 경제 발전에 도움이 될 수 있는 많은 숙박 선택사항들이 있다고 합니다.
8. 학생들이 질문을 했을 때 교수님은 생태 관광이 지속 가능한지 여부와 관련된 문제들도 처리를 해야 한다고 했습니다.
9. 학생들이 질문을 했을 때 교수님은 그들의 논문에 생태 관광의 상세한 정의가 부족했다고 말했습니다.
10. 학생들이 질문을 했을 때 교수님은 그들의 에세이에 생태 관광의 단점에 대한 정보가 부족했다고 했습니다.

ANSWERS

1. undeveloped areas
2. local community
3. Big Five
4. conservation
5. training
6. housing
7. wide range
8. sustainable
9. full definition
10. drawbacks

42 How music affects diners in restaurants

1. 연구 주제는 레스토랑에서 음악이 손님들에게 미치는 영향에 중점을 두고 있습니다.
2. 카페와 레스토랑에서 음악은 한결같은 크기로 흘러나옵니다.
3. 카페와 레스토랑에서 음악은 특정한 시간에 흘러나옵니다.
4. 설문 조사의 목적은 조사의 실제 목적을 숨기기 위한 것입니다.
5. 조사의 목적은 인근의 경쟁자들보다 우위를 점하기 위한 것입니다.
6. 음악 외에, 레스토랑의 좌석수도 손님들에게 영향을 미친다는 것이 알려졌습니다.
7. 사람들은 재즈 음악이 흘러나올 때 돈을 더 많이 쓰는 경향이 있다는 것이 밝혀졌습니다.
8. 음악이 나오지 않으면 사람들은 레스토랑의 가격이 비싸다고 생각하는 경향이 있다는 것이 밝혀졌습니다.
9. 클래식이 흘러나오면 사람들은 화장실 세면대에 둔 반지를 잊어버리는 경향이 있다는 것이 밝혀졌습니다.
10. 대중 음악이 나오면 사람들은 레스토랑에 다시 가는 경향이 있다는 것이 밝혀졌습니다.

ANSWERS

1. guests
2. level volume
3. certain time
4. survey
5. competitor nearby
6. seating capacity
7. more money
8. overpriced
9. classical music
10. pop music

43 Children who become eye witnesses

1. 많은 목격자들은 자신감이 넘치기 때문에 사람들은 그들을 믿을 수 있다고 생각합니다.
2. 그 책의 문제점은 자료가 매우 오래 전에 수집되었다는 것입니다.
3. 중요한 것은 행사가 얼마나 걸렸는지이기 때문에 그들 모두 증거의 타당성에 대해 동의합니다.
4. 어수룩한 목격자에 대해 사실인 것은 그들이 범죄를 목격하지 못했다고 생각한다는 것입니다.
5. 변호인단은 어리석게 보이는 것을 우려했었기 때문에 증언에 오류를 수정하지 못했습니다.
6. 검찰측은 실제 상황과 주관적인 생각을 비교하고 구분하지 못했습니다.
7. 증거로 제기되었던 전파 탐지기는 낯선 환경에서 사람이 두려움을 느끼는지에 대한 여부를 확인할 수 있는 장치입니다.
8. 유치장에서 형사가 물어봤었던 공개적인 질문들은 배심원들이 인터뷰를 믿지 못하게 했습니다.
9. 비공개 조사에서 아이들이 사실을 말하지 못하고 거짓말한다는 것으로 밝혀졌습니다.
10. 판사뿐만 아니라, 배심원단도 증언에 혼란스러워 했습니다.

ANSWERS

1. confidence
2. long time ago
3. event lasted
4. witnessed a crime
5. foolish
6. subjective idea
7. unfamiliar environment
8. distrust the interview
9. truth
10. testimony

44 The impact of art and music on hospital patients

1. 병원 환자들에게 미치는 미술과 음악의 영향에 대한 연구는 이전에는 심리적 문제를 겪고 있는 환자들에게 초점을 맞췄었습니다.
2. 병원 환자들에게 미치는 미술과 음악의 영향에 대한 연구는 이전에는 병원 직원들이 관리하고 있는 환자들에게 초점을 맞췄었습니다.
3. 의료 수단으로 먼저 미술을 사용했을 때 병원 직원들이 수집한 반응은 그들이 미술을 좋아하지 않았다는 것을 나타냈습니다.
4. 연구에 대해 조가 가장 많이 인식한 것은 병원이 얼마나 불편하고 직원들이 얼마나 무례한지를 드러냈다는 것입니다.
5. 연구에서는 산후 진료소에 있는 직원들이 더욱 협조적인 환자들에게 더 친절하고 덜 무례하다고 보여주었습니다.
6. 연구는 미술과 음악이 외상 환자들과 분열증을 앓고 있는 환자들에게 미치는 영향이 거의 없다는 것이 틀렸음을 입증하려고 했습니다.
7. 간단한 수술을 하는 병동에서는 심장 박동수와 혈압이 평균인 환자들만 진찰을 할 수 있습니다.
8. 소아 병동에 있는 환자들이 병원에서 보내는 시간이 적다는 것은 흥미로운 점입니다.
9. 응급실은 약물을 적게 사용해달라는 환자의 요청을 받아들여야 하는지에 대한 여부를 빨리 결정해야 합니다.
10. 부인과 병동에서 한 설문조사에서 시각 예술이 그곳에 있는 환자들에게 더 많은 영향을 미쳤다고 보여주었습니다.

ANSWERS

1. psychological problems
2. hospital staff
3. medical tool
4. inconvenient hospitals
5. more cooperative
6. trauma and dissociation
7. blood pressure
8. spend less time
9. less medication
10. visual arts

45 Discussing about four tribes in Africa

1. 도곤족은 점성술에 의존하고 별들 사이의 여러 영향들에 대해 알아볼 수 있습니다.
2. 웨야카 사람들은 다른 사람들에게 돈을 빌려서 부자가 됩니다.
3. 파카후아라족은 자연을 보존하기 위해 노력하기 때문에 그들은 땅을 사용하는 것에 대해 양심적입니다.
4. 난티족은 그들의 예전 환경으로 돌아갈 수 있도록 그들이 할 수 있는 모든 것을 합니다.
5. 아프리카 부족들에 대해 토론을 했었던 교수님은 낙타 수송을 지지합니다.
6. 난티족은 광물 무역 절차에 어려움이 있다는 것을 인정합니다.
7. 도곤족에게 있어서 함께 쓰는 것은 매우 중요하기 때문에 그들은 항상 이 활동에 중점을 둡니다.
8. 웨야카족의 정부는 교육에 큰 역할을 하고 실제로 그들은 교육에 노력을 기울입니다.
9. 파카후아라족은 매우 개방적이고 사람들을 환영하기 때문에 그들에게 또 다른 지역에 정착하도록 권장하는 것은 힘들지 않았습니다.
10. 난티족은 사람들에게 잘 베풀고 배려심이 많기 때문에 그들이 받은 다양한 종류의 선물들을 소중하게 여깁니다.

ANSWERS
1. effects among stars
2. lending money
3. land use
4. former environment
5. camel transportation
6. trade minerals
7. sharing
8. education
9. settle
10. gifts

46 Design development presentation

1. 모나는 디자인 개발 발표에 1800년대부터의 역사가 포함될 것이라고 합니다.
2. 모나는 디자인 개발 주제와 관련된 다양한 주제들에 대해 얘기하고 그에 대한 지도교수의 반응을 보고 싶어 합니다.
3. 모나의 친구인 테드는 그녀에게 발표가 너무 광범위하다고 말했습니다.
4. 컴퓨터에 관해서 모나의 관점은 컴퓨터가 이미 전통적인 매체에 영향을 미쳤다는 것입니다.
5. 테드는 순수주의가 매우 중요하다고 생각하고 예술에 있어서 순수주의를 높이 삽니다.
6. 테드는 모나가 발표에 대해 보다 더 정확히 파악할 수 있도록 그의 친구들을 만나보라고 권유했습니다.
7. 모나가 발표를 위해 맨 먼저 준비해야 할 것은 도입부이고 그녀는 빨리 작성을 해야 합니다.
8. 모나가 발표를 위해 해야 할 다른 것은 주제에 대해 더 많은 연구를 하는 것입니다.
9. 모나가 해야 할 또 다른 것은 진술을 뒷받침할 설명이 딸린 사진 슬라이드에 설명을 넣는 것입니다.
10. 발표 전에 모나가 끝내야 할 다른 하나는 교재 유인물입니다.

ANSWERS
1. design development
2. tutor's reaction
3. too broad
4. traditional media
5. admires it in arts
6. meet his friends
7. introduction
8. research
9. statement
10. text handouts

47 Discussion about the problem with the paper

1. 발표를 열심히 준비하는 학생들은 과제의 도입부를 충분히 준비했다고 생각합니다.
2. 발표를 열심히 준비한 그룹의 구성원들은 본문 구조를 위해 기존 개요 형태를 사용해야 한다고 생각합니다.
3. 발표를 열심히 준비한 학생들 중 한명은 그들의 방법 기술 솔루션이 너무 길다고 생각합니다.
4. 제인은 발표를 개선하기 위해 결론에 예시가 더 많아야 한다고 생각합니다.
5. 제인은 동료들에게 발표를 위해 듣기 과제를 준비하고 싶다고 했습니다.
6. 마이크에 따르면, 발표자들은 문제를 논의하기 위해 그룹으로 나뉘어질 수 있어야 한다고 합니다.
7. 학생들은 정보를 더 빨리 모을 수 있도록 필기 연습을 하라는 조언을 들었습니다.
8. 교수님에 따르면, 채팅방에 대한 정보는 발표 결론에 강조되어야 한다고 합니다.
9. 교수님은 발표 마지막에 컴퓨터 기술을 향상시키는 것을 강조해야 한다고 제안했습니다.
10. 교수님은 그들에게 발표 결론에서 강조해야 할 것은 전 세계적인 접근이라고 알려주었습니다.

ANSWERS
1. fully prepared
2. existing overview version
3. methods technology
4. more examples
5. listening
6. speakers
7. practice taking notes
8. chat room
9. improving computer skills
10. global access

48 Inventions of the 21st century

1. 에너지 창출 발명품은 연료 전지를 사용하는 작은 전자 기기와 관련이 있습니다.
2. 얇은 태양 전지판 필름은 품질에 아무런 영향이 없이 경제적으로 생산될 수 있습니다.
3. 운동화는 우주의 기술을 통합하기 위한 모델로 사용되고 있습니다.
4. 많은 사람들은 풍력 발전용 터빈은 전 세계의 에너지 수요를 충족할 수 있다고 생각합니다.
5. 과학자들은 최첨단 과일 포장재를 사용하는 것이 실제로 과일의 질을 향상시킬 수 있다는 것을 발견했습니다.
6. 외양이 더 그럴 듯했다면 전기 스포츠카의 수요가 더 많았을 것입니다.
7. 북극에 있는 종자 저장고의 혁신적인 특징은 오랫동안 안정적으로 모은 종자를 저장할 수 있는 능력입니다.
8. 북극에 있는 스발바르 국제종자저장고에 따르면, 과학자들과 연구자들은 종자를 사용할 수 있습니다.
9. 대럴은 그 주제에 대한 지식이 한정되어 있기 때문에 그는 발표를 할 수 없다고 했습니다.
10. 캐롤은 돈을 어떻게 더 좋은 방법에 사용할 수 있는지에 대해 이야기를 하고 싶어했기 때문에 발표에서 혁신에 관해 논의하고 싶지 않았습니다.

ANSWERS
1. small electric equipment
2. manufactured economically
3. technology from space
4. global energy demand
5. improve their quality
6. better appearance
7. store the seeds
8. scientists and researchers
9. limited knowledge
10. money

49 Discussing a presentation

1. 학생들은 독후감 마지막 부분에 참고 자료가 정확한지 확인하라는 충고를 들었습니다.
2. 학생들은 좋은 성적을 받고 싶으면 그들의 생각에 대해 더 자세히 말해야 하기 때문에 더 많은 예시를 제공해야 한다고 들었습니다.
3. 카렌은 다음 세미나에서 발표를 할 예정입니다.
4. 카렌은 발표를 하는 동안 그녀가 한 실험에 대해 설명을 해야 할 것입니다.
5. 카렌은 11월 26일까지 발표 개요를 제출할 수 있어야 합니다.
6. 발표는 화학 실험실에서 실시될 예정입니다.
7. 교수님은 카렌의 발표를 분석해서 성적을 매길 것입니다.
8. 다음 학기를 위해 카렌은 의사소통 능력을 향상시켜줄 수업을 선택했습니다.
9. 다음 학기를 위해 카렌은 교류 분석 수업을 선택했습니다.
10. 다음 학기를 위해 카렌은 심리 언어학 수업을 선택했습니다.

ANSWERS

1. references
2. examples
3. next seminar
4. explain the experiment
5. abstract
6. chemistry lab
7. the professor
8. communication skills
9. inter-course analysis
10. Psycholinguistics

50 Study of pigeons

1. 그들의 연구에서 비둘기에게 먹이를 주는 것이 비만을 초래했다고 나타냈습니다.
2. 연구자들에 따르면, 정부는 비둘기의 집을 지어줌으로써 문제를 해결할 것이라고 합니다.
3. 환경 전문가들은 연구의 두 번째 단계에서 비용이 만만치 않게 들어갈 것이라고 합니다.
4. 연구자들은 가장 성공적인 방법이 비둘기들의 습관과 특징들에 대해 사람들에게 교육을 시키는 것이었다는 것을 발견했습니다.
5. 인간의 건강에 비둘기가 미치는 영향에 대한 추후 연구가 학생들에게 맡겨졌습니다.
6. 호주 뿔난 비둘기들은 날개로 의사소통을 하는 능력이 있다는 것이 밝혀졌습니다.
7. 방에 제일 좋은 둥지를 트는 양비둘기들은 다양한 곳에서 발견되었습니다.
8. 검은줄 비둘기는 땅바닥에 있지 않으려는 이상한 습관이 있습니다.
9. 갈라파고스 비둘기는 어떤 종류의 고기도 중독이 되기 때문에 특정 식물의 잎만 먹습니다.
10. 니코바르 비둘기는 밝은 녹색이기 때문에 외모가 매우 매력적입니다.

ANSWERS

1. overweight
2. building homes
3. expensive
4. educating the public
5. human health
6. wings
7. variety of locations
8. avoiding the ground
9. particular plant
10. bright green colour

51 Whale observations

1. 내가 산 영화표는 오후 8시에 시작하는 영화입니다.
2. 어제 배를 타기 시작했을 때는 잔잔했는데 대략 1시간이 지나고 파도가 심하게 일렁거렸습니다.
3. 우리는 해안에서 약 100미터 정도 떨어져 있었고 시야가 거의 보이지 않았습니다.
4. 최근에 올드 포트는 고래 관광을 위해 어선 사용을 시작했습니다.
5. 긴수염고래의 날렵한 모습은 선원들이 그 고래를 바다의 그레이하운드라고 부르게 했습니다.
6. 고래는 대부분의 시간을 물 속에서 보내기 때문에 고래의 자연스러운 행동에 대한 연구는 매우 어렵습니다.
7. 또한 총 할인 가격은 단체의 규모에 따라 다를 것입니다.
8. 북방긴수염고래는 머리의 두꺼운 피부와 지느러미가 없는 넓은 등 때문에 다른 고래와 쉽게 구별이 됩니다.
9. 혹등고래는 꼬리 가장자리의 움직이는 모양 때문에 유명합니다.
10. 밍크고래는 지느러미에 있는 흰 줄무늬 때문에 다른 고래들로부터 알아볼 수 있습니다.

ANSWERS

1. showtime
2. calm
3. shore
4. fishing boats
5. appearance
6. behaviour
7. group size
8. northern
9. wavy
10. fins

52 Course selection

1. 선생님들은 절대 짜증을 내지 않고 학생들이 이해하지 못하더라도 절대 조급해하지 않습니다.
2. 다른 학생들의 조언을 듣는 것도 좋지만 과정을 선택할 때 가장 중요한 것은 자신의 의견입니다.
3. 경영과 수학은 기업과 관련된 수업의 필수과목들입니다.
4. 오늘 아침 등록하는 법을 잘 모르는 두 명의 학생들을 도와주었습니다.
5. 통계학은 데이터를 모으고 분석하는 학문이어서 매우 유용하지만 작업 양이 많습니다.
6. 미술 수업은 집중을 하고 사소한 것에 주의를 기울이는 것을 알게 해주기 때문에 매우 유용합니다.
7. 학생들은 유리의 다양한 무늬와 색을 탐구할 수 있기 때문에 유리 공예 수업이 도움이 될 수 있습니다.
8. 사진 수업에 대한 모든 세부사항들과 정보들은 강사용 자료에서 찾을 수 있습니다.
9. 영화 수업은 내가 생각했던 것보다 훨씬 더 힘들었다는 것을 깨닫게 되었습니다.
10. 음악은 마음을 편안하게 해주고 학생들은 악기를 배우는 것이 매우 재미있다는 것을 알게 됩니다.

ANSWERS

1. irritable
2. student's advices
3. Business and math
4. register
5. a lot of work
6. very useful
7. glass
8. details
9. harder
10. instruments

53 Management company

1. PEST는 생태학이나 입법 같은 불필요한 요소들을 추가한 시장의 성장과 침체를 이해하기 위한 분석 모형입니다.
2. 드릴다운 방식은 해결책에 도달하기 위해 문제를 분해해야 하기 때문에 사용하기 어렵습니다.
3. 분석을 준비하는 것은 올바른 외부 출처로부터 엄청난 양의 관련 자료들이 모아져야 하기 때문에 시간이 매우 오래 걸립니다.
4. PMI 분석은 프로젝트 관리의 과학과 실현, 직종을 발전시키고 일의 시간과 노력을 줄이는 광범위한 분야입니다.
5. SWOT 분석의 목적은 기업의 내부적인 강점들과 약점들을 알아보기 위한 것이기 때문에 어떠한 규모의 기업들에도 적합합니다.
6. 직원들의 경험을 늘리는 것은 제조업 분야의 미래에 가장 큰 도움이 되는 방식입니다.
7. 지도교수는 해외 진출의 기회를 잡음으로써 회사를 더 튼튼하게 하는 중요성을 강조했습니다.
8. 지도교수는 장비를 사용해서 새로운 기술을 습득하는 직원들의 모습에 가장 깊은 인상을 받았습니다.
9. 그 남성에 따르면, 조사의 가장 힘든 부분은 실험에 지식을 적용하는 것입니다.
10. 감독관은 일을 다시 시작하기 전에 구조가 조정되어야 한다고 제안했습니다.

ANSWERS
1. unnecessary	2. hard to use
3. too long	4. time and effort
5. size	6. staff and employees
7. overseas expansion opportunities	8. new skill
9. practical experiments	10. adjusted

54 Discussions in architecture

1. 이 건물은 외세 침입에 저항을 할 때 큰 역할을 했었기 때문에 매우 중요합니다.
2. 마오리족의 용어들은 재미있게도 학생들의 흥미를 끕니다.
3. 마오리족 사람들은 계속해서 물고기를 대비해두기 위해 물과 매우 가까운 곳을 선택했습니다.
4. 시내 중심에 서있는 역사적인 건물은 그 나라에서 가장 잘 알려진 건축물 중에 하나로 알려져 있습니다.
5. 마케팅 경영진들은 새로 만들어지는 제품에 대한 더욱 세밀한 설명서를 만들라는 지시를 받았습니다.
6. 1940년과 1950년 사이 현대화 시기 동안, 고객들은 상품에 대한 평가를 할 때 객관적이어야 한다는 권고를 받았습니다.
7. 한편, 고객들은 어떠한 결과를 내놓기 전에 마케팅 부문에서 승인을 요구할 것을 요구했습니다.
8. 공장은 재건이 될 예정이기 때문에 직원들은 시내 반대편에 있는 임시사업장으로 이전을 해야 할 것입니다.
9. 직원들은 재건축이 짧은 시일 내에 완성이 될 것이라고 확신했습니다.
10. 인터뷰한 사람은 건물이 실제로 공원으로 바뀌었다고 밝혔습니다.

ANSWERS
1. foreign invasion	2. interest of students
3. supply of fish	4. best-known
5. more detailed description	6. objective
7. permission	8. relocate
9. short length	10. interviewer

55 Ocean exploration technology

1. 해마다 그들의 회사는 다른 판매업자들과는 달리 더 많은 야지용 기중기를 팔고 이것들은 종종 해양 탐사를 위해 사용이 됩니다.
2. 가장 깨끗하고 풍부한 재생 가능 에너지는 태양 에너지입니다.
3. 항해는 해저의 특별한 형태와 구조에 대한 새로운 정보를 드러냅니다.
4. 해양 탐사기는 바다의 특정 장소에 머무르고 있어야 할 것입니다.
5. 전 세계의 바다는 지구라는 행성의 미개척 분야입니다.
6. 석유 회사들은 바다에서 구할 수 있는 석유의 양을 확인하기 위해 광범위한 조사를 합니다.
7. 그 회사는 바다에서 석유를 모을 수 있고 바다에서 바로 땅으로 옮길 수 있는 운송 수단을 만들고 있습니다.
8. 해양 조사를 하는 데 큰 어려움이 있다는 것은 누구도 부인할 수 없습니다.
9. 잠수함 외에도 로봇이 심해를 탐사하는 데 사용이 되고 있기 때문에 심해 기술은 많은 진전을 보았습니다.
10. 많은 종류의 포유류는 기후 변화에 더욱 잘 적응하는 것으로 나타납니다.

ANSWERS
1. rough terrain	2. solar energy
3. shape	4. sea
5. planet	6. oil
7. land	8. difficulty
9. robots	10. climate change

56 Survey on consumer attitudes and behaviour

1. 연구에서 강조했던 직업 중의 하나는 계산원입니다.
2. 설문조사를 한 계산원들에 따르면, 고객들은 슈퍼마켓에 올 때마다 평균 50파운드를 쓴다고 합니다.
3. 설문조사 결과에 의하면, 고객들은 큰 백화점에 있는 상점들을 선호한다는 것을 보여줍니다.
4. 설문조사에 참여한 고객들은 구매하기 가장 힘든 것으로 청바지를 선택했는데, 입어보는 데 시간이 걸리기 때문입니다.
5. 사람들이 구매하기 가장 힘들다고 생각하는 것 중 또 다른 하나는 스포츠의류입니다.
6. 고객들이 전하기로는, 신발이 구매하기 가장 힘든 제품이라고 합니다.
7. 많은 사람들은 바지가 구매하기 가장 힘든 것 중 하나라고 생각합니다.
8. 일반적으로, 남자들은 스웨터를 구매하는 것이 가장 어렵고 시간 소모가 크다고 생각합니다.
9. 생활비 예산은 개인의 요구와 필요를 기반으로 하기 때문에 사람에 따라 다릅니다.
10. 많은 사람들은 CD를 구매하는 것이 보기보다 어렵다고 생각합니다.

ANSWERS
1. cashier	2. trip
3. department stores	4. jeans
5. purchase	6. shoes
7. trousers	8. sweaters
9. living expenses	10. CDs

57 Discussion about elective courses

1. 선택 과목은 곧 신청이 다 차기 때문에 릭과 니나는 이것에 대해 바로 상의를 해야 합니다.
2. 수학은 모든 학생들의 필수과목이기 때문에 선택 과목에 포함되어 있지 않습니다.
3. 많은 학생들은 과목에 대한 통계 자료의 정보가 꽤 유용하다는 것을 알게 되었습니다.
4. 릭과 니나는 선택 과목을 고르기 전에 수업의 질에 대해 학생들과 상의를 할 것입니다.
5. 릭과 니나는 미술 디자인 선택 과목이 유익하다고 생각했습니다.
6. 릭과 니나는 대부분의 수업 활동이 온라인으로 진행이 되기 때문에 선택 과목을 들을 것입니다.
7. 금속공학 학생들은 릭과 니나가 온라인으로 유용한 재료를 많이 찾을 수 있다고 확신했습니다.
8. 학생들은 유체 역학 교수님이 명쾌한 설명을 해주신다는 것을 확신했습니다.
9. 학생들에 의하면, 컴퓨터 수업은 점점 나아지고 있다고 합니다.
10. 학생들은 에너지 경제 선택 과목에 실습이 많이 포함되어 있다고 말합니다.

ANSWERS
1. full very soon
2. compulsory subject
3. useful
4. teaching quality
5. valuable
6. online
7. useful materials online
8. clear explanations
9. gradually improving
10. practical work

58 Interview for internship

1. 문제는 회사가 줄리에게 큰 기대를 가지고 있다는 것입니다.
2. 문제점 중 하나는 기자들이 줄리와 함께 지내는 것을 어려워한다는 것입니다.
3. 줄리와 믹의 문제는 이론적인 지식을 실제 업무에 적용시키기 힘들어 한다는 것입니다.
4. 면접관은 줄리와 믹의 성과들에 주목했습니다.
5. 믹은 교수님과 먼저 상의하지 않고 논문을 발표했습니다.
6. 줄리는 이번 연구에서 면접관들이 질문들을 직접 읽지 않는다는 것을 알게 되었습니다.
7. 믹은 면접에서 정중한 말을 사용하는 법을 배웠습니다.
8. 사람들이 웹사이트에서 접하게 되는 문제들 중 하나는 로그인하는 것이 어렵다는 것입니다.
9. 믹은 웹 조사의 결과에서 그 과목에 대한 많은 아이디어들이 나타났다고 생각합니다.
10. 믹은 11월 30일에 지도교수님과 만날 계획을 하고 있습니다.

ANSWERS

1. high expectations
2. journalists
3. theoretical knowledge
4. achievements
5. paper
6. read questions
7. formal language
8. logging in
9. web survey
10. planning

59 Football history

1. 나는 단어와 표현들을 다룬 학교의 유인물에서 구술 역사의 개념에 대해 알게 되었습니다.
2. 인터넷이 구술 역사에 미친 가장 중요한 영향력은 영구 기록을 유지하는 개념입니다.
3. 마이크의 아버지는 축구를 굉장히 좋아하셨기 때문에 마이크는 그 주제를 선택했습니다.
4. 보존 자원에 접근하는 시스템이 당연히 처음에 자원들을 보존했었던 시스템이라고는 할 수 없다는 것을 주의할 필요가 있습니다.
5. 마이크는 전화번호부를 훑어보면서 선수들의 정보를 찾았습니다.
6. 그는 초안에 있는 질문들이 너무 복잡하다고 생각합니다.
7. 설문 참여자들은 질문들이 명확하지 않기 때문에 조사에 응답하는 것이 너무 오래 걸렸다고 생각했습니다.
8. 프로젝트에 관련된 많은 사람들은 녹음 장비가 신뢰성이 없었다고 불평했습니다.
9. 설문 조사에 응답한 사람들 중 몇몇은 주제가 너무 모호했다고 느꼈습니다.
10. 그들은 본인들의 말만 너무 많이 넣었기 때문에 보고서를 다시 해야 합니다.

ANSWERS
1. handouts
2. permanent records
3. football
4. preserved resources
5. phone book
6. too complicated
7. too long
8. not reliable
9. too vague
10. their own words

60 Discuss Prof. John Smith's article about online course

1. 존 스미스 교수님은 온라인 과정에서 옛날 수업방식을 사용할 때 문제들이 일어날 수 있다고 합니다.
2. 리네어에 의하면, 강사들은 인터넷 기관 혁신을 적용할 때 신중해야 한다고 합니다.
3. 존 스미스 교수님은 컴퓨터가 일부 과정에 적용될 수 있다고 보여주었습니다.
4. 피터의 의견은 개별적인 접촉이 없으면 학생들에게 부정적인 영향을 미칠 수 있다는 사실을 바탕으로 한 것입니다.
5. 피터는 교육 분야에서 기술의 발달이 일어나는 것을 막을 수 없다는 것에 동의합니다.
6. 학생들은 대학 무선 인터넷을 사용하기 위해 처음에 대학 직원의 설정이 필요합니다.
7. 캠퍼스에서 인터넷을 사용하는 것은 아주 광범위해서 거의 모든 학생들이 조사를 할 때 인터넷에 너무 의존하게 됩니다.
8. 존 스미스 교수님의 용어는 컴퓨터를 이용할 수 없는 경우를 나타냅니다.
9. 그 용어에 대한 언급은 구분이 되어야 하지만 교사의 도움으로만 할 수 있습니다.
10. 이익을 남기는 것에 관한 스미스의 단순한 견해는 컴퓨터 회사가 더 많이 돈을 투자하는 것이 포함됩니다.

ANSWERS
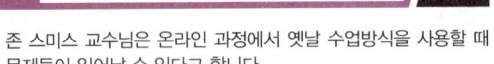
1. old methods
2. institution's innovation
3. certain courses
4. personal contact
5. technological development
6. wireless internet
7. usage of the Internet
8. access
9. teacher's help
10. profit

61 Talking about a medical presentation

1. 롭이 불안한 이유는 전에 이렇게 큰 규모의 사람들을 본적이 없기 때문입니다.
2. 사라는 그 연설에 아예 관심이 없었던 것처럼 보였기 때문에 연설에 대한 그녀의 태도는 그렇게 고무적이지 않았습니다.
3. 의학 발표 연설은 동영상을 보는 것으로 시작을 했습니다.
4. 레오는 의사와 환자 사이의 관계를 강화시키는 법을 배웠습니다.
5. 발표는 치료가 질병을 치유하는 데 어떻게 사용되는지에 중점을 두었습니다.
6. 발표자가 다음에 해야 하는 것은 정보에 대한 개요를 주는 것입니다.
7. 발표자가 처음 설명했던 것은 그 주제를 고른 이유였습니다.
8. 발표자가 했던 또 다른 것은 현재 일반적인 의료 절차와 치료 방법에 대한 사례를 보여주는 것이었습니다.
9. 그 남자는 청중들이 박수를 치고 고개를 끄덕이면서 참여하는 것에 감사해 합니다.
10. 발표 마지막에 청중에게는 질문을 하는 주된 과제가 주어졌습니다.

ANSWERS

1. big group
2. unconcerned
3. video clip
4. strengthen the relationship
5. cure diseases
6. overview
7. topic
8. illustration
9. audience participates
10. questions

62 Discussion about cookery books

1. 요리책은 부자들과 유명한 사람들의 생활을 들여다볼 수 있게 해 주기 때문에 많은 사람들은 요리책을 삽니다.
2. 수는 그들이 출간한 요리책의 구성이 형편없었다고 생각합니다.
3. 아주 오래된 요리책의 조리법들은 너무 전문적이고 재료들을 구하기 힘들기 때문에 더 이상 실용적이지 않습니다.
4. 삽화의 구성은 요리책이 재미를 위한 것이 아니라는 인상을 줍니다.
5. 그 책의 특징 중 하나는 영양가 있는 음식을 준비하는 것이 현대식입니다.
6. 그 책의 또 다른 특징은 요리의 역사에 대한 좋은 정보가 있습니다.
7. 그 책의 주제들은 연구가 잘 되어있고 음식의 발전에 대한 정보가 가득합니다.
8. 요리책에 실린 모든 요리는 눈에 띄고 알아보기 쉬운 삽화들과 요리 지도가 있습니다.
9. 출판사는 텔레비전 요리 프로그램에서 책을 홍보하는 것이 더욱 실질적이라고 주장합니다.
10. 그 책을 읽은 사람들은 스스로 공부하는 것을 목적으로 하는 사람들에게 맞다고 합니다.

ANSWERS

1. lifestyle
2. poorly organised
3. too professional
4. enjoyment
5. up-to-date
6. history
7. well-researched
8. visible and clear
9. more practical
10. self-study

63 The Ancient Hi-Keti Craft of New Zealand

1. 두 학생은 녹암은 깎아서 만들기에 너무 힘이 든다는 것에 동의합니다.
2. 고고학적인 유적지는 소유주가 관리를 하고 있기 때문에 그 지역에서는 소수의 녹암만 발견이 되었습니다.
3. 뉴질랜드 사람들은 조상들과 교감하기 위해 이 돌을 사용해왔습니다.
4. 모아인 헤이엠의 두 종류의 차이는 손과 다리의 위치에서 볼 수 있습니다.
5. 새 마오리족의 돌들은 규칙적인 구멍과 그들을 위해 사용되었던 줄 때문에 쉽게 알아볼 수 있습니다.
6. 원주민들은 모양을 만들고 줄을 깨끗하게 하기 위해 모래를 이용합니다.
7. 연구에 따르면, 원주민들은 동굴의 세부적인 것들을 위해 바느질과 줄로 묶는 방식을 사용했다고 합니다.
8. 아름다운 자작나무껍질로 만든 작은 테이블들은 오래된 방식으로 하나씩 공들여 만들어집니다.
9. 왁스를 사용하는 목적은 눈을 밝고 빛나게 보이게 하기 위해서입니다.
10. 그 돌은 마음과 몸을 연결하기 위한 도구로 사용됩니다.

ANSWERS

1. carved
2. owner
3. ancestors
4. the position
5. chord
6. shape
7. stitch and string
8. end
9. bright
10. connect

64 Research on chimpanzees

1. 연구자들은 침팬지를 관찰하는 가장 좋은 때는 그들이 먹이를 찾고 있을 때 라는 것을 발견했습니다.
2. 과학자들은 침팬지의 행동이 인간을 모방한 것에서 비롯된다는 것을 오랫동안 알고 있었습니다.
3. 연구자들에 따르면, 침팬지들은 우월함을 보여주기 위해 그들에게 팔을 흔들고 있었다고 합니다.
4. 실험에서 침팬지들은 비로부터 머리를 보호하기 위해 나뭇잎을 사용했다는 것을 보여주었습니다.
5. 침팬지들은 견과류를 돌로 쳐서 단단한 껍질을 벗겨낸다는 것이 확인되었습니다.
6. 긍정적인 결과에도 불구하고, 학생들은 증거가 없다고 믿었습니다.
7. 연구자들은 앞으로의 연구 방향이 침팬지의 성인 관계로 향할 것이라고 시사했습니다.
8. 보고서에 따르면, 앞으로의 연구 방향은 젊은 침팬지들에게 먹이를 주는 것에 맞춰진다고 합니다.
9. 과학자들은 더 나은 결과를 모으기 위해 다음에는 더 많은 과일이 필요할 것이라고 명시했습니다.
10. 과일과 다른 수단들 외에, 과학자들은 실험을 위한 측정 장비들도 필요로 할 것입니다.

ANSWERS

1. looking for food
2. imitation of humans
3. dominance
4. heads
5. stones
6. invalid
7. adult relationships
8. youngsters
9. fruits
10. measuring equipments

65 Bond River Reservoir field investigation
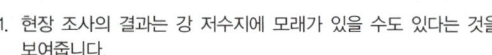

1. 현장 조사의 결과는 강 저수지에 모래가 있을 수도 있다는 것을 보여줍니다.
2. 조사에서는 본드 강 저수지를 따라 있던 마을은 더 이상 존재하지 않는다는 것도 밝혀냈습니다.
3. 그곳에는 길이 따라 나 있었기 때문에 연구자들은 저수지로 가는 길을 찾는 것이 어렵지 않았습니다.
4. 연구에서는 동물들의 발자국이 분명히 존재하기 때문에 저수지 안과 주변에는 생명체가 존재한다는 것을 보여줍니다.
5. 저수지에서 조사를 했을 때 분명히 진흙이 있었습니다.
6. 질과 제이슨은 교수님에게 그들의 발표 시간에 대해서는 확신할 수 없다고 했습니다.
7. 현장 조사를 한 그 팀에는 토지 관리 학술에서 훈련을 받은 토지 측량사와 감정인이 포함되어 있었습니다.
8. 교수님은 측량사들에게 장소에 대해 항상 상세히 기록을 하라고 조언을 했습니다.
9. 질은 가장 어려운 것이 자료를 해석하는 것이었다는 것을 인정했습니다.
10. 저수지 조사에서 가장 흔한 위험요소는 진흙 위에 물이 있는 것입니다.

ANSWERS
1. possibly	2. village
3. path	4. definitely
5. mud	6. length
7. estate surveyors	8. detailed note
9. interpretation	10. common risk

66 How to successfully rebrand a business

1. 그들 모두 재건의 전통적인 의미는 엄밀히 한정되어야 한다는 것에 동의했습니다.
2. 그들은 많은 기업들이 그들의 현재 위치를 모르기 때문에 이러한 사례를 적용할 때 실패한다는 것을 확인했습니다.
3. 관련된 기업들과 사업체들은 지금이 재건하기 좋은 때라는 것에 동의했습니다.
4. 수는 브랜드 이미지 개선의 개념에 대한 더 좋은 아이디어를 얻을 수 있기 때문에 그는 책을 읽어야 한다고 제안했습니다.
5. 수는 연구 모델을 세우는 것을 알리는 이메일을 받았습니다.
6. 그 지역에는 소규모의 지방 기업들이 많기 때문에 톰과 수는 브랜드 이미지 개선 연구를 하기 위해 소규모 기업들을 선택했습니다.
7. 로고의 색이 충분히 화려하지 않기 때문에 아이스크림 회사를 재건하는 것은 재고해봐야 합니다.
8. 아이스크림 회사를 재건하는 것에는 맛이 다른 제품들을 추가하는 것이 포함됩니다.
9. 연구에 따르면 세차 회사는 시장에서 잘못된 위치를 선택했기 때문에 실패했다고 합니다.
10. 세차 회사가 실패한 또 다른 이유는 가격이 너무 높았기 때문입니다.

ANSWERS
1. strictly narrow	2. current position
3. reconstruct	4. book
5. research	6. small local companies
7. logo	8. taste different
9. wrong position	10. too high

67 A cooking course discussion with a tutor

1. 요리 과정 기간은 많은 사람들이 생각하는 것과 같이 3년이 아닌 4년이었습니다.
2. 학생들은 3학년에 두 번의 현장 실습을 해야 합니다.
3. 학생들은 2주마다 열리는 세미나에 참가해야 합니다.
4. 학생들은 2학기 말이 되면 특별한 기술을 얻게 될 것으로 예상됩니다.
5. 요리 과정에는 학생들이 참가해야 하는 필수 강의들이 있습니다.
6. 요리 과정에 관한 필요한 모든 정보들은 안내서에서 찾을 수 있습니다.
7. 깁슨 박사님은 학생들에게 책을 사는 대신에 도서관에서 빌리라고 제안했습니다.
8. 선생님은 학생들에게 아무도 전화를 받지 않으면 음성메시지로 넘어가기 때문에 깁슨 박사님과 연락하는 가장 좋은 방법은 이메일을 보내는 것이라고 알려주었습니다.
9. 과정의 작문 실력 부분은 전문 직원이 다룹니다.
10. 선생님은 학기말 보고서를 디스크나 온라인으로 제출하는 것을 허락하지 않았고 학생들은 직접 종이로 과제를 제출해야 했습니다.

ANSWERS
1. 4 years	2. placements
3. seminar	4. second semester
5. lecture	6. handbook
7. library	8. e-mail
9. the specialist staff	10. paper

68 Varroa Jacobsoni Debate

1. 꿀벌응애는 꽃에서 발견할 수 있는 기생 진드기입니다.
2. 꿀벌응애 진드기는 벌집 아래 숨어있는 것으로 알려져 있습니다.
3. 꿀은 그들의 냄새를 감추기 때문에 벌집 밑에 숨어있는 것을 좋아합니다.
4. 성체 진드기는 성체 꿀벌의 피를 빨아 먹습니다.
5. 진드기에서 나오는 바이러스는 성충 벌의 건강에 영향을 주어서 더 감염이 되기 쉽습니다.
6. 왕벌은 꿀을 생산하지 못하기 때문에 바로아 진드기는 유럽에서 온 왕벌을 좋아하지 않습니다.
7. 과학자들과 연구자들은 대나무 벌에 대해 잘 모릅니다.
8. 이탈리아 푸른벌은 따뜻한 기후에 쉽게 적응하지만 춥고 비가 오는 날씨에 대처하는 능력이 떨어집니다.
9. 살인벌로 잘 알려진 아프리카 벌은 매우 공격적입니다.
10. 보기 드문 카니올란벌은 농부들에게만 약간 도움이 됩니다.

ANSWERS
1. flowers	2. hive
3. honey	4. blood
5. virus	6. Europe
7. bamboo	8. warm climates
9. too aggressive	10. farmers

69 Course feedback/evaluation

1. 강의 평가에서 한 의견은 시간표가 모든 사람들에게 맞지 않는다는 것이었습니다.
2. 강의에 대한 또 다른 의견은 도서관의 자료가 부족했다는 것이었습니다.
3. 가르치는 것에 관한 의견은 좋았고 다양한 수준들을 충족시켰다고 했습니다.
4. 또 다른 긍정적인 의견은 학생들이 수업료 시스템에 아주 긍정적인 경험을 했다는 것이었습니다.
5. 평가에서 한 가지 의견은 IT 지원이 불필요했었다고 했습니다.
6. 골치 아픈 의견은 예비 과정 정보에서 몇 가지 세부사항이 생략되었다고 말했습니다.
7. 평가에 따르면, 사무실에서 다툼을 시작했던 것은 프로젝트 그룹에 있던 사람들이었다고 합니다.
8. 다이애나는 생산 공정과 제조 개념에 관심이 있기 때문에 제조 공정 관리를 전공하기로 했습니다.
9. 교수님은 다이애나에게 업계에 대한 높은 수준의 지식을 얻기 위해 업무 경험을 쌓도록 노력하라고 제안했습니다.
10. 교수님은 다이애나에게 취업을 하는 데 도움을 주기 위해 추천서를 써줄 수 있다고 말했습니다.

ANSWERS
1. timetable
2. inadequate resources
3. different levels
4. positive experience
5. not necessary
6. pre-course
7. disagreement
8. Manufacturing Operations Management
9. gain work experience
10. reference letter

70 Investigation on website design

1. 조사에 따르면, 가족 내에서 웹사이트를 가장 많이 사용하는 것은 여성입니다.
2. 조사에 따르면, 주로 가족들이 사용하는 필드 어플리케이션은 사회 정보를 교환하는 것이 포함된 것이라고 합니다.
3. 식품 사업에서 주로 사용하는 필드 어플리케이션은 제품을 팔고 지원을 제공하는 데 도움이 되는 것입니다.
4. 주로 대기업에서 이용하는 필드 어플리케이션은 조언을 제공하는 것입니다.
5. 대기업들은 많은 문제들을 처리해야 하고 그 기업들 중 한곳은 웹사이트 디자인에 창의성이 필요합니다.
6. 조사에서 웹사이트 디자인에 대해 우려하는 사용자들은 보통 새로운 기업가라는 것이 드러났습니다.
7. 개인 사용자들이 사용하는 가장 일반적인 필드 어플리케이션은 아이디어들을 제공하는 것입니다.
8. 개인 사용자들이 처리해야 하는 문제점들 중 하나는 웹사이트의 세부사항들이 쉽게 도난당한다는 사실입니다.
9. 조사 결과에 따르면, 네트워크는 주로 젊은 사람들로 구성되어 있습니다.
10. 네트워크 관련자들이 주로 사용하는 필드 어플리케이션 중의 하나는 휴가 계획을 세울 수 있도록 해주는 것입니다.

ANSWERS
1. highest proportion
2. social information
3. support
4. advice
5. creative
6. entrepreneurs
7. offer ideas
8. easily stolen
9. networkers
10. plan holidays

71 Moa: An extinct wild bird

1. 모아와 공룡이 공통으로 갖고 있는 한가지 유사점은 둘다 사람들에게 관심이 있다는 것입니다.
2. 다른 새들과 모아의 가장 큰 차이점은 그들은 날개 뼈가 없다는 것입니다.
3. 모아 새끼의 특별한 점은 먹이를 스스로 찾는 능력입니다.
4. 모아 연구에 대한 선생님의 반응은 예측 가능했습니다.
5. 그 학생은 강사가 재미있었기 때문에 강의를 즐겼습니다.
6. 보고서에 따르면, 인간의 간섭이 모아의 멸종을 초래했다고 합니다.
7. 북섬 모아는 가장 큰 암컷 종으로 여겨집니다.
8. 해안 근처에 살았던 모아의 남겨진 화석은 매우 적습니다.
9. 땅딸막한 다리를 가진 모아는 시력이 안 좋다는 것이 밝혀졌습니다.
10. 연구에 따르면, 동부에 있는 모아는 밤에 먹이를 먹는 경향이 있었습니다.

ANSWERS
1. the public
2. no wing bones
3. chicks
4. reaction
5. amused
6. human interference
7. tallest female
8. fossils
9. poor eyesight
10. night

72 Marketing research

1. 시장 조사팀은 그 음료가 아이들에게 좋은 것인지 알아내는 것을 목표로 합니다.
2. 그들에게 필요한 결과를 얻기 위해 그들은 식습관 조사를 해야 합니다.
3. 소피아는 그녀의 책무를 다 이행했기 때문에 매출을 거두는 책임을 맡는 것은 필립의 차례입니다.
4. 소피아와 필립의 목적은 제품의 상세한 설명을 제공하는 것입니다.
5. 시장 조사 보고서의 첫 번째 부분은 이번 주 안으로 끝내야 합니다.
6. 그들은 또한 유사한 제품의 실적을 확인하고 비교해야 합니다.
7. 소피아는 필립에게 그녀의 학습 자료의 소책자를 빌려줄 수 있다고 말했습니다.
8. 필립은 소책자에 그의 업무를 지도해줄 수 있는 매우 유용한 점검표가 있다는 것을 알게 되었습니다.
9. 소피아와 필립 둘 다 판매와 상품평에 관해서 묻기 위해 점장에게 연락을 해야 합니다.
10. 소피아는 광고를 하고 싶다면 언론 계획을 준비해야 할 것을 알게 되었습니다.

ANSWERS
1. healthier for children
2. on diet
3. collecting the sales
4. detailed description
5. section
6. performance
7. booklet
8. checklist
9. managers
10. media plan

73 Discussing course study details and note-taking

1. 에이든은 자신의 메모를 읽지 못했다는 것을 깨달았을 때 곤경에 처했다는 것을 알게 되었습니다.
2. 에이든은 수업 내용을 다시 듣고 싶지 않았기 때문에 녹음을 하지 않기로 했습니다.
3. 올리비아는 에이든에게 그녀의 필기 방식은 핵심만 적는 것이라고 말했습니다.
4. 에이든은 수업 동안 그가 해야 할 것은 중요한 것만 적는 것이라는 것을 이제 깨달았습니다.
5. 그는 강의 동안 필기를 해야 한다는 구체적인 사실을 천천히 알아가고 있습니다.
6. 또한 에이든은 강사가 중요한 것을 언급할 때 알 수 있는 강사의 몸동작에 집중하는 법도 배웠습니다.
7. 강의에서 그 소년이 가장 좋아했던 부분은 산림에 대한 수업이었습니다.
8. 강의에서 그 소년이 좋아했던 다른 것은 문학 수업이었습니다.
9. 한편, 강의에서 올리비아가 좋아했던 것은 옷에 관한 공부였습니다.
10. 강의에서 올리비아가 좋아했던 다른 것은 요리 수업이었습니다.

ANSWERS

1. his own notes	2. listen
3. key points	4. what is important
5. specific facts	6. body language
7. forestry	8. literature
9. clothing	10. cooking

74 Biology course discussion

1. 생물학 수업 토론에서 가장 좋은 점은 학생들이 아이디어를 공유할 수 있다는 것입니다.
2. 생물학 수업 토론에서 학생들에게 도움이 될 수 있는 한가지는 심도 있는 연구를 할 수 있다는 점입니다.
3. 5월 13일 생물학 수업 토론은 마운틴 건물일 것입니다.
4. 5월 29일 생물학 수업 토론은 도서관일 것입니다.
5. 교수님은 생물학 1A12 수업은 학생들을 위해 만들어진 것이라고 했습니다.
6. 세미나 세부사항에 의하면, 발표는 30~40분 동안 하게 될 것이라고 합니다.
7. 발표 시간에는 답변이 될 청중들의 질문도 이미 포함이 되어 있을 것입니다.
8. 토론에 할당된 총 시간은 10~15분 밖에 되지 않습니다.
9. 생물학 수업 토론에는 학술지 논설도 포함이 될 것입니다.
10. 생물학 수업 토론에는 인터넷에서 다운로드 한 수업도 포함이 될 것입니다.

ANSWERS

1. share ideas	2. deep researches
3. mountain building	4. libraries
5. designed	6. seminar details
7. include questions	8. discussion
9. journal	10. Internet

75 Assignment about uncle's house

1. 과제에는 마을의 역사에 대한 관련 정보가 포함되어야 합니다.
2. 그의 삼촌은 그 지역에 집을 가지고 있고 이것이 그가 과제로 이 주제를 선택한 이유입니다.
3. 그의 삼촌 집에 대해 그가 찾은 기록물에는 잘 만들어진 지면도가 포함되어 있었습니다.
4. 그는 연구에 도서관의 확대 지도를 사용한다는 것에 매우 흥분되었습니다.
5. 그는 건축가들이 벽난로의 도면을 따로 만들어야 한다고 생각합니다.
6. 가능하다면, 그는 분석을 위해 나무 조각을 고를 것입니다.
7. 그러나, 그는 집의 문제점들이 충분히 논의가 되어야 한다는 것을 강조했습니다.
8. 분명히, 그는 건물이 언제 지어졌는지에 대해 정확하게 알아내야 합니다.
9. 고려해야 할 또 다른 사항은 건물의 용도입니다.
10. 그는 과제에 아직 답을 못한 질문들도 적어야 합니다.

ANSWERS

1. village	2. choosing
3. ground plan	4. large-scale maps
5. fireplace	6. piece of wood
7. problems	8. building's age
9. occupancy	10. unanswered

76 Students want to teach children

1. 아이들을 가르치고 싶어했던 학생들은 연못 방문 허가를 받을 수 있었습니다.
2. 두 학생은 그들의 수업이 너무 체계적이길 원하지 않았기 때문에 평가지를 사용하지 않기로 했습니다.
3. 이것을 하는 그들의 목적은 먹이사슬의 순서대로 동물들을 놓음으로써 아이들에게 먹이사슬을 알 수 있도록 가르치기 위한 것입니다.
4. 교수님은 학생들에게 수업에서 변화를 주라고 조언했습니다.
5. 그들은 실제 동물 대신에 영화를 보여주는 것이 더욱 실용적이고 통제하기 더욱 쉽기 때문에 아이들에게 영화를 보여주기로 결정했습니다.
6. 수업에서 모든 아이들이 선생님들의 말을 잘 듣기 때문에 그 학생들은 매우 기분이 좋았습니다.
7. 그들이 학생들에게 시켰던 활동 중 하나는 둘씩 짝을 지어 목록을 작성하는 것이었습니다.
8. 전체 학급에서 해야 했던 또 다른 활동은 생각들을 적어두는 것이었습니다.
9. 다른 활동에서 아이들은 각자 평가지를 작성해야 했습니다.
10. 또 다른 활동에서 아이들은 각자 수업을 위해 미술 작품을 만들어야 했습니다.

ANSWERS

1. pond	2. too structured
3. food chain	4. variations
5. practical	6. listened to teachers
7. make a list	8. note down ideas
9. fill out worksheets	10. create an artwork

77 Fiona and Daniel organising a debate

1. 피오나는 한 친구와 이야기를 한 후에 토론을 준비해서 참가하기로 했습니다.
2. 피오나와 다니엘은 토론을 통해 듣기와 말하기 능력을 연습할 수 있습니다.
3. 피오나와 다니엘은 스스로 명단에서 사람들을 골라서 토론을 계획했습니다.
4. 모든 사람들이 토론에 참여하기 위해 참가자들은 두 팀으로 나뉘어졌습니다.
5. 자신감이 없는 사람들은 일반적으로 토론과 같은 활동에 참여하지 않습니다.
6. 토론 후에 강사는 그들의 글에 대해 언급을 할 것입니다.
7. 절차에는 요약본에 명시되어 있는 요점이 들어있는 유인물을 주는 것이 포함될 것입니다.
8. 논설 유인물이 주어지는 동안 심사위원들은 모든 참가자들의 몸짓 언어에 주목해야 합니다.
9. 게시판에 있는 자료를 이용하고 교육용 자료를 작성하는 참가자들의 능력은 분석될 것입니다.
10. 토론자들은 요약본 초안을 써서 설명을 해줘야 합니다.

ANSWERS
1. talking
2. speaking skills
3. list
4. 2 teams
5. less confidence
6. making comments
7. key points
8. body language
9. access resources
10. demonstration

78 Sick students return to discuss the problems of learning

1. 키이라는 이메일이 괜찮다는 것을 확인했기 때문에 선생님에게 프로젝트 계획을 첨부 파일로 보낼 것입니다.
2. 그룹 A, B에게 자료 분석을 해야 하는 과업이 주어진 일정 기간이 있습니다.
3. 키이라에 따르면, 프로젝트 계획 제출 마감일은 11월 5일입니다.
4. 학생들은 과제 형식에 대해 논의를 하고 있고 과제의 마지막 단계에는 개별 발표가 포함이 될 것입니다.
5. 그룹 1은 대학 취업 상담소에서 직원들을 인터뷰할 것입니다.
6. 그룹 2는 흡연에 대한 인식과 관련된 주제를 다룰 것입니다.
7. 그룹 3은 슈퍼마켓의 종업원들뿐만 아니라 대학교 학생회 일원들을 인터뷰할 것입니다.
8. 그룹 4의 주제는 자연 의학이 될 것입니다.
9. 그룹 5의 주제는 학생 대출이 될 것입니다.
10. 그룹 5의 구성원들은 재무과의 관리자들을 인터뷰할 것입니다.

ANSWERS
1. attachment
2. data analysis
3. project plan
4. presentations
5. Career Office
6. smoking
7. supermarket
8. natural medicine
9. student loans
10. finance office

79 Paper revision discussion

1. 선생님은 톰에게 초안을 제출하기 전에 자신만의 버전을 만들어 보라고 조언했습니다.
2. 원 월드 컴퍼니 시장은 흔치 않기 때문에 학생들은 이것을 선택했습니다.
3. 선생님이 학생들에게 그들의 광고 방식을 바꿔야 한다고 제안했습니다.
4. 선생님이 학생들에게 해주었던 다른 충고는 주제에 대해 좀 더 폭넓게 연구를 하라는 것이었습니다.
5. 평가 기준에서 벗어나 있다면, 점수 배분이 보고서의 질을 제대로 반영하지 못할 수도 있습니다.
6. 학생들은 다른 학생들과의 교류를 높이고 이것이 그들의 보고서에 어떤 영향을 미치는지 보는 것에 시간과 에너지를 쓰라는 조언을 들었습니다.
7. 참조 부분의 문제점 중 하나는 책의 자료가 정확하지 않다는 것입니다.
8. 참조 부분의 문제점들은 책이 다소 시대에 뒤떨어져 있다는 사실에서 기인합니다.
9. 지도교수는 학생들이 다음 발표에서 청중들을 계속 지켜봐야 한다고 했습니다.
10. 지도교수는 학생들이 다음 발표에서 추가 질문들을 처리할 시간을 가져야 한다고 했습니다.

ANSWERS
1. his own edition
2. unusual
3. advertising
4. more extensive research
5. allocation of mark
6. interaction with others
7. not accurate
8. outdated
9. audience
10. follow-up questions

80 Editing and referencing methods

1. 독후감에는 정기 간행물과 잡지와 같은 출처를 밝히기 위해 참조 페이지를 포함해야 합니다.
2. 참조 페이지에는 인터넷에서 모은 정보의 인용문을 포함해야 합니다.
3. 제작일은 체계적인 배치를 위해 더욱 적절한 참조의 두 가지 방식 중의 하나입니다.
4. 주석 시스템은 문장의 마지막에 위 첨자 숫자를 사용하여 독자에게 출처의 정보를 표시합니다.
5. 글 마지막 새로운 페이지에 모든 참조를 타자로 쳐야 합니다.
6. 요구사항에 따라, 문단 사이에 명백한 구분을 만들기 위해 이중선 간격이 있어야 합니다.
7. 이중선 간격 외에, 페이지 여백도 3.25가 되어야 합니다.
8. 여백과 간격 외에 제목도 이탤릭 체로 해야 합니다.
9. 또 다른 요구사항은 오른쪽 상단 모서리에 페이지 번호를 넣는 것입니다.
10. 그 뿐만 아니라, 표지에는 보고서 ID 번호가 확실하게 표기되어 있어야 합니다.

ANSWERS
1. journals
2. Internet
3. scientific assignments
4. notes system
5. typed
6. double line spacing
7. page margins
8. italics
9. top right corner
10. ID number

toilet vs bathroom(restroom). '화장실'을 toilet이라고 하는 영국과 달리 미국에서는 화장실은 bathroom이라는 단어를 사용하고, toilet은 '변기'라는 의미로 쓰입니다. 그래서 만약 미국에서 Where's the toilet?이라고 물으면 노골적인 의미로 "변기가 어디 있나요?"라고 묻는 게 되어 듣는 사람이 당혹스러워 할 것입니다. 반대로 영국에서 bathroom을 사용하면 bath를 하는 곳, 즉 '욕실'을 뜻하기 때문에 화장실이 아닌 곳으로 안내할 경우도 있습니다. 따라서 화장실을 묻거나 말할 경우에는 내가 어느 지역에 있는가를 생각하고 미국식과 영국식을 잘 구분해서 말하는 것이 좋습니다.

뜻	영국영어	미국영어
지폐	note	bill
우편	post	mail
과자	biscuit	cookies, cracker
술	alcohol	liquor
약국	chemist	drugstore
비행기	aeroplane	airplane
변호사	solicitor	attorney, lawyer
경기	match	game

뜻	영국영어	미국영어
학기	term	semester
화장실	toilet, loo (informal)	restroom
술집	pub	bar
휴가	holiday	vacation
버스	coach	bus
소파	sofa	couch
주차장	car park	parking lot

✚ **Broken English 바로잡기**

노골 no goal → no point, no score
샤프펜슬 sharp pencil → mechanical pencil
써머타임 summer time → daylight saving time

바톤 터치 baton touch → baton pass
본드 bond → glue

IELTS LISTENING DICTATION
SECTION 4

1~20 : 🎧 D1-20
21~40 : 🎧 D21-40
41~60 : 🎧 D41-60
61~80 : 🎧 D61-80

👑 Listening Section 4 소개

Section 4는 Listening 시험의 제일 마지막 부분으로 난도가 가장 높습니다. Section 2와 마찬가지로 한 명 혹은 두 명의 화자가 진행하는 독백(monologue) 형식이며, Section 3와 같이 학업(academic)적인 내용이 주제입니다. 다른 섹션들과 달리 섹션 안에서 중간에 쉬는 시간이 없는 경우가 많은 것이 특징이며, 어떤 경우에는 31~40번까지 한 문제 형태로 출제되는 경우도 있으므로 상당한 집중력을 요하는 섹션입니다.

👑 Listening Section 4 출제 유형 분석

1. 강의

Section 4에서 가장 많이 출제되는 형식으로, 대학에서 일반적으로 행해지는 여러 가지 강의 형식을 띠고 있습니다. 예전에는 먼저 교수가 인사를 하고 지난 강의에 대해 짧게 요약한 뒤 이번에 배울 것에 대해 설명하고 강의를 이어가는 경우가 많았지만, 요즘은 이런 배경 설명 없이 I am going to talking about ~라는 말과 함께 바로 강의 형식이 진행되고 있습니다. 배경 설명이나 도입 부분이 없으면 가뜩이나 제일 어려운 부분인 Section 4가 더 어렵게 느껴질 수밖에 있습니다. 하지만 최근 출제 경향이 바로 주제로 들어가고 이어서 관련된 문제가 초반부에 나오므로 이에 맞춰 시험을 준비해야 문제 푸는 데 어려움이 없습니다.

2. 세미나

강의의 형식과 비슷하지만 대개의 경우 본인이 연구한 것이나 research한 것의 결과를 가지고 각 항목을 분석해가며 설명하는 것에서 차이가 있습니다. 강의가 어떤 주제를 가르치는 형식이라면, 세미나는 가르치기보다는 결과물을 presentation하는 형식을 띱니다. 또한 세미나는 강의와 같이 설명과 이해를 시키려는 것이 아니라 발표이기 때문에 설명이 적으며, 한 문장에 많은 정보를 담는 경우가 많아서 들을 때 집중력을 요합니다.

3. Article Reading

강의나 세미나 형식과 달리 특정 주제에 대해 신문기사에 난 article이나 논문 자료를 쭉 읽어주는 것 같은 형식입니다. 강의나 세미나에서 화자가 I나 We 같은 인칭대명사를 주어로 문장을 구성해서 말한다면, 이 형식의 경우 그냥 설명하려는 대상을 주어로 삼아서 문장을 만들어 들려주는 것이 특징입니다. 더구나 들려주는 문장이 구어체가 아닌 문어체 문장이므로 듣기에 상당히 딱딱하며, 어려운 아카데믹한 단어와 전문용어가 함께 나와 Listening Test 중에서 가장 어려운 유형입니다. 그리고 이 유형 역시 강의 형식의 요즘 출제 경향처럼 바로 어떤 주제에 대한 설명이 나오기 때문에 처음에 무엇에 대해 말하는 것인지 감을 잡고 그것을 생각하며 듣는 것이 가장 중요합니다.

4. Storytelling

강의나 세미나 형식과 Article Reading의 복합형식으로, 듣는 대상이 강의실의 학생이나 세미나장의 참석자가 아니라 바로 응시자에게 말하는 것처럼 어떤 주제에 대해 스토리 형식으로 들려줍니다. Article Reading처럼 문어체 문장을 읽는 것처럼 하지 않고 구어체로 말하는 것이 특징이며, 강의와 비슷하지만 듣는 사람을 이해시키거나 가르치려는 의도보다는 정보 전달에 중점을 둔 'Article Reading의 구어체 버전 유형'이라고 보면 됩니다.

Wild crocodile resettlement

1 The current research is special because they are now ....·

2 Studies conducted in the past were done with the use of ....·

3 It was convenient but it was problematic because it always ....·

4 Crocodiles are difficult to catch because they know how to ....·

5 Crocodiles travel to mangrove wetlands and wait for a prey for a whole week before going back home via the most ....·

6 Scientists and researchers place a tracking device into the .... of the crocodiles.

7 The captured crocodiles are relocated to different places by a ....·

8 Information transmitted from the tracking device reveals how easily crocodiles can ....·

9 The study revealed that crocodiles find their way by determining their position to the ....·

10 Research has shown that crocodiles have the same .... system as birds.

2 The British textile industry

1 There were .... employees in the textile industry before the 20th century.

2 The old .... were closed down due to the invasion of industries from other countries.

3 .... in the 20th century were mainly made for women.

4 The itsy-bitsy .... that many celebrities wear leave absolutely nothing to the imagination.

5 It is beneficial to hire .... and produce less output, considering that today's labour costs have gotten much more expensive.

6 A person's ability to use a language for a variety of purposes, such as speaking, listening, reading, and writing is referred to as ....

7 Technologists are responsible for identifying .... in the textile industry.

8 The operations manager is responsible for .... processes and controlling output quality.

9 Complaints are generally handled by ...., who are directly responsible for dealing with complainants.

10 The storefront display is designed and arranged by the ....

The disappearance of written language

1 Ancient writers wrote on a variety of .... aside from paper.

2 Different .... of materials such as pottery, animal hides, and wood were used by ancient writers.

3 The .... writings can be found on walls of caves in many places around the world.

4 There are not .... of ancient writings on paper since paper was not widely used in the 8th or 9th century.

5 Stonehenge is a prehistoric .... in England that is believed to have been a burial ground.

6 The lost and forgotten books of ancient sacred .... are a part of their heritage.

7 The .... of writing in hieroglyphic script could be horizontal or vertical.

8 They found around 200 mysterious stone .... that dotted the landscape in the desert.

9 Children today still spend many hours practicing .... in school.

10 Children get to practice oral and written language in today's ....

The development of urban immigration

1   One point against urban migration states that less internal migration into urban areas results in less .... being consumed.

2   One environmental advantage of people moving to the cities is that .... will get to recover.

3   When more people move to cities, ... will be more environmentally friendly.

4   It is environmentally advantageous for people to move to cities because they would create more .... that can be recycled into methane gas.

5   One economic advantage of moving to the city is that women are more likely to be considered for .... at work.

6   One downside of moving to the city is the possibility of .... during the process.

7   Cities have a much higher .... and this is one downside to moving to urban areas.

8   Cities in general have a poor .... and this is disadvantageous for people moving from rural to urban areas.

9   If more people move to cities, it will be economically disadvantageous because more energy will be wasted on ....

10   People who are used to a slower pace of life will find .... and difficult to bear.

Marine mammal research

1   Research done today is more accurate than those in the past due to a wider international .... in geographical work.

2   The main focus of the lecture is to showcase the .... on other species.

3   About 1000 years ago, sea otters were captured in nearby .... resulting in the decline of kelp forests in Alaska.

4   The decline of sea otters in .... affects the health of kelp forests and the diet of eagles.

5   .... started 300 years ago, when the Spanish came to America.

6   When the number of sea otters in Alaska ...., the bald eagles were forced to change their diet.

7   Sea urchins are the biggest threat to kelp forests, and as the number of sea otters declined, the number of sea urchins ....

8   With the decline in the number of sea otters, the population of sea urchins ...., destroying the balance in the ecosystem.

9   The principal breeding-ground of .... is the portion that included the Pribilof Islands off the coast of mainland Alaska.

10 Scientists believe that the .... of kelp forests will have a major impact on the survival of many sea creatures.

6 Textile design

1 At Ernabella Arts they sell rugs made from ...., as well as gloves, bonnets, sweaters and boots.

2 Tiwi Design specialises in textile products with .... such as birds.

3 The Tiwi Design company also creates textile products with different representations such as the ....

4 Bima Wear is a fashion outfit that specialises in clothes that are created based on symbols, structures, ...

5 Desert Designs was created by the design artist, Jimmy Pike, who started his career in ....

6 Desert Designs also creates pattern designs that can be used in ....

7 Jimmy Pike's concept for Desert Designs was inspired by the times he has spent in the ....

8 Cathy Freeman's jeans that featured lizards and a .... were created based on the art of the aboriginal artist and designer Bronwyn Bancroft.

9 The typical background for Bronwyn Bancroft's fabrics looks like a ....

10 The fabric phone case protects mobile phones from ....

1   The topic for the research was chosen to be able to reference .... in their studies.

2   Wildlife trade continues to be a problem because it threatens our ecosystem by hunting and selling ....·

3   The government spends most of its revenue on the .... of the market area.

4   The .... of goods has been gravely affected due to the issues concerning the construction of the train station.

5   The Bell Tower Building is a historic two-storey brick structure which was first used as a police headquarters and .... in Cumberland, Maryland.

6   Information about the .... was gathered as a primary investigation procedure.

7   The information materials that were gathered were problematic, as they proved to be .... data.

8   One of the methods utilised in the ....was the conducting of interviews of old people in the area.

9   Old .... were gathered and carefully indexed for future reference.

10   Problems surfaced from the old photographs because they included images related to ....·

1   In the history of Canadian coal production, the first step was to move the coals from the ....·

2   The government helped Cape Breton develop an efficient .... to increase coal production.

3   In the past, people only came to work seasonally, in ....; but the situation changed when they discovered the mines.

4   The population in .... started to decline as more and more people starting to work in the mines.

5   After some years, the production started to increase until the .... for 40% of Canada's coal.

6   The people that travelled to Cape Breton for mining jobs mostly came from .... and Italy.

7   The first item that was sold at the auction was a vintage plaster cast human hand torch-.......... holder.

8   The Davy Lamp is a safety lamp used in flammable atmospheres, so the flame is enclosed and .... inside a mesh screen.

9   The advantage of using a Davy Lamp is that it causes .... in the coal mines.

10 The Carbide Lamp contains materials that make water turn yellow and ....·

9 New swimming technology

1 The primary use of the swimming pool is to train swimmers to enable them to get .... in competitions.

2 The technology is quite special and unique because it combines various ....·

3 The swimming pool has a great impact on an .... that leads to much greater performance.

4 The swimming pool was built primarily to train and .... the skills of swimmers.

5 The swimming pool is equipped and surrounded by .... which record a swimmers every move.

6 Jake is generally a very good swimmer but his main weakness is that he has a ....·

7 While Jake's weakness is the slow start, Sujan's weakness is that he has a ....·

8 Although he is quite a good swimmer, Mike's weakness is his ....·

9 Rina is the only female in the team and her weakness is in deep waters because she couldn't ....·

10 Mark is generally on the same level as the other guys, but he has a weakness in the ....·

1 The company's .... captures what the company stands for in a brief and memorable way.

2 Section-1 of the work placement procedures states that the student's .... should be attached to the company application form.

3 Section-2 states that students can choose 6 skills, but they should only write a .... of 500 words for each, as more writing won't raise scores.

4 Section-3 explains how .... for all positions are generally conducted.

5 Section-4 explains how evaluation is conducted for appropriate ....·

6 Requested .... is provided by the "first class" students of the school.

7 Employees are advised to first consult with their .... when they encounter problems in the workplace.

8 The .... for submission is the 9th, so there's still 3 weeks before the June 30th deadline to work on any required revisions.

9 The placement offices come .... to talk to the students.

10 The students have been informed to the .... if they encounter any problems.

1   Underground buildings are usually built on the base of .... or close to subways.

2   The building's structure was inspired by a .... from hundreds of years ago.

3   Passengers bought tickets to see and pass through the .... by the bridge.

4   Upon entering, passengers will immediately notice the .... of the mall.

5   There are a lot of lights in the tunnel, which make people feel like they are ....

6   Adding the ingredients separately lessens the danger of ...., which is likely to occur if the mixture boils over.

7   Walls are an effective mitigation measure which can reduce traffic .... significantly and improve quality of life for people living behind them.

8   People who live underground understandably feel like they don't have enough ....

9   Underground malls are not always successful because people are not used to shopping in places that feel like a ....

10 While underground structures are less affected by the weather, they often suffer from ....

1   The company was created in order to implement a .... of leadership and administration.

2   The company policy can be summarised with the statement that they put ....

3   Before creating an ...., the company should first determine the purpose and goals of the site.

4   The company has projected a 32% .... within the next 3 years under the new management.

5   All regular employees will be eligible to accrue and use paid .... leave under new management.

6   Adopting the traffic violation format, a complaint .... will be issued for any and all employee complaint.

7   It would be a mistake to assume that a .... has been found to solve all the company's problems.

8   A company can only succeed if the top management maintains open .... with absolutely all their employees.

9   The .... of a company is a very important and crucial aspect in the success of any business.

10 77% of American supported the .... on the manufacture, sale, and possession of weapons.

13 Nanotechnology

1   Nanotechnology was developed because of the creation of the precision optical
    ....· .

2   People worry about products developed through Nanotechnology because they
    seem ....· .

3   Nanotechnology reduces the .... by reducing its density to a
    level similar to fruits and vegetables.

4   Materials created through nanotechnology, such as titanium dioxide, are used in
    surface coatings, paints, and outdoor .... varnishes.

5   Due to its water soluble properties and micro size, nanotech .... are easily
    absorbed, providing plants needed minerals and supplements.

6   Nanotechnology can be utilised to produce or remove strong ....· .

7   Nanotubes are used in the delivery of chemotherapeutic .... to speed up
    their entry into blood vessels.

8   Nanotechnology can help diabetics restore their health and overweight people
    lose that unwanted ....· .

9   It has been known for a long time that .... compounds are very effective in
    killing bacteria.

10 Nanoparticles in vegetables are shown to be dangerous as it blocks the body
    from acquiring proper ....· .

14 Organic farming

1 The comparative advantage in organic farming systems is that they are

...................·

2 It would be advisable to get more re-sellers and middlemen on board to boost
the .... volume of organic produce.

3 Organic farming produces the same yields of corn and soybeans as does
conventional farming, but it uses 30% ....·

4 According to the research, there are more earthworms and .... in the soil of
organic farms, which is good for organic vegetables.

5 Based on the research, the number of sustainable .... has gone
down by 40%.

6 Weed production in winter is generally 10% lower than its .... amount.

7 The company also sells .... mixes that combine the advantages of
several species into one bag.

8 Organic farming failed to prosper in India because many people gave up ....
altogether.

9 The International Organic Farming Review focuses on whether organic farming
is beneficial to ....·

10 The speaker thinks that the progress and development of organic farming
depends on the .... to brand image and marketing.

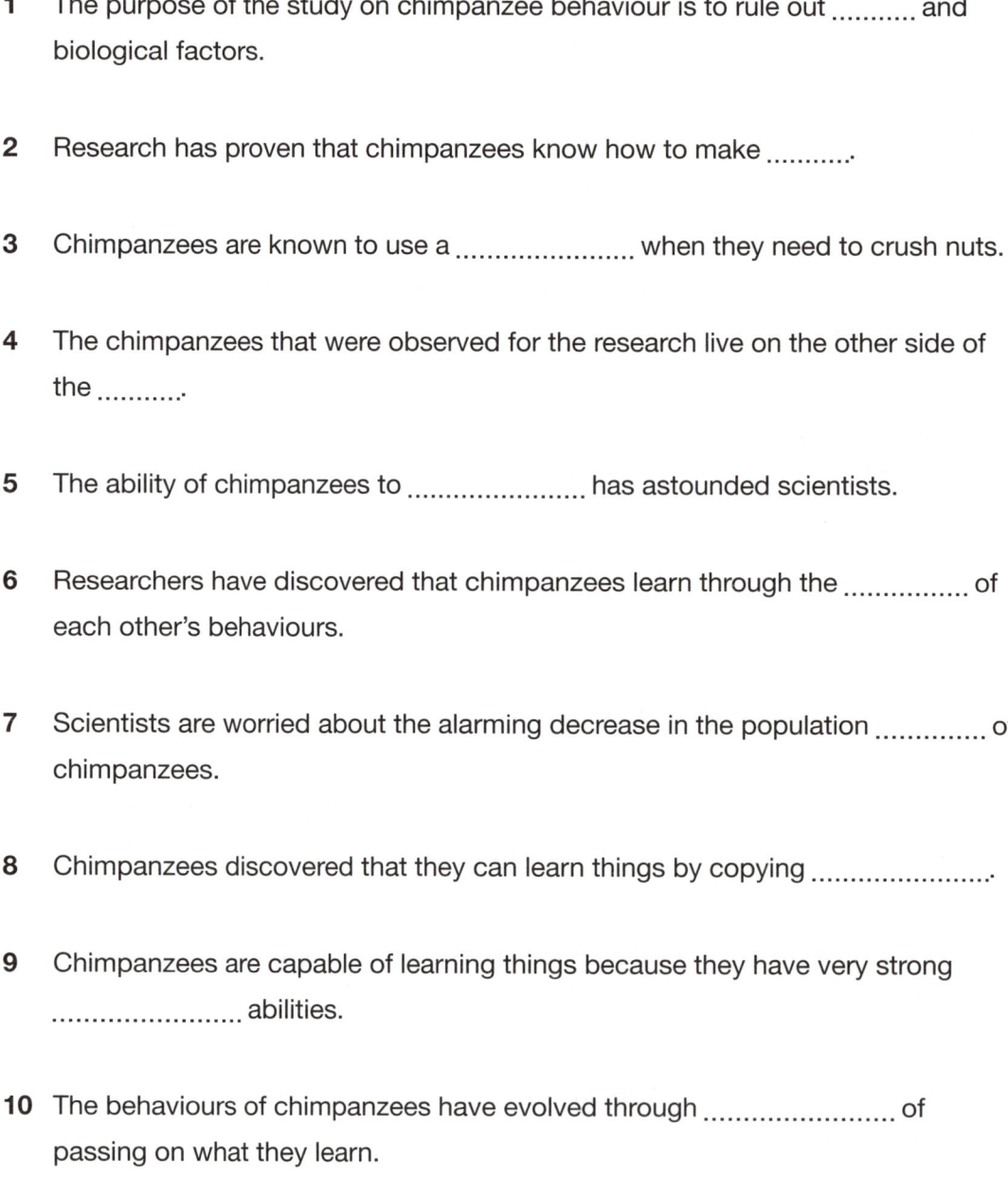

15 Study on behaviour of chimpanzee

1   The purpose of the study on chimpanzee behaviour is to rule out .... and biological factors.

2   Research has proven that chimpanzees know how to make ....

3   Chimpanzees are known to use a .... when they need to crush nuts.

4   The chimpanzees that were observed for the research live on the other side of the ....

5   The ability of chimpanzees to .... has astounded scientists.

6   Researchers have discovered that chimpanzees learn through the .... of each other's behaviours.

7   Scientists are worried about the alarming decrease in the population .... of chimpanzees.

8   Chimpanzees discovered that they can learn things by copying ....

9   Chimpanzees are capable of learning things because they have very strong .... abilities.

10 The behaviours of chimpanzees have evolved through .... of passing on what they learn.

1 The objective of the study is to assess the impact of .... on the farm.

2 The soil's water content needs to be assessed because it has an effect on the fruit's ....

3 The area being studied by the researches has both pasture and ....

4 There are two methods of practice being used for the .... of biological activity.

5 Studies have been carried out by researchers at a .... river near the farm.

6 They are produced by individuals as well as specialised .... companies.

7 The scientists will use a specialised .... to carefully examine the soil composition.

8 The area is teeming with birds and wildflowers, and a variety of ....

9 The leader reminded the team to remember to ...., so as not to miss anything.

10 After studying the current area, the scientists will proceed to another .... to continue their studies.

17 A survey on children's nutrition plan in New Zealand

1 The survey on the children's nutrition plan in New Zealand was conducted in the
   .... office.

2 Two of the three parts included in the investigation are food allergies and
   ....·

3 The third part of the investigation deals with the children's ....·

4 Another part of the investigation covers the children's amount of ....·

5 The survey respondents were chosen by the school at ....·

6 Results reveal that younger children .... than older children.

7 According to the survey, it is the older children who get easily influenced by
   ....·

8 The studies have shown that some European children are deficient in
   ....·

9 Compared to European children, Maori children eat more ....·

10 Researchers have stated that aside from the government and ....,
   schools should also be concerned about this issue.

1   Many people think that the AUV looks like an ....·

2   The engineers say that the AUV is so advanced, that it acts like a ....·

3   The AUV has the ability to measure the level of .... in the water.

4   To function optimally, the AUV relies on water ...., temperature and depth.

5   The AUV has the ability to find out how the oceans influence our ....·

6   The monitoring machines and equipment are not connected to the boat's ....·

7   The AUV has two bladders wherein .... is pumped through.

8   Despite its incredible capabilities, the AUV is unable to assess ....·

9   The AUV works by collecting data as it moves along the .... of the sea.

10   The information gathered off the ocean is communicated through the left ....·

Textile factory

1. In the first year, employees are expected to already have ....

2. New employees are required to work within the .... in their first year of employment.

3. The goal of all workers in their first year of employment is to ensure that the final design is .... on the fabric.

4. The textile factory aims to be in the .... within their first year.

5. The management's goal is to have a .... of the factory procedures in the second year, as well as documentation and suggestions.

6. In the second year, students can make use of the .... to help them make decisions.

7. Students at the textile factory are expected to make use of .... in their second year.

8. In the third year, students will be visited and interviewed by a .... regarding their learning experience at the textile factory.

9. In the fourth year, the textile factory will be offering a ...., and interested parties can just contact them for details.

10. In the fourth year, people who would like to join the project can contact the textile factory and schedule for an .... to be conducted.

1 The company regularly conducts surveys to ensure the safety of .... used in their food products.

2 It is common knowledge that quality and safety is jeopardized when food is .... for too long.

3 The differences in the type of heat and changes in .... affect the protein makeup of frozen food.

4 It is a well-known fact that supermarkets use .... as a marketing tool to attract customers.

5 There are many reliable sources for food and nutrition .... that would help ensure food safety.

6 Everybody knows that supermarkets and advertising and marketing companies are only concerned about ....

7 Food festivals are held for .... purposes and such events include activities such as cookery demos and free tasting and sampling.

8 The availability of .... in American markets is continuously increasing.

9 The cooking demos show the various processes to ensure food ....

10 Health officials insist that making .... still depends on the children's parents.

1   A young couple decided to build a very .... homemade house to be able to survive on an annual income of just $10,000.

2   The plastic sheet they used on their earth-sheltered house should have a .... of at least 50 years.

3   Extensive green roofs provide much of the environmental performance benefits of deeper, intensive green roofs but cannot support general foot ....

4   Over time, the company specialized in energy ...., earth-sheltered homes, and athletic clubs.

5   Earth-sheltered homes have energy-efficient features providing a comfortable, tranquil, ...

6   The two basic types of earth-sheltered house designs are .... and bermed.

7   Windows, glass doors and exposed walls provide light, solar heat, outside views, and .... from the ground level.

8   The floor plan is arranged accordingly to ensure that common areas and bedrooms share .... from the southern exposure.

9   In underground homes carved into the landscape, earth covers the ...., except where there are windows and doors.

10   It is necessary for earth-sheltered homes that have foot traffic on the roof to implement ....

1 The developers have confirmed that supermarkets will be opening near ....

2 While Briston Supermarkets are popping up everywhere, other shops in .... are closing down.

3 The company's marketing arm says this shop is different from other stores because they will be focusing solely on ....

4 With the ongoing constructions and renovations, more than 200 employees have been displaced, being assigned to other stores or ....

5 The Briston Supermarket Development states that retail stores should be flexible with acquiring ....

6 The CEO of the development company stated in an interview that the .... to being successful is to keep an open mind.

7 The development company has branch offices all over Europe, but its .... is close to London.

8 The company admits that seeking help from their .... benefits them greatly.

9 Coordinating is not an easy task, so the company has a .... who handles nothing but discussions.

10 The manager said that re-organising or reducing the number of people in the .... helps the department save on overhead costs.

1   The research to compare contents in supermarkets involved interviewing

      ....·

2   The research results are published online, so anyone can search for ....·

3   The team involved in the supermarket content comparison research included

      customer service ....·

4   Sunshine Supermarket has a wide range of .... and this gives them

      an advantage in that market.

5   Although Sunshine Supermarket has an edge in the organic food market, they

      use too much .... and this sometimes turns customers off.

6   Twin City Supermarket attracts customers by .... for free.

7   One disadvantage that Twin City Supermarket has is their ....

      products.

8   Fresh Pride Supermarket has an edge in the local market because they offer

      .... products.

9   Fresh Pride Supermarket has to improve their staff .... to provide

      better customer service.

10   Goodings Supermarket has limited products but they are able to pay for

      ....·

1   Tumucumaque located in the northeast of the Amazon covers an area of 39,000 ....·

2   The Tumucumaque rainforest is considered the world's biggest ....·

3   The site is preserved with cooperation from the government and help from scientists and local ....·

4   Mapping the area required the application of GPRS data and .... in addition to local knowledge.

5   There are some places in the area where plants used from ....·

6   The result of the mapping will be the first and most important step in protecting the local and world ....·

7   Another result of the mapping can be a ....·

8   The map can be used to educate children about their ....·

9   The main problem with making the map is the ....·

10 The most significant result of this project is that it included .... from the local people.

25 Saffron, dyes and spices used for medicinal baths

1 .... of saffron can make 14000 litres of medicinal bath water.

2 The method used to preserve the spices used for the medicinal bath is ....

3 The problem is that people rarely sold the saffron, dyes and spices in ....

4 There are many modern medical applications that widely use spices, such as in common .... and other cuisines.

5 One of the medical applications where spices are used is in the treatment of ....

6 In a rat experiment, it was shown that saffron can protect the eyes from .... and retinal stress.

7 In ancient Greek, people dyed their .... with spices.

8 In ancient Rome, saffron and spice were used for ....

9 Women in ancient Rome used saffron and spices as .... for their baths.

10 In ancient Rome and what used to be Persia, which is now Iran, they used saffron and spices to ....

1 The first reason why IT was adapted in colleges is because .... was unsuccessful.

2 Information technology has a great connection and .... with the local economy.

3 Information technology is mainly applied in the .... that involve computers.

4 With information technology, students, teachers and professors enjoy .... with each other.

5 Knowledge of information technology helps build up the students' ....·

6 The use of information technology helps provide students with more ....·

7 There are many benefits to using information technology and that includes having new ....·

8 One of the many benefits to information technology is that it provides new solutions to ....·

9 Another benefit of having information technology in colleges is that it helps students develop their ....·

10 The existence of Information Technology in colleges subsidises the students' ....·

1 The differences between settled and nomadic nations are presented in a .... graph.

2 The nomadic settlers made a .... for their family's accommodations.

3 Not having too many possessions, nomads used a .... as their main transport.

4 It is the .... who lead in both settled and nomadic nations.

5 In both settled and nomadic nations, local residents are helped by ....

6 Farmers barter .... with the nomad settlers in exchange for their help.

7 The nomads .... food and goods with the locals for clothing.

8 The nomads help the local farmers .... and prepare the meat of the animals that were slaughtered.

9 Unlike permanent settlers, nomads usually live in temporary shelters like ....

10 The difference between settled and nomadic nations is a mix between two lifestyles that requires an .... level of understanding.

28 Gastropods

1   Gastropods, such as snails, have a .... that is similar to the sea.

2   Gastropods, such as snails, have a pattern on their shell that generally goes to the ....

3   There are some gastropods that, unlike snails, have .... on their shell.

4   The diet of gastropods, such as snails, is mainly made up of ....

5   Gastropods like snails were first introduced as food in the ....

6   Gastropods, such as snails, have a unique and special ....

7   The environment that is most dangerous for gastropods is an area with ....

8   Gastropods, such as snails, live in old ....

9   There are some particular species of gastropods that live ....

10 Gastropods, such as snails, are good indicators of the standard of the ....

1   Salt is essential for our .... because it helps digestion, adrenal function, cellular metabolism and brain development.

2   The English word .... comes from the Latin word for "salt" because the Roman Legions were sometimes paid in salt.

3   Salt is a necessity preserving agent especially in places where .... is only available in October.

4   During the summer, the animals are fed in the local surrounding ....

5   We can tell from records of the diet of the .... that salt was already widely used in 1573.

6   During those times, ... was epic largely because the food was so salty.

7   Sweden must protect their .... trade for the sake of the people who rely on imported commodities.

8   In dry and arid places, salt is collected from basins in ....

9   According to historical records, the salt created from spring water is purer and ....

10 The salt trade naturally became a means and ....

1 According to the research, absence is sometimes caused by factors

....

2 According to the research, absence can also be a result of an

....

3 According to the research, the .... in certain companies leads to high absence rates.

4 According to the research, absenteeism can also be caused by ....

5 This phenomenon of work absenteeism is detrimental to the ....

6 A larger .... is required to make up for missed work because of absences.

7 Absenteeism has also been found to reduce a group's ....

8 Absenteeism has also been confirmed to result in ....

9 It's been confirmed in the research that controlling the absence rate brings .... to both individuals and organisations.

10 The only option for companies who employ people who have high absence rates is to .... them.

1 One of the recent problems in Australia is the loss of habitat for several species of .... due to human activity.

2 Another problem that Australia is currently facing has to do with

...................................·

3 Another problem in Australia is that they grow single crop plants, such as

.........., which is not beneficial for animals.

4 Humans generally ignore efforts to protect animals because their opinions are influenced by the ....·

5 Humans generally ignore efforts to protect animals and they are even less concerned about smaller animals such as ....·

6 The only way that humans can be encouraged to protect animals is through

..............................·

7 Humans feel that protecting animals is disadvantageous because they are

..............................·

8 One of the main reasons why extinction has to be prevented is the fact that the ecosystem needs to be .... to remain stable.

9 There are many reasons why we must prevent extinction, and one of them has to do with disorders in the ....·

10 Some species have been successfully nursed back to health by .... and other scientists.

1 The layout of the products at the supermarket should consider the .... between the aisles.

2 The people responsible for the product layout at supermarkets should take the .... in consideration.

3 Product layout at supermarkets will not be successful if the organisation of items is ....·

4 Supermarkets should find out the most .... way to arrange the layout of the products they carry.

5 Customers need .... to select the products that they want and need to buy.

6 Supermarket attendants should lay out the small items that they sell in ....·

7 Supermarkets in general become a .... right before and after the rush hours.

8 Slow-moving products should be placed at the end of the ....·

9 Expensive products should be placed in the middle of the ....·

10 Profitable products like chocolates and flowers should be placed ....·

1 Girolamo Benzoni noted in his book, History of the New World, that the fruit was called cacahuate was used as .... in the 16th century.

2 In the 17th century, people started processing cacahuate as .... chocolate.

3 In the 18th century, the American started adding .... to chocolate.

4 In the 19th century, researchers discovered that chocolate had an impact on a ....

5 Based on statistics, the top chocolate export country is ....

6 People discovered how to turn the liquid into ...., giving birth to the chocolate bar.

7 Chocolates are made in factories in different parts of the world and are .... in shops everywhere.

8 Manufacturers prefer to have the .... done in Africa because the cost is low.

9 The production and manufacturing of chocolate is important to the local .... of Africa.

10 The chocolate factory chose a site that was near the .... and they intend to stay there for good.

34 Fossil protection

1 In fossil protection, the first kind of .... done is rapid burial in water bodies.

2 The second kind of fossil protection .... the fossil size and form.

3 For fossils to be protected, they need to be rapidly .... in water bodies.

4 When buried in the water, fossils become filled inside with ....

5 It is common to find some fossils in shops and museum ....

6 Fossils can be bought or purchased but the bigger ones are quite ....

7 The function of the .... is to indicate the type of rock the fossil is wrapped in.

8 The function of the notebook and pen is, of course, to fill in the .... for record purposes.

9 The function of the camera is, obviously, for ....

10 The function of the compass is to locate ....

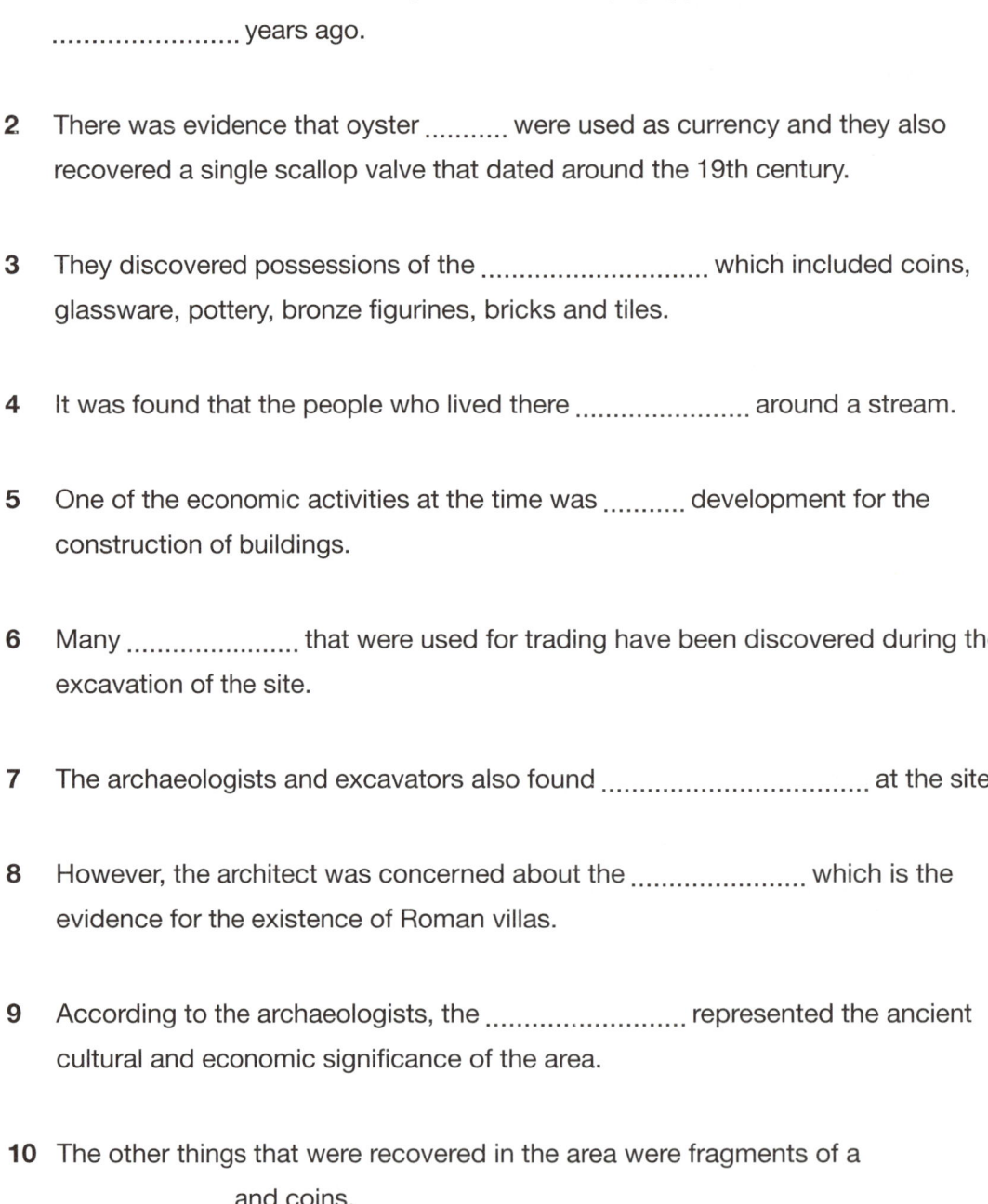

35   Impact of Bodiam Castle on the roman empire

1   The Bodiam Castle was built by Sir Edward Dalyngrigge in the first century
.... years ago.

2   There was evidence that oyster .... were used as currency and they also
recovered a single scallop valve that dated around the 19th century.

3   They discovered possessions of the .... which included coins,
glassware, pottery, bronze figurines, bricks and tiles.

4   It was found that the people who lived there .... around a stream.

5   One of the economic activities at the time was .... development for the
construction of buildings.

6   Many .... that were used for trading have been discovered during the
excavation of the site.

7   The archaeologists and excavators also found .... at the site.

8   However, the architect was concerned about the .... which is the
evidence for the existence of Roman villas.

9   According to the archaeologists, the .... represented the ancient
cultural and economic significance of the area.

10   The other things that were recovered in the area were fragments of a
.... and coins.

36 | Moons of Jupiter

1   Jupiter's volume is 1000 times more than that of ....

2   There are 3 .... Stars that are brighter than Jupiter.

3   People can see Jupiter with the use of a .... and even the naked eye if one knows when and where to look.

4   Jupiter's moons were named after Galileo Galilei's .... in 1610.

5   The most distinctive characteristic of Jupiter's Io moon is that it has over 400 active ....

6   The reason why Jupiter's Europa moon cannot support life is because it is ....

7   Another reason why there are no living things on Jupiter's Europa moon is because its .... is covered with water-ice crust.

8   A characteristic feature of Jupiter's Ganymede moon is its bulging middle that is about 3 kilometres high and ....

9   Another characteristic of Jupiter's Ganymede moon is that its iron core produces a .... that becomes embedded in Jupiter's own magnetic field.

10 Jupiter's Callisto moon is heavily cratered, but a few of the small craters indicate a .... of current surface activity.

1   It is assumed that ideas about vertically stacked homes with .... for vertical farms existed since the 1900s.

2   The concept of vertical farming came about due to the need to reduce energy costs from .... for transporting foods to consumers.

3   The advantage of vertical farms is that it will help increase ....

4   However, having the proper .... in a vertical farm is also a necessary.

5   The disadvantage to vertical farms is that it could lead to the loss of ....

6   Another possible disadvantage is .... due to loss of nutrients.

7   Vertical farms have conditions optimal for crop growth all the time compared to farming at the mercy of weather, soil, pests and ....

8   If vertical farms are created, no crops would ever fail due to severe weather events, such as erosion caused by ....

9   Sunshine at any spot is always intermittent, so .... is deemed by many as an unreliable source of energy.

10   To maintain the good health of plants grown indoors, ... and air circulation must be very precisely controlled.

38 Bridge collapse incidents in 3 countries in the 19th century

1   The collapse of the bridges was viewed as a disaster caused by technical and .... related to design and maintenance.

2   All three major accidents recorded in history involved the ....·

3   The bridge in Scotland was destroyed in 1879 because of the effect of the ....·

4   The bridge in Canada collapsed in 1907 because of its ....·

5   All three bridges collapsed due to the use of a kind of sugar .... to hold parts in place.

6   The sugar sweeteners were kept in a .... at an undisclosed factory.

7   The .... of the bridge collapse is still difficult to calculate.

8   The reason cited for the accident was insufficient ....·

9   The engineers knew that .... would cause the bridges to collapse.

10 Constructing and operating the bridges requires a .... and official certifications.

1   There has been a .... in the number of night shift workers, currently reaching 10,000.

2   Shift work creates a misalignment on our .... which causes difficulty in falling asleep.

3   The human internal clock enables people to tell the difference between ....

4   Weekend and night shift workers have a legal right to be paid for working shifts which can be viewed as ....

5   The lack of sleep endured by night shift workers is not good for the ....

6   All of these reasons could .... in night shift workers.

7   Lack of sleep at night affects the .... and therefore the performance of shift workers.

8   Another example of a disadvantage to night shift workers involves .... , such as the inability to have a normal social life.

9   Irregular working hours affect relationships and can lead to problems that may ruin ....

10   Relationships among friends or .... can also be negatively affected by irregular working hours.

1 Physical Education used to play a .... in traditional education.

2 Nowadays, children prefer .... for pastime, such as watching TV or playing computer games.

3 The government has started introducing .... and encouraging schools to engage children in more physical activities.

4 The government has decided to focus on children's physical activities in order to help them develop their ....·

5 Other countries that conducted a similar research include France, ...·

6 However, opponents say there is a .... to paying too much attention on physical education.

7 On the other hand, proponents argue that physical exercise not only improves children's behaviour, but also their ....·

8 Research has shown that PE can improve children's behaviour and concentration, as well as their ....·

9 Physical Education helps improve intelligence because it increases .... to the brain.

10 To conclude, it may be that PE is the .... to making children smarter and better overall performers.

41 Tire recycling in Australia

1 A typical tire dealer in Australia can generate 600 to 800 .... per month.

2 There are many companies in Australia that recycle rubber for ....

3 There is usually .... for recycled tires that are produced and sold in Australia.

4 5% of the .... conducted on the tire recycling industry has been completed.

5 One of the things that has to be produced for the wheel hub are ....

6 Tire recyclers also have to get rid of .... on the tires.

7 The rubber from tires can be molded with .... to form other products.

8 Rubber is used in playground structures, roadbed materials, running tracks and walkways; while rubber-molded products are used as carpet padding or ....

9 The material that is used to mold rubber is based on water so it is ....

10 MSDS is a kind of .... that is applied to the thread of a tire to give it a visible colour.

1   Leo and Grace must conduct a survey with the .... to learn how modern technology has changed library management with the creation of classification for users.

2   Leo and Grace discussing about the dissertation have to send the electronic version of their data via email in ....

3   The biggest problem that Leo and Grace have to deal with is the ....

4   They have to solve the problems related to .... and returning books on time.

5   The email that they are scheduled to send in two hours should include the data as an ....

6   The library has created a .... which consists of all of their materials.

7   Their other goal is to find a way to achieve long-term .... of library materials.

8   They need to focus more on human resources in the future and to recruit staff who possess .... skills to conduct user analysis.

9   The way to handle library management is divided into ...., which include focusing on human resources and recruiting staff with marketing skills.

10 Applicants for the librarian position are required to possess specialty skills or subject knowledge, such as in ....

43 | Solving the problems of CO2 emission

1 Carbon dioxide sources can be buried underground, but it is an .... option.

2 In Holland, it showed that their source of carbon dioxide is ....

3 In other countries such as the U.K., they .... as a source of carbon dioxide.

4 Meanwhile, in the U.S., the industrial .... became a source of carbon dioxide emissions.

5 The study shows that .... leads to harmful carbon dioxide emissions.

6 In China, the process they use in .... results in carbon dioxide emissions.

7 Although carbon dioxide emission is harmful, it is used as a ....

8 Another source for high carbon dioxide emissions is the ....

9 One of the main ingredients of cement that gives it its .... is a source of carbon dioxide.

10 In the future, carbon dioxide in cities can be used to ....

44 Airport Westlandian's role and plan for new location

1   The plan is that the major local and domestic flights will be made exclusive for

...............·

2   The other plan is that international plans will be mainly for ....·

3   The Westlandian Airport will also be doing flights for the export of ....·

4   The revenue that will be generated at the airport will result in large

..........................·

5   The Westlandian Airport will be conveniently located with the plan to link it to a

..............·

6   The advantage of site A is that the terrain is ...., so it's perfect for an airport.

7   However, the disadvantage is that site A is home to many ....·

8   Another disadvantage is that site A has a high risk for ....·

9   The disadvantage of building the airport on site B is the high possibility for
increased ....·

10 The other disadvantage to building the airport on site B is that it would increase
pollution leading to ....·

45 Development of engineering

1 The difference between scientists and engineers is that the previous pay attention to ....·

2 The author referred to the use of vacuum cleaners as an example of an unrecognised .... in engineering.

3 In the 15th century, the development of .... and the four stages of engineering design were taking place at the same time.

4 At that time, the engineers understood that designing is a slow process of .... that goes around in a circle.

5 The engineers learned that machine designs can .... a lot of parts.

6 Engineers started using .... in the developmental stages of engineering design.

7 During the Industrial Revolution in the 19th century, machinery appeared and a lot of .... became involved in doing big projects.

8 The advent of the use of machinery in the 19th century greatly increased the .... for big projects.

9 Due to the use of machinery in the 19th century, engineers and workers were able to deal with ....·

10 Doing a big project in the 19th century did not require designers to ....·

46 Lost written language

1 To be able to learn and understand the lost written language, the researchers will need a lot of ....

2 According to the researchers, the .... record of the lost written language was found on a clay tablet.

3 Researchers are trying to decipher the lost written language according to the .... in which the words are used.

4 The page where the lost written language was written had .... of other languages.

5 The page where the lost written language was written included drawings of ....

6 So far, the vocabulary that has been identified from the lost written language is ....

7 The Italian and Greek languages are written in a ....

8 The lost written language has its own form for ....

9 The lost written language is unique because of the type of .... used for it.

10 According to researchers, the lost written language was used as a ....

1 Only about 5% of Alaska's land is permanently ....

2 During the Pleistocene glaciations, people followed .... that migrated there.

3 A DNA analysis was conducted on the .... remains that were found.

4 Only a few migrants can .... because of the extreme weather in Alaska.

5 People were unable to move to warmer places because of the limited number of ....

6 The people who were able to move away brought nine kinds of sea ....

7 People who want to migrate should have a means to gather .... and weapons.

8 Because of the ...., transportation in Alaska is affected.

9 The problem is that people ...., so they have difficulty moving around.

10 Another difficulty that they have to face when migrating by sea is the strong .... of the Japan Sea.

1 Kate chose this print company because the .... appeals to her.

2 The first step in the printing process is to place the .... on the plate before the second step of air plunging is done.

3 The third step in the newspaper printing process is to take the .... to be printed.

4 The fourth step in the newspaper printing process is to have the .... print the generated image.

5 The fifth and final step in the printing process is to have the newspapers ....·

6 Newspaper printing factories spend a lot of time preventing ....·

7 The machinery for the printing jobs will be installed in the ....·

8 The total time it took to .... all the machinery required was 11 months.

9 The huge machinery had to be brought in through a ....·

10 The distribution of the newspapers is computerised and based on a ....·

1   The survey was conducted based on the influence of competition in the ....·

2   Based on the information gathered, only 2% of women occupy .... in big companies.

3   The attitude towards males and females differ possibly because women are weaker in the aspects of science, ...·

4   Survey results suggest that even if a woman's .... was equal to a man's, they are still treated unequally.

5   According to the survey, women prefer taking .... compared to men.

6   The survey results clearly showed that men were generally .... than women.

7   The survey results also revealed that 34% of women avoid ....·

8   Another aspect revealed in the survey was that women didn't like receiving critical ....·

9   The results of the survey showed that women didn't enjoy .... as much as men do.

10   According to the survey results, the primary reason why women don't like taking challenges is because they fear for their future ....·

50   Water bank

1   The first .... that were ever built have been found in North and South Africa.

2   The dams that have been designed by the .... are still in use today.

3   The dams are thought of as a .... by people of the 20th century.

4   The dams have always been considered as ....

5   The water banks work by gathering and pumping up ....

6   The process to clean the water took a ....

7   Bacteria cannot survive due to a .... in the containers.

8   Bacteria cannot survive because very .... enters the containers.

9   The water in the dams contains a lot of ....

10 People's lives in regions where water was undersupplied were threatened due to the development of the ....

51 | History of time measurement

1   There were two primitive methods used to measure time in the old days, the less reliable of which was the ....

2   The other primitive method that was used to measure time, placed importance on ....

3   In Hawking's A Brief History of Time, event horizon refers to .... of space-time from which it's impossible to escape.

4   The importance became evident as the .... started to offer a prize to any inventor who could produce a clock that's capable of keeping accurate time at sea.

5   According to records, the earliest ancient timekeepers were discovered in Mesopotamia and ....

6   One of the disadvantages of using sunlight to determine time is its inaccuracy, as the length of day .... at different times of the year.

7   Because the water clock was more versatile, it was deemed as a better more .... source than the sundial.

8   The water clock was more reliable because the water flow still depended on the variation of pressure and ....

9   Preceding the water clock, the origin of the .... is unclear, but it is presumed that it may have been invented in ancient Egypt.

10 One disadvantage of the candle clock is that the candles will eventually .... because of their limited amount of wax.

Regulation on staff absence

1   In certain circumstances, punitive damages are given in addition to .... damages.

2   The most .... is to limit punitive damage penalties.

3   The company disciplinary measures include reducing the number of .... allotted to an employee.

4   Other disciplinary measures include the withholding of .... and sometimes dismissal.

5   Such regulations make employees feel threatened and even deflate their ....

6   The .... of such regulations on the employees will diminish after a time.

7   Providing employees with incentives increase their .... for the company.

8   One of the incentives is to .... employees to help them get into a more suitable position in the company.

9   Current employees agree with the incentive because the interview approach is ....

10 Other incentives provided to employees include medical benefits and other health ....

53 · History of plastic and its applications

1 The use of .... is necessary in order to apply plastic onto the material.

2 Plastic is commonly used to make products such as detergent bottles, ..., and other kinds of containers.

3 Plastic is used to produce .... flowers and leaves.

4 Unlike real plastic, cellulose can be heated into a .... ivory-like material.

5 The first plastic material was created and developed in a ....·

6 .... Alexander Parkes was the first inventor of the first plastic.

7 In the beginning of its development, scientists used plastic to recycle ....·

8 Plastic treatments are disadvantageous because they produce ...., release toxic fumes when burned, and create large quantities of chemical pollutants.

9 Researchers were able to create types of plastic that could break down and decompose upon ...., particularly sunlight.

10 Natural .... no longer dominates the rubber market because Japanese manufacturers now use primary synthetic rubber in making tires for their cars.

1 The information on the .... scheme was referenced from a previous research.

2 The diagram shows that some amphibians in the womb start to
.............................·

3 Another change that can be seen at the base is the decrease of food in the
...........·

4 It is interesting to note that in the case of salamanders, babies come from the
.... instead of the females.

5 Interestingly, salamanders are known to reduce .... in the habitats.

6 Salamanders have to stay close to ponds especially in hot weather, or they will
lose ....·

7 Salamanders are slowly losing their habitats due to urban and ....
developments.

8 Aside from urban and agricultural developments, amphibian's .... is also
influenced by farmland dwellers.

9 Amphibians and their habitats can be protected through encouraging each
.... solutions.

10 Another way to protect amphibians is by treating their ....·

55 Study on red sea urchin

1   Red sea urchins feed on the .... that grown in kelp forests.

2   Red sea urchins are covered in .... which acts as their protection.

3   The red sea urchin is a beloved food in many countries ....·

4   The sea urchin only grows at a rate of 0.1 centimetre per year, so it takes 22 years for it to ....·

5   The sea urchin is regarded as a .... because it feeds on kelp.

6   Believing that sea urchins were partially responsible for the deterioration of marine ecosystems, people tried to poison them, which led to the .... of their population.

7   Red sea urchins are believed to have a maximum .... of about 200 years.

8   When red sea urchins die, they don't leave any signs of .... but just few signs of age-related diseases.

9   Red sea urchins are the most prolific producers of sperm and egg, which means they can .... even when they're incredibly old.

10 It has been confirmed that the growth of red sea urchins is completely independent of ....·

56 Protection of the bird named fairy tern that is facing extinction

1   Fairy tern birds usually build their nests along coastlines or next to a ....

2   Research conducted in 1984 reveals that only .... of fairy tern birds still survive today.

3   However, the numbers may be wrong because it is difficult to .... how many are still alive.

4   Farming and .... are the main cause to the loss of bird's habitat.

5   Local predators are also blamed as they eat fairy tern bird's ....

6   Another reason seen for the decline in their population is the occurrence of ....

7   To protect the birds, conservationists should encourage people to post .... in areas where the birds are known to breed.

8   Another advice is to build a .... around the areas where the birds are known to live and breed.

9   In many of the breeding farms, the .... and rearing of the birds go hand in hand.

10 Advocates are now using the .... to promote the protection of the birds.

1   When the desert is cool, the .... also blows cool air into nearby areas.

2   The electrical smart meter will .... the electricity consumption rate, time period and other details.

3   The digital meter will show the water temperature as well as the time spent in the ....

4   People in the village go around in electric cars that do not require a ....

5   The .... installed at home and on car roofs collect energy from the sun successfully.

6   Residents also make use of large umbrellas that are shaped like a ....

7   Ash and concrete mixed with .... are used to make the building's exterior landscape.

8   The desert city also has a .... in the centre of the town.

9   The park located in the heart of the city features a .... where people can splash and have fun.

10 The electric cars used by people in the city have the .... rate.

58   Invasive species

1   It is a fact that there are some species that can take over a ....

2   While there are many kinds of invasive species, ... are also considered as one.

3   They described the impacts of invasive species in .... and the difficulties involved in reducing these impacts.

4   The concrete system is amazing because it realistically looks like .... due to the imprinted texture combined with colours.

5   They recognise that there are many invasive species such as .... and pathogens that are of potentially harmful for the ecosystem and people.

6   The tumbleweed plants in west American are actually an invasive species from ....

7   The yellow iris is a .... and it is also a regulated invasive species in Minnesota.

8   The group was created in response to the growing awareness of the threat imposed by .... invasive species.

9   Cherry blossoms provide the flower eating .... with constant supply of food from late winter to early spring when food is often scarce.

10   Birds with pancreatic disease or certain .... can heal from small amounts of grit in their food.

1   One of the two water resources in Australia's water supply system is an underground ....

2   Another water source used in Australia is desalinated ....

3   There are various ways of how water can be used and one of its main applications is the .... industry.

4   The second main use of water is for the .... sector.

5   There are many other sectors that require the use of water, one of which is the .... industry.

6   Aside from the agricultural, domestic and industrial sectors, the .... industry also requires the use of water.

7   One of the main uses of water is for ....

8   To process and purify water, it has to pass through a ....

9   An important aspect in the process of purifying water is .... to kill bacteria.

10   Water is .... every day after the process of purification.

60 Biomimicry

1   Spiders are skilled hunters and they heavily relied on .... insects for food.

2   Spider silk which is stronger than .... is considered the Holy Grail in biomimicry.

3   Spider silk is known to be five times stronger by weight than steel although it's finer than human ....

4   Spider silk has been used as an environmentally friendly .... line by Polynesian fishermen.

5   Surgeons use spider silk to treat nerve damages and ....

6   Using spider silk for medical stitches is convenient because itself dissolves and reduces ....

7   Spiders are affected by vibrations and sounds such as the .... from a train.

8   Spider silk was used to make .... in the Olympics.

9   Spiders that spin webs are easily affected by vibrations and they like to make their webs at the end of a ....

10 Collecting the spiders and assisting them in spinning their webs helps to reduce their ....

1   Resources for the research were gathered from the Internet and from

    ....

2   A research material that a librarian found was a ....

3   The land area that surrounded a ditch was mainly used for .... and not as
    a source of drinking water.

4   The soil on the land was beneficial as it increased the production of beans and
    as it ....

5   The wealthy locals liked to buy porcelain from .... in the town market.

6   Scarecrows were used as guards to stop birds from ....

7   People decided to adapt to the new farming system because it helped them to
    ....

8   The deep ploughing machine modifies the consistency of ....

9   The new windmills were innovative because people could adjust the fan to
    ....

10 Poor people from small households generally have a higher production rate
    because all children work as ....

1 He has left certain signs in this .... because he was a creative artist.

2 A person who can create a good work of art usually uses .... in a very creative way.

3 There are many creative ways of using .... for art projects.

4 Good artists are able to use .... circuits in conventional art.

5 Scientists and artists have discovered new ways of using .... in art therapy.

6 Along with the great art tips, the benefits of using coloured .... as a main colouring medium are explained in the art class.

7 Many artists have strong devotion for both ....

8 .... are becoming more common in many countries these days.

9 Both .... and art are means of self-expression that determine an individual's relationship with the society.

10 Some people who have experienced .... have art play profound role in their life.

63 | Research on human eyesight

1 Recent research focuses on human eyesight and the amazing part of it that our eyesight is controlled by ....

2 Humans are able to distinguish one bee from another just by looking at the ....

3 Scientists say that the way the bee's .... is an indication of how their body works.

4 The research showed that people are able to .... just by eyesight.

5 One of the current problems is that the walking sticks for blind people don't provide them with ....

6 Road detection is an instrument that guides drivers through ....

7 One of the advantages of living in an .... is that it is beneficial for the medical services.

8 People who live in rural area can determine bird flying .... through eyesight.

9 I've no idea how .... is related to the eyesight research, although it apparently provides relevant information.

10 The paper also states that there is .... in Mars, but its relation to eyesight is also unclear.

64 Ancient food

1 In the olden times, the type and amount of food that a person ate was determined by their status in the ....·

2 In ancient times, homes had an open-air space called a courtyard and meals were .... there.

3 Ancient foods were usually composed of low nutrition food or fluids that gave the .... a feeling of fullness.

4 Slow cookers and .... were used in the ancient times to make yoghurt.

5 Ancient cultures have a few ....·

6 For women to be able to use the quern-stone, it had to be placed between their .... just at the end of their apron.

7 The ancient .... indicates that people hunted in that area 16,000 years ago.

8 According to a study conducted by a prestigious university, evidence exists for ancient .... change.

9 In an Israeli desert, a set of ancient .... were discovered and it was identified as a new species of rodent.

10 Until about 100 BC, the Roman costume is hardly different from the Greek .... except for the toga.

1   According to the survey, the group that consumes the most fat are ....

2   The survey included research investigation on people's age, race, place of birth, and .... brackets.

3   The surveys were conveniently conducted through the use of ....

4   The survey results show that people from the same family have ....

5   It was revealed in the survey that adults with children tended to ....

6   The results showed that one of the main causes of obesity was parents' .... to cook meals at home.

7   One of the limitations of this research was the .... involved.

8   The research was limited because it didn't consider the minority and the .... between children and adults.

9   The research was limited because it didn't cover the fact that parental influence on diet decreased as .... increased.

10   The research was limited because it excluded details about how .... can influence one's dietary habits.

66 New research on the combination of television, sports, media and fashion

1   The new research on the effects of combining television, sports, media and fashion will involve the entire ....·

2   The new research on the combination of television, sports, media and fashion will have the .... of specialists.

3   Transfer regulations for the new research impeded footballer's freedom to
    ....·

4   The new research will depend on finding and utilising .... to keep the project moving forward.

5   The new research was a fresh approach that led to many .... and these outcomes will be a part of the new service.

6   The new research will investigate deep into .... trends and textile technology.

7   The research will include an extensive report on the effects of .... in the labour market.

8   The research will include information about .... regulations, and broadcasting laws and policies.

9   The new research will describe the plan of a particular .... for either television or radio.

10 The new research will explore the effects of .... on students.

1   The author rejects the idea that crocodiles live there because there is no .... to back it up.

2   According to the research, there are usually 20 crocodiles in a ....·

3   The scientists say crocodiles prefer to live in caves because of better ....·

4   The research also shows that there are crocodiles that live ....·

5   In previous years, the wetlands in North Africa turned into ....·

6   The author states that wetlands typically last only .... in a year before it turns dry.

7   There was no information given about the .... of the wetlands, nor how far down crocodiles can go.

8   Local people who live around wetland areas do not .... crocodiles.

9   The local people are not scared of crocodiles because no one has been .... by them so far.

10 The author wants to find more information about the crocodile's population size and their ....·

1 The survey asks participants whether critical health care services should include the .... of patients.

2 The survey results show that people believe hospitals and their vehicles and equipments should always be kept ....·

3 The survey questionnaire provided participants with .... that they previously didn't know about.

4 The survey results revealed that the current resident .... gave patients much better attention.

5 Participants in the survey all agreed that nurses at the hospital should receive raises and ....·

6 Survey results showed that patients think there should be better health facilities for patients and ....·

7 Patients who participated in the survey say that the .... between patients, nurses and doctors is relatively okay.

8 Visitors who participated in the survey complained that there wasn't a comfortable place for them to .... when looking after their patients.

9 Many of the patients and visitors complained about the .... utensils used to eat hospital food.

10 The hospital staff themselves feel that hospital .... should start with the planning team.

69 Benefits of playing on children

1   Playing is very important for children's emotional development because it helps to build their ....

2   Playing encourages the development of children's .... skills as it requires them to communicate with others.

3   Aside from many other things, playing also teaches children how to be ....

4   Playing is a fun, relaxing and enjoyable activity for children but there are also .... involved in playing which children also need for their growth.

5   A form of counselling that uses play to help children resolve psychosocial challenges is play ....

6   Parents, teachers, and other child carers need to .... that playtime is essential for children's overall development.

7   It may be impossible to eradicate all risks involved in physical playing so it is crucial to take precautions to ensure that children are ....

8   Playing is a means by which children can be taught about aspects of ....

9   Play can only work as a therapeutic medium if there is full .... of the parents and the child.

10 It is natural for .... to arise during playtime and children should be taught to resolve them by themselves.

1   The students were interviewed about the subject of ....·

2   The two research methods used for the survey were email questionnaires and

     ....·

3   The majority of the questions in the survey were related to the .... of
     Business Management graduates.

4   The survey revealed that 34% of Business Management graduates needed

     ....·

5   Apparently, there is a large proportion of the .... who studied
     Business Management.

6   One of the useful skills that Business Management students learn in college is
     working as ....·

7   Another useful skill that Business Management students learn in college is

     ....·

8   According to the survey, students found out that the .... they
     learned in college were useless.

9   The study revealed that students thought the advice they were being given on
     .... was useless.

10   Business Management students find the advice they are given on
     .... is useless.

1   The studies conducted revealed that animals like the ....

2   Because of their poor vision, cave rats use their .... to find their way out.

3   It was discovered in the research that some troglodytes found water in ....

4   As everyone knows, bats hibernate and live in caves during ....

5   The studies showed that there are animals that prefer .... environment.

6   The researchers discovered that there are some animals that eat their own .... and become typical predators.

7   Many of the cave animals that were studied during the research were found to be practically ....

8   The researchers noted that cave .... have much smaller eyes.

9   Many of the animals are able to survive in such a barren habitat because of the nutrients in cave ....

10 However, the researchers found out that the bats are in danger because they are being affected by a spreading ....

1 People who are assigned to make a presentation tend to be .... if the lecture they have to give is important.

2 It is a fact that having the ability to give a speech is not a ...., but something that can be learned.

3 It is also a fact that audiences tend to only remember one or two .... presented in a lecture.

4 The presenters and lecturers were advised to make their speech short and to .... themselves.

5 They have also been advised to keep their lecture content ....

6 Another advice they were given was not to start their speech until the full audience was ....

7 It is not recommended to just read .... when giving a talk because it would make the audience lose interest in what you're saying.

8 You're advised not to just read your notes, but to write your speech down on a card or a ....

9 Remember that there is no need to write your speech in .... but just as bullet points will help you remember and stay on track.

10 Don't forget to always pay attention to the .... when giving a speech.

1 Modular classrooms are prefabricated buildings that are constructed off-site in a .... which can be used as portable classrooms.

2 Pupils who work in naturally lit classrooms have been shown to perform 26% better than those working in ....·

3 Researchers found out that students with a green view outside a .... performed better on tests that required concentration.

4 Modular classrooms feature an extensive use of .... and are designed to be energy efficient.

5 The company makes use of the .... classroom design to create friendly work environments for children.

6 Studies show that the structure and the design of modular classrooms benefits children's academic and ....·

7 Modular classroom buildings come with a .... based on the available resources in the area.

8 The modular classroom building structure can be compared to a small ....·

9 A green roof or living roof is a roof of a building that is partially or completely covered with ....·

10 The number one source of damage and weathering of modular buildings is ...., so a rainwater collection system has to be installed.

1   The water that is polluted by cotton growing farms can be used to aid the progress in ....

2   The water used for .... can be used as an alternative pesticide, as 20 to 25% of the water is chemicals.

3   The problem with using water is that it increases labour costs due to the need for more workers to maintain ....

4   The problem with using water to irrigate cotton farms is that the soil becomes highly salty due to ....

5   Farmers' health is at risk because they do not know that .... contain a large amount of chemicals.

6   The health of cotton farmers is at risk because they work without ....

7   The whiteness of cotton has become a fashion trend as it symbolises creativity, ...

8   The only problem with white clothes made from cotton is that they are difficult to ....

9   People have to use .... to maintain the whiteness of fabrics made from cotton.

10 Designers use colour powders that are inspired by .... to dye their fabrics.

1   Hippocampus is a species of fish that can usually be found in ....

2   Hippocampus species are most likely to be found resting on beds, ... or coral reefs.

3   Hippocampus has a thin skin covering their armor-like body that is composed of ....

4   The coronet is a seahorse's bony crest that's located on the back of their head which looks like a ....

5   Seahorses are very sensitive to red light and the .... in their diet has to be carefully controlled.

6   The seahorse's diet consists mainly of .... and small crustaceans.

7   After ...., the females place their eggs into the male's brood organ and the males soon become responsible for the eggs.

8   The seahorse's colour changes according to their diet and the level of .... they are experiencing.

9   The major threats to the seahorse's survival are habitat destruction, ..., and ocean currents that sweep and kill babies.

10   There are many parasites and infections known to affect seahorses, making them ....

76 · American architecture

1 American architects in the northwest made use of .... when making walls.

2 They often made a plain and simple layer of .... for the roof.

3 Some of the buildings were even shaped like a ....·

4 There were also buildings in the shape of a ....·

5 The shape of the houses made from animal skin was similar to the ....·

6 Workers and builders also used .... to make bricks for the walls and the floors.

7 House builders made sure that each family member had their own ....·

8 The two-floor structures that were built in those times were modeled after the shape of a ....·

9 Structures, such as buildings and homes, were built at an .... for a reason.

10 Architecture in Mississippi, on the other hand, made use of the pressure of the ....·

1   In the past, the most famous industry in the city of Bridlington was the .... industry.

2   .... company hired 600 people immediately and it is one of the companies that developed very fast in Bridlington City.

3   At present, the most important industry in this town is the ....

4   There are many renovation and expansion projects in the areas that are ....

5   The government is encouraging people to live in Bridlington City to take up ....

6   The purpose of encouraging people to cycle is to reduce the .... by 20%.

7   The renovations and expansion projects in Bridlington City are providing more opportunities and are .... for locals.

8   The students at the Bridlington City University will be enjoying their .... next semester.

9   The local government of Bridlington City has dedicated 100 million square kilometres of land for .... use.

10   The local government of Bridlington City has also dedicated 80 million square kilometres of land for .... use.

1 Popular conversations include topics such as elite athletic .... and anti-aging genes.

2 Although it is important, once it is taken too far, the attitude of .... becomes violent.

3 In professional football matches, the sight of players inhaling .... on the sideline is commonplace.

4 When players obey too strictly to the hurry-up ...., it could lead them to fatigue, giving the opponent team an advantage.

5 Paddles and fins are equipments that .... uses for their hands and feet.

6 The equipment that swimmers put on their hands and feet during practice help their .... become stronger.

7 Cardiovascular exercises like jogging, running or swimming help to increase the number of ....

8 To be able to hit a small target, the shooter has to be calm to have a ...., and have the proper stance.

9 The electro-pulse muscle relaxing unit is perfect to ease .... and soreness from the comfort of your home.

10 Millions of tiny scales make up the .... and it reduces the friction between the water and the skin when they swim.

1   The engineering of steam ships was concurrent with the building of dams,

    ....·

2   The conversation about important structures agreed that the .... built
    in the 19th century was the most significant.

3   Mr. Brunel first thought that sailing in the Arctic would be ....·

4   He chose a bigger ship because the size of its .... was comparatively small.

5   The steamships were .... with wood, steel and iron frames.

6   Mr. Brunel partnered with his brother to set up a .... company.

7   When the ship caught on fire, the sailors .... into the water, and luckily, they
    all survived.

8   Fortunately, the fire caused little damage because a .... was installed
    on the ship.

9   The Great Westerner from Bristol arrived in London by .... across the Atlantic.

10 There were also many other companies that sailed across the Atlantic Ocean
    because they wanted to get a ....·

80 Life of a science fiction writer

1 When he was a child, he said that he usually went out of school during lunch break to buy ....

2 The science fiction writer also said that he used to invent .... when he was a kid.

3 Based on his experiences, the science fiction writer said that people sometimes change their opinions about the ....

4 One of the best things he experienced was going on a journey with the ....

5 In the writer's story, the protagonist installs a .... in a machine on a plane.

6 The writer says that most of the stories he writes are about ....

7 In the story, the assumption about what could have happened to the .... didn't come true.

8 During writing, the .... of his ideas naturally increased.

9 Unfortunately, his ideas weren't realized because there was .... in the product.

10 The science fiction writer says that his motivation for writing this book is too .... to talk about.

1 | Wild crocodile resettlement

1. 그들은 현재 위성을 사용하고 있기 때문에 최근 연구는 특별합니다.
2. 과거에 했던 연구들은 라디오 송신기를 사용해서 했습니다.
3. 이것은 편리했지만 항상 신호가 끊어지기 때문에 문제가 있었습니다.
4. 악어는 사람들을 피하는 방법을 알기 때문에 악어를 잡는 것은 어렵습니다.
5. 악어는 맹그로브 습지로 가서 가장 가까운 길로 집으로 돌아오기 전 일주일 동안 먹이를 기다립니다.
6. 과학자들과 연구자들은 악어의 머리에 추적장치를 달았습니다.
7. 잡힌 악어들은 헬리콥터에 연결을 해서 다른 지역으로 옮겨집니다.
8. 추적 장치에서 전달받은 정보에서 악어가 얼마나 쉽게 길을 찾을 수 있는지가 밝혀졌습니다.
9. 연구에 따르면, 악어들은 햇빛으로 그들의 위치를 확인해서 길을 찾는다고 합니다.
10. 연구에서 악어들은 새와 동일한 탐색 시스템을 가지고 있다는 것을 보여주었습니다.

ANSWERS
1. using a satellite
2. transmitter radios
3. loses signal
4. avoid people
5. direct route
6. head
7. helicopter
8. navigate
9. sun
10. navigation

3 | The disappearance of written language

1. 고대 작가들은 종이 외에 갖가지 재료들에도 글을 썼습니다.
2. 고대 작가들이 사용했었던 다양한 종류의 재료들에는 도자기, 동물 가죽, 나무들이 있었습니다.
3. 가장 오래된 글들은 전 세계의 많은 지역의 동굴 벽에서 발견될 수 있습니다.
4. 8세기 혹은 9세기에 종이는 널리 사용되지 않았기 때문에 종이에 쓴 고대의 글 견본들은 많이 없습니다.
5. 스톤헨지는 묘지로 추정되는 영국의 선사시대 유적지입니다.
6. 잃어버렸거나 잊혀진 고대의 신성한 책들은 그들의 유산의 한 부분입니다.
7. 상형 문자로 쓴 글의 방향은 가로나 세로로 될 수 있습니다.
8. 그들은 사막 지역에 여기저기 흩어져 있던 약 200개의 불가사의한 돌로 된 원형을 발견했었습니다.
9. 오늘날 어린이들은 학교에서 인쇄를 하고 손으로 쓰는 연습을 하는 데 여전히 많은 시간을 씁니다.
10. 오늘날 최신 보드 게임에는 아이들이 말하기와 쓰기를 연습할 수 있습니다.

ANSWERS
1. materials
2. types
3. oldest
4. many samples
5. monument
6. texts
7. direction
8. circles
9. printing and handwriting
10. modern board games

2 | The British textile industry

1. 20세기 전 섬유 산업의 직원들은 백만 명이었습니다.
2. 오래된 제조 공장들은 몰려드는 다른 나라의 산업들로 인해 문을 닫았습니다.
3. 20세기에 유행하는 옷들은 주로 여성들을 위해 만들어졌습니다.
4. 많은 유명인사들이 입은 아주 작은 옷들은 몸매를 완전히 다 드러냅니다.
5. 오늘날의 인건비가 훨씬 더 비싸다는 것을 고려한다면 노동자를 덜 고용하고 생산량을 더 적게 내는 것은 타당합니다.
6. 말하기와 듣기, 읽기, 쓰기와 같은 다양한 목적을 위해 언어를 사용하는 능력을 언어 능력이라고 합니다.
7. 섬유 산업에서 기술자들은 소재의 트렌드를 확인하는 일을 맡고 있습니다.
8. 업무 팀장은 과정을 지켜보고 결과 품질을 규제하는 책임이 있습니다.
9. 담당자들과 판매업자들은 대부분 불만사항들을 다루고 그들은 불만사항들을 처리할 직접적인 책임이 있습니다.
10. 비주얼 머천다이저는 가게의 진열을 디자인하고 배치합니다.

ANSWERS
1. 1 million
2. manufacturing facilities
3. Fashionable clothes
4. outfits
5. less labour
6. language proficiency
7. fabric trends
8. overseeing
9. officers and merchandisers
10. visual merchandiser

4 | The development of urban immigration

1. 도시 이동에 반대하는 한 가지 의견은 도시 지역으로의 내부 이동이 더 적으면 소비하는 탄소도 더 적어진다고 진술합니다.
2. 사람들이 도시로 이동하는 것의 한 가지 환경적 이점은 삼림이 회복될 것이라는 점입니다.
3. 더 많은 사람들이 도시로 이동을 할 때 교통은 더욱 환경 친화적으로 될 것입니다.
4. 사람들은 메탄가스로 재활용될 수 있는 쓰레기를 더 많이 만들어낼 것이기 때문에 사람들이 도시로 이동을 하는 것은 환경적으로 이롭습니다.
5. 도시로 가는 한 가지 경제적 이점은 여성들이 직장에서 승진 대상으로 고려될 가능성이 더 크다는 것입니다.
6. 도시로 이동하는 한 가지 단점은 그 과정 동안 문화를 잃어버릴 가능성이 있다는 것입니다.
7. 도시는 범죄율이 훨씬 더 많아서 이것이 도시로 가는 단점 중의 하나입니다.
8. 일반적으로 도시는 공기의 질이 안 좋아서 농촌에서 도시로 가는 사람들에게 이롭지 않습니다.
9. 더욱 많은 사람들이 도시로 간다면, 복지를 제공하는 데 더 많은 에너지가 낭비되기 때문에 경제적으로 불리할 것입니다.
10. 느린 삶의 속도로 살아가는 것이 익숙한 사람들은 매일 교통 스트레스를 느끼고 참기 힘들 것입니다.

ANSWERS
1. carbon
2. forests
3. transport
4. rubbish
5. promotion
6. loss of culture
7. crime rate
8. quality of air
9. providing welfare
10. daily traffic stressful

5 Marine mammal research

1. 오늘 한 연구는 지리학적인 작업에서 더욱 폭넓은 국제간의 협력으로 인해 과거에 했던 연구보다 더욱 정확합니다.
2. 강의의 주안점은 다른 종들의 멸종의 영향을 보여주는 것입니다.
3. 대략 1,000년 전에, 알래스카의 해조류 숲이 감소하게 되면서 해달은 근처 마을에서 잡혔습니다.
4. 알래스카에서 해달의 감소는 해조류 숲의 건강과 독수리들의 식습관에 영향을 미칩니다.
5. 모피 거래는 스페인 사람들이 미국에 왔을 무렵인 300년 전에 시작되었습니다.
6. 알래스카의 해달의 수가 감소했을 때 흰머리독수리는 그들의 먹이를 바꿔야 했습니다.
7. 성게는 해조류 숲을 가장 많이 위협하고 해달의 수가 감소하면서 성게의 숫자가 늘어났습니다.
8. 해달의 수가 감소하면서 성게의 수가 급증했고 생태계의 균형을 파괴했습니다.
9. 물개의 주요 번식지는 본토 알래스카의 먼 해안에 있는 프리빌로프 제도가 포함된 부분입니다.
10. 과학자들은 해조류 숲의 감소가 많은 해양 생물들의 생존에 상당한 영향을 미칠 것이라고 생각합니다.

ANSWERS

1. cooperation	2. impact of extinction
3. villages	4. Alaska
5. Fur trade	6. fell
7. rose	8. flourished
9. seals	10. decline

6 Textile design

1. 에나벨라 예술에서 그들은 장갑과 모자, 스웨터, 부츠뿐만 아니라 양털로 만든 양탄자를 팝니다.
2. 티위 디자인은 새와 같은 자연의 이미지로 만든 직물 제품을 전문으로 합니다.
3. 티위 디자인 회사는 또한 비를 상징하는 것과 같은 다양한 표현으로 직물 제품을 만듭니다.
4. 비마 웨어는 상징과 구조, 가족과 자연을 기반으로 만든 옷을 전문으로 하는 의류업체입니다.
5. 데저트 디자인은 감옥에서 경력을 쌓아온 디자인 예술가인 지미 파이크가 만들었습니다.
6. 데저트 디자인은 옷을 만드는 데 사용될 수 있는 문양 디자인도 만듭니다.
7. 지미 파이크의 데저트 디자인에 대한 주제는 그가 호주의 사막에서 보냈던 시간에 영감을 받았었습니다.
8. 도마뱀과 꼬리없는 뱀의 특징을 한 캐시 프리먼의 청바지는 토착 예술가이자 디자이너인 브로닌 밴크로프트의 예술을 기반으로 만들어졌습니다.
9. 브로닌 밴크로프트의 직물의 대표적인 배경은 무지개처럼 생겼습니다.
10. 천으로 된 휴대전화 케이스는 긁힘을 방지합니다.

ANSWERS

1. wool	2. images of nature
3. symbol for rain	4. family and nature
5. prison	6. making clothing
7. deserts of Australia	8. tailless snake
9. rainbow	10. scratches

7 History of the town market near Sydney

1. 연구 주제는 연구에서 지역 역사를 참조할 수 있도록 선택되었습니다.
2. 야생동물 거래가 문제가 되고 있는데 동물들이 계속해서 사냥을 당하고 팔리면서 생태계를 위협하기 때문입니다.
3. 정부는 시장권의 발달을 위해 수익의 대부분을 씁니다.
4. 상품 운송은 기차역 공사와 관련된 문제 때문에 심각한 타격을 입었습니다.
5. 벨타워 빌딩은 처음에 메릴랜드의 컴벌랜드에서 경찰 본부와 교도소로 사용되었던 역사적인 2층 벽돌 건물입니다.
6. 시장에 대한 정보는 1차 조사 절차에서 모아졌습니다.
7. 모아졌던 정보 자료는 쓸모 없는 자료로 판명이 되어 문제가 많았습니다.
8. 조사에서 사용되었던 방법들 중 하나는 그 지역의 노인들을 인터뷰하는 것이었습니다.
9. 오래된 사진들을 모아서 다음에 참고하기 위해 신중하게 색인을 달았습니다.
10. 오래된 사진들은 범죄와 관련된 이미지들이 포함되어 있었기 때문에 문제들이 드러났습니다.

ANSWERS

1. local history	2. animals
3. development	4. transport
5. jail	6. market
7. useless	8. investigation
9. photographs	10. crime

8 History of Cape Breton mine in Canada

1. 캐나다의 석탄 생산 역사에서 첫 번째 단계는 절벽에서 석탄을 옮기는 것이었습니다.
2. 정부는 석탄 생산을 늘리기 위해 케이프브리튼이 효과적인 운송 시스템을 개발하는 것을 도왔습니다.
3. 과거에 사람들은 계절에 따라 봄에만 출근을 했지만 그들이 광산을 발견하면서 상황은 바뀌었습니다.
4. 점점 더 많은 사람들이 광산에서 일을 하기 시작하면서 농촌의 인구가 감소하기 시작했습니다.
5. 몇 년 후에, 광산이 캐나다 석탄의 40%를 차지하게 될 때까지 생산은 늘기 시작했습니다.
6. 광업을 위해 케이프브리튼으로 갔던 사람들은 대부분 스코틀랜드와 이탈리아에서 왔습니다.
7. 경매에서 팔렸던 첫 번째 물건은 인간의 손을 섞고 모형으로 한 전통 있는 촛대였습니다.
8. 데이비 등은 불붙기 쉬운 환경에서 사용하는 안전등이기 때문에 불꽃은 철망 가리개 안에 에워싸여 고정되어 있습니다.
9. 데이비 등을 사용하는 이점은 탄광에서 사고가 덜 발생하도록 한다는 것입니다.
10. 카바이드 등은 물을 노란색으로 바꿔서 반짝이게 하는 물질을 포함합니다.

ANSWERS

1. cliffs	2. transport system
3. spring	4. rural areas
5. mines accounted	6. Scotland
7. candle	8. locked
9. less accidents	10. sparkle

9   New swimming technology

1. 수영장이 주로 사용되는 것은 수영 선수들이 경기에서 더 좋은 결과를 얻을 수 있도록 훈련하기 위한 것입니다.
2. 그 기술은 다양한 장비들을 결합하기 때문에 매우 특별하고 독특합니다.
3. 수영장은 훨씬 더 우수한 성적을 가져올 선수들의 훈련에 큰 영향을 미칩니다.
4. 수영장은 주로 수영 선수들의 실력을 훈련시키고 검사하기 위해 만들어졌습니다.
5. 수영장은 수영 선수들의 모든 움직임을 기록하는 24대의 카메라가 갖춰져 있고 카메라로 둘러싸여 있습니다.
6. 제이크는 일반적으로 보면 매우 좋은 수영 선수이지만 그의 가장 큰 약점은 출발이 느리다는 것입니다.
7. 제이크의 약점은 출발이 느린 것인 반면에 수잔의 약점은 방향 전환이 느린 것입니다.
8. 마이크는 상당히 좋은 수영 선수임에도 불구하고 그의 약점은 무질서한 발길질입니다.
9. 리나는 그 팀에서 유일한 여성 선수이고 그녀는 깊은 물이 약점인데 깊게 다이빙을 못하기 때문입니다.
10. 마크는 대체로 다른 선수들과 같은 수준이지만 그는 짧은 피치에 약합니다.

ANSWERS ·····
1. better results
2. pieces of equipment
3. athlete's training
4. test
5. 24 cameras
6. slow start
7. slow turn
8. unregulated kick
9. dive deeply
10. short stroke

10   Assignment on work placement

1. 그 기업의 강령은 기업이 간결하고 인상 깊은 방법으로 나타내는 것을 담아냅니다.
2. 직업 연수 절차의 섹션 1에서는 학생들의 이력서에 기업 지원서가 붙어있어야 한다고 합니다.
3. 섹션 2에서는 학생들이 여섯 가지 기술을 고를 수 있지만 더 이상은 성적이 올라가지 않을 것이기 때문에 각각 최대 500단어까지만 써야 한다고 말합니다.
4. 섹션 3에서는 모든 직책을 위한 교육이 대체로 어떻게 진행하는지 설명합니다.
5. 섹션 4에서는 적합한 직업 연수를 위해 평가가 어떻게 이루어지는지 설명합니다.
6. 학교의 최우등 학생들은 요청 받은 학업적인 도움을 제공합니다.
7. 직원들이 직장에서 문제와 맞닥뜨리게 되면 먼저 그들의 동료들과 상의를 하는 것이 좋습니다.
8. 제출 마감일은 9일이기 때문에 마감 기한인 6월 30일 전에 필요한 수정 작업을 할 수 있는 3주가 남아 있습니다.
9. 취업 지도실은 학생들과 이야기를 하기 위해 한 달에 두 번 옵니다.
10. 학생들은 문제에 부딪혔을 때 행정 담당자에게 알려주고 있습니다.

ANSWERS ·····
1. mission statement
2. curriculum vitae
3. maximum
4. training sessions
5. work placement
6. academic help
7. colleagues
8. due date
9. twice a month
10. Administration Officer

11   Underground buildings

1. 지하 건물들은 보통 산기슭이나 지하철 가까이에 지어집니다.
2. 건물의 구조는 수백 년 전 중국의 이야기에서 영감을 받았습니다.
3. 승객들은 다리 옆 터널을 보고 통과하기 위해 표를 샀습니다.
4. 승객들은 들어가자마자 상가의 내부 지붕에 바로 주목하게 될 것입니다.
5. 터널 안에는 많은 조명들이 있어서 사람들이 밖에 있는 것 같은 기분이 들게 합니다.
6. 재료들을 따로따로 추가하는 것은 화재의 위험을 줄이고 혼합 재료는 폭발할 가능성이 있습니다.
7. 벽은 교통 소음을 크게 줄이고 벽 뒤에 사는 사람들의 삶의 질을 향상시킬 수 있는 효과적인 완화 조치입니다.
8. 지하에 사는 사람들은 당연히 충분한 공간이 없다고 느낍니다.
9. 사람들은 지하 같은 곳에서 쇼핑하는 것이 익숙하지 않기 때문에 지하상가들이 항상 잘 되는 것은 아닙니다.
10. 지하구조물들은 날씨에 덜 영향을 받는 반면 종종 홍수 피해를 겪습니다.

ANSWERS ·····
1. mountains
2. Chinese story
3. tunnel
4. interior roof
5. outside
6. fire
7. noise
8. space
9. basement
10. flooding

12   Company management

1. 그 기업은 민주적인 지도력과 행정을 시행하기 위해 만들어졌습니다.
2. 기업의 정책은 직원들이 우선이라는 표현으로 요약될 수 있습니다.
3. 내부 웹사이트를 만들기 전에 그 기업은 먼저 사이트의 용도와 목표를 결정해야 합니다.
4. 그 기업은 새 경영진의 관리 하에 앞으로 3년 이내에 32%의 수입 증가를 계획했습니다.
5. 새 경영진의 관리 하에 모든 정규직 근로자들은 유급휴가를 받고 사용할 수 있는 자격이 될 것입니다.
6. 교통 위반 체재를 받아들이면서 모든 직원의 불만사항에 벌금 딱지가 발부될 것입니다.
7. 모든 기업들의 문제들을 해결하기 위해 해결책을 발견했다고 추측하는 것은 문제가 될 것입니다.
8. 최고 경영진이 그들의 모든 직원들과 개방된 의사소통을 유지한다면 기업은 성공할 수 있습니다.
9. 기업 홍보는 회사가 성공하는데 있어서 매우 중요하고 결정적인 방향입니다.
10. 미국인의 77%는 무기 제조와 판매, 소지에 대한 금지를 지지했습니다.

ANSWERS ·····
1. democratic style
2. employees first
3. internal website
4. income growth
5. vacation
6. ticket
7. solution
8. communication
9. promotion
10. ban

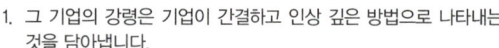

SECTION 4 | Answers & Translations

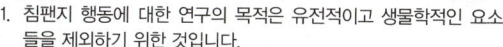

13　Nanotechnology

1. 정밀 광학 현미경이 만들어지면서 나노 기술이 발달하였습니다.
2. 사람들은 나노 기술에 의해 만들어진 제품들이 부자연스러운 것 같아 보이기 때문에 걱정합니다.
3. 나노 기술은 초콜릿의 밀도를 과일, 야채와 비슷한 수준까지 줄여서 초콜릿의 가격을 낮춥니다.
4. 이산화티타늄과 같이 나노 기술을 통해 만들어진 물질들은 표면 도료와 페인트, 실외 가구 광택제에 쓰입니다.
5. 나노 기술 비료는 수용성과 매우 작은 크기 때문에, 쉽게 흡수되어 식물에 필요한 무기질과 보충물을 제공합니다.
6. 나노 기술은 강한 맛을 내거나 제거하기 위해 사용될 수 있습니다.
7. 나노 튜브는 혈관으로 들어가는 속도를 높이기 위해 화학요법 약제를 전달하는 데 쓰입니다.
8. 나노 기술은 당뇨병 환자들이 건강을 회복하고 과체중인 사람들이 원하지 않은 살을 빼는 데 도움이 될 수 있습니다.
9. 은화합물이 박테리아를 죽이는 데 매우 효과적이라는 것은 오랫동안 알려져 있습니다.
10. 야채에 있는 나노 입자는 몸이 적절한 양분을 섭취하지 못하도록 막기 때문에 위험한 것으로 나타납니다.

ANSWERS

1. microscope
2. unnatural
3. cost of chocolates
4. furniture
5. fertilisers
6. flavours
7. drugs
8. weight
9. silver
10. nutrition

15　Study on behaviour of chimpanzee

1. 침팬지 행동에 대한 연구의 목적은 유전적이고 생물학적인 요소들을 제외하기 위한 것입니다.
2. 연구에서는 침팬지들이 도구를 만드는 법을 안다는 것이 입증되었습니다.
3. 침팬지들은 견과류를 으깰 때 돌망치를 사용한다고 알려져 있습니다.
4. 연구를 위해 관찰했던 침팬지들은 강 반대편에 삽니다.
5. 침팬지들의 껍질을 여는 능력은 과학자들을 놀라게 했습니다.
6. 연구자들은 침팬지들이 서로의 행동을 관찰하면서 배운다는 것을 발견했습니다.
7. 과학자들은 침팬지들의 인구밀도가 급속도로 줄어드는 것에 대해 우려합니다.
8. 침팬지들은 인간의 행동을 따라하면서 배울 수 있다는 것을 발견했습니다.
9. 침팬지들은 매우 확실한 논리적 사고 능력이 있기 때문에 배울 수 있습니다.
10. 침팬지들의 행동은 그들이 배운 것을 많은 세대들에게 전달하면서 발달했습니다.

ANSWERS

1. genetic
2. tools
3. stone hammer
4. river
5. open shells
6. observation
7. density
8. human behaviour
9. logical thinking
10. many generations

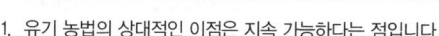

14　Organic farming

1. 유기 농법의 상대적인 이점은 지속 가능하다는 점입니다.
2. 유기농 제품의 판매량을 올리기 위해 되파는 사람들과 중간 상인들을 더 많이 얻는 것이 바람직합니다.
3. 유기 농법은 재래 농법과 같은 양의 곡식과 콩을 생산하지만 에너지를 30% 덜 사용합니다.
4. 연구에 따르면, 유기 농장의 흙에는 지렁이와 곤충들이 더 많이 있어서 유기농 야채에 좋습니다.
5. 연구를 바탕으로, 지속 가능한 감자 수확량은 40% 감소했습니다.
6. 겨울철 잡초 생산은 평상시보다 일반적으로 10% 낮습니다.
7. 그 기업은 여러 종의 이점을 한 봉투에 결합한 유기농 풀 혼합물도 팝니다.
8. 인도의 많은 사람들은 농업을 완전히 포기했기 때문에 인도에서 유기 농법은 성공하지 못했습니다.
9. 국제 유기 농법 보고서는 유기 농법이 야생동물들에게 이로운지에 대해 초점을 맞추고 있습니다.
10. 발표자는 유기 농법의 향상과 발달이 브랜드 이미지와 마케팅에 대한 소비자의 반응에 달려있다고 생각합니다.

ANSWERS

1. sustainable
2. sales
3. less energy
4. insects
5. potato crops
6. usual
7. organic grass
8. farming
9. wildlife
10. consumers' reaction

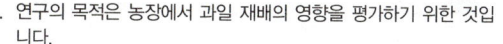

16　Assess the impact of fruit growing on the farm

1. 연구의 목적은 농장에서 과일 재배의 영향을 평가하기 위한 것입니다.
2. 토양의 수분 함량은 과일의 영양가에 영향을 미치기 때문에 평가되어야 합니다.
3. 연구자들이 연구하는 지역에는 초원과 숲이 모두 있습니다.
4. 생물학적 활동을 비교하기 위해 사용되는 실습에는 두 가지 방식이 있습니다.
5. 연구자들은 농장 근처에 있는 지역의 강에서 연구를 했습니다.
6. 전문 소프트웨어 회사들뿐만 아니라 개인들도 그것들을 만듭니다.
7. 과학자들은 토양의 구성을 면밀히 조사하기 위해 전문적인 현미경을 사용할 것입니다.
8. 그 지역은 새들과 야생화, 다양한 종류의 나비들로 가득합니다.
9. 리더는 어떤 것도 놓치지 않기 위해 팀에게 음성 메모를 녹음할 것을 기억하라고 알려주었습니다.
10. 현재 지역에 대한 연구를 한 후에, 과학자들은 연구를 계속하기 위해 또 다른 지역으로 이동할 것입니다.

ANSWERS

1. fruit growing
2. nutritional value
3. woodland
4. comparison
5. local
6. software
7. microscope
8. butterfly species
9. record voice notes
10. location

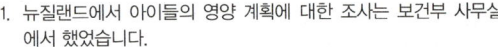

17 A survey on children's nutrition plan in New Zealand

1. 뉴질랜드에서 아이들의 영양 계획에 대한 조사는 보건부 사무실에서 했었습니다.
2. 조사에 포함된 세 부분 중에서 두 부분은 식품 알레르기와 식품 섭취입니다.
3. 조사의 세 번째 부분에서는 아이들의 식습관을 다룹니다.
4. 조사의 또 다른 부분에서는 아이들의 신체 활동량을 다룹니다.
5. 조사 응답자들은 학교에서 무작위로 선발되었습니다.
6. 결과에서 나이가 더 어린 아이들이 나이가 많은 아이들보다 운동을 더 많이 한다는 것으로 나타났습니다.
7. 조사에 따르면, 친구들의 영향을 더 쉽게 받는 것은 나이가 많은 아이들이라고 합니다.
8. 연구에 따르면 몇몇 유럽의 아이들은 비타민 A가 부족하다고 합니다.
9. 유럽의 아이들에 비해 마오리족의 아이들은 생선을 더 많이 먹습니다.
10. 연구자들은 정부와 사회복지사 외에, 학교도 이 문제에 대해 관심을 가져야 한다고 주장했습니다.

ANSWERS
1. Health Department
2. food intake
3. eating patterns
4. physical activity
5. random
6. get more exercise
7. peers
8. Vitamin A
9. fish
10. social workers

18 Details of AUV (autonomous underwater vehicles)

1. 많은 사람들은 자율무인잠수정이 비행기와 비슷하다고 생각합니다.
2. 엔지니어들은 자율무인잠수정이 너무 발전을 해서 로봇처럼 행동을 한다고 합니다.
3. 자율무인잠수정은 물 속의 염분 농도의 수치를 측정할 수 있는 능력이 있습니다.
4. 최적의 상태로 작동하기 위해 자율무인잠수정은 수질과 수온, 수심에 의존합니다.
5. 자율무인잠수정은 바다가 기후에 어떤 영향을 미치는지 알아낼 수 있는 능력이 있습니다.
6. 감시 기계와 장치는 배의 케이블과 연결되어 있지 않습니다.
7. 자율무인잠수정은 석유가 공급되는 주머니가 두 개 있습니다.
8. 자율무인잠수정의 믿을 수 없을 정도의 능력에도 불구하고 이것은 화학적인 수치를 평가할 수 없습니다.
9. 자율무인잠수정은 해수면을 따라 이동하기 때문에 데이터를 모아 작동을 합니다.
10. 바다에서 모은 정보는 왼쪽에 있는 안테나를 통해 전달됩니다.

ANSWERS
1. airplane
2. robot
3. salt concentration
4. quality
5. climate
6. cables
7. oil
8. chemical levels
9. surface
10. antenna

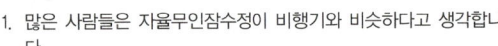

19 Textile factory

1. 첫 해에 직원들은 이미 공학 지식을 갖추었을 것으로 예상됩니다.
2. 새로온 직원들은 입사 1년 동안 직물 공장에서 일을 해야 합니다.
3. 입사 1년 동안 모든 직원들의 목표는 최종 디자인이 원단에 찍히는 것입니다.
4. 직물 공장은 1년 내에 세계 시장에 들어가는 것을 목표로 합니다.
5. 경영자의 목표는 두 번째 해에 서류들과 제안을 뿐만 아니라 공장 절차를 시연하는 것입니다.
6. 두 번째 해에 학생들은 그들이 결정하는 것에 도움이 되는 개인 지도를 이용할 수 있습니다.
7. 직물 공장의 학생들은 두 번째 해에 반성적 실천을 이용할 것으로 예상됩니다.
8. 세 번째 해에 학생들이 직물 공장에서 학습한 경험에 대해 기자들은 학생들을 방문을 해서 인터뷰를 하게 될 것입니다.
9. 네 번째 해에 직물 공장은 컴퓨터 프로그램을 제공할 것이고 관계자들은 자세한 것은 그들에게 연락을 하면 됩니다.
10. 네 번째 해에 프로젝트에 참여하고 싶은 사람들은 직물 공장에 연락을 해서 인터뷰 일정을 잡으면 됩니다.

ANSWERS
1. knowledge of engineering
2. textile factory
3. printed
4. global market
5. demonstration
6. tutorial
7. reflective practice
8. journalist
9. computer program
10. interview

20 Food safety

1. 그 기업은 그들의 식품에 사용되는 재료의 안전성을 보장하기 위해 정기적으로 조사를 시행합니다.
2. 음식을 너무 오랫동안 저장을 하면 품질과 안전에 이상이 생긴다는 것은 상식입니다.
3. 열의 종류와 기온 변화의 차이는 냉동 식품의 단백질 구성에 영향을 미칩니다.
4. 고객들을 끌어모으기 위한 마케팅 수단으로 슈퍼마켓에서 이미지를 이용하는 것은 잘 알려진 사실입니다.
5. 식품 안전을 보장하는 데 도움이 될 식품 및 영양물 정보를 위한 믿을 만한 자료들이 많이 있습니다.
6. 슈퍼마켓과 광고 회사, 마케팅 회사들이 판매에만 관심이 있다는 것은 누구나 알고 있습니다.
7. 음식 축제들은 오락적인 목적으로 열리고 이러한 행사에는 요리 시연과 무료 시식과 같은 활동들이 포함됩니다.
8. 미국 시장에서 유기농 식품을 이용하는 것은 계속해서 늘고 있습니다.
9. 요리 시연에서는 식품의 안전과 영양을 보장하기 위해 여러 가지 절차들을 보여줍니다.
10. 보건 당국은 건강한 선택을 하는 것은 여전히 자녀의 부모에게 달려있다고 주장합니다.

ANSWERS
1. ingredients
2. stored
3. temperature
4. images
5. information
6. sales
7. entertainment
8. organic food
9. safety and nutrition
10. healthy choices

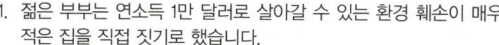

21 Efficient earth-sheltered homes

1. 젊은 부부는 연소득 1만 달러로 살아갈 수 있는 환경 훼손이 매우 적은 집을 직접 짓기로 했습니다.
2. 복토주택에 사용된 플라스틱 판은 적어도 50년의 수명을 가지고 있어야 합니다.
3. 아주 넓은 녹색 지붕은 더 깊고 집약적인 녹색 지붕의 친환경성 이점을 많이 제공하지만 일반 유동 인구를 받칠 수 없습니다.
4. 그 회사는 시간이 갈수록 에너지 보존과 복토주택, 스포츠 클럽을 전문으로 했습니다.
5. 복토주택은 편안하고 고요하고 날씨에 잘 견디는 주거를 제공하는 에너지 효율적인 특징들이 있습니다.
6. 복토주택 디자인의 두 가지 기본적인 유형은 지하와 갓길입니다.
7. 창문과 유리문, 노출된 벽은 빛과 태양열, 외부 풍경을 제공하고 1층에서 계단을 거쳐 접근할 수 있도록 해줍니다.
8. 공용 구역과 침실은 남향에서 빛과 열을 공유하기 위해 평면도는 그에 맞춰 배치됩니다.
9. 풍경화가 새겨진 지하 집에서, 흙은 창문과 문이 있는 곳을 제외하고 집 전체를 덮고 있습니다.
10. 복토주택은 방음을 하기 위해 옥상에 통행이 있는 것이 필요합니다.

ANSWERS ·······

1. low impact	2. lifespan
3. traffic	4. conservation
5. weather-resistant dwelling	6. underground
7. access via stairway	8. light and heat
9. entire house	10. soundproofing

22 Briston supermarket development

1. 개발자들은 주유소 근처에 슈퍼마켓이 열 것이라는 것을 확인했습니다.
2. 브리스톤 슈퍼마켓은 어디에서나 생겨나는 반면에 남부 스코틀랜드에 있는 다른 가게들은 문을 닫고 있습니다.
3. 그 회사의 마케팅 부문은 이 가게는 오로지 신선한 음식에만 중점을 둘 것이기 때문에 다른 가게들과는 다르다고 말합니다.
4. 공사와 보수를 진행하면서 200명이 넘는 직원들이 쫓겨나서 다른 가게로 배정이 되거나 재교육을 받았습니다.
5. 브리스톤 슈퍼마켓 개발은 소매점들이 수익을 얻는 것에 유연해야 한다고 합니다.
6. 개발 회사의 최고 경영자는 인터뷰에서 성공하기 위한 전략은 열린 마음을 갖는 것이라고 말했습니다.
7. 그 개발 회사는 유럽 각지에 지사를 갖고 있지만 본사는 런던 근처에 있습니다.
8. 그 회사는 그들의 파트너에게 도움을 요청하는 것은 그들에게 큰 이익이 된다는 것을 인정합니다.
9. 조정하는 것은 쉬운 일이 아니기 때문에 회사에는 심의만 처리하는 관리자가 있습니다.
10. 관리자는 조직 내 사람 수를 개편하거나 줄이는 것은 부서의 간접 비용을 절약하는 데 도움이 된다고 말했습니다.

ANSWERS ·······

1. petrol stations	2. Southern Scotland
3. fresh food	4. retrained
5. profits	6. strategy
7. head office	8. partners
9. manager	10. organisation

23 Supermarket content comparison

1. 슈퍼마켓의 내용을 비교하는 연구에는 쇼핑객들을 인터뷰하는 것이 포함되었습니다.
2. 연구 결과는 온라인에 공개가 되기 때문에 자세한 내용은 누구나 찾아볼 수 있습니다.
3. 슈퍼마켓 내용 비교 연구에 참여한 팀에는 고객 서비스 상담원들이 포함되어 있습니다.
4. 선샤인 슈퍼마켓은 아주 다양한 유기농 식품이 있고 이것은 시장에서 그들을 유리하게 합니다.
5. 선샤인 슈퍼마켓이 유기농 식품 시장에서 우위에 있음에도 불구하고, 그들은 포장재를 너무 많이 사용해서 가끔 손님들을 돌아서게 합니다.
6. 트윈 시티 슈퍼마켓은 무료로 가방을 제공함으로써 고객들을 끌어들입니다.
7. 트윈 시티 슈퍼마켓의 한 가지 단점은 세척 용품이 부족하다는 것입니다.
8. 프레쉬 프라이드 슈퍼마켓은 지역 생산품을 제공하기 때문에 지역 시장에서 우위를 점합니다.
9. 프레쉬 프라이드 슈퍼마켓은 더 나은 고객 서비스를 제공하기 위해 직원 훈련 정책을 개선해야 합니다.
10. 구딩스 슈퍼마켓은 한정된 제품들이 있지만 훌륭한 광고 비용을 지불할 수 있습니다.

ANSWERS ·······

1. shoppers	2. details
3. representatives	4. organic food
5. packaging	6. offering bags
7. lack of cleaning	8. local
9. training policy	10. good advertising

24 Tumucumaque in the northeast Amazon

1. 아마존 북동부에 위치한 투무쿠마키는 39,000헥타르의 면적을 차지하고 있습니다.
2. 투무쿠마키 우림은 세계에서 가장 큰 국립공원으로 여겨집니다.
3. 그 지역은 정부의 협조와 과학자들 그리고 현지 인디언 부족들의 도움으로 보존됩니다.
4. 그 지역을 지도로 제작하는 것은 지역에 대한 지식 외에 GPRS 데이터의 적용과 항공 사진을 필요로 했습니다.
5. 그 지역에는 식물이 약물 성장으로 사용되었던 몇몇 장소들이 있습니다.
6. 지도 제작의 결과는 그 지역과 세계의 산림을 보호하는 첫 번째이자 가장 중요한 움직임이 될 것입니다.
7. 지도 제작의 또 다른 결과는 지역이 분열될 수 있다는 것입니다.
8. 지도는 아이들에게 지역의 역사에 대해 교육하는 데 사용될 수 있습니다.
9. 지도를 제작하는 주요 문제점은 언어의 장벽입니다.
10. 이 프로젝트에서 가장 중요한 결과는 현지 사람들의 기여가 포함되었다는 것입니다.

ANSWERS ·······

1. hectares	2. national park
3. Indian tribes	4. aerial photographs
5. medicine grow	6. forest lands
7. division of regions	8. local history
9. language barrier	10. contribution

25 Saffron, dyes and spices used for medicinal baths

1. 50그램의 사프란은 14,000리터의 의약용 목욕물을 만들 수 있습니다.
2. 의약용 목욕을 위해 사용되는 향신료를 보존하기 위해 사용되는 방법은 건조시키는 것입니다.
3. 문제는 사람들이 사프란과 염료, 향신료를 분말 형태로 잘 팔지 않았다는 것입니다.
4. 흔한 쌀 요리와 다른 요리와 같이 향신료를 다용도로 사용하는 많은 현대적인 의학적 적용이 있습니다.
5. 향신료를 사용하는 의학적 적용 중의 하나는 눈 부상 치료입니다.
6. 쥐 실험에서 사프란이 빛으로 인한 손상과 망막 스트레스에서 눈을 보호할 수 있다고 보여주었습니다.
7. 고대 그리스 사람들은 향신료로 옷을 염색했었습니다.
8. 고대 로마 시대 때 사프란과 향신료는 화장품으로 사용했었습니다.
9. 고대 로마의 여성들은 사프란과 향신료를 목욕 향수로 썼습니다.
10. 고대 로마와 지금은 이란인 예전의 페르시아 사람들은 사프란과 향신료를 카펫을 염색하는 데 썼습니다.

ANSWERS
1. 50 grams
2. drying
3. powder form
4. rice dishes
5. eye injuries
6. light damage
7. clothes
8. cosmetics
9. perfume
10. dye carpets

26 IT in colleges

1. 대학에서 IT가 조정되었던 첫 번째 이유는 이메일을 이용하는 것이 실패했었기 때문입니다.
2. 정보 통신 기술은 지역 경제와 중요한 관련이 있고 관계를 가지고 있습니다.
3. 정보 통신 기술은 주로 컴퓨터와 관련이 있는 학습 방법에 적용이 됩니다.
4. 정보 통신 기술로 학생들과 선생님들, 교수님들은 서로 소통하는 것을 즐깁니다.
5. 정보 통신 기술 지식은 학생들이 자신감을 기르는 데 도움이 됩니다.
6. 정보 통신 기술을 사용하는 것은 학생들에게 보다 유연한 접근 방식을 제공하는 데 도움이 됩니다.
7. 정보 통신 기술을 이용하는 것에는 많은 혜택들이 있고 새로운 자료들을 갖는 것을 포함합니다.
8. 정보 통신 기술의 많은 혜택 중 하나는 문제에 대한 새로운 해결책을 제공한다는 것입니다.
9. 대학에서 정보 통신 기술이 갖는 또 다른 혜택은 학생들이 시간 관리 능력을 발달시키는 데 도움이 됩니다.
10. 대학에 정보 통신 기술이 있는 것은 학생들의 늘어나는 소득에 보조금을 줍니다.

ANSWERS
1. using email
2. relationship
3. teaching of methods
4. communicating
5. confidence
6. flexible approaches
7. materials
8. problems
9. time management skills
10. increasing income

27 Difference between settled nations and nomadic nations

1. 정착 국가와 유목 국가의 차이점들은 수직 그래프에 표시되어 있습니다.
2. 유목 정착민들은 가족들의 거처를 위해 오두막집을 만들었습니다.
3. 너무 많은 것을 소유하지 않는 유목민들은 주요 교통 수단으로 낙타를 이용했습니다.
4. 정착 국가와 유목 국가 둘 다 나라를 이끌어가는 것은 젊은 사람들입니다.
5. 정착 국가와 유목 국가 둘 다 거주민들은 농부들의 도움을 받습니다.
6. 그들에게 도움을 주는 대신에 농부들은 유목 정착민들과 녹색 곡물을 물물교환합니다.
7. 유목민들은 음식과 상품들을 거주민들과 옷으로 교환합니다.
8. 유목민들은 지역 농부들이 식량을 수확하고 도축한 동물들의 고기를 준비하는 것을 돕습니다.
9. 영구 정착민들과 달리 유목민들은 주로 텐트 같은 임시 거주지에서 삽니다.
10. 정착 국가와 유목 국가의 차이점은 중간 정도의 이해 수준을 요구하는 두 가지 생활 방식이 혼합된 것입니다.

ANSWERS
1. vertical
2. cabin
3. camel
4. young people
5. farmers
6. green grain
7. exchange
8. harvest food
9. tents
10. intermediate

28 Gastropods

1. 달팽이와 같은 복족류는 바다와 유사한 광물 구조를 가지고 있습니다.
2. 달팽이와 같은 복족류는 껍질에 대체로 오른쪽으로 향하는 무늬가 있습니다.
3. 달팽이와 달리 껍질에 털이 있는 복족류도 있습니다.
4. 달팽이와 같은 복족류의 먹이는 주로 벌레들로 구성되어 있습니다.
5. 달팽이 같은 복족류는 1세기에 음식으로 처음 접해졌었습니다.
6. 달팽이와 같은 복족류는 독특하고 특별한 방어 체계를 가지고 있습니다.
7. 복족류에게 가장 위험한 환경은 기후가 건조한 지역입니다.
8. 달팽이와 같은 복족류는 오래된 숲과 늪지대에 삽니다.
9. 땅 밑에 사는 특정한 복족류 종도 있습니다.
10. 달팽이와 같은 복족류는 환경 수준에 대한 좋은 지표입니다.

ANSWERS
1. mineral composition
2. right
3. hair
4. worms
5. 1st century
6. defense system
7. dry climate
8. forests and swamps
9. underground
10. environment

29 History of salt

1. 소금은 소화와 부신 기능, 세포의 신진대사, 두뇌 발달을 돕기 때문에 우리의 건강에 있어서 필수적입니다.
2. 로마 병사들은 가끔씩 소금으로 급여를 받았기 때문에 영어 단어 월급은 라틴어 '소금'에서 유래된 것입니다.
3. 특히 신선한 고기를 10월에만 구할 수 있는 곳에서는 소금이 필수적인 보존제입니다.
4. 동물들은 여름 동안 지역 주변 숲에서 먹이를 먹습니다.
5. 1573년에 소금이 이미 널리 쓰였다는 것은 스웨덴 국왕의 식습관 기록에서 알 수 있습니다.
6. 이 시기 동안 음식이 매우 짰었기 때문에 맥주 소비량이 엄청나게 많았습니다.
7. 스웨덴은 수입품에 의존하는 사람들을 위해서 해운업을 지켜야 합니다.
8. 매우 건조한 곳에서는 소금을 사막 지역의 분지에서 모읍니다.
9. 역사적 기록에 따르면, 샘물에서 생긴 소금은 더 깨끗하고 농축되어 있다고 합니다.
10. 소금 무역은 자연적으로 교통을 위한 수단과 기회가 되었습니다.

ANSWERS

1. health
2. salary
3. fresh meat
4. forests
5. King of Sweden
6. beer consumption
7. shipping
8. desert locations
9. more concentrated
10. opportunity for transport

30 Research on employee absence

1. 연구에 따르면, 결근은 때로 성별과 연관이 있는 요인에 의해 발생합니다.
2. 연구에 따르면, 결근은 또한 직원의 태도가 낳은 결과일 수도 있습니다.
3. 연구에 따르면, 특정 회사들의 문화는 높은 결근율을 초래합니다.
4. 연구에 따르면, 잦은 결근은 또한 외부 요인으로 인해 발생할 수도 있습니다.
5. 직장의 잦은 결근이라는 이러한 현상은 산업 전반에 해가 됩니다.
6. 결근으로 인해 더 많은 직원들이 업무 차질을 보충해야 합니다.
7. 또한 잦은 결석은 그룹의 업무 효율을 감소시키는 것으로 밝혀졌습니다.
8. 또한 잦은 결석은 큰 재정적 손실을 초래하는 것으로 확인되었습니다.
9. 결근율을 통제하는 것은 개인과 조직에 더 많은 이득을 가져온다는 것이 연구에서 확인되었습니다.
10. 결근율이 높은 사람들을 고용하는 회사의 유일한 선택권은 그들을 해고하는 것입니다.

ANSWERS

1. related to gender
2. employee's attitude
3. culture
4. external factors
5. whole industry
6. workforce
7. work efficiency
8. big financial losses
9. more benefits
10. dismiss

31 Lecture on endangered animals

1. 호주의 최근 문제들 중 하나는 인간의 행동으로 인해 개구리의 몇몇 종들의 서식지가 감소한다는 것입니다.
2. 호주가 현재 직면하고 있는 또 다른 문제는 새, 거미들과 관련이 있습니다.
3. 호주의 또 다른 문제는 그들이 기르는 옥수수와 같은 단일 농작물이 동물들에게 이롭지 않다는 것입니다.
4. 인간의 생각은 언론의 영향을 받기 때문에 대체로 인간은 동물을 보호하려는 노력을 묵살합니다.
5. 인간은 대체로 동물 보호 노력을 묵살하고 심지어 곤충과 같은 더 작은 동물들에는 관심이 없습니다.
6. 인간이 동물 보호를 하도록 권장할 수 있는 유일한 방법은 충격이나 두려움을 통해서 입니다.
7. 인간은 동물이 음식 경쟁 상대이기 때문에 동물 보호는 이롭지 않다고 생각합니다.
8. 멸종을 막아야 하는 주된 이유 중 하나는 생태계가 안정적으로 유지되기 위해 복합적이어야 한다는 사실 때문입니다.
9. 멸종을 막아야 하는 많은 이유들이 있는데 그 중 하나는 혈액 조직 내의 이상과 관련이 있습니다.
10. 생물학자들과 다른 과학자들은 몇몇 종들을 돌보아서 성공적으로 건강을 회복시켰습니다.

ANSWERS

1. frogs
2. birds and spiders
3. corn
4. media
5. insects
6. shock or fear
7. rivals for food
8. complex
9. blood system
10. biologists

32 Supermarket product layout

1. 슈퍼마켓에 있는 제품들의 배치는 통로 사이에 통행 흐름을 고려해야 합니다.
2. 슈퍼마켓의 제품 배치를 맡은 사람들은 출퇴근 시간을 고려해야 합니다.
3. 품목 구성이 무작위라면 슈퍼마켓의 제품 배치는 성공적이지 못할 것입니다.
4. 슈퍼마켓은 취급하는 제품들의 배치를 배열하는 가장 비용 효율이 높은 방식을 찾아야 합니다.
5. 고객들은 그들이 사고 싶어하는 제품들을 고르는 데 더 많은 시간이 필요합니다.
6. 슈퍼마켓 종업원들은 보다 작은 공간에 그들이 파는 작은 품목들을 배치해야 합니다.
7. 슈퍼마켓은 보통 출퇴근 시간 바로 전후에 조용한 장소가 됩니다.
8. 잘 팔리지 않는 제품들은 통로 끝에 놓아야 합니다.
9. 값이 비싼 제품들은 선반 중간에 놓아야 합니다.
10. 초콜릿, 꽃 같이 수익성이 좋은 제품들은 입구 근처에 놓아야 합니다.

ANSWERS

1. traffic flow
2. rush hour
3. random
4. cost effective
5. more time
6. smaller areas
7. quieter place
8. aisles
9. shelves
10. near the entrance

33 History of the cocoa powder

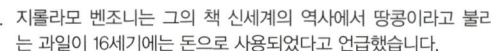

1. 지롤라모 벤조니는 그의 책 신세계의 역사에서 땅콩이라고 불리는 과일이 16세기에는 돈으로 사용되었다고 언급했습니다.
2. 17세기에 사람들은 땅콩을 액체 초콜릿으로 가공하기 시작했습니다.
3. 18세기에 미국인들은 초콜릿에 설탕을 추가하기 시작했습니다.
4. 19세기에 연구자들은 초콜릿이 사람의 기분에 영향을 주었다는 것을 발견했습니다.
5. 통계자료를 바탕으로, 초콜릿을 가장 많이 수출하는 나라는 이탈리아입니다.
6. 사람들은 액체가 고체가 되게 하는 법을 발견해서 초콜릿 바를 만들었습니다.
7. 초콜릿은 세계의 여러 지역의 공장에서 만들어지고 가게 어디서나 팔립니다.
8. 제조회사들은 아프리카의 인건비가 저렴하기 때문에 아프리카에서 작업하기를 원합니다.
9. 초콜릿 생산과 제조는 아프리카 지역 경제에 중요합니다.
10. 초콜릿 공장은 해안 주변에 있는 부지를 선택했고 그곳에 계속 머무르려고 합니다.

ANSWERS
1. money
2. liquid
3. sugar
4. person's mood
5. Italy
6. solid
7. sold
8. labour
9. economy
10. coast

34 Fossil protection

1. 화석 보호에서 가장 먼저 해야 하는 절차는 물이 있는 곳에 빨리 매장을 하는 것입니다.
2. 두 번째 유형의 화석 보호는 화석의 크기와 형태를 추적합니다.
3. 화석을 보호하기 위해 물이 있는 곳에 빨리 매장을 해야 합니다.
4. 물에 매장을 할 때 화석의 내부는 토양 광물로 채워집니다.
5. 가게와 박물관 전시에서 화석을 발견하는 것은 흔한 일입니다.
6. 화석을 살 수는 있지만 큰 것은 꽤 비쌉니다.
7. 녹화기의 기능은 화석을 감싸고 있는 암석의 종류를 보여주기 위한 것입니다.
8. 물론 공책과 펜의 역할은 기록을 목적으로 작성하기 위한 것입니다.
9. 카메라의 기능은 분명히 사진을 찍기 위한 것입니다.
10. 나침반의 기능은 부드러운 퇴적물의 위치를 찾아내기 위한 것입니다.

ANSWERS
1. procedure
2. traces
3. buried
4. soil minerals
5. exhibitions
6. expensive
7. recorder
8. form
9. taking photos
10. soft sediment

35 Impact of Bodiam Castle on the roman empire

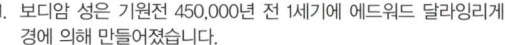

1. 보디암 성은 기원전 450,000년 전 1세기에 에드워드 달라잉리게경에 의해 만들어졌습니다.
2. 굴 껍질이 화폐로 사용이 되었다는 증거가 있고 또한 대략 19세기로 추정되는 가리비 판막 하나도 찾아냈습니다.
3. 그들은 동전과 유리 그릇, 도자기, 청동 조각상, 그리고 벽돌과 타일들이 들어 있는 프랑스 왕의 소유물을 발견했습니다.
4. 그곳에 살았던 사람들은 개울 주변에서 소금을 생산했다는 것이 발견되었습니다.
5. 그 당시 경제 활동 중 하나는 건물 건축을 위한 벽돌 개발이었습니다.
6. 거래에 사용되었던 많은 로마의 동전들이 유적지를 발굴하는 동안 발견되었습니다.
7. 고고학자들과 발굴자들은 유적지에서 거대한 정원 유형물들도 발견했습니다.
8. 그러나, 그 건축가는 로마시대 저택들이 현존했다는 증거인 유리창에 관심이 있었습니다.
9. 고고학자들에 따르면, 석조 건축물은 고대의 문화와 그 지역의 경제적 의미를 나타냈다고 합니다.
10. 그 지역에서 찾아낸 또 다른 것은 청동 투구와 동전의 파편이었습니다.

ANSWERS
1. BC 450,000
2. shells
3. king of France
4. produced salt
5. brick
6. Roman coins
7. great garden materials
8. window glass
9. stone building
10. bronze helmet

36 Moons of Jupiter

1. 목성의 무게는 지구의 무게보다 1,000배 이상입니다.
2. 은하계에는 목성보다 더 밝게 빛나는 별이 세 개 있습니다.
3. 사람들은 망원경을 이용해서 목성을 볼 수 있고 목성을 언제 어디서 볼 수 있는지 안다면 육안으로도 볼 수 있습니다.
4. 목성의 위성은 1610년 갈릴레오 갈릴레이가 발견한 것에서 이름을 따서 지어졌습니다.
5. 목성의 위성인 이오의 가장 뚜렷한 특징은 400개 이상의 활화산을 가지고 있다는 것입니다.
6. 목성의 위성인 유로파에 생물체가 존재할 수 없는 이유는 얼음으로 뒤덮여있기 때문입니다.
7. 목성의 위성인 유로파에 생물체가 존재할 수 없는 또 다른 이유는 유로파의 표면이 얼음층으로 덮여있기 때문입니다.
8. 목성의 위성 가니메데의 특징은 볼록하게 튀어나온 가운데 부분인데 이 부분은 대략 높이 3킬로미터와 넓이 600킬로미터입니다.
9. 목성의 위성 가니메데의 또 다른 특징은 철 핵이 목성의 자기장에 포함되는 자기장을 생성한다는 것입니다.
10. 목성의 위성 칼리스토는 구멍들이 매우 많지만 그 중 몇몇 작은 분화구들은 현재 표면 활성의 작은 정도를 나타냅니다.

ANSWERS
1. Earth's volume
2. Milky Way Galaxy
3. telescope
4. discovery
5. volcanoes
6. covered in ice
7. surface
8. 600 kilometres wide
9. magnetic field
10. small degree

37 Vertical farming

1. 수직 농장을 위한 관개 시설이 있는 수직 적층집에 대한 생각은 1900년대부터 있었다는 것으로 추정됩니다.
2. 소비자들에게 음식을 운송하기 위한 연료비를 줄이려는 필요성 때문에 수직 농장의 개념이 나왔습니다.
3. 수직 농장의 이점은 식량 공급을 늘리는 데 도움이 될 것이라는 점입니다.
4. 그러나, 수직 농장에서 적정 온도를 갖는 것 또한 필수적입니다.
5. 수직 농장의 단점은 야생동물의 서식지를 감소시킬 수 있다는 것입니다.
6. 발생 가능한 또 다른 단점은 영양소 손실로 인한 토양 악화입니다.
7. 수직 농장은 날씨와 토양, 해충, 질병에 좌우되는 농장에 비해 농작물 성장에 항상 최적의 조건을 갖추고 있습니다.
8. 수직 농장이 만들어지면, 홍수로 인한 침식 같은 혹독한 기상 상태로 인해 실패하는 농작물은 없을 것입니다.
9. 어떠한 곳에서든지 햇빛은 항상 일시적이기 때문에 많은 사람들은 태양 에너지를 믿을 수 없는 에너지원으로 여깁니다.
10. 실내에서 성장하는 식물의 건강을 유지하기 위해 습도와 공기 순환은 매우 정밀하게 관리되어야 합니다.

ANSWERS

1. irrigation
2. oil
3. food availability
4. temperature
5. wildlife habitat
6. soil degradation
7. diseases
8. floods
9. solar energy
10. humidity

38 Bridge collapse incidents in 3 countries in the 19th century

1. 다리 붕괴는 설계 및 유지관리와 연관된 기술과 개인의 문제로 인해 발생한 재난으로 간주되었습니다.
2. 역사에 기록된 세 번의 대형 사고 모두 다리 붕괴와 관련이 있었습니다.
3. 스코틀랜드의 다리는 바람의 영향으로 인해 1879년에 파괴되었습니다.
4. 캐나다의 다리는 엄청난 무게 때문에 1907년에 붕괴되었습니다.
5. 세 개의 다리 모두 제자리에 부품들을 유지하기 위해 설탕 감미료의 종류를 사용해서 붕괴되었습니다.
6. 설탕 감미료는 비밀 공장의 탱크에 보관되어 있었습니다.
7. 다리 붕괴의 직접적인 비용은 여전히 측정하기 어렵습니다.
8. 사고에서 언급된 원인은 불충분한 안전 검사였습니다.
9. 엔지니어들은 압력의 증가가 다리 붕괴를 초래할 것이라는 것을 알고 있었습니다.
10. 다리 건설 및 운용은 면허증과 공식 인증을 필요로 합니다.

ANSWERS

1. personal issues
2. collapse of bridges
3. wind
4. great weight
5. sweetener
6. tank
7. immediate cost
8. safety tests
9. increased pressure
10. license

39 The effects of working the night shift on the body

1. 야간 근무자들의 수가 크게 증가했고 현재 10,000명에 달했습니다.
2. 교대 근무는 불면증을 야기하는 신체 시계에 오차를 발생합니다.
3. 인간의 신체 시계는 어둠과 빛을 분간할 수 있게 해줍니다.
4. 주말과 야간 근무자들은 시간 외 근무로 여겨질 수 있는 교대 근무 급여를 받을 법적 권리가 있습니다.
5. 야간 근무자들이 참아야 하는 수면 부족은 위와 심장에 좋지 않습니다.
6. 이러한 모든 원인들은 야간 근무자들에게 우울증을 초래할 수 있습니다.
7. 밤 수면 부족은 지적 능력에 영향을 미쳐서 교대 근무자들의 실적에 영향을 미칩니다.
8. 야간 근무자들의 단점의 또 다른 예로는 정상적인 사회 생활을 하지 못하는 것과 같은 사회적 문제가 포함됩니다.
9. 불규칙한 근무 시간은 관계에 영향을 미쳐서 가정 생활을 망칠 수도 있는 문제가 생길 수 있습니다.
10. 불규칙한 근무 시간은 친구 또는 동료들 간의 관계에도 부정적인 영향을 끼칠 수 있습니다.

ANSWERS

1. huge increase
2. internal clock
3. dark and light
4. unsocial hours
5. stomach and heart
6. lead to depression
7. mental ability
8. social matters
9. family life
10. peer groups

40 Benefits of physical education

1. 전통적인 교육에서 체육은 중심 역할을 했었습니다.
2. 요즘, 아이들은 심심풀이로 TV 시청이나 컴퓨터 게임과 같은 문서화된 활동들을 좋아합니다.
3. 정부는 교육 정책을 도입하고 학교에서 아이들이 더 많은 신체 활동에 참여하도록 권장하기 시작했습니다.
4. 정부는 아이들의 정신적 학습 능력을 발달시키는 데 도움을 주기 위해 신체 활동에 중점을 두기로 했습니다.
5. 유사한 연구를 한 다른 국가들은 프랑스와 인도, 캐나다가 있습니다.
6. 그러나, 반대자들은 체육에 너무 많은 관심을 기울이는 것은 부정적인 영향이 있다고 합니다.
7. 반면에, 지지자들은 신체 운동이 아이들의 행동뿐만 아니라 건강도 향상시킨다고 주장합니다.
8. 연구에 따르면, 체육은 아이들의 지능뿐만 아니라 행동, 집중력도 향상시킬 수 있다고 합니다.
9. 체육은 뇌로 가는 혈액의 흐름을 증가시키기 때문에 지능을 향상시키는 데 도움이 됩니다.
10. 결론적으로, 체육은 아이들을 더 똑똑하게 하고 전반적으로 더 좋은 성적을 받게 하는 비결일지도 모릅니다.

ANSWERS

1. central part
2. documented activities
3. education policies
4. mental learning skills
5. India and Canada
6. negative effect
7. health
8. intelligence
9. blood flow
10. key

41 Tire recycling in Australia

1. 호주의 전형적인 타이어 판매업자는 매달 600개에서 800개의 폐타이어를 발생시킬 수 있습니다.
2. 호주에는 수익을 위해 고무를 재활용하는 회사들이 많이 있습니다.
3. 호주에서 생산되고 팔리는 재활용된 타이어는 보통 크기 제한이 없습니다.
4. 타이어 재활용 산업에서 시행한 연구의 5%가 완성되었습니다.
5. 바퀴 허브를 위해 생산되어야 하는 것 중 하나는 강철선입니다.
6. 타이어를 재활용 하는 사람들은 타이어의 더러운 부분도 제거해야 합니다.
7. 타이어에 있는 고무는 다른 제품을 만들어내기 위해 플라스틱으로 만들어질 수 있습니다.
8. 고무는 운동장 구조물과 철도노반재료, 경주 트랙, 보도에 사용이 되는 반면, 고무로 만든 제품들은 카펫 충전재 혹은 바닥재로 사용이 됩니다.
9. 고무를 만들기 위해 사용되는 재료는 물을 소재로 하기 때문에 환경 친화적입니다.
10. MSDS는 뚜렷한 색을 주기 위해 타이어 실에 바르는 잉크의 한 종류입니다.

ANSWERS
1. tire wastes
2. profit
3. no size limit
4. research
5. steel wires
6. dirt segments
7. plastic
8. floor materials
9. environment-friendly
10. ink

42 British library

1. 현대 기술이 도서관 이용자들을 위해 분류법을 만들어서 도서관 관리를 어떻게 바꾸었는지 알기 위해 레오와 그레이스는 정보 분야를 조사해야 합니다.
2. 논문에 대해 상의를 하고 있는 레오와 그레이스는 두 시간 이내에 이메일로 그들의 자료를 전자 형태로 보내야 합니다.
3. 레오와 그레이스가 처리해야 할 가장 큰 문제는 자료를 수집하는 것입니다.
4. 그들은 만족스러운 의견을 주고 책을 제 시간에 반납하는 것과 관련된 문제들을 해결해야 합니다.
5. 그들이 두 시간 이내에 보낼 예정인 이메일에는 첨부 파일로 자료가 포함되어야 합니다.
6. 도서관은 그들의 모든 자료들로 이루어진 디지털 시스템을 만들었습니다.
7. 그들의 다른 목표는 도서관 자료를 장기간 보존해내는 방법을 찾는 것입니다.
8. 그들은 장래에 인적 자원에 더 중점을 두어야 하고 이용자 분석을 하기 위해 마케팅 기술을 가진 직원을 뽑아야 합니다.
9. 도서관 관리를 처리하는 방법은 세 단계로 나누어져 있고 인적 자원에 중점을 두는 것과 마케팅 기술을 가진 직원을 뽑는 것이 포함되어 있습니다.
10. 도서관 자리 지원자들은 전통 문학과 같은 특별한 기술이나 분야에 대한 지식을 가지고 있어야 합니다.

ANSWERS
1. information sector
2. 2 hours
3. collection of materials
4. giving satisfactory feedback
5. attachment
6. digital system
7. preservation
8. marketing
9. 3 stages
10. traditional literature

43 Solving the problems of CO2 emission

1. 이산화탄소원은 땅속에 묻을 수 있지만 많은 비용이 듭니다.
2. 네덜란드에서 이산화탄소의 근원은 꽃이라고 보여주었습니다.
3. 영국과 같은 다른 나라에서 그들은 이산화탄소의 근원인 감자를 재배합니다.
4. 한편, 미국에서 플라스틱을 산업적으로 생산하는 것이 이산화탄소 배출의 근원이 되었습니다.
5. 연구에서는 석회석 작업이 해로운 이산화탄소 배출을 초래할 수 있다고 보여줍니다.
6. 중국에서, 그들이 탄광업에서 사용하는 공정은 이산화탄소 배출을 초래합니다.
7. 이산화탄소 배출이 해롭지만 중국에서는 의학으로 사용됩니다.
8. 높은 이산화탄소 배출량의 또 다른 근원은 항공 산업입니다.
9. 시멘트를 단단하게 하는 주요 재료 중의 하나는 이산화탄소원입니다.
10. 앞으로 도시 내의 이산화탄소는 연료를 생산하는 데 사용될 수 있습니다.

ANSWERS
1. expensive
2. flowers
3. cultivate potatoes
4. production of plastics
5. limestone work
6. coal mining
7. medicine in China
8. airline industry
9. strength
10. produce fuel

44 Airport Westlandian's role and plan for new location

1. 계획은 주요 지역 및 국내 항공을 사업 전용으로 만드는 것입니다.
2. 다른 계획은 해외 계획이 주로 휴가를 위한 것으로 하는 것입니다.
3. 또한 웨스트랜드 공항은 전자 제품 수출을 위해 비행을 할 것입니다.
4. 공항에서 발생한 수익은 거액의 세금 분담을 가져올 것입니다.
5. 웨스트랜드 공항은 고속도로와 연결하기 위한 계획으로 편리한 위치에 있을 것입니다.
6. A 부지의 이점은 지형이 평평해서 공항에 딱 맞습니다.
7. 그러나, A 부지의 단점은 많은 새들의 서식지라는 것입니다.
8. A 부지의 또 다른 단점은 홍수의 위험이 크다는 것입니다.
9. B 부지에 공항을 세우는 것의 단점은 교통의 압박이 늘어날 가능성이 높습니다.
10. B 부지에 공항을 세우는 것의 다른 단점으로는 좋지 않은 공기의 질을 가져오는 오염을 증가시킬 것이라는 것입니다.

ANSWERS
1. business
2. vacation
3. electronic goods
4. tax contributions
5. highway
6. flat
7. birds
8. flooding
9. traffic pressure
10. poor air quality

45　Development of engineering

1. 과학자와 기술자의 차이는 전자는 사회적 관점에 주목한다는 것입니다.
2. 작가는 청소기를 사용하게 된 것을 공학에서 인정받지 못한 우연한 성공의 예로 여겼습니다.
3. 15세기에 제조의 발달과 기술 설계의 네 가지 단계는 동시에 일어나고 있었습니다.
4. 그 당시, 기술자들은 설계는 제자리 걸음을 하는 진화가 서서히 발전하는 것이라고 생각했었습니다.
5. 기술자들은 기계 설계가 많은 부분을 재현할 수 있다는 것을 알게 되었습니다.
6. 기술 설계의 발달 단계에서 기술자들은 모델을 이용하기 시작했습니다.
7. 19세기 산업 혁명 기간 중에 기계가 나타났고 많은 사람들은 대규모 프로젝트를 하게 되었습니다.
8. 19세기 기계 사용의 도래는 대규모 프로젝트의 처리 속도를 크게 증가시켰습니다.
9. 19세기 기계 사용으로 인해 기술자들과 근로자들은 복잡한 설계를 다룰 수 있었습니다.
10. 19세기에 대규모 프로젝트를 하는 것은 디자이너들이 만나서 상의를 하는 것이 필요하지 않게 되었습니다.

ANSWERS

1. social dimension	2. accidental success
3. manufacture	4. evolution
5. reproduce	6. models
7. men	8. processing speed
9. complex designs	10. meet and discuss

°46　Lost written language

1. 잃어버린 문자 언어를 배우고 이해할 수 있도록 연구자들은 많은 자료들이 필요할 것입니다.
2. 연구자들에 따르면, 잃어버린 문자 언어의 가장 오래된 기록은 점토판에서 발견되었다고 합니다.
3. 연구자들은 단어가 사용되는 맥락에 따라 잃어버린 문자 언어를 판독하려고 노력하고 있습니다.
4. 잃어버린 문자언어가 쓰여있는 페이지에는 다른 언어의 견본이 있었습니다.
5. 잃어버린 문자언어가 쓰여있는 페이지에는 기념물의 그림이 들어 있었습니다.
6. 지금까지, 잃어버린 문자에서 확인된 어휘는 주로 이름들입니다.
7. 이탈리아어와 그리스어는 다른 방향으로 쓰여집니다.
8. 잃어버린 문자는 원형의 고유한 형태를 가지고 있습니다.
9. 잃어버린 문자에 대해 독특한 점은 문자에 사용되는 인쇄 형태입니다.
10. 연구자들에 따르면, 잃어버린 문자는 게임이나 퍼즐로 사용했었습니다.

ANSWERS

1. materials	2. oldest
3. context	4. samples
5. monuments	6. mainly names
7. different direction	8. circles
9. printing	10. game or puzzle

47　Alaska immigration

1. 알래스카 땅의 약 5%만 평생 얼음으로 덮여있습니다.
2. 홍적세 빙하기 동안 사람들은 그곳으로 이동한 동물들을 따라갔습니다.
3. 발견된 나머지 치아로 DNA 분석을 했습니다.
4. 알래스카의 극심한 날씨 때문에 소수의 이주민들만 살아남을 수 있었습니다.
5. 범선의 수는 제한되어 있었기 때문에 사람들은 더 따뜻한 곳으로 이동할 수 없었습니다.
6. 떠날 수 있었던 사람들은 아홉 종류의 해초를 가져왔습니다.
7. 이주를 원하는 사람들은 자원과 무기를 모을 수 있는 수단이 있어야 합니다.
8. 기후 변화로 인해 알래스카의 교통은 영향을 받습니다.
9. 문제는 사람들이 항해 기술이 부족해서 여기저기 이동하는 데 어려움이 있다는 것입니다.
10. 바다로 이동을 할 때 그들이 직면할 수 밖에 없는 또 다른 어려움은 일본해의 거센 해류입니다.

ANSWERS

1. covered in ice	2. animal species
3. teeth	4. survive
5. sailboats	6. plants
7. resources	8. climate changes
9. lack navigational skills	10. current

48　Dissertation about the newspaper printing process

1. 그 인쇄 회사의 기술은 케이트의 관심을 끌기 때문에 그녀는 이 회사를 선택했습니다.
2. 인쇄 과정의 첫 번째 단계는 공기를 내리는 두 번째 단계를 하기 전에 판에 네거티브 필름을 올리는 것입니다.
3. 신문 인쇄 과정의 세 번째 단계는 인쇄로 생성된 이미지를 지정하는 것입니다.
4. 신문 인쇄 과정의 네 번째 단계는 고무 블랭킷으로 생성된 이미지를 인쇄하는 것입니다.
5. 인쇄 과정의 다섯 번째와 마지막 단계는 신문을 잘라서 접는 것입니다.
6. 신문 인쇄 공장은 용지가 걸리는 것을 막는 데 많은 시간을 소비합니다.
7. 인쇄 작업을 위한 기계는 공기 펌프에 설치될 것입니다.
8. 필요한 모든 기계를 설치하는 데 총 11개월이 걸렸습니다.
9. 커다란 기계는 철로를 통해 가지고 와야 했습니다.
10. 신문 배급은 전산화되어 있고 바코드 시스템을 기반으로 합니다.

ANSWERS

1. company's technology	2. negative film
3. generated image	4. rubber blanket
5. cut and folded	6. paper jams
7. air pump	8. install
9. railway track	10. barcode system

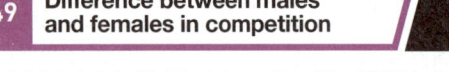

49 Difference between males and females in competition

1. 직장에서 경쟁의 영향력을 기반으로 한 조사를 시행했었습니다.
2. 모은 정보를 기반으로 대기업에서 2%의 여성들만 중요한 지위에 있습니다.
3. 과학과 수학, 공학 면에서 여성들이 더 약하기 때문에 남성과 여성들에 대한 태도는 아마 다를 것입니다.
4. 조사 결과에서 여성의 능력이 남성과 같더라도 여전히 불평등한 대우를 받는다는 것을 보여줍니다.
5. 조사에 따르면, 여성들은 남성들에 비해 업무량을 더 적게 떠맡고 싶어합니다.
6. 조사 결과에서 남성들은 대체로 여성들보다 더 자신감이 있었다는 것을 분명하게 보여주었습니다.
7. 또한 조사 결과에서는 34%의 여성들은 위험을 감수하지 않으려 한다는 것이 나타났습니다.
8. 조사에서 나타난 또 다른 면은 여성들은 비판적인 피드백을 받는 것을 좋아하지 않았다는 것이었습니다.
9. 조사 결과는 여성들이 남성들만큼 도전을 즐기지 않았다는 것을 보여주었습니다.
10. 조사 결과에 따르면, 여성들이 도전하는 것을 좋아하지 않는 주된 이유는 그들의 장래 급여와 기회를 염려하기 때문입니다.

ANSWERS

1. workplace
2. important positions
3. math and engineering
4. skill
5. less workload
6. more confident
7. taking risks
8. feedback
9. challenges
10. salary and opportunity

50 Water bank

1. 지금까지 지어진 첫 번째 특별한 댐들은 북아프리카와 남아프리카에서 발견이 되었습니다.
2. 로마 사람들이 설계한 댐들은 오늘날에도 여전히 사용됩니다.
3. 20세기의 사람들은 댐을 진보의 상징으로 여깁니다.
4. 댐은 항상 진보의 표시로 여겨졌습니다.
5. 둑은 중수를 모아 끌어올리는 작업을 합니다.
6. 물을 정화하는 과정은 끝나는 데 한 달이 걸렸습니다.
7. 용기 안에 산소가 부족해서 세균은 살아남을 수가 없습니다.
8. 용기에는 매우 적은 양의 산소가 들어가기 때문에 세균은 살아남을 수가 없습니다.
9. 댐에 있는 물에는 염분이 많이 들어 있습니다.
10. 물이 충분히 공급되지 않았던 지역에서 살아가는 사람들은 금광업의 발달로 인해 위협을 받았습니다.

ANSWERS

1. special dams
2. Romans
3. symbol of progress
4. signs of progress
5. grey water
6. month to complete
7. lack of oxygen
8. little oxygen
9. salt
10. gold industry

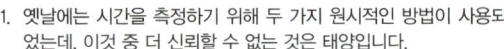

51 History of time measurement

1. 옛날에는 시간을 측정하기 위해 두 가지 원시적인 방법이 사용되었는데, 이것 중 더 신뢰할 수 없는 것은 태양입니다.
2. 시간을 측정하기 위해 사용된 다른 원시적인 방법은 동물의 행동에 중요성을 두었습니다.
3. 호킹의 시간의 간략한 역사에서, 사상의 지평선은 벗어날 수 없는 시공간 영역의 경계를 의미합니다.
4. 정부가 바다에서 정확한 시간을 유지하는 시계를 만들 수 있는 어떤 발명가에게 상을 수여할 때 그 중요성은 명확해집니다.
5. 기록에 의하면, 초기 고대 시간지킴이는 메소포타미아와 북미에서 발견되었습니다.
6. 태양광을 사용해서 시간을 결정하는 것의 단점 중 하나는 일년 중 다른 시간대에서 하루의 길이가 달라지기에 부정확한 것입니다.
7. 물시계는 훨씬 더 다재다능해서 해시계보다 더 신뢰할 수 있다고 여겨졌습니다.
8. 물시계는 물 흐름이 압력과 온도의 변화에 달려 있기에 더 신뢰할 수 있습니다.
9. 물시계에 앞서, 모래시계의 기원은 불 분명하나 고대 이집트에서 발명되었을 것입니다.
10. 양초시계의 단점 하나는 왁스의 양이 한정되어 있어 양초가 결국 사라진다는 것입니다.

ANSWERS

1. sun
2. animal behaviour
3. region
4. government
5. North America
6. varies
7. reliable
8. temperature
9. hourglass
10. disappear

52 Regulation on staff absence

1. 어떤 상황에서는, 실 손해액에 더해서 손해배상금이 부과되었습니다.
2. 가장 일반적인 방법은 손해배상금 부과를 제한하는 것입니다.
3. 회사 징계조치는 고용인에게 할당되어 있는 휴가 일 수를 줄이는 것도 포함됩니다.
4. 다른 징계조치는 병가 중 급여를 주지 않는 것과 때론 해고도 포함합니다.
5. 이런 규칙들은 고용인들을 위협당한 기분이 들게 하고, 심지어 그들의 동기부여를 줄어들게 할 수도 있습니다.
6. 고용인들에 대한 이런 규칙들의 효과는 시간이 지난 후 줄어들 것입니다.
7. 고용인들에게 성과급을 제공하는 것은 회사에 대한 충성심을 증가시킵니다.
8. 회사의 적합한 자리에 앉을 수 있도록 돕기 위해 사람들과 인터뷰하는 것도 성과급 중 하나입니다.
9. 현재 고용인들은 성과급에 동의하는데 이 인터뷰 방법이 융통성 있기 때문입니다.
10. 고용인에게 제공되는 다른 성과급은 의료 혜택과 다른 건강 재원이 포함됩니다.

ANSWERS

1. actual
2. common approach
3. holidays
4. sick-pay
5. motivation
6. effect
7. loyalty
8. interview
9. flexible
10. resources

53 History of plastic and its applications

1. 면과 산의 사용이 재료에 플라스틱을 적용하기 위해 필요합니다.
2. 플라스틱은 세제용기, 우유용기 그리고 다른 종류의 용기 같은 제품으로 보통 사용됩니다.
3. 플라스틱은 인공 비단 꽃과 잎을 생산하는 데 사용됩니다.
4. 진짜 플라스틱과 달리, 셀루로즈는 성형할 수 있는 단단한 상아 같은 물질로 가열될 수 있습니다.
5. 첫 플라스틱 물질이 연구소에서 만들어지고 개발되었습니다.
6. 첫 번째 플라스틱을 개발한 사람은 화학자 알렌산더 파크스였습니다.
7. 플라스틱의 개발 초기에는 과학자들이 플라스틱을 펜을 재활용하는 데 사용하였습니다.
8. 플라스틱 처리는 태울 때 가스와 독성 연기를 배출하며, 많은 양의 화학 오염물을 만들기 때문에 이롭지 않습니다.
9. 연구자들은 태양 빛 같은, 빛에 노출되어 부서지고 분해되는 플라스틱 종류를 개발할 수 있었습니다.
10. 천연 고무나무는 더 이상 고무 시장에서 지배적이지 않은데 일본 제조사들이 현재 차에 들어가는 타이어를 만드는 데 주로 인공 고무를 사용하고 있기 때문입니다.

ANSWERS
1. cotton and acid
2. milk jugs
3. artificial silk
4. hard, malleable
5. laboratory
6. Chemist
7. pens
8. gases
9. exposure to light
10. rubber wood

54 Amphibian

1. 보호 계획에 있는 정보는 이전 연구에서 참조되었습니다.
2. 이 도표는 어떤 양서류는 자궁 안에 있을 때 서로를 잡아 먹기 시작한다는 것을 보여줍니다.
3. 기저에서 보여지는 다른 변화는 연못에 먹이의 감소입니다.
4. 도룡뇽의 경우에서 흥미 있게 보여지는 것은, 암컷보다 수컷에서 새끼가 나온다는 것입니다.
5. 흥미롭게도, 도룡뇽은 거주지에 오염을 감소시키는 것으로 알려졌습니다.
6. 도룡뇽은 특별히 더운 날씨에 연못에 근접해서 거주하는데 그렇지 않으면 물을 못 얻을 것입니다.
7. 도룡뇽은 서서히 그들의 서식지를 도시와 농촌의 발전 때문에 잃어가고 있습니다.
8. 도시와 농촌의 발전 외에, 양서류의 거주지는 농지 거주민에 영향을 받습니다.
9. 양서류와 그들의 거주지는 각기 짧은 기간 해결책을 통해 보호받을 수 있습니다.
10. 양서류를 보호하는 다른 방법은 그들의 질병을 효과적으로 처리하는 것입니다.

ANSWERS
1. conservation
2. eat each other
3. pond
4. males
5. pollution
6. water
7. agricultural
8. habitat
9. short-term
10. diseases effectively

55 Study on red sea urchin

1. 붉은 성게는 해초 숲에서 자라는 식물을 먹습니다.
2. 붉은 성게는 자신을 보호하기 위해 가시로 덮혀 있습니다.
3. 붉은 성게는 아시아의 많은 나라의 진미입니다.
4. 바다 성게는 겨우 매년 0.1센티 정도로 성장합니다. 그래서 22년이 되어서야 성체가 됩니다.
5. 바다 성게는 해초를 먹기 때문에 해충이라고 간주됩니다.
6. 해양 생태계의 악화에 바다 성게가 일부 책임이 있다고 믿기에, 사람들은 그 개체 수를 감소시키기 위해 독살하려고도 했습니다.
7. 붉은 바다 성게의 최고 수명은 대략 200년이라고 믿어지고 있습니다.
8. 붉은 바다 성게가 죽을 때, 그들은 노화의 어떤 신호도 남기지 않고 매우 드물게 노화 관련 질병의 신호를 남깁니다.
9. 붉은 바다 성게는 정자와 난자를 가장 많이 낳는 생산자이고 이것은 믿을 수 없을 만큼 늙었을 때에도 번식할 수 있다는 의미입니다.
10. 붉은 바다 성게의 성장은 완전히 해양 조건과 별개라는 것이 확인되었습니다.

ANSWERS
1. plants
2. spine
3. in Asia
4. reach maturity
5. pest
6. decline
7. life span
8. aging
9. breed
10. ocean conditions

56 Protection of the bird named fairy tern that is facing extinction

1. 흰 제비 갈매기는 보통 둥지를 해안가를 따라 짓거나 강 옆에 짓습니다.
2. 1984년에 실시한 연구에서 단지 3쌍의 흰 제비 갈매기가 현재 살아있다고 알려졌습니다.
3. 그러나, 이 숫자는 틀릴지도 모르는데 얼마나 많이 살아있는지 측정하는 것이 어렵기 때문입니다.
4. 경작과 집 건축이 새 거주지 소실의 주요 원인입니다.
5. 지역 천적도 흰 제비 갈매기의 알을 먹기 때문에 역시 책임이 있습니다.
6. 흰 제비 갈매기 개체 수 감소의 다른 이유는 폭풍의 발생으로 보여집니다.
7. 이 새를 보호하기 위해, 환경보호자들은 이 새가 번식하는 것으로 알려진 지역에 경비를 세우는 것을 장려해야 합니다.
8. 다른 조언은 이 새가 살고 번식하는 것으로 알려진 지역 주변에 울타리를 세우는 것입니다.
9. 많은 사육 농장에서, 이 새의 배양과 사육이 관련되어 있습니다.
10. 지지자들은 현재 미디어를 이 새의 보호를 장려하기 위해 사용하고 있습니다.

ANSWERS
1. river
2. 3 pairs
3. estimate
4. home constructions
5. eggs
6. storms
7. guard
8. fence
9. cultivation
10. media

57 Building a city in the desert

1. 사막이 시원해 질 때, 바람 또한 시원한 공기를 근처 지역으로 날립니다.
2. 전기 스마트 미터는 전력 소비량, 시간 소요 및 다른 제반 사항을 표시합니다.
3. 디지털 미터는 수온뿐 아니라 샤워에 소요되는 시간도 보여줄 것입니다.
4. 마을 사람들은 운전하는 사람이 필요 없는 전기차로 돌아다닙니다.
5. 집과 자동차 지붕에 설치된 유리 거울은 태양으로부터 성공적으로 에너지를 모읍니다.
6. 거주자들은 또한 꽃 모양을 한 커다란 우산을 이용합니다.
7. 재와 산으로 혼합된 콘크리트는 건물 외부의 조경을 만드는 데 사용되는 것입니다.
8. 사막도시는 시 중심에 공원도 있습니다.
9. 시 중심부에 위치한 공원은 사람들이 물 뿌리며 장난칠 수 있는 분수가 특징입니다.
10. 시에서 사람들이 사용하는 전기차는 가장 낮은 탄소 배출양을 가집니다.

ANSWERS

1. wind	2. display
3. shower	4. driver
5. glass mirrors	6. flower
7. acid	8. park
9. fountain	10. lowest carbon emission

58 Invasive species

1. 정원을 탈취할 수 있는 어떤 종들이 있는 것은 사실입니다.
2. 많은 종류의 침입하는 종들이 있는데, 인간 역시 이 중에 하나입니다.
3. 그들은 유럽에 침략하는 종들의 영향과 이런 영향을 줄이는 어려움에 대해 설명했습니다.
4. 이 단단한 체계는 놀라운데 이것은 실제적으로 색으로 혼합된 직물 모습이기에 목재처럼 보입니다.
5. 그들은 생태계와 사람들에게 잠재적인 우려가 되는 곤충이나 병원균 같은 많은 침입종들을 알고 있습니다.
6. 미국 서부의 텀블우드 식물은 러시아에서 온 침입종입니다.
7. 노란 아이리스는 노란색 꽃으로 미네소타에서 규제되는 침입종입니다.
8. 이 그룹은 토종이 아닌 침입종에 의한 위협의 인식이 증가하는 반응으로 만들어졌습니다.
9. 벚꽃은 늦 겨울부터 이른 봄까지 먹을 것이 종종 없을 때 꽃을 먹는 새들에게 계속적으로 먹을 것을 줍니다.
10. 췌장 질병이나 어떤 소화 문제를 가지고 있는 새는 먹이에 미량의 모래를 추가함으로써 치료할 수 있습니다.

ANSWERS

1. garden	2. humans
3. Europe	4. timber
5. insects	6. Russia
7. yellow flower	8. non-native
9. birds	10. digestive problems

59 Water supply system in Australia

1. 호주의 물 공급 시스템의 두 수자원 중 하나는 지하의 인공댐입니다.
2. 호주에서 사용되는 다른 수자원은 담수화 된 바닷물입니다.
3. 다양한 방법으로 물이 사용될 수 있고 주로 사용되는 것 중 하나는 농업입니다.
4. 물의 그 다음 주된 사용은 가정 영역입니다.
5. 물을 사용하는 많은 다른 영역이 있고, 이것 중 하나는 제지 산업입니다.
6. 농업과 가정, 산업 영역 외에, 식품 가공업 또한 물의 사용이 필요합니다.
7. 주요 물 사용 중 하나는 쓰레기 처리입니다.
8. 물을 처리하고 정수하기 위해, 물은 필터를 통과해야 합니다.
9. 물 정수 과정에서 중요한 단계는 박테리아를 죽이기 위해 약품을 첨가하는 것입니다.
10. 정화 과정 후에 매일 물이 테스트 되어집니다.

ANSWERS

1. man-made dam	2. sea water
3. agricultural	4. domestic
5. papermaking	6. food processing
7. waste disposal	8. filter
9. adding chemicals	10. tested

60 Biomimicry

1. 거미들은 능숙한 사냥꾼이고 먹이로 곤충 사냥하는 것에 크게 의존했습니다.
2. 철보다 더 강한 거미줄은 생체모방에서 성배로 여겨집니다.
3. 거미줄은 인간의 머리카락보다 훨씬 가늘긴 하지만 철에 비해 무게 대비 5배나 더 강한 것으로 알려졌습니다.
4. 거미줄은 폴리네시안 어부들에 의해 환경 친화적인 낚싯줄로 사용 되었습니다.
5. 외과의들은 신경 손상과 스포츠 부상을 치료하는 데 거미줄을 사용합니다.
6. 거미줄을 의학적인 봉합에 사용하는 것은 편리한데 이것은 자기 융해와 고통을 줄여주기 때문입니다.
7. 거미는 기차 소음 같은 진동과 소리에 영향을 받습니다.
8. 거미줄은 올림픽에서 스케이트 보드를 만드는 데 사용되었습니다.
9. 거미는 거미줄을 만드는 데 진동의 영향을 쉽게 받고 터널 끝에 집을 짓는 것을 좋아합니다.
10. 거미를 모으고 거미집을 만드는 것을 돕는 것이 그들의 에너지 손실을 줄입니다.

ANSWERS

1. hunting	2. steel
3. hair	4. fishing
5. sports injuries	6. pain
7. noise	8. skating boards
9. tunnel	10. loss of energy

61 Rural life in the thirteenth century

1. 연구를 위한 자료는 인터넷과 박물관 기록보관소로부터 모아졌습니다.
2. 연구 자료는 사서에 의해 발견된 지도였습니다.
3. 수로로 둘러 쌓인 토지 구역은 주로 보호용이고 마실 물의 수원은 아닙니다.
4. 토지의 흙은 콩의 생산을 늘려주기에 유익하며 콩은 토양을 비옥하게 합니다.
5. 지역 부자들은 지역 마켓 상점에서 도자기 사는 것을 좋아했습니다.
6. 허수아비는 농작물을 공격하는 새들을 막는 감시자로 사용되었습니다.
7. 사람들은 새로운 경작 시스템을 채택하기로 결정했는데 땅을 보호하도록 돕기 때문입니다.
8. 깊은 쟁기질 장비는 농장 토양의 단단한 것을 변화시킵니다.
9. 새로운 풍차는 혁신적인 것이었는데 사람들이 풍차날개를 바람에 향하게 조절할 수 있기 때문입니다.
10. 작은 집에 가난한 사람들은 일반적으로 높은 생산성을 가졌는데 모든 아이들이 급료 없는 농부로 일하기 때문입니다.

ANSWERS

1. museum archives	2. map
3. protection	4. fertilised the soil
5. shops	6. attacking crops
7. preserve the land	8. farmland soil
9. face the wind	10. free farmers

62 Someone who is good at creating a work of art

1. 그는 이 그림에 어떤 표시를 남겼는데 그는 창조적인 예술가였기 때문입니다.
2. 훌륭한 예술 작품을 창작할 수 있는 사람은 대개 창조적인 방법으로 플라스틱을 사용합니다.
3. 조개 껍질을 예술 작품에 사용하는 많은 창조적인 방법이 있습니다.
4. 훌륭한 예술가들은 전통적인 예술에 전기 회로를 사용할 수 있습니다.
5. 과학자들과 예술가들은 미술 치료에 사진을 사용하는 새로운 방법을 발견했습니다.
6. 큰 예술 팁과 함께, 색연필을 주된 채색 도구로 사용하는 이점은 수업에서 설명되었습니다.
7. 많은 예술가들은 여행과 예술에 강한 애정이 있습니다.
8. 예술 영화가 요즘 많은 나라에서 일반화 되고 있습니다.
9. 유머와 예술은 모두 사회와 개인적인 관계를 결정하는 자기 표현의 도구입니다.
10. 상실을 경험한 어떤 사람들은 예술이 그들의 인생에서 심오한 역할을 합니다.

ANSWERS

1. painting	2. plastic
3. shells	4. electrical
5. photographs	6. pencil
7. travelling and art	8. Art movies
9. humour	10. loss

63 Research on human eyesight

1. 최근 연구가 사람의 시력에 중점을 두고 있고 놀라운 부분은 우리의 시각이 우리의 작은 뇌에서 제어되는 것입니다.
2. 사람은 단지 색 조각을 보는 것으로 한 벌과 다른 벌을 구별할 수 있습니다.
3. 과학자들은 벌의 날개가 매달려 있는 방식이 어떻게 그들의 몸이 작동하는지를 알려준다고 말합니다.
4. 연구에서는 사람들이 단지 시력으로 거리를 측정할 수 있다고 알려줍니다.
5. 현재 문제 중 하나는 맹인을 위한 지팡이가 그들에게 충분한 경고를 제공하지 못한다는 것입니다.
6. 길 탐지는 레이더를 통해 운전자를 안내하는 장치입니다.
7. 도시 지역에서 사는 것의 장점 중 하나는 의료서비스의 득이 있다는 것입니다.
8. 시골 지역에 사는 사람들은 새가 날고 있는 속도와 거리를 시각으로 결정할 수 있습니다.
9. 나는 적절한 정보가 분명히 주어진다 하더라도 화성이 시력 연구와 어떻게 관련이 있는지 모릅니다.
10. 이 서류 또한 화성에 물이 있다고 말하지만 이것이 시력과 관련이 있는지 또한 불분명합니다.

ANSWERS

1. small brain	2. colour strips
3. wings cling	4. calculate distances
5. enough warnings	6. radar
7. urban area	8. speed and mileage
9. Mars	10. water

64 Ancient food

1. 예전에는, 어떤 사람이 먹는 음식의 종류와 양은 사회에서 그들의 위치에 의해 결정되었습니다.
2. 고대에는, 집에 뜰로 불리우는 옥외 장소를 가지고 있고 여기서 식사가 준비되었습니다.
3. 고대 음식은 위에 포만감을 주는 낮은 영양가 음식이나 음료로 보통 구성되었습니다.
4. 느린 조리 도구와 항아리가 고대에서 요구르트를 만들기 위해 사용되었습니다.
5. 고대 문화는 약간의 대표 요리를 가지고 있었습니다.
6. 여성이 맷돌을 사용하기 위해 그들의 무릎과 앞치마 바로 끝 사이에 이것이 위치하게 했습니다.
7. 고대 칼은 16,000년 전 정도에 사람들이 사냥을 했다는 것을 알려줍니다.
8. 유명 대학에서 했던 연구에 따르면, 고대 기후 변화에 대한 증거가 존재합니다.
9. 이스라엘 사막에서, 새로운 종의 설치류로 확인된 고대 이빨 세트가 발견되었습니다.
10. 약 BC 100년까지, 로마의 옷은 토가를 제외하고 그리스 옷과 완전히 달랐습니다.

ANSWERS

1. society	2. prepared
3. stomach	4. crock-pots
5. signature dishes	6. knees
7. knife	8. climate
9. teeth	10. costume

65   A survey on diet and obesity

1. 조사에 따르면, 가장 많은 지방을 소모하는 집단은 십대들입니다.
2. 이 조사는 사람들의 나이, 인종, 출생지와 소득계층에 대한 연구조사가 포함되었습니다.
3. 이 조사는 모바일 앱의 사용을 통해 편리하게 진행되었습니다.
4. 조사 결과는 같은 가족의 사람들은 같은 식습관을 가진다는 것을 보여줬습니다.
5. 아이들을 가진 성인들은 우유를 더 먹는 경향이 있다는 것이 조사에서 드러났습니다.
6. 부모가 집에서 음식 만들 시간이 부족한 것이 비만의 주요 원인 중에 하나라고 결과에서 보여졌습니다.
7. 이 조사의 한계 중 하나는 포함된 아이들의 수입니다.
8. 이 조사는 제한적이었는데 소수 및 아이들과 어른 간의 관계가 고려되지 않았기 때문입니다.
9. 이 조사는 제한적이었는데 식습관에 대한 부모의 영향이 아이들의 나이가 증가하는 것에 따라 줄어든다는 사실을 다 다루지 않았기 때문입니다.
10. 이 조사는 제한적이었는데 어떻게 친구가 식습관에 영향을 주는지에 대한 항목을 배제했기 때문입니다.

ANSWERS

1. teenagers	2. income
3. mobile apps	4. similar dietary habits
5. drink more milk	6. lack of time
7. number of children	8. relationship
9. children age	10. friends

67   Lecture about desert crocodiles in Africa

1. 악어가 그곳에 산다는 견해를 지지하는 과학적인 근거가 없기 때문에 저자는 그 견해를 받아들이지 않습니다.
2. 연구에 따르면, 보통 20마리의 악어가 한 무리를 이루고 있습니다.
3. 과학자들은 악어들이 동굴에서 사는 것을 좋아하는 이유가 초목이 더 좋기 때문이라고 합니다.
4. 또한 연구에서는 땅 밑에 사는 악어들이 있다는 것을 보여주었습니다.
5. 과거에 북아프리카의 습지가 사막으로 변했습니다.
6. 습지는 보통 마르기 전에 1년에 8개월 동안만 지속이 된다고 저자는 말합니다.
7. 습지의 깊이에 대한 정보는 없고 악어가 얼마나 먼 아래까지 내려갈 수 있는지에 대한 정보도 없습니다.
8. 습지가 있는 지역 주변에 사는 지역 주민들은 악어를 두려워하지 않습니다.
9. 지금까지 악어에게 공격을 당한 사람이 없기 때문에 지역 주민들은 악어를 무서워하지 않습니다.
10. 저자는 악어 집단의 규모와 그들의 이동 패턴에 대한 정보를 더 알고 싶어합니다.

ANSWERS

1. scientific evidence	2. group
3. vegetation	4. underground
5. deserts	6. 8 months
7. depth	8. fear
9. attacked	10. migration patterns

66   New research on the combination of television, sports, media and fashion

1. TV, 스포츠, 미디어와 패션 결합의 영향에 대한 새로운 연구는 전체 인구를 포함할 것입니다.
2. TV, 스포츠, 미디어와 패션의 조합에 대한 새로운 연구는 전문가들의 참여가 있을 것입니다.
3. 새로운 연구를 위한 이전 규칙은 축구선수들이 축구단을 옮길 수 있는 자유를 제한합니다.
4. 새로운 연구는 이 프로젝트가 앞으로 나아가는 것을 유지하게 할 새로운 자료들을 발견하고 활용하는 것에 의존할 것입니다.
5. 새로운 연구는 신선한 접근인데 많은 실제적인 결과물을 내고 이 결과물들은 새로운 서비스의 일부가 될 것입니다.
6. 새로운 연구는 패션 트렌드와 직물 기술을 깊이 조사할 것입니다.
7. 이 연구는 인력시장에서 미적 효과에 대한 광범위한 보고서가 포함될 것입니다.
8. 이 연구는 세계화와 미디어 규제 그리고 방송법과 방침에 대한 정보를 포함할 것입니다.
9. 새로운 연구는 TV와 라디오를 위한 특별한 스포츠 행사의 계획에 대해 설명할 것입니다.
10. 새로운 연구는 학생들에게 미치는 상업광고의 영향을 조사할 것입니다.

ANSWERS

1. population	2. participation
3. move clubs	4. new materials
5. practical outcomes	6. fashion
7. beauty	8. globalisation and media
9. sporting event	10. commercial advertisements

68   Hospital survey questionnaire

1. 설문조사에서는 참가자들에게 중요한 의료서비스에 환자들의 이동 수단이 포함되어야 하는지에 대한 여부를 물었습니다.
2. 설문조사 결과에 따르면, 사람들은 병원과 차량 그리고 장비들이 항상 깨끗하게 유지되어야 한다고 생각합니다.
3. 설문조사는 참가자들에게 그들이 이전에는 알지 못했던 정보를 제공했습니다.
4. 설문조사 결과에서 현재 수련의들이 환자들에게 더 많은 관심을 준 것으로 나타났습니다.
5. 설문조사에 참가한 사람들은 병원의 간호사들이 급여 인상과 보너스를 받아야 한다는 것에 모두 동의했습니다.
6. 설문조사 결과에 따르면, 환자들은 그들과 방문자들을 위한 보다 나은 건강 시설이 있어야 한다고 생각합니다.
7. 설문조사에 참여한 환자들은 환자와 간호사, 의사들과의 의사소통이 비교적 괜찮다고 말합니다.
8. 설문조사에 참여한 방문자들은 환자들을 돌볼 때 그들이 잠을 잘 수 있는 편한 곳이 없었다는 점을 불평을 했습니다.
9. 많은 환자들과 방문자들은 병원 음식을 먹기 위해 사용되는 플라스틱 용품에 대해 항의를 했습니다.
10. 병원 직원들은 기획팀과 함께 병원 계획이 시작되어야 한다고 그들 스스로 생각합니다.

ANSWERS

1. transport	2. clean
3. information	4. doctors
5. bonuses	6. visitors
7. communication	8. sleep
9. plastic	10. planning

69 Benefits of playing on children

1. 놀이는 아이들의 자신감을 형성하는 데 도움이 되기 때문에 아이들의 정서 발달에 매우 중요합니다.
2. 놀이는 아이들이 다른 아이들과 소통하는 것을 필요로 하기 때문에 아이들의 듣기 능력 발달을 돕습니다.
3. 다른 많은 것들 외에도 놀이는 또한 아이들이 책임을 지는 법을 가르칩니다.
4. 놀이는 아이들에게 재미있고 편안하고 즐거운 활동이지만 아이들의 성장에 필요한 위험 요소들도 포함되어 있습니다.
5. 아이들이 심리사회적인 어려움을 해결하는 데 도움이 되기 위해 놀이를 이용하는 상담의 한 형태는 놀이 치료입니다.
6. 부모와 교사, 그리고 다른 아이 양육자들은 놀이 시간이 아이들의 전반적인 발달에 필수적이라는 것을 기억해야 합니다.
7. 신체놀이에 포함되는 모든 위험 요소들을 완전히 제거하는 것은 불가능할지도 모르기 때문에 아이들이 안전하도록 주의를 기울이는 것이 중요합니다.
8. 놀이는 아이들이 도덕적인 측면에 대해 배울 수 있는 수단입니다.
9. 부모와 자녀가 모두 참여한다면 놀이는 치료 수단으로만 작용을 할 수 있습니다.
10. 놀이를 하는 동안 문제가 일어나는 것은 당연한 것이고 아이들은 스스로 문제를 해결하는 것에 대한 지도를 받아야 합니다.

ANSWERS

1. confidence
2. listening
3. responsible
4. risks
5. therapy
6. remember
7. safe
8. morality
9. participation
10. problems

71 Study of cave animals

1. 시행된 연구에서 동물들이 동굴의 입구를 좋아한다는 것이 밝혀졌습니다.
2. 동굴 쥐는 그들의 나쁜 시력 때문에 출구를 찾을 때 후각을 사용합니다.
3. 몇몇 굴뚝새들은 동굴 지대에서 물을 발견한다는 것이 연구에서 밝혀졌습니다.
4. 모두가 알고 있듯이, 박쥐는 겨울 동안 동굴에서 동면을 하고 살아갑니다.
5. 연구에 따르면, 축축하고 어두운 환경을 좋아하는 동물들이 있습니다.
6. 연구자들은 자신의 알을 먹어서 전형적인 포식자가 된 동물들이 있다는 것을 발견했습니다.
7. 조사를 하는 동안 연구했던 많은 동굴 동물들은 거의 눈이 보이지 않는 다는 것이 밝혀졌습니다.
8. 연구자들은 동굴에 사는 물고기들이 훨씬 더 작은 눈을 가지고 있다고 했습니다.
9. 많은 동물들은 동굴 토양의 영양분 때문에 이렇게 척박한 서식지에서 살아갑니다.
10. 그러나, 연구자들은 박쥐들이 전염병에 걸려 위험에 처해 있다는 것을 알아냈습니다.

ANSWERS

1. cave's entrance
2. sense of smell
3. cave areas
4. winter
5. damp and dark
6. eggs
7. blind
8. fish
9. soil
10. disease

70 Student survey on business management

1. 학생들은 경영 과목에 관한 인터뷰를 받았었습니다.
2. 설문조사에 사용한 두 가지 조사 방식은 이메일 설문지와 전화 인터뷰였습니다.
3. 설문조사의 질문 대부분은 경영학과 졸업생들의 급여와 관련된 것이었습니다.
4. 조사에서는 경영학과 졸업생들의 34%가 추가적인 자격증을 필요로 한다고 밝혔습니다.
5. 분명히, 일을 하는 사람들의 대다수는 경영학을 공부했습니다.
6. 경영학 학생들이 대학에서 배우는 유용한 기술 중 하나는 팀으로 일을 하는 것입니다.
7. 경영학 학생들이 대학에서 배우는 또 다른 유용한 기술은 문제를 해결하는 것입니다.
8. 조사에 따르면, 학생들은 대학에서 배운 발표 기술이 쓸모가 없다는 것을 알았습니다.
9. 연구에서 학생들이 에세이를 쓰는 것에 관해 받은 조언이 유용하지 않다고 생각한 것이 나타났습니다.
10. 경영학 학생들은 직업을 구하는 것에 대해 받은 조언이 쓸모 없다는 것을 알았습니다.

ANSWERS

1. business management
2. phone interviews
3. salary
4. additional qualifications
5. working public
6. team
7. problem solving
8. presentation skills
9. essay writing
10. finding a job

72 How to make a presentation

1. 발표에 배정이 된 사람들은 그들이 해야 하는 강의가 중요한 것이라면 더욱 긴장을 하는 경향이 있습니다.
2. 연설을 하는 능력을 갖추는 것은 재능이 아니라 배울 수 있는 것이라는 것은 사실입니다.
3. 또한 청중들은 강연에 나온 한 가지 혹은 두 가지 견해만 기억하는 경향이 있다는 것도 사실입니다.
4. 발표자들과 강연자들은 연설을 짧게 하고 스스로 시간을 측정해 보는 것이 좋습니다.
5. 그들은 또한 강연의 내용을 잘 구성하는 것이 좋습니다.
6. 그들이 들은 또 다른 조언은 모든 청중이 주목을 할 때까지 연설을 시작하지 말라는 것이었습니다.
7. 강연을 할 때 그저 노트를 읽는 것은 청중이 당신이 말하는 것에 관심을 잃게 될 수 있기 때문에 추천하지 않습니다.
8. 당신은 노트를 읽기만 하지 않는 것이 좋고 카드나 종이에 연설 내용을 적으면 됩니다.
9. 중요 항목들은 당신이 기억을 하고 순조롭게 진행을 하는 데 도움이 될 것이기 때문에 연설 내용을 모두 쓸 필요는 없다는 것을 기억하세요.
10. 연설을 할 때 항상 소요되는 시간에 주의를 하는 것을 잊지 마세요.

ANSWERS

1. more nervous
2. gift
3. ideas
4. time
5. well-organised
6. paying attention
7. your notes
8. sheet of paper
9. full
10. time you take

73 Characteristics of building classrooms in different countries

1. 모듈식 교실은 조립식 건물이고 공장에서 떨어진 곳에 세워져서 이동식 교실로 사용될 수 있습니다.
2. 자연광 교실에서 공부하는 학생들은 인공 조명에서 공부한 학생들보다 26% 더 나은 성적을 보여주었습니다.
3. 연구자들은 교실 창문 밖에 녹색 풍경이 보이는 곳에 있는 학생들이 집중력이 요구되는 시험에서 더 좋은 결과를 받았다는 것을 알아냈습니다.
4. 모듈식 교실은 특별히 나무를 많이 사용하고 에너지 효율적으로 설계가 됩니다.
5. 그 기업은 아이들에게 사용하기 편한 공부 환경을 만들기 위해 유연한 교실 디자인을 활용합니다.
6. 연구에서 모듈식 교실의 구조와 설계는 아이들의 학업과 사교 능력에 도움이 된다는 것을 보여줍니다.
7. 모듈식 교실 건물들에는 그 지역에서 이용할 수 있는 자원을 기반으로 한 일반적인 주방이 딸려 있습니다.
8. 모듈식 교실 건물 구조는 작은 마을과 비교될 수 있습니다.
9. 녹색지붕이나 녹화지붕은 부분적으로 혹은 전체적으로 풀로 덮여 있는 건물의 지붕입니다.
10. 모듈식 건물의 훼손과 풍화의 가장 큰 원인은 물이기 때문에 빗물 수집시스템이 설치되어야 합니다.

ANSWERS
1. factory
2. artificial light
3. classroom window
4. wood
5. flexible
6. social skills
7. standard kitchen
8. village
9. grass
10. water

74 Effects of cotton production on the environment and relative fashion trends

1. 목화 재배 농장으로 오염된 물은 지속적인 경작의 진행을 돕기 위해 사용될 수 있습니다.
2. 목화 관개에 사용된 물은 20~25%의 화학 약품이 포함되어 있기 때문에 살충제 대용으로 사용될 수 있습니다.
3. 물을 사용하는 문제점은 장비와 기계를 유지하기 위해 더 많은 노동자들이 필요하기 때문에 인건비가 늘어나는 것입니다.
4. 목화 농장에 물을 대기 위해 물을 사용하는 문제점은 화학 오염물로 인해 흙에 염분이 매우 많아진다는 것입니다.
5. 많은 화학품이 포함되어 있는 색 염료에 대해 잘 모르기에 농부들의 건강은 위험에 처해 있습니다.
6. 목화 생산 농부들은 보호복을 입지 않고 일을 하기 때문에 그들의 건강은 위험한 상태에 있습니다.
7. 목화의 순백은 창조성과 순수함, 자유를 상징하기 때문에 패션 트렌드가 되고 있습니다.
8. 목화로 만든 흰옷의 유일한 문제점은 세탁하기 어렵다는 것입니다.
9. 사람들은 목화로 만든 직물의 순백을 유지하도록 더 많은 에너지를 사용해야 합니다.
10. 디자이너들은 직물을 염색하기 위해 자연의 영향을 받은 가루로 된 물감을 사용합니다.

ANSWERS
1. sustainable farming
2. cotton irrigation
3. equipment and machines
4. chemical contaminants
5. colour dyes
6. protective clothes
7. innocence and freedom
8. clean
9. more energy
10. nature

75 Introduction to the hippocampus

1. 해마는 얕은 물가에서 주로 발견되는 어종입니다.
2. 해마 종은 주로 바닥이나 해초 혹은 산호초에 기대어 있는 채 발견이 됩니다.
3. 해마의 얇은 껍질은 뼈판으로 구성되어 있는 갑옷 모양의 몸을 감싸고 있습니다.
4. 작은 관은 해마의 뼈로 된 볏인데 머리의 뒷면에 위치해서 왕관처럼 보입니다.
5. 해마는 빨간 빛에 매우 예민하고 그들의 먹이의 염분 농도는 신중하게 관리되어야 합니다.
6. 해마의 먹이는 주로 브라인 쉬림프와 작은 갑각류입니다.
7. 암컷 해마는 알을 낳은 후에 수컷의 알을 품는 장기에 알을 두고 수컷이 바로 알을 책임지게 됩니다.
8. 해마는 그들의 먹이와 그들이 받는 불안감 혹은 스트레스 수준에 따라 색이 변합니다.
9. 해마의 생존을 가장 위협하는 것은 서식지 파괴와 남획 그리고 새끼들을 휩쓸어가서 죽게 만드는 해류입니다.
10. 해마에게 영향을 주는 것으로 알려져 있는 많은 기생충과 전염병은 해마가 병에 걸리기 쉽게 합니다.

ANSWERS
1. shallow waters
2. seagrass
3. bony plates
4. crown
5. level of salt
6. brine shrimp
7. giving birth
8. anxiety or stress
9. overfishing
10. susceptible to diseases

76 American architecture

1. 북서부 지역의 미국 건축가들은 벽을 만들 때 나뭇가지를 이용했습니다.
2. 그들은 종종 지붕에 평범하고 단순한 정사각형의 층을 만들었습니다.
3. 몇몇 건물들은 심지어 돔 모양을 하고 있었습니다.
4. 천막 모양의 건물들도 있었습니다.
5. 동물 가죽으로 만든 집의 모양은 고정된 집과 유사했습니다.
6. 노동자들과 건축업자들은 벽과 바닥을 벽돌로 만들기 위해 진흙도 사용했습니다.
7. 건축가들은 모든 가족들이 자신들의 방을 가질 수 있도록 했습니다.
8. 그 당시에 지어진 이층 건물들은 탑 모양을 본떠서 만들었습니다.
9. 건물이나 집과 같은 건축물들은 어떤 이유로 비스듬히 지어졌습니다.
10. 한편, 미시시피의 건축 양식은 풍압을 이용했습니다.

ANSWERS
1. branches
2. square
3. dome
4. tent
5. fixed houses
6. mud
7. room
8. tower
9. angle
10. wind

77 Discussing about four tribes in Africa

1. 과거에 브리들링튼에서 가장 유명했던 산업은 가구 산업이었습니다.
2. 보험 회사는 바로 600명을 고용하고 브리들링튼 시티에서 가장 빠르게 발전하는 기업 중 하나입니다.
3. 현재 이 도시에서 가장 중요한 산업은 서비스 분야입니다.
4. 학교 근처에 있는 지역에는 복구 및 확장 공사가 많습니다.
5. 정부는 브리들링튼 시티에 사는 사람들에게 자전거를 타도록 권장하고 있습니다.
6. 사람들에게 자전거를 타라고 권장하는 목적은 교통량을 20% 줄이려는 것입니다.
7. 브리들링튼 시티의 복구 및 확장 공사는 지역 주민들에게 더 많은 기회를 주고 더 많은 일자리를 창출하고 있습니다.
8. 브리들링튼 시티 대학에 다니는 학생들은 다음 학기에 새로운 캠퍼스를 즐기게 될 것입니다.
9. 브리들링튼 시티의 지방 정부는 땅의 100만 제곱킬로미터를 소매업에 이용했습니다.
10. 브리들링튼 시티의 지방 정부는 또한 땅의 80만 제곱킬로미터를 업무 시설에 이용했습니다.

ANSWERS

1. furniture
2. Insurance
3. service sector
4. near schools
5. cycling
6. traffic
7. creating more jobs
8. new campus
9. retail
10. office

78 Sports and scientific research

1. 유능한 운동 능력 유전자와 노화 방지 유전자 같은 주제들이 대중적인 대화에 포함됩니다.
2. 경쟁은 중요하지만, 지나치게 되면 경쟁에 대한 자세가 난폭해집니다.
3. 프로 축구에서 사이드라인에서 숨을 들이쉬고 있는 선수들의 모습은 아주 흔합니다.
4. 선수들이 너무 엄격히 서두르는 계획을 따른다면 곧 피로해 질 것이고, 상대편에게 이점을 줍니다.
5. 노와 물갈퀴는 수영 선수들의 손과 발을 위한 장비입니다.
6. 수영 선수들이 연습을 하는 동안 손과 발에 착용하는 장비는 그들의 뼈가 튼튼해지는 것을 돕습니다.
7. 조깅이나 달리기 혹은 수영 같은 심혈관 운동은 적혈구가 증가하는 데 도움이 됩니다.
8. 작은 과녁을 맞추기 위해 사수는 심박수를 낮추고 정확한 자세를 갖기 위해 침착해야 합니다.
9. 전자파 근육 이완 기구는 집에서 편하게 근육통과 쑤시는 부분을 완화시키기에 제격입니다.
10. 수많은 작은 비늘들이 상어의 피부를 만들어서 상어들이 헤엄칠 때 물과 피부 사이의 마찰을 줄여줍니다.

ANSWERS

1. performance genes
2. competition
3. oxygen
4. scheme
5. swimmer
6. bones
7. red blood cells
8. low heart rate
9. muscle pain
10. shark skin

79 History of the steam ship

1. 증기선의 공학 기술은 댐과 다리, 도로 건설과 일치했습니다.
2. 중요 건축물에 관한 대화는 19세기에 지어진 철도가 가장 중요한 것으로 동의했었습니다.
3. 브루넬 씨는 처음에 북극을 항해하는 것이 불가능하다고 생각했습니다.
4. 증기선의 엔진 크기는 비교적 작기 때문에 그는 더 큰 배를 선택했습니다.
5. 증기선은 목재와 철재, 철골로 보강되었습니다.
6. 브루넬 씨는 건설 회사를 세우기 위해 그의 형제와 협력을 했습니다.
7. 배에 불이 났을 때, 선원들은 물속으로 뛰어들었고 운 좋게도 모두 살아남았습니다.
8. 다행히도, 배에 수동 펌프가 설치되어있어서 화재로 인한 손해는 거의 없었습니다.
9. 브리스톨 출신의 서양 사람들은 대서양을 횡단해서 런던에 도착했습니다.
10. 많은 기업들은 좋은 성과를 거두고 싶어했기 때문에 그들도 대서양을 횡단했었습니다.

ANSWERS

1. bridges and roads
2. railway line
3. impossible
4. engine
5. reinforced
6. construction
7. jumped
8. hand pump
9. sailing
10. good record

80 Life of a science fiction writer

1. 그는 어렸을 때, 과학 잡지를 사기 위해 점심 시간에 보통 학교 밖에 있었다고 했습니다.
2. 과학 소설 작가는 또한 그가 어렸을 때 작은 로켓을 발명하곤 했다고 말했습니다.
3. 그의 경험에 따르면, 그 과학 소설 작가는 사람들이 때때로 대중에 대한 생각을 바꾼다고 했습니다.
4. 그가 경험했던 가장 좋았던 것 중 하나는 행성협회와 여행을 떠난 것이었습니다.
5. 작가의 이야기에서 주인공은 비행기에서 기계에 영상 신호를 설치했습니다.
6. 작가는 그가 쓴 이야기들의 대부분은 비행기에 대한 것이라고 합니다.
7. 그 이야기에서 송신기에서 어떤 일이 일어날 수 있다는 추측은 실제로 일어나지 않았습니다.
8. 소설을 쓰는 동안 그의 아이디어가 점진적으로 발전하는 과정은 자연스럽게 증가했습니다.
9. 불행히도, 그 결과물에 대한 관심이 없었기 때문에 그의 아이디어는 실현되지 않았습니다.
10. 과학 소설 작가는 이 책을 쓰게 된 동기가 매우 민감한 것이어서 말할 수 없었다고 합니다.

ANSWERS

1. science magazines
2. small rockets
3. public
4. planetary society
5. video signal
6. airplanes
7. transmitter
8. evolutionary process
9. no interest
10. sensitive

book이라는 단어는 '책'이라는 뜻 외에 동사로 '예약하다'라는 뜻도 있습니다. 주로 영국에서 '예약하다'로 쓰일 때 사용되며, 미국에서는 reserve를 사용합니다. '전화 걸다'라는 표현은 영국에서는 ring이라는 동사를 사용하는 반면에 미국에서는 call이라는 단어를 사용합니다. 만약 영국인 남자친구가 미국인 여자친구에게 I will give you a ring tomorrow.라고 말한다면 영국인 남자친구는 내일 전화를 하겠다는 의미로 말한 것이지만 미국인 여자친구는 내일 반지를 받을 거라고 기대할지도 모르겠네요. 하하.

뜻	영국영어	미국영어
예약하다	book	reserve
생각하다	think	figure
구걸하다	beg	panhandle
양보하다	give way	yield
후진하다	reverse	back up
추월하다	overtake	pass
전화하다	ring	call
줄을 서다	queue	line
음식을 사서 가지고 가다	takeaway	takeout

뜻	영국영어	미국영어
이력서	curriculum vitae	résumé
현금출납기	cash dispenser, cash machine	ATM(Automatic Teller Machine)
컵케이크	fairy cake	cupcake
마침표	full stop	period
내과의	GP(general practitioner)	physician
도로 로터리	roundabout	traffic circle

✚ Broken English 바로잡기

워커 walker → hiking boots
에그 프라이 egg fry → fried egg
콘센트 consent → wall socket, electrical outlet

코팅 coating → laminate, 코팅 기계 → laminator
자동차 썬팅 car sunting → window tinting

IELTS **Speaking & Writing** 대비를 위한
IELTS **실전** 대비 과정

http://www.ielts-school.co.kr

Perfect IELTS로 학습한 뒤 본격적으로 시험에 대비하기 위한 알츠스쿨의 IELTS 실전 대비과정을 소개합니다. IELTS Speaking은 혼자보다는 파트너와 함께 실전처럼 연습하는 것이 가장 좋고, Writing은 IELTS전문가의 교정을 통한 학습이 제일 효과적입니다. 이를 위해 IELTS 국내 최대 카페인 알츠스쿨에서는 IELTS 전문 Speaking, Writing 사이트(유료사이트)를 개설하여 많은 수험생들에게 큰 도움을 주고 있습니다. 국내유일의 IELTS 전문 Speaking, Writing Study 사이트로서 Perfect IELTS 저자들의 모든 노하우가 집약되어 있습니다.

알츠스쿨 실전 대비 과정 장점

◆위에 과정들은 별도의 과정이 개설되어 있지 않고 수강자가 수업예약을 할 때 임의로 고를 수 있습니다.
◆시험 일정과 수강생 각자의 의도와 편의에 원하시는 적합한 수업을 선택 예약하여
   자유롭게 IELTS speaking을 준비하실 수 있습니다.

IELTS Speaking

1:1 Class	Real Test

IELTS Writing

Correction

정확한 답변완성을 돕는 스카이프 일대일 수업	실제 IELTS 시험 형식을 그대로 반영한 모의테스트	ELTS 채점기준에 부합된 풍부한 표현을 제공하는 첨삭
정확히 문제에 답할 수 있도록, 수업 중에는 강사의 간단한 문제 설명과 답변 수정이 이루어집니다. 또한, 문제관련 힌트가 제공되어, 더욱 자신감 있게 답변을 할 수 있도록 수업이 구성되어있기 때문에, IELTS를 시작하시는 분도 부담 없이 시작할 수 있도록 구성되어있습니다.	매월 전달 출제되었거나 출제 빈도가 높은 문제를 계속적으로 선별하여 모의테스트에 반영하고 있습니다. 따라서 시험을 바로 앞두고 계신 분들께 최적의 과정이며, IELTS Speaking 채점항목을 더욱 자세히 세분화하여 어떤 부분이 문제가 있는지 정확히 확인하여 개선할 수 있도록 구성하였습니다.	IELTS Writing채점 항목 (Task Response or Achievement / Coherence & Cohesion / Lexical Resource / Grammatical Range & Accuracy) 을 준수하여 예상 Band(점수)를 산출하며, 정확한 의미전달을 위한 구절 또는 문장이 추가되는 전문가에 의한 고급첨삭이 이뤄집니다.

더 자세한 사항은 국내 최대 IELTS 카페인 알츠스쿨 또는 알츠스쿨 홈페이지에서 확인하세요
• 알츠스쿨 홈페이지 http://www.ielts-school.co.kr
• 알츠스쿨 카페 http://cafe.daum.net/vvvivvv

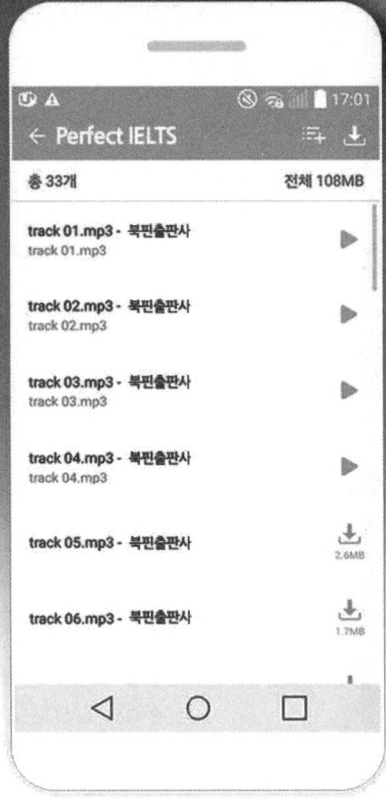